Entrepreneurship and Start-up

기업가 정신과 창업

• 저자의 말 •

기업가정신과 창업 1판을 편찬한지 어느덧 5년이 지났습니다. 그동안 창업학과 교수로서 창업지원사업의 책임자로서 수많은 창업자들을 만났고 그들의 성공과 실패를 함께했습니다. 국내외 창업환경과 교육, 정책은 많은 변화와 발전을 이루고 있습니다. 너무나도 많은 정보가 있기에 창업자들은 더 깊은 고민이 필요하고 합리적인 의사결정을 위한 바른 정보의 습득이 요구됩니다. 이러한 시대적 요구에 부합하기 위해 '기업가정신과 창업'의 개정판을 오랫동안 준비했지만, 생각이 많을수록 쉽게 나오지 못하는 것이 저술활동이기 때문에 빠른 시일 안에 쉽게 나올 수 없었습니다. 2020년 처음 맞는 연구년 동안 미국 미시건주 오클랜드대학(Oakland University)에서 연구 활동을 진행했습니다. 미국을 대표하는 기업가정신센터를 보유한 대학인 University of Southern California, San Diego State University, University of California Irvine 등 7개 대학을 방문하고 연구했습니다. 미국 대학의 최고 인재들은 취업보다 창업을 더욱 선호하고, 대학들은 학생들의 진로 다양성을 보장하면서 학생창업을 적극 돕고 있었습니다. 최고의 미국 대학들은 Entrepreneurship을 전공 및 부전공, 석·박사 과정으로 개설하여 전문 인력을 양성하고 있습니다. 그들은 창업교육의 목적을 사회적 책임을 다하는 기업가 양성뿐만 아니라 바람직한 진로교육의 일환으로 모든 이에게 보급해야 하는 평생교육 차원에서 접근하고 있습니다.

코로나로 인해 짧게 마친 미국 현지 연구년이지만 창업 사례와 이론, 학술적 결과를 깊이 있게 정리하고 확인했습니다. 이 책을 통해 창업자들에게 성공을 위한 가이드라인을 제시하고, 실패의 고통을 최소화하기 위한 방안을 알리고자 합니다. 창업자들에게 창업 준비에서 실행, 사업화 과정에서 제대로 된 기업가정신 함양과 창업교육을 제공할 수 있는 매개체가 될 수 있도록 집필했습니다.

3년 생존율은 30%입니다. 나머지 70%는 실패를 경험하게 되지만, 이러한 실패의 경험이 훗날 성공적인 진로의 결과로 귀결될 수 있음을 보여주고자 합니다. 바람직한 창업 경험이 어떠한 진로 경험보다 소중한 자산이 될 수 있음을 제시하고자 합니다. 이를 위해 5가지 주요 특징을 중심으로 집필했습니다.

첫째, 기업가정신과 창업, 취업, 진로에 대한 진지한 고민과 토론을 할 수 있게 구성했습니다. 각 장마다 〈생각해보기〉와 〈사례학습〉을 통해 다양한 기업가정신사례에 대한 토의 주제를 제시했습니다. 대학교육도 주입식교육으로 진행되고 있는 슬픈 현실 속에서 능동적으로 학습하고 논의할 수 있도록 구성했습니다.

둘째, 작은 아이디어 발견과 확장, 팀 구성, 자금, 시제품, 사업화, 성장에 이르는 창업사업화 전단계에 대한 가이드를 제시했습니다. 현장 참여와 멘토링, 투자를 통해 배우고 깨달은 바를 전달해

보고자 노력했습니다. 특히 창업과정에서 발생하는 투자, 사업화, 마케팅, 법률, 인력운영 문제를 효과적으로 접근하기 위해 분야별 전문가들이 집필에 참여했습니다.

셋째, 국내외 다양한 기업가정신 동영상과 최신 사례를 통해 글로벌 수준의 콘텐츠를 제공했습니다. 각 장마다 유튜브를 활용한 〈창업자가 꼭 봐야할 동영상〉을 제시하여 페이스북, 페이팔, Y-Combinator 대표가 말하는 실전전략을 담았습니다. 최근 각광받고 있는 플립러닝(Flipped Learning) 방식을 적용할 수 있도록 각 챕터별로 주요 동영상을 제시함으로써 사전학습을 진행할 수 있도록 구성했습니다.

넷째, 예비창업자와 초기창업자의 주요 궁금증을 해결하기 위해 〈예비창업자가 궁금해 하는 Q&A〉를 구성했습니다. 창업자들의 고민거리는 크게 다르지 않습니다. 그런 고민을 해결할 수 있는 방안을 제시함으로써 창업초기의 시행착오를 줄일 수 있도록 했습니다. 의사결정의 연속인 창업과정에서 합리적인 판단을 위한 시금석의 역할을 할 수 있도록 각 장마다 관련 Q&A를 제시했습니다.

다섯째, 창업의 학문적 발전과 실무적 근거를 제공하기 위해 관련 분야 연구를 제시했습니다. 각 장마다 창업 세부 분야별로 관련 연구결과를 제시함으로써 전공서적에서 제시하는 내용의 신뢰도를 높였습니다. 특히 창업학 석박사과정에 있는 연구자들에게 창업연구방법의 사례를 제시함으로써 창업학의 학문적 발전을 도모하고자 노력했습니다.

우리나라는 기업가정신과 창업의 중요성에 대해 강조하면서도 제대로 된 창업가를 길러내기 위한 컨텐츠와 교육방법, 학제(學制) 및 환경 조성은 제대로 이루어져 있지 못하고 있습니다. 대학 교육에서도 아직 주변적인 영역을 벗어나지 못하고 있습니다. 이 분야를 하나의 독립된 전공으로 인정하지 않기 때문에 대부분의 대학에 전문 교수진이 확보되지 못하고 있습니다. 현재 미국 주요 대학에서는 창업학이 전공, 부전공, 석박사과정으로 확대되는 과정이며, 우리나라 창업학의 영역도 점차 확장되는 초기 단계에 있습니다. 이러한 상황에서 제대로 된 창업교육이 이루어지기 위해서는 좋은 교재가 개발되어 사용되어야 합니다. 이 책은 이러한 상황을 조금이라도 개선해보기 위한 노력에서 시도되었습니다.

개정판이 나오기까지 도움을 주신 단국대 창업학 석박사과정 여러분들게 감사를 드립니다. 개정판의 실무적인 일을 담당한 글로벌벤처전략연구소 연구원에게 감사의 말씀을 드립니다. 항상 믿어주고 격려해주는 가족에게 이 책을 드립니다.

2020년 12월
단국대학교 죽전캠퍼스에서
저 자

▶ 다양한 실습자료

창업아이디어 선정, 디자인씽킹, 비즈니스 모델캔버스, 사업계획서 수립, 지식재산권 확보, 마케팅 전략 수립 등 창업에서 실질적으로 사용하는 다양한 기법들을 실습해 볼 수 있게 구성했습니다. 다양한 실습자료를 제시함으로써 참여식 창업교육을 위한 방안을 모색합니다.

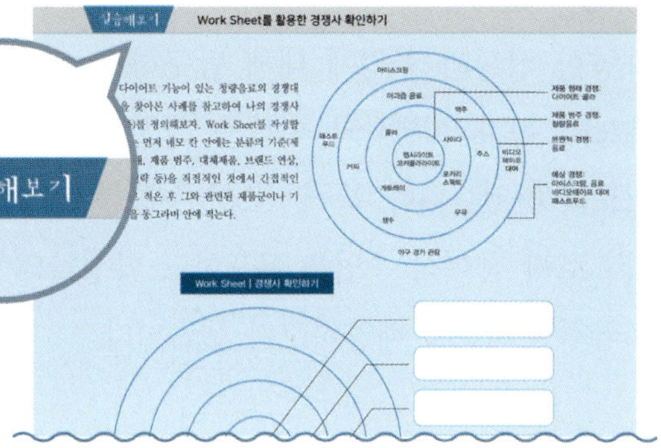

▶ 실제 창업가들의 이야기

성공한 창업가들이 겪었던 비하인드 스토리나 에피소드를 통해 교재 내용에 더욱 몰입할 수 있도록 했습니다. 창업자들의 성공 및 실패 이야기를 제공함으로써 창업에 대한 균형 있고 객관적인 태도를 갖도록 노력했습니다.

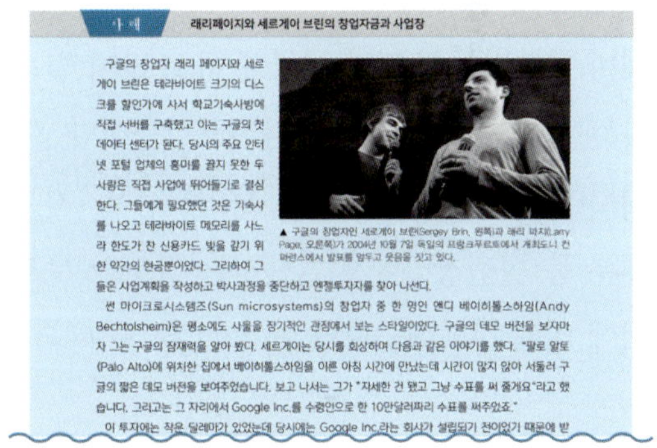

▶ 창업자가 꼭 봐야할 동영상

각 장마다 유튜브를 활용한 동영상을 제시했습니다. 각 장 주제와 부합한 동영상 자료를 통해 온·오프라인 교육의 효과성을 높였습니다.

▶ 생각해보기

다양한 상황과 환경에 대해 탐구하고 고민해보며 독자의 생각과 시각을 확장시킬 수 있도록 하였습니다. 특히 〈토의주제〉를 제시함으로써 참여식 수업을 유도하고 학생들의 적극적인 사고를 배양하고자 했습니다.

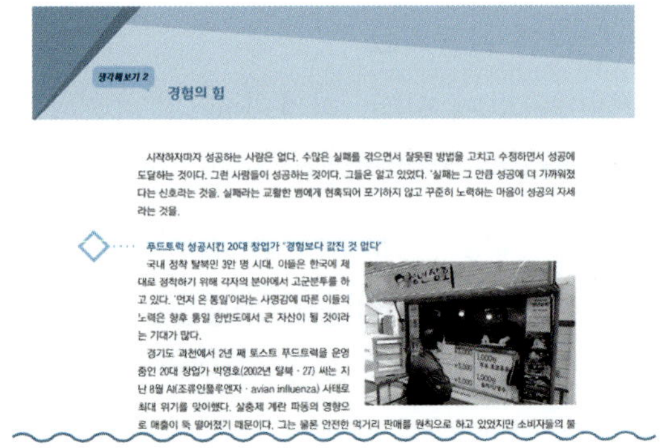

▶ 궁금해 하는 Q&A

예비 창업자들이 가장 궁금해 하고 많이 질문하는 내용들을 정리하여 답변하였습니다. 아이디어 구현방법, 팀 결성, 사업자등록, 지분배분 등 실전창업에서 발생하는 다양한 문제점에 대해 정리했습니다.

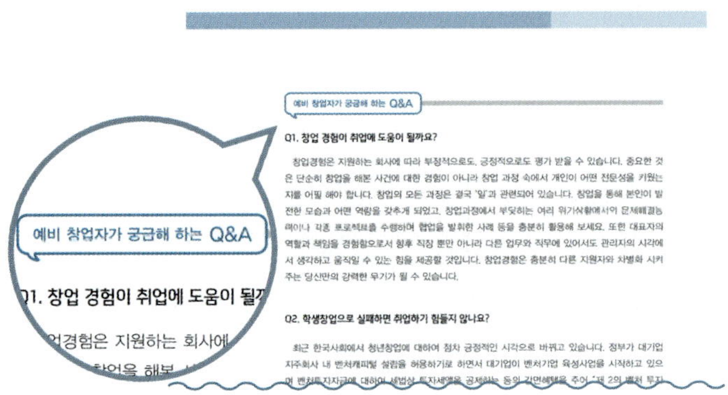

▶ 유용한 TIP

창업과 관련하여 핵심적인 정보와 다양한 조언을 통해 놓치지 말아야 할 점 등을 알려줍니다.

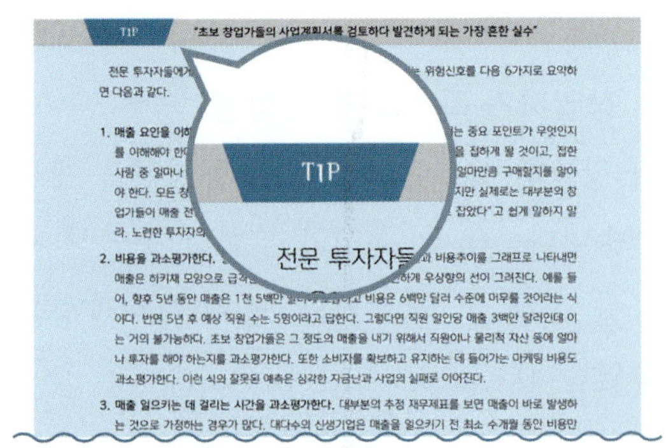

국내 대학의 창업교육을 질적으로 성장시키기 위해서는 보다 체계적이고 실천적인 교육과정이 필요합니다. 아이디어 창출부터 창업단계에 이르기까지 창업의 전 과정을 학습하기 위해서는 새로운 교육방법론이 대두됩니다. 창업과정은 끊임없는 문제해결의 연속이며, 기존의 수동적인 학습자가 아닌 문제해결 중심의 능동적인 학습자가 요구되기 때문에 기존의 이론적 및 수동적 창업교육에서 탈피해야 합니다. 이를 위해 본 교재는 플립러닝(Flipped Learning) 방식과 PBL(Problem Based Learning) 방식을 적용한 교재 활용법을 제시합니다.

1. 플립러닝(Flipped Learning)

학습자들은 교수가 제공한 학습 자료를 온라인을 통해 사전에 학습하고, 강의실에서는 사전에 학습한 내용을 토론 및 심화 학습하는 방식

가. 플립러닝을 통한 창업교육의 성과와 효율성 제고

교실 수업 전에는 스스로 공부할 수 있는 강의 콘텐츠를 학생들에게 제시하고, 교실 수업에서는 학생들이 해결하지 못한 문제를 공동으로 해결하거나, 좀 더 심화된 학습활동을 동료 학습자들과의 토론이나 교수자의 도움을 통하여 수행하도록 합니다.

나. 교재 활용법

교재에서 제시한 교육 콘텐츠를 활용하여 〈사전학습〉, 〈본 강의〉, 〈사후 학습〉을 통해 교육효과성을 제고합니다.

〈사전학습〉		〈본 강의〉		〈사후학습〉
– 〈생각해보기〉사전 학습 – 〈동영상〉 사전 시청	➡	– 심화 학습(PPT 자료) – 〈생각해보기〉 종합토론 – 〈동영상〉 종합토론 – 〈Q&A〉 학습 및 토론	➡	– 조별 프로젝트 진행
사전 학습한 내용에 대한 의견을 학습사이트를 통해 댓글 형태로 제시		오프라인을 활용한 강의 및 종합 토론		개인 및 팀 활동

2. PBL 방식 학습

실제 문제를 학습자들이 해결하는 과정에서 학습이 이루어지는 학습자 중심의 학습 모형이다. PBL은 다양한 실제 상황 속에서 학습자가 문제를 해결하기 위해 알고 있는 지식과 기술을 적용하고 연구 자료를 조사하여 해결안을 도출하는 학습자 중심의 교육방법이다.

가. PBL 방식을 창업교육의 성과와 효율성 제고

기업가정신을 함양시켜 효과적인 창업을 유도하기 위해서는 개인 및 팀의 아이템을 자기 주도적으로 발굴해야 합니다. 또한 현장 중심의 학습을 통한 문제해결과정이 요구되며, 이를 통해 비즈니스모델 수립 및 창업 현장에 적용할 수 있습니다. PBL 방식을 창업과정에 적용시킴으로써 개인 및 팀의 역량을 증대시킬 수 있으며, 해결방안을 찾는 과정을 통해 기업가정신 및 문제해결능력을 향상시킬 수 있습니다.

나. 교재 활용법

창업 전 과정을 단계별 모듈화시킴으로써 기업가정신의 함양, 아이디어 개발 및 발굴을 통한 사업화 과정, 팀 구축 및 조직운영, 디자인씽킹(Design Thinking)기반 문제해결, 지속가능한 창업기업 경영 등 창업에 관한 구체적인 사항들을 단계별로 구성했습니다. 특히 개인 단위뿐만 아니라 팀 단위의 활동을 강조합니다. 교수자들은 학습 사이트 구축 또는 네이버 및 다음 카페를 개설함으로써 교수와 학생, 팀원들 간의 소통을 활성화 시켜야 합니다.

자세한 교재활용법은 네이버 카페 〈글로벌벤처전략연구소〉
https://cafe.naver.com/globalstartuplab 를 통해 알 수 있습니다.
기업가정신 및 창업 교육에 대한 다양한 정보와 최신 교육방법론을 공유토록 하겠습니다.

Contents | 이 책의 목차

제1장 기업가정신과 창업

❖ 생각해보기 ① | 막다른길 취업대란에 신음하는 청춘 18

Ⅰ 기업가정신의 의의와 핵심가치 20

1. 기업가정신의 의의 20
2. 기업가정신의 핵심개념 23

❖ 생각해보기 ② | "우리 재킷 사지 마세요", 환경이 먼저인 아웃도어 브랜드 파타고니아 25

Ⅱ 창업의 의의와 주요 요소 27

1. 창업이란 27
2. 창업의 주요 요소 28

Ⅲ 창업의 과정 및 창업경영 34

1. 창업의 과정 34
2. 창업 경영 36

Ⅳ 취업과 창업 39

❖ 생각해보기 ③ | 성장할 수 없다면 떠나라. 41

❖ 예비창업자가 궁금해 하는 Q&A 43

Q1. 창업 경험이 취업에 도움이 될까요? 43

Q2. 학생창업으로 실패하면 취업하기 힘들지 않나요? 43

❖ 창업자가 꼭 봐야할 동영상 | 에어비앤비를 통해 배우는 바퀴벌레 정신 44

❖ 논문을 통해 배우는 창업 | 기업가정신과 창업교육 성과간의 연구 45

제2장 창업의 필요성과 한국의 창업생태계

❖ 생각해보기 ① | 취업만을 생각하는 그대에게 – Ⅰ 48

Ⅰ 고용환경의 변화 51

1. 고용시장의 유연성 강화 52
2. 화이트칼라 일자리 경쟁 격화 53
3. 학력과 일자리의 불균형으로 인한 실업급증 53
4. 노동계층의 양극화 심화 54
5. 노동력의 고령화 54
6. 서비스 및 신규분야의 고용확대 55

Ⅱ 창업의 필요성 인식 56

1. 사회적 이슈로서의 실업 56
2. 최근 청년실업의 추이와 원인 57
3. 창업은 선택 가능한 경력 대안 60

Ⅲ 창업 활성화 영향요인 62
Ⅳ 우리나라의 창업환경 66
❖ 생각해보기 ② | 취업만을 생각하는 그대에게 - II 68
❖ 예비창업자가 궁금해 하는 Q&A 71
Q3. 저의 아이디어를 앱으로 구현하고 싶습니다. 71
Q4. 외주업체를 통해 많이 창업하지 않나요? 71
Q5. IT 회사를 창업하려면 꼭 해당 지식이나 기술을 가지고 있어야 하나요? 71
❖ 창업자가 꼭 봐야할 동영상 | Sam Altam이 말하는 공동창업자의 구성 72
❖ 논문을 통해 배우는 창업 | 대한민국 창업생태계현황 및 인식 연구 73

제3장 창업의 성공과 실패

❖ 생각해보기 ① | 실패한다면 우리에게 무엇이 남는가 76
Ⅰ 창업기업의 성공과 실패 78
1. 창업의 성공과 실패 78
2. 창업실패의 원인 80
Ⅱ 창업실패 기회의 축소와 창업성공 요인의 탐색 85
1. 창업실패를 줄이는 방법 85
2. 창업성공 요인의 탐색 89
Ⅲ 창업실패에 대한 입장과 대처자세 100
1. 우리나라의 창업실패 입장 100
2. 창업실패는 개인과 사회의 자산 102
❖ 생각해보기 ② | 경험의 힘 105
❖ 예비창업자가 궁금해 하는 Q&A 107
Q6. 창업에 성공보다 실패할 확률이 높은데 창업을 해야하는 이유? 107
Q7. 창업은 학생, 직장인 중 어느 쪽이 성공 가능성이 높나요? 107
Q8. 아이디어가 여러 개입니다. 어떤 아이디어를 선택하는 것이 좋을까요? 107
❖ 창업자가 꼭 봐야할 동영상 | 김민철 야나두 대표 〈100% 성공하는 법〉 108
❖ 논문을 통해 배우는 창업 | 창업 성공에 영향을 미치는 창업준비단계 핵심요인 연구 109

제4장 창업아이템 선정 및 창업 절차

❖ 생각해보기 ① | 화상 트라우마를 성공으로 탈바꿈한 Dr.G 안 대표 112
Ⅰ 트렌드 분석 114
1. 트렌드의 개념과 중요성 114
2. 트렌드에 영향을 미치는 요인 116
3. 트렌드 분석의 접근방법 및 절차 120

Ⅱ 창업기회의 발견 124
1. 창업아이디어의 원천 125
2. 창의적 사업 아이디어의 창출기법 127
3. 아이디어에서 제품 · 서비스로 132
4. 사업기회의 특징과 사업위험 135
Ⅲ 기업의 형태와 설립절차 137
1. 창업기업형태의 이해 137
2. 개인기업과 법인기업 138
3. 개인기업의 설립절차 139
4. 법인기업의 설립절차 140
❖ 생각해보기 ② | 혼자하기 보다 함께 하라 142
❖ 예비창업자가 궁금해 하는 Q&A 144
Q9. 스타트업 동업 시 분쟁이 잦은 이유는 무엇인가요? 144
Q10. 창업 아이디어를 얻기 위해서는 어떤 방법이 있을까요? 145
Q11. 창업아이템이 무조건 트렌드를 따르는 것이 좋은 것인가요? 145
❖ 창업자가 꼭 봐야할 동영상 | Zero to One(독점하라) – Peter Thiel(페이팔 창업자) 146
❖ 논문을 통해 배우는 창업 | 기업가정신 온라인교육의 효과성 검증 147

제5장 사업타당성 분석 및 비즈니스플랜 수립

❖ 생각해보기 ① | 창업기업의 성패를 좌우하는 것 150
Ⅰ 비즈니스플랜 수립 152
1. 사업계획서의 중요성 153
2. BMC를 활용한 한 장짜리 사업계획서 작성하기 154
3. 구체적인 유형별 사업계획서 작성하기 159
4. 사업계획서의 평가 163
Ⅱ 사업타당성 분석 164
1. 사업타당성 분석의 의의 및 필요성 164
2. 사업성 평가 요소 165
3. 경쟁자를 통한 사업타당성 분석 172
4. SWOT분석을 통해 사업타당성 제고하기 175
❖ 생각해보기 ② | "스타트업은 빠른 실행이 생명... 일단 제품 내놓고 시장 반응 살펴야" 177
❖ 예비창업자가 궁금해 하는 Q&A 180
Q12. 사업계획서 작성 시 꼭 들어가야 할 포인트는 무엇인가요? 180
Q13. 사업계획서 작성 시 유의해야 할 점은? 180
Q14. 비즈니스 모델은 하나여야 하나요? 180
❖ 창업자가 꼭 봐야할 동영상 | 작은 프로토타입이 페이스북으로 발전된 과정 181
❖ 논문을 통해 배우는 창업 | 소상공인의 창업 경영진단과 컨설팅을 위한 린 스타트업의 활용 사례연구 182

제6장 창업자원의 조달과 운영

❖ 생각해보기 ① | 버티는 것이 성공? 186
Ⅰ 창업자금의 중요성 188
Ⅱ 창업기업의 재무전략 191
1. 창업소요 자금표 192
2. 창업자금 조달계획표 193
Ⅲ 창업프로젝트의 경제성 분석 195
1. 경제성분석의 이해 197
2. 경제성분석 수행방법 198
Ⅳ 자금조달의 원천 205
1. 비공식 투자자 활용하기 206
2. 정부지원 활용하기 207
3. 금융투자를 통해 자금 조달하기 209
❖ 생각해보기 ② | "차세대 교통 시스템의 선두주자 될래요" -알트 에이- 214
❖ 예비창업자가 궁금해 하는 Q&A 215
Q15. 올바른 창업자금 운용전략은 어떻게 해야 하나요? 215
Q16. 스타트업 설립 시 도움 받을 수 있는 정부지원제도는? 215
Q17. 외부 투자를 꼭 받아야 하나요? 만약 투자를 받고자 한다면 어떻게 하면 될까요? 215
❖ 창업자가 꼭 봐야할 동영상 | 스타트업 성공의 가장 중요한 요소 216
❖ 논문을 통해 배우는 창업 | 메이커 사례 및 인식조사를 통한 메이커 활성화 및 성공요인 분석 217

제7장 창업을 위한 지식재산 전략

❖ 생각해보기 ① | 디테일로 승부하라 220
Ⅰ 지식재산권이란 221
1. 지식재산권의 종류 222
Ⅱ 특허의 이해 228
1. 특허출원의 기본원칙 및 요건 230
2. 특허출원의 절차 232
Ⅲ 특허정보조사 및 선행기술 조사 236
1. 특허정보조사의 필요성 236
2. 특허정보조사의 유형 236
3. 특허정보조사 방법 238
Ⅳ 지식재산 창업전략 240
1. 지식재산을 활용한 창업전략 240
2. 특허 활용하기 241

❖ 생각해보기 ② | 특허의 힘 -스티브 잡스- 246
❖ 예비창업자가 궁금해 하는 Q&A 246
Q18. 아이디어를 기반으로 사업계획서 작성 시 유의해야할 점? 246
Q19. 프랜차이즈 창업을 고려하고 있습니다. 어디서 정보를 얻을 수 있을까요? 247
Q20. 제품에 많은 기능을 넣으면 고객들도 좋아하지 않을까요? 247
❖ 창업자가 꼭 봐야할 동영상 | 좋은 아이디어를 구상하는 세 가지 방법 248
❖ 논문을 통해 배우는 창업 | 아시아 주요 국가별 창업자들의 창업환경에 대한 인식과 창업태도에 대한 연구 249

제8장 창업기업의 인적자원관리 전략

❖ 생각해보기 ① | 권한위임의 리더십 252
Ⅰ 창업조직의 인적자원관리 254
Ⅱ 벤처조직의 형성 256
1. 창업 팀의 구성 256
2. 벤처 조직의 인적자원관리 258
❖ 생각해보기 ② | 학습하지 않으면 성장할 수 없다. 264
Ⅲ 보상제도 266
1. 보상제도의 필요성 266
2. 보상이론 및 여러 가지 보상제도 266
❖ 생각해보기 ③ | 인적자원을 통해 성장하라. 277
❖ 예비창업자가 궁금해 하는 Q&A 278
Q21. 스타트업은 어떤 방식과 기준으로 채용해야 할까요? 278
Q22. 스타트업 설립 시 개인사업자와 법인사업자 중 시작하기 좋은 것은? 279
Q23. 용역에 하면서 회사를 유지해야하는지, 바로 회사의 아이템에 집중해야 하는지? 279
❖ 창업자가 꼭 봐야할 동영상 | 여러분은 주는 사람(Giver)인가요, 받는 사람(Taker)인가요? 280
❖ 논문을 통해 배우는 창업 | AER사례를 통한 스타트업기업의 성공요인 분석 281

제9장 창업기업의 마케팅 전략

❖ 생각해보기 ① | 마케팅으로 대성공, 페브리즈 284
Ⅰ 벤처경영과 마케팅 286
1. 마케팅 개념 287
Ⅱ 마케팅 관리 289
1. 마케팅 환경 289
2. 문제점 및 기회의 발견 SWOT 분석 290
3. 마케팅 전략과 마케팅 믹스 291

4. 고객지향적 마케팅 전략 292
5. 통합적 마케팅믹스의 개발 295
6. 마케팅기능의 관리 298
Ⅲ 마케팅의 종류 301
1. 바이럴 마케팅 301
2. 블라인드 마케팅 301
3. 소셜미디어 마케팅 302
Ⅳ 첨단시장 마케팅 304
1. 첨단시장 마케팅 304
2. 기술수용주기이론과 단계별 고객 특성 305
3. 벤처기업의 캐즘 극복전략 308
❖ 생각해보기 ② | 유니콘 기업, 무신사 311
❖ 예비창업자가 궁금해 하는 Q&A 312
Q24. 시제품을 먼저 만들어 보고 싶은데 어떻게 해야 할까요? 312
Q25. IR 피칭 시에 주의 할 점은 무엇인가요? 312
Q26. 고객에게 가치를 제공하라는 말이 어렵습니다. 어떻게 가치를 담아야 할까요? 313
❖ 창업자가 꼭 봐야할 동영상 | 초기 고객 찾는 법 314
❖ 논문을 통해 배우는 창업 | 전통시장 청년몰 청년상인의 기업가정신 및 정부지원 프로그램이 창업성과에 미치는 영향 315

제10장 창업에서 수성으로

❖ 생각해보기 ① | 시스템으로 돌파하기 318
Ⅰ 창업기업의 성장 320
Ⅱ 창업기업의 성장전략 322
1. 가치사슬 확인하기 323
2. 무형자원과 역량 325
3. 조직시스템 재설계 326
4. 사내 핵심인재 육성 326
5. 글로벌 전략 327
Ⅲ 합리적 · 창의적 기업문화 조성 329
1. 임파워먼트의 시작 329
2. 위임에서 분권화로 331
3. 합리적 · 창의적 기업문화 331
Ⅳ 창업기업의 출구전략 334
❖ 생각해보기 ② | 두려움을 아는 자가 수성(守城)한다. 337

❖ 예비창업자가 궁금해 하는 Q&A 339
Q27. 직원은 언제 채용하는 것이 좋을까요? 339
Q28. 인력이 필요할 경우 지원받을 수 있는 방법은 무엇인가요? 339
Q29. 적합한 인재를 찾기가 어렵습니다. 채용한 인력들이 금방 그만둘 때는? 339
❖ 창업자가 꼭 봐야할 동영상 | 성공의 열쇠는 바로 '기개'이다. 340
❖ 논문을 통해 배우는 창업 | 미국 주요 대학의 창업교육 및 창업프로그램 비교분석 341

제11장 사회적기업

❖ 생각해보기 ① | "실패해도 복귀 보장"… 사내 벤처 키우는 기업들 344
Ⅰ 사내 기업가정신 346
1. 글로벌 경영환경의 변화 346
2. 기업의 생존방식 변화의 필요성 346
3. 지속가능한 성장을 이끄는 사내기업가정신 347
4. 사내기업가정신의 의의 349
Ⅱ 사내벤처 351
1. 국내 사내벤처 사례 351
2. 해외 사내벤처 사례 357
3. 사내벤처 활성화 전략 359
Ⅲ 사회적 경제와 사회적 기업 361
1. 사회적 경제 361
2. 사회적 기업의 출현과 목적 362
3. 사회적 기업의 이해 362
4. 사회적 기업의 의의 364
5. 사회적 기업의 자격요건과 지원제도 366
6. 사회적기업 사례 368
❖ 생각해보기 ② | 폐식용유로 개도국의 어둠을 밝히다 370
❖ 예비창업자가 궁금해 하는 Q&A 373
Q30. 창업진행과정에서 피벗이 필요하나요? 373
Q31. 자신의 제품(서비스)에 대한 홍보효과를 높이고, 고객테스트를 하고 싶을 때는? 373
❖ 창업자가 꼭 봐야할 동영상 | 일상에서 발견한 스마트한 사업의 기회 374
❖ 논문을 통해 배우는 창업 | 사내기업가정신과 구성원의 직무만족 및 이직의도에 관한 다수준 분석 375

학습목표

1. 자신의 진로계획은 무엇이며, 진로결정은 어떠한 과정을 통해 진행되어야 하는지에 대해 파악해 보자.
2. 기업가정신의 의미와 왜 기업가정신이 개인과 국가차원에서 필요한지에 대해 이해한다.
3. 창업의 주요 요소에 대해 알아보고 자신에게 필요한 창업요소에 대해 찾아보자.
4. 창업자의 마인드는 무엇이며 성공적인 창업을 위한 마음가짐에 대해 이해한다.

"세상에서 가장 같이 일하기 힘든 사람들은 가난한 사람들이다"
자유를 주면 함정이라 얘기하고 작은 비지니스라 얘기하면 돈을 별로 못본다고 얘기하고.
큰 비즈니스 라고 얘기하면 돈이 없다고 하고. 새로운 걸 시도하자 하면 경험이 없다 하고.
전통적인 비지니스라고 하면 어렵다고 하고. 새로운 비지니스모델이라고 하면 다단계라고 하고.
상점을 같이 운영 하자고 하면 자유가 없다고 하고.
새로운 사업을 시작 하자고 하면 전문가가 없다고 한다. **그들에게는 공통점이 있다.**
구글이나 포털에 물어보기를 좋아하고, 희망이 없는 친구들에게 의견 듣는 걸 좋아하고
자신들은 대학교 교수보다 더 많은 생각을 하지만 장님보다 더 적은 일을 한다.
그들에게 물어보라 무엇을 할 수 있는지 그들은 대답할 수 없다.
내 결론은 이렇다!
당신의 심장이 빨리 뛰는 대신 행동을 더 빨리 하고.
그것에 대해서 생각해 보는 대신 무언가를 그냥 하라.
가난한 사람들은 공통적인 한 가지 행동 때문에 실패한다.
그들의 인생은 기다리다가 끝이 난다.
그렇다면 현재 자신에게 물어봐라.
당신은 **가난한 사람**인가?

「마윈, 알리바바창업자」

제1장

기업가정신과 창업

Ⅰ 기업가정신의 의의와 핵심가치

Ⅱ 창업의 의의와 주요 요소

Ⅲ 창업의 과정 및 창업경영

Ⅳ 취업과 창업

생각해보기 1

막다른 길...
취업대란에 신음하는 청춘

IMF 외환위기가 터진지 20여년이 흘렀지만 서민들의 체감경기는 한겨울을 벗어나지 못하고 있다. '오륙도', '사오정'은 이미 옛말이다. 전체 실업자 100만명 가운데 20대 비중이 40%가 넘을 정도로 청년실업은 우리 사회의 심각한 문제로 자리잡았다.

"예전에는 고시하다 안 되면 취업한다고 하잖아요. 요즘은 취업이 워낙 어렵다 보니 여기서 안 되면 끝이에요. 차선이 없죠."

대학 4학년 때부터 행정고시 준비를 시작한 황모 씨(남, 29세). 고시 3년 차인 그에게 올해는 마지막이라는 절박함뿐이다. 그는 새벽 6시 일어나 눈을 뜨자마자 어디론가 향했다.

"이 새벽에 무슨 스터디냐고요? 고시생들이 대부분 혼자 생활해서 늦잠을 자거나 가끔 나태해질 수 있어서 기상스터디를 해요."

기상스터디가 뭘까. 6시30분에 맞춰 신림동 학원 앞으로 뛰어간 황씨는 살을 에는 영하권 추위 속에서 누군가를 기다렸다. 이윽고 약속했던 5명이 모두 모이자 헤어졌다. 이게 끝이었다. 서로의 기상만 체크해주는 스터디다. 고시생의 하루는 단조롭다. 기상→학원수강→독서실→취침으로 이어지는 반복적인 일상에서 최대한 자신의 페이스를 잃지 않는 게 관건이다. 기상스터디는 내가 늦으면 다른 사람들까지 피해를 본다는 식의 강박을 주입하고 이를 서로 확인하는 자기관리 방법이다.

좋게 보면 생활습관을 바꾸기 위한 서로간의 약속이지만, 그 바탕에는 이렇게라도 하지 않으면 스스로 무너질 수 있다는 절박함이 묻어있다.

정당한 대가를 받고
일할 수 있는 일자리 하나

취업준비생들의 바람은 거창한 게 아니었다. 정당한 대가를 받고 꿈을 펼칠 수 있는 일자리 하나다. 하지만 현실은 녹록지 않다. 공식적인 청년실업률은 9.9%. 10명 중 1명꼴이지만 고시생이나 단기근로자 등이 통계에서 제외된 점을 감안하면 실제 실업률은 훨씬 높다는 게 공통된 관측이다.

일거리가 없어 시간제로 근무하며 더 나은 일자리를 찾는 청년을 포함한 체감 청년실업률은 지난해 기준 22.7%다. 청년 4명 중 1명이 원하는 일자리를 찾지 못하고 있다는 얘기다. 실제로 한국고용정보원 '고용동향 브리프 11월호'에 따르면 2017년 5월 기준 청년의 첫 취업 평균 소요기간은 12개월이다. 이들 역시 1년 이상 취업만을 준비하며 수십 개의 원서를 쓰고 있었다.

이정아 고용정보원 부연구위원은 "청년층의 첫 취업 평균 소요기간이 1년으로 일자리 탐색에 긴 시간을 투자하는 것으로 나타났다"며 "그 이유는 기간이 길어지더라도 신중하게 입직을 결정하는 청년층의 경향과 노동시장에서 경력이 없거나 부족한 청년을 수용하지 않는 분위기 등 두 가지 측면으로 볼 수 있다"고 설명했다.

기업도 정부도 속수무책

기업 입장에서도 할 말이 없는 건 아니다. 대기업 한 인사담당자는 "기존 인력도 희망퇴직 등으로 내보내는 마당에 신규 인력을 채용하기란 현실적으로 쉽지 않은 문제가 있다"며 "불확실한 환경 속에서 생존을 걱정해야 하는 기업 처지도 감안해야 한다"고 말했다.

금융권 관계자는 "조선 · 중공업 · 건설 등이 일자리 창출효과가 컸는데 최근 몇 년간 문닫거나 구조조정을 하면서 구직자들이 느끼는 채용문이 더 좁아졌을 것"이라며 "반도체가 잘 나간다고 하지만 대규모 장치산업이라 고용에 미치는 파급효과는 생각만큼 크지 않다"고 설명했다.

청년실업 문제를 '국가 재난' 수준이라고 했던 정부도 해결책을 찾는데 어려움을 겪으면서 이래저래 발등에 불이 떨어졌다. 이 와중에 터진 공기업과 금융권의 채용특혜는 가뜩이나 추운 겨울을 보내는 취준생들에게 칼날 같은 상처를 남겼다.

"지하철 안에 정장을 입고 지쳐있는 직장인들을 보면 그저 부럽죠. 하반기에도 30개 정도 원서를 썼는데, 서류전형 통과하기가 하늘의 별 따기에요. '흙수저'인 게 죄죠."

서울 시내 한 어학원 앞에서 만난 김 모씨(25세, 여)는 스펙이라도 쌓겠다며 오전 내내 어학원에서 토익 수업을 듣고 나오는 길에 이 같은 말을 남기고 사람들로 붐비는 지하철역으로 사라졌다.

「비즈니스왓치, 2018.2.7.」

무엇이 문제일까? 우리 시대의 청년들은 언제까지 정치가나 행정가들의 대안에 목을 빼고 기다려야 하는가? 이 시대에 살고 있는 많은 청춘들이 97년 IMF이전의 아름답던 취업시장(필자도 경험하지 못했고 살짝 보기만 했던)을 맛볼 수 있을 것인가?

감히 말하고 싶다. 어떤 취업률 제고정책이 나타나도, 국내 대기업의 매출액이 높아져도, 우리나라 GDP가 5만달러가 넘는 시대가 오더라도 이 시대 2030세대의 아픔은 해소되지 않는다. '언젠가는 취업시장이 좋아지겠지'라는 기대심리를 과감히 버려야 한다. 자신의 삶의 방향을 기성세대가 만든 잉여(剩餘) 기준에서 벗어나 새로운 길로 향해야 한다. 영광스러운 임금 근로자의 삶을 살기 위해 청춘을 바치기 보다는 자신의 삶을 개척할 수 있는 길을 젊을수록 빨리 찾아야 한다.

토의문제

- 여러분들이 생각하는 취업은 어떤 의미인가요?
- 여러분들은 구체적인 진로계획이 있습니까? 있다면 스스로가 결정한 계획인가요?
  또는 주변의 권유나 시선으로 결정된 것인가요?

I 기업가정신의 의의와 핵심가치

지난 20여년간 기업가정신은 학문분야에서도 획기적으로 발전된 영역이 되었다. 창업과정에 대한 이해뿐만 아니라 기업가정신을 배울 수 있는 기회는 점차 확대되고 있다. 물론 이를 배운다고 해서 모두가 빌게이츠나 스티브잡스, 마크주커버그처럼 성공할 수 있는 것은 아니다. 이는 물리학을 배운다면 아인슈타인이, 테니스를 배운다고 러시아의 미녀 테니스선수 사라포바가 될 수 없는 것과 마찬가지이다. 하지만 적합한 자질을 가진 학생이 제대로 창업과 기업가정신을 학습한다면 보다 나은 기업가로 성장할 수 있는 가능성은 높아질 수 있다.

1. 기업가정신의 의의

현대의 시장경제체제는 많은 산업에 있어 창의력과 추진력을 겸비한 창업기업가(Entrepreneur)에 의해 주도되고 있다. 그 바탕에는 창의적 기업가정신(Entrepreneurship)이 깊이 뿌리를 내리고 있다. 그렇다면 기업가정신의 본질은 무엇인가?

지금으로부터 약 200년 전인 1800년경 프랑스의 경제학자 세이(J.B. Say)에 의하면 기업가는 "경제적 자원을 생산성이 낮은 영역으로부터 생산성과 이득이 높은 영역으로 이전시키는 사람"이라고 하면서 "Entrepreneur"라는 용어를 제창하였다. 기업가정신은 바로 이러한 사람들이 지니고 발휘하는 진보적인 사고체계와 행위양식을 통칭하는 것이다. 즉, 기업가정신은 무에서 유의 가치를 창조하고 축적하는 행위라고 할 수 있다. 이러한 행위는 현재 주어진 자원의 제약에도 불구하고 부(Wealth)를 창출할 수 있는 기회를 적절히 포착하는 과정이며, 남들이 못 보는 기회를 감지하는 창의력, 보완적 역량을 지닌 이들과의 팀워크, 보유하고 있는 자원뿐만 아니라 외부의 자원도 동원할 수 있는 추진력 등을 요구한다.

기업가정신의 개념은 국가의 상황이나 시대에 따라 바뀌어 왔다. 그러나 어떤 상황에서든 기업가가 갖추어야 할 본질적 정신은 같다고 할 수 있다. 기업가정신은 기업가의 경영철학이나 경영신조에 그대로 반영되어 경영활동의 전반에 영향을 미치게 되는 것이다.

기업은 이윤의 획득을 목적으로 운영하는 자본의 조직단위이기 때문에 생존을 위해서는 먼저 이윤을 창출해야 한다. 동시에 기업은 이윤을 사회에 환원한다는 점에서 사회적 책임도 가지고 있다. 기업을 이끌어가는 기업가는 이윤을 창출하면서도 사회적 책임을 소홀히 하지 않는 정신을 지녀야 한다. 올바른 기업가정신을 갖기 위해서는 이윤창출과 사회적 책임이 전제되어야 한다.

기업가정신과 관련된 대표적 학자인 경제학자 조셉 슘페터(Joseph A. Shumpeter)는 기업가란 **"새로운 제품과 서비스를 창출하거나 새로운 생산방법을 도입하거나, 새로운 조직형태를 창조하거나, 새로운 원재료를 활용함으로써 기존 경제 질서를 파괴하는 사람"**이라고 정의하였다. 슘페터는 몇몇 국가의 예를 들어, 기업가들이 어떻게 사람들의 삶의 질을 높일 수 있었는지에 대해서도 언급하였다. 1760년경 영국에서 산업혁명이 발생하였을 당시에는 지구상의 어떤 국가도 2천년 전 로마제국이 가졌던 정도의 삶의 질을 누리지 못하였다. 하지만 1870년부터 1979년에 걸쳐 16개국의 삶의 질이 평균 7배 이상 향상되었다. 슘페터가 말하는 창조적 파괴는 세상을 바꾸는 정도의 혁신을 말하는 것이므로 창조적 파괴란 쉽지 않다. 대부분의 신규 사업은 기존시장에 뛰어드는 형태로 시작되기 때문이다. 그래서 최근에는 기업가정신을 좀 더 넓게 보면서 새로운 사업을 시작하는 모든 기업가들이 가져야 할 창조적인 정신을 기업가정신으로 보고 있다.

오늘날 기업가는 변혁을 일으키고 끊임없이 새로운 가치를 창조하지 않으면 안 되기 때문에 언제나 변화를 탐구하고, 변화에 대응하며, 도전하고 또한 변화를 기회로 이용할 수 있어야 한다. 따라서 기업가정신은 종합적인 경영의 실천이라 할 수 있다. 기업가정신의 실천 속에 기업이익, 사회적 책임, 노사화합, 기업성장도 이루어지게 된다. 따라서 오늘날에는 기업가정신을 전문경영자의 능력과 총체적 리더의 기준으로 논의되고 있으며, 이러한 기업가정신은 세계화의 진전과 무한경쟁이라는 기업환경 속에서 보다 효과적인 경쟁을 위해 모든 조직에 필요하다. Entrepreneurship이라는 용어로 통용되고 있는 기업가정신을 보다 상세하게 고찰해 보면 그것이 기업가의 행위를 의미하는지, 기업가의 성격을 나타내고 있는지, 또는 기업가의 능력을 표현하는지 각 학자들마

▲ 대표적인 기업가(Entrepreneur)

다 이에 대한 정의와 내용은 다르다. 그러나 종합적으로 볼 때 기업가정신은 결국 창업자가 자신의 기업경영뿐만 아니라 그가 살아가고 있는 동시대의 구성원 속에서 그의 비전과 인생의 가치를 함께 구현하는 데서 진정한 기업가정신을 논할 수 있다.

더 알아보기 한국의 기업가정신(근대화 초기)

한국에 최초로 근대적인 기업이 출현한 것은 1876년 개항 직후 일본계 기업들이 진출하면서부터였다. 1883년 한·영 통상조약 체결을 계기로 외국 상인들이 개항장을 벗어나 지방소도시까지 직접 진출하자 이에 위협을 느낀 객주, 여각, 보부상 등 전통적 상업조직들이 외국상인들에 효과적으로 대응할 목적으로 사업조직 및 방법의 혁신을 모색했던 것이다. 민족계 기업들이 본격적으로 생겨나기 시작한 것은 1890년대 중반부터이다. 청일전쟁(1894~5)을 전후하여 일본, 중국 등 외국 상업자본에 의한 침탈이 격화되자 이에 자극받은 토착자본가들이 자본을 결합하여 산업 각 부문에서 왕성한 기업설립활동을 전개했던 것이다. 안희제는 보성전문을 거쳐 양정의숙을 졸업한 지식인으로 1909년에는 신민회에 참여하는 한편 김동삼, 서상일 등과 함께 대동청년단을 조직해서 국권회복운동에도 적극 가담했다. 1914년에는 독립운동자금 조달과 민족경제발전을 위해 부산에서 백산상회를 설립했다. 1919년 5월에는 자본금 100만의 백산무역주식회사로 재발족했다. 이 회사는 대구, 서울, 원산, 중국 봉천 등지에 지점을 설치할 정도로 사세가 확장되면서 안희제는 부산일대의 거물 기업가로 부상했다. 당시 백산무역은 상해임시정부 운영자금의 60%를 담당한 것으로 추정되고 있다.

국내 최장수 제약회사인 동화제약은 1897년에 당시 궁중 내의원출신의 민병호가 설립한 동화약방의 후신이다. 민병호의 장남 민강(1884~?)은 1912년에 가업을 계승해서 동화약방을 더욱 발전시켰다. 가전의 비방인 부채표 '활명수'가 공전의 히트를 기록한 것이다. 그 와중에서 독립운동에도 적극 가담해서 1919년 3.1독립운동 때에는 최남선, 함태영 등 민족지도자들과 함께 독립선언문을 기초하는데 참여했으며 상해 임시정부 수립 및 물산장려운동에도 가담했다. 그는 상해임시정부에 수시로 군자금을 제공했을 뿐 아니라 국내연락책으로 활동하는 등 독립운동에 적극 가담 했다. 동화약품을 상해임시정부의 국내거점으로 활용했다. 이로 인해 그는 경찰에 검거되어 혹독한 고문과 옥고를 치루기도 했다. 덕분에 동화제약이 다른 사람에 인수되었으며 민강의 집안 또한 몰락했다. 민족계 기업설립운동을 주도한 자본가계층은 귀족·관료, 지주 및 상인출신들이었다.

「출처 : 산업화기 한국기업가정신과 유교(이한구, 2015)」

2. 기업가정신의 핵심개념

(1) 혁신성(innovativeness)

기업가정신의 가장 핵심적인 요소는 바로 혁신성이며 기업가는 혁신가이다. 혁신성은 기업가정신의 중요개념으로 슘페터가 제기한 이후 여러 연구자들이 기업환경 내에서 혁신의 중요성을 규명하고 있다. 혁신은 창업뿐만 아니라 기존 기업조직에도 적용되며 창조적 파괴를 통하여 지속적으로 조직발전에 기여할 수 있다.

혁신성은 기업성장과 전략적 위치를 강화하기 위한 중요한 수단으로 제품생산의 새로운 기술혁신과 새롭게 적극적으로 시도하는 경영관리활동을 의미한다. 또한 새로운 아이디어, 제품과 서비스 그리고 프로세스개발을 목표로 한 실험과 창조적 프로세스를 통해 새로운 것을 기꺼이 도입하는 기업의 성향을 말한다. 혁신은 기업의 현재 수준을 넘어 기존의 기술과 프로세스를 바꿀 수 있는 것으로 급속한 변화가 요구되는 오늘날 경쟁적 우위를 유지하기 위한 중요한 수단이 된다.

혁신성은 기업가들이 기업의 성장을 위해 만드는 기회의 과정으로 볼 수 있다. 혁신성은 조직이 기술혁신을 강조하거나 제품 및 시장혁신을 통하여 기업이 생존하는 것 또는 공정혁신, 관리관행기법을 적극적으로 도입하려는 일련의 경영 관리활동으로 말할 수 있다.

(2) 진취성(progressiveness)

진취성은 시장 내 경쟁자에 대한 적극적인 경쟁의지를 통해 우월한 성과를 내기위한 의욕을 보이거나 시장 내에서 경쟁사들에게 직접적이고 강도 높은 수준으로 도전하는 자세이다. 이를 위해서는 새로운 가능성을 예측하고 추구함으로써 신흥시장에 참여하려는 기업가적 자세가 필요하며 시장의 기회를 이용하는 최고의 전략으로서 시장을 선점하는 것을 강조하고 있다.

진취성은 경쟁자들보다 한 발 앞서 시장변화에 참여하는 적극적인 행동이며 새로운 시장수요에 부응하는 활동으로 시장에서 경쟁사를 압도하기 위해 경쟁하는 기업의 성향이다.

진취적인 기업은 미래지향뿐만 아니라 산업 내 경쟁특성의 변화를 탐색하고, 시장과 산업 내 성공적인 주도권을 가지는 위치에서 경쟁자에 대해 대응하고 시장 선점자의 이점으로 브랜드 정체성의 구축과 관리기술의 실행 및 산업 내 새로운 기술을 제품과 시장에 적용해야 한다.

(3) 위험감수성(risk sensitivity)

위험감수성은 기업이 새로운 사업성공의 확신이 없을지라도 과감하게 행동해서 기꺼이 새로운 사업기회를 포착하는 능력을 의미한다. ① 성공에 대한 확신 없이 새로운 사업을 포함하고 검증되지 않은 기술에 투자 또는 시험을 거치치 않은 시장의 진입과 같은 사업 위험감수성, ② 기업의 보유 재무재산의 손실을 감수하며 성장을 위해 자원을 투입하는 재무 위험감수성, ③ 최고 경영진이 전략적 활동과정을 위해 감수하는 인적위험감수성이 있다.

(4) 자율성(autonomy)

자율성은 작업자가 과업을 수행하는데 발휘하는 자유재량의 총량이며, 작업들의 일정계획과 직무수행에 사용되는 절차들을 결정하는 등 개인에게 직무에 대해 실질적인 자유, 독립성, 그리고 자유재량을 제공하는 정도이다. 위험감수성 및 혁신성에 밑거름 역할을 하는 자율성은 기업이 구성원에게 자율적이고 허용적인 분위기를 조성함으로써 새로운 제품 개발 및 다양한 아이디어 출현에 큰 역할을 한다.

자율성은 새로운 아이디어와 비전을 향하여 목표를 달성하고자 하는 개인이나 팀의 독립적인 행동을 의미한다. 구성원들에게 자신들의 업무와 관련된 자유와 재량권을 부여하게 되면 구성원들은 자신의 공헌을 가치 있게 인식하게 되며, 직무에 대한 자율성은 조직에 대한 긍정적 인식을 향상시키게 된다.

(5) 리더십(leadership)

창업가는 자기 자신을 철저히 관리하고 절제를 행하는 셀프 리더십(Self Leadership)뿐만 아니라 타인을 독려하고 꿈과 비전을 제시하고 동기부여를 줄 수 있는 변혁적 리더십(Transformational Leadership)을 갖고 있어야 한다. 성공한 창업가는 강한 리더십을 지니고 있으며 진취적이고 열정적이며 긍정적인 기업가정신을 발휘하고 있다.

(6) 책임감(responsibility)

창업을 행하거나 혁신을 실행할 때 자신의 책임감을 다하는 것은 기업가정신의 핵심요소이다. 사업결과에 대한 것은 물론 사업전반에 대한 문제를 주도적으로 해결해 나아가는 강한 책임감은 매우 중요한 덕목이며, 창업기업의 발전뿐만 아니라 사회적 책임에 대해서도 고민하고 실천해야 한다.

"우리 재킷 사지 마세요"... 환경이 먼저인 아웃도어 브랜드 파타고니아

"환경 파괴를 막기 위한 우리의 노력은 강한 내구성, 기능성, 아름다움, 단순함을 지닌 최고 품질의 제품을 만드는 것이다."(파타고니아 설립자, 이본 쉬나드)

파타고니아는 1973년 설립된 글로벌 친환경 라이프 스타일 아웃도어 기업이다. '최고의 상품을 만들되 그로 인한 환경 피해를 유발시키지 않으며, 환경 위기에 대한 해결 방안을 수립하고 실행하기 위해 사업을 이용한다'는 기업 이념을 기반으로 꾸준히 성장하고 있다. 파타고니아는 미국 캘리포니아 벤츄라에 본사가 있으며 전 세계 1700여명의 직원을 거느리고 있다. 국내에는 2013년 11월 조인트벤처를 설립해 현재 전국에 15개 매장을 운영 중이다.

환경 파괴자라는 것을 깨달은 클라이머의 파타고니아 설립

프랑스계 캐나다 출신의 미국인 이본 쉬나드는 1950년대 중반에서 1960년대 중반까지 이른바 요세미티 등반의 황금기를 이룬 클라이머(등반자)의 일원으로서, 미국 현대 록 클라이밍과 아이스 클라이밍의 대부다.

쉬나드는 자신이 원하는 피톤(바위 틈새에 박는 금속 못) 장비를 찾지 못하자 직접 등반 장비를 만들기로 결심한 후 항공공학자 친구인 톰 프로스트와 손잡고 '쉬나드 등반장비(Chouinard Equipment)'를 탄생시켰다.

강한 내구성으로 높은 수요를 창출해낸 쉬나드는 큰 성공을 거뒀지만 그 대가로 자신이 환경 파괴자가 됐다는 사실을 깨달았다. 그는 바위의 본래 형체를 유지하면서 등반할 수 있는 '클린 클라이밍'을 출시한다. 이를 계기로 질기고 견고한 의류를 함께 제작하면서 1973년 아르헨티나 파타고니아 지방의 피츠로이(Fitzroy) 산계를 브랜드 정체성으로 살린 파타고니아를 설립하게 된다.

파타고니아의 환경보호에 대한 헌신

제조 또는 자재 공급 방법, 염색 및 마감 과정에서 발생하는 환경 피해 또한 최소화하는 것이 그의 디자인 철학이다. 특히 파타고니아는 클라이밍, 트레일 러닝, 파도타기, 플라이 낚시처럼 기계동력을 필요로 하지 않는 아웃도어 활동을 위한 제품만을 생산한다.

'Don't Buy This Jacket(이 재킷을 사지 마세요)'은 파타고니아가 2011년 뉴욕타임스 블랙 프라이데이에 내건 광고 문구다. 파타고니아는 자신들의 제품을 무턱대고 사기보다는 오래 입기를 권하며 절약을 강조한다. 내구성이 강한 제품을 만들어 필요 없는 구매를 줄이고, 망가진 제품은 수선해 수명을 연장시키는 'Worn Wear' 캠페인을 통해 더 이상 필요 없는 제품은 새 주인을 찾아주는 등 기업 철학을 실천하고 있다.

더불어 파타고니아는 환경에 대한 책임의식을 갖고 매출액의 1%를 자연 보존과 복원에 투자하기 위해 창립자 쉬나드와 블루리본 파일스(Blue Ribon Files)의 오너 크레이그 매튜스가 비영리 법인인 '지구를 위한 1%'를 설립했다. 이 단체는 생태계 보호 및 복원에 힘쓰는 환경 운동단체를 위해 1985년 이래로 610억원의 기금을 조성해 지원하고 있다.

이 외에도 생산과 공급과정, 염색 및 마감에서 발생하는 원자재의 불필요한 소비를 줄이고 그 수치를 측정하기 위해 독립기관인 블루사인(Blue Sign) 스탠더드와 협력하거나 본사 주차장에 태양 전지판을 설치하고 전기차 충전시설 및 전용 주차공간을 마련하는 등 친환경 활동을 실천하고 있다.

투명경영, 책임경영 약속

벤츄라 사무실에는 직원들을 위한 내부 탁아소 시설, 안마의자, 요가, 에어로빅, 농구 및 배구 시설과 서프보드 저장소가 있다. 뿐만 아니라 직원들에게 엔진이 달린 이동수단 사용 자제를 위해 상시 이용 가능한 자전거를 비치했다. 이러한 혜택들로 파타고니아는 포춘 매거진이 선정한 '다니기 좋은 100대 기업'에 매년 선정되고 있다.

파타고니아는 환경에 대한 책임의식에 기반한 다양한 프로그램들도 선보이고 있다. 대표적 사례가 '풋프린트 클로니클스(Footprint Chronicles) 프로그램'이다. 이 프로그램은 상품이 생산에서부터 소비자에게 도달하기까지 환경에 미치는 영향을 추적해 제품 생산의 투명성과 책임감을 높이는 데 기여하고 있다.

파타고니아는 또 환경을 위해 힘쓰는 시민 활동가들과 정기적으로 회의를 열어 교류의 장을 마련하고 있으며, 인턴십 프로그램을 활용해 직원들이 최대 2개월 동안 원하는 환경단체에서 일할 수 있도록 하는 등 적극적으로 환경운동에 동참하고 있다. 파타고니아는 이들 직원에 월급과 수당을 지급해 환경단체의 인력 확보에도 도움을 주고 있다.

한편, 파타고니아는 캘리포니아 기업 최초로 2012년 1월 이윤 창출과 사회적 책임 모두를 적극적으로 수행하는 'B(Benefit) 기업'에 선정됐다.

「기사원문 : http://www.etoday.co.kr/news/section/newsview.php?idxno=979204」

Ⅱ 창업의 의의와 주요 요소

1. 창업이란

창업이란 사업의 기초를 세워 회사를 설립하는 일로서 새로운 기업을 조직하고 설립하는 일체의 행위를 일컫는다. 학문적인 의미로서의 창업은 **'개인이나 법인이 금전획득을 목적으로 하는 기업을 새로이 만드는 일'**이고 **'창업가가 사업아이디어들 가지고 자원을 결합하고 시장에 판매하는 사업활동을 시작하는 일'**이다. 즉, 인적 및 물적 자원을 적절히 결합하여 기업목표를 달성하기 위하여 상품이나 서비스를 생산, 조달, 판매하거나 그에 부수된 활동을 수행하는 것이다. 따라서 취급하는 상품이나 서비스 유형 또는 자금의 크기에 관계없이 기존 사업체를 인수하거나 완전히 새로운 사업을 시작하는 것 등 모두 창업이라 할 수 있다.

창업은 Schumpeter나 Vesper 등의 학자에 따라 다소 차이는 있지만 제품 또는 용역을 생산하거나 판매하는 사업을 시작하기 위해 이제까지 존재하지 않았던 새로운 기업조직을 설립하는 행위라고 할 수 있으며, 창업가의 능력을 갖춘 개인 또는 단체가 기존의 사업체를 인수하거나 사업 아이디어를 지니고 사업 목표를 수립하여 적절한 시기에 자본, 인원, 설비, 원자재 등 경영자원을 확보 · 결합하여 제품 혹은 서비스 생산과 용역을 제공하는 기업을 새로이 설립하는 것이라고 할 수 있다.

또한 **창업은 경영철학과 신념을 바탕으로 이루어져야 하는 것으로, 단지 돈벌이만을 위해 창업하는 것은 단순히 일하는 것에 지나지 않는다. 그러므로 창업은 개인에게는 자아실현의 기회가 되고 국가와 지역사회에 공헌하는 참다운 의미가 있어야 되기 때문에 명확한 기업이념과 투철한 기업가정신, 확고한 기업윤리를 기반으로 이루어져야 한다.**

2. 창업의 주요 요소

창업을 하는 데는 많은 요소들의 투입을 필요로 한다. 멋진 건축물의 신축, 빛나는 예술품의 창작과 마찬가지로 훌륭한 기업의 탄생은 우수한 투입요소들의 합리적이고 효율적인 결합에 의해서 가능하게 된다. 창업자들이 성공하기 위해서는 창업가, 기회, 사업아이디어, 자원 등 필수요소들을 바로 세워야 한다. **제프리 티몬스(Jeffry Timmons)는 회사를 세우고 성장시키는 데 필요한 기회, 기업가(팀), 자원을 제시하면서 아무리 좋은 아이디어가 있더라도 제대로 된 팀이 없다면 소용없으며, 운영가능한 자원이 없다면 아이디어와 팀도 소용이 없다고 설명한다.**

현대 벤처투자의 선구자격인 조지 도리오(Georges Doriot)는 "A급 아이디어를 가진 B급 인재에 투자하면 안 된다. 항상 B급 아이디어를 가진 A급 인재에 투자하라"라고 말한다. 결국 이러한 핵심요소들은 성공적인 창업의 기본요건으로 이들 중 하나에 심각한 결함이나 취약점이 있는 경우 성공적인 창업은 불가능하게 된다.

(1) 창업자와 팀

사업을 한다는 것은 쉬운 일이 아니다. 일단 사업을 시작하게 되면 연습기간이 없다. 포착한 기회가 얼마나 그럴 듯해도 관리능력이 없다면 사업에 성공할 수 없다. 예비창업가가 해당 산업분야에서의 적절한 경험이 없다면 창업 전 경험을 쌓거나 경험이 있는 동업자를 찾아야 할 것이다.

그림 ❶-1 제프리 티몬스의 모델에 기초한 3가지 성장 동력

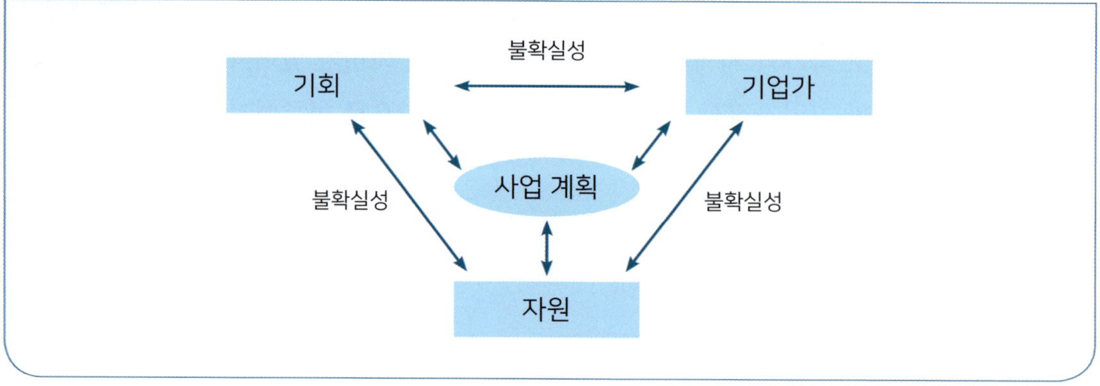

창업자가 사업을 구상하는 경우 요구되는 핵심적인 요소는 인적요소, 즉 창업자 혹은 기업가 본인이다. 그러나 인적요소인 창업자는 창업의 주체인 창업자를 포함하여 생산, 판매, 관리업무 등 각 기능을 담당할 인적자원을 총칭하는 넓은 의미로 이해되기도 한다. 즉 창업을 하는데 있어 모든 재정적 부담과 위험을 책임지는 순수한 개념의 창업자(공동창업자)와 더불어 창업자를 도와서 제품이나 서비스를 생산하고 판매하며 일상업무를 담당하는 종업원도 창업자의 범주에 볼 수 있다. **창업자는 창업의 주도자로서 창업 아이디어의 확보, 사업성 분석, 사업계획 수립, 계획의 실행 등을 주도하고 책임진다.** 아무리 좋은 사업 아이디어일지라도 사업능력과 경영기술을 갖춘 탁월한 사람에 의해 발전되지 않는 한 그 사업은 성공하기 힘들다. 따라서 창업자는 창업분야에 대한 지식 및 정보, 장단점 등을 스스로 체크하고 평가하여 자신의 능력에 맞는 창업을 해야 할 것이다. 이와 함께 창업자는 기업설립에

표 ①-1 "10D" 성공하는 기업가의 중요한 특성

Dream(꿈)	기업가들은 미래의 모습에 대한 비전을 가지고 있다. 보다 중요한 것은 그들에게 이꿈을 실현할만한 능력이 있다는 것이다.
Decisiveness(결단력)	기업가들은 일을 미루지 않는다. 신속한 결정을 내린다. 결단의 신속함은 그들의 성공에 있어서 핵심 요소이다.
Doers(실행)	기업가들은 일단 결심하면 바로 실행에 옮긴다.
Determination(결정)	기업가는 자신의 사업에 최대한 몰입하여야 한다. 종종 사업을 중도에 포기하거나, 어려움이 생기면 포기하는 경우가 있으나 기업가는 어려움에 맞서 자신의 결정에 책임을 다한다.
Dedication(전념)	기업가는 자신의 사업에 전념한다. 심지어 가족과 친구들과의 관계가 멀어질 정도로까지 말이다. 그들을 지칠 줄 모르고 일한다. 창업초기 휴일도 없이 매일 12시간씩 일하는 것이 드문 일이 아니다.
Devotion(헌신)	기업가들은 자신의 일을 사랑한다. 그렇기 때문에 힘들어도 버틸 수 있다. 또한 자신의 제품이나 서비스를 사랑하기 때문에 잘 판다.
Details(꼼꼼함)	기업가들은 꼼꼼하지 못하면 일을 그르친다는 말을 믿는다. 사업을 일으키고 키울 때 꼼꼼함은 특히 중요하다. 기업가는 가장 세세한 부분까지 철저히 꿰뚫고 있어야 한다.
Destiny(운명)	기업가가 되는 이들은 고용주의 손에 자신의 운명을 맡기기 보다 자기 손으로 자신의 운명을 개척하기를 원한다.
Dollars(돈)	부자가 되는 것이 기업가들의 최고의 동기부여 요인은 아니다. 그러나 부는 성공의 척도로 여겨진다. 기업가들은 성공하면 그에 따른 보상이 있을 것이라고 기대한다.
Distribute(분배)	기업가들은 사업의 성공에 기여한 직원들에게 사업의 소유권과 결과물을 적절히 분배할 줄 안다.

「출처 : 기업가정신, 이민화·이현숙, 2013」

필요한 유 · 무형의 자원을 동원하고 적절히 결합하여 기업이라는 시스템을 만들고, 설립된 기업이 의도한 대로 기능을 발휘할 수 있도록 관리하는 역할을 수행해야 한다. 그러므로 성공적인 창업을 위해서는 이러한 역할을 수행할 수 있도록 창업자 본인이 유능한 창업자가 되려는 노력을 지속적으로 해야 하며, 훌륭한 창업자를 양성하기 위한 사회 및 국가차원의 노력과 지원이 필요하다.

창업의 성공은 운이라고 말하는 사람도 있다. 그러나 다른 분야와 마찬가지로 기업가로서 성공하는 것은 결코 행운의 결과만이 아니다. 기업가는 기회를 포착하고 이를 성공적인 사업으로 키우는 기술과 능력이 필요하다. 그러기 위해서는 준비가 되어 있어야 한다.

성공적인 기업가들의 가장 중요한 특성들을 〈표 1-1〉에서 정리하였다. 만약 자신이 이러한 특성들이 부족하다면 노력을 통해 자신의 부족한 부분을 채우고, 자신을 보완할 수 있는 팀을 찾고 구하면 되는 것이다.

(2) 사업아이디어

사업아이디어란 설립되는 기업이 무엇을 생산할 것인가 또는 어떤 서비스를 제공할 것인가를 의미하는 것이다. 따라서 생산품은 구체적인 형태를 가진 재화일 수도 있고, 형태의 정의가 어려운 무형의 서비스일 수도 있다. 사업 아이디어의 원천은 창업자 자신일 수도 있고, 창업팀의 구성원으로부터 얻어지거나, 전혀 다른 제3자로부터 얻어진 것일 수도 있다. 이러한 사업 아이디어는 사업기회 포착의 첫 단계이며 창업자가 사업을 추진하기 위해 필요로 하는 기본 도구이다. 하지만 아이디어 자체만으로는 실질적인 창업을 수행하기가 어렵다. 좋은 아이디어가 반드시 좋은 사업기회를 의미하는 것은 아니기 때문이다. 아이디어가 좋은 사업기회가 되기 위해서는 사업상 매력도가 높아야 하며, 지속적인 수익성을 보장할 수 있어야 한다. 무엇보다도 중요한 것은 **고객에게 새로운 가치를 창출할 수 있는 제품이나 서비스를 제공**하는 것이다.

사업 아이디어와 관련하여 티먼스(J. A. Timmons) 교수는 '사업기회'라는 개념을 중요시한다. 그는 사업 아이디어만으로는 기업이 성립될 수 없고, 이익을 창출할 수 있는 환경과 여건이 만족되어야 기업이 성립될 수 있다고 말한다. 그가 말하는 사업기회라는 것은 기업이 성립될 수 있는 여건이나 환경, 시점이라고 할 수 있다. 아이디어와 창의력, 그리고 창업자의 상황이 결합될 때 비로소 기회가 될 수 있다.

(3) 자본(창업자금)

자본이란 창업에 필요한 금전적 자원뿐만 아니라 자본을 이용하여 동원할 수 있는 토지, 기계, 원재료, 기술자 등을 포괄적으로 의미한다. 이때 자본은 창업자 자신이 출자한 것일 수도 있고, 창업팀에 속한 여러 구성원의 공동자금일 수도 있다. 또한 창업과 경영에 직접 참여하지 않는 제3자로부터 조달할 수도 있다.

창업을 위해서는 사업규모에 맞는 자금이 필요하며, **대개의 경우 창업자들이 창업과정에서 자금문제로 애로를 겪게 된다. 초기 창업자금은 본인의 능력에 맞게 최소화하는 것이 필요하다. 필요자금의 산정은 개업 준비자금, 운영자금, 시설자금 등으로 구분하여 계획하는 것이 좋다.**

창업을 위한 자금공급은 개인적인 차원뿐만 아니라 공익적인 차원에서도 중요하다. 이러한 이유로 원활한 창업 자금공급을 위해 여러 가지 제도가 운영되고 있다. 예를 들어 창업자금 제공을 주 업무로 하는 민간 벤처캐피털과 공공 창업펀드 등이 있다. 물론 민간 및 공공 등 외부로부터 자금을 지원받기 위해서는 까다로운 심사과정을 거쳐야 한다. 하지만 과거에 비해 정부 및 민간을 통한 창업자금의 공급은 증가하며 개선되고 있다는 점에서 창업자의 적극적인 자금 확보 노력이 매우 중요하다.

표 1-2 업력별 신규투자 비중(2019년 10월 기준)

구분	2012	2013	2014	2015	2016	2017	2018	2019
초기(~3년)	30%	26.7%	30.8%	31.1%	42.3%	32.8%	28.6%	34.4%
중기(~7년)	25.4%	23.5%	24.8%	27.9%	28.3%	27.9%	34.9%	40.4%
후기(7년~)	4.6%	49.8%	44.4%	41%	29.4%	39.3%	36.5%	25.2%

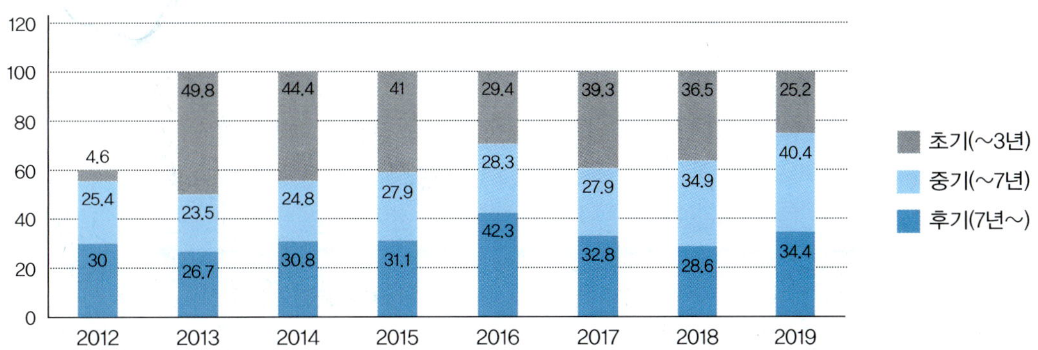

표 1-3 투자재원현황(조합 결성) [단위: 억 원]

구분		2016	2017	2018	2019	2020.06
신규	조합수	120	164	146	170	56
	금액	38,271	45,883	48,435	42,387	11,388
운영	조합수	603	716	804	918	956
	금액	170,026	204,766	241,944	274,436	282,651

표 1-4 개인투자 소득공제 실적(2019년 6월 기준)

구분	2014	2015	2016	2017	2018
투자액	876	1,842	2,186	2,465	4,057
기업수	226	411	441	481	665

국내 벤처시장의 투자현황을 살펴보면 초기 창업기업의 투자비율이 지속적으로 상승하고 있으며, 투자조합의 활성화로 인해 투자재원의 다양화가 이루어지고 있다. 특히 2000년대 초반 벤처거품 붕괴로 인해 감소된 엔젤투자가 2014년 이후 대폭적으로 증가하고 있는 상황이다. 엔젤투자자 수도 2018년 17,857명으로 2017년 대비 20.4% 증가되었으며, 개인투자조합 결성도 2017년 137개에서 2018년 370개로 증가된 점에서 투자활성화의 긍정적인 신호가 나타나고 있다.

(4) 실행

초기 창업팀이 멋진 팀웍 구축, 고객 기반의 사업아이디어, 충분한 자본을 갖추기는 매우 어려운 일이다. 불확실성하에서 기회를 잘 인식하고 사업아이템을 발굴하여 구체적이고 멋진 사업계획을 수립하더라도 이를 실제 실행(execution)하지 않으면 기업가적 특성을 지녔다고 보기 어렵다. 창업가와 몽상가의 차이는 크지 않다. 불확실성하에서 부족한 부분을 보완하여 실제 사업화 할 수 있도록 현실과의 고리를 끊임없이 만들어 내고 있느냐에 달렸다. 이것이 창업가와 몽상가와의 차이를 만들어 내는 가장 큰 구분이다.

사례 래리페이지와 세르게이 브린의 창업자금과 사업장

▲ 구글의 창업자인 세르게이 브린(Sergey Brin, 왼쪽)과 래리 파지(Larry Page, 오른쪽)가 2004년 10월 7일 독일의 프랑크푸르트에서 개최도니 컨퍼런스에서 발표를 앞두고 웃음을 짓고 있다.

구글의 창업자 래리 페이지와 세르게이 브린은 테라바이트 크기의 디스크를 할인가에 사서 학교기숙사방에 직접 서버를 구축했고 이는 구글의 첫 데이터 센터가 된다. 당시의 주요 인터넷 포털 업체의 흥미를 끌지 못한 두 사람은 직접 사업에 뛰어들기로 결심한다. 그들에게 필요했던 것은 기숙사를 나오고 테라바이트 메모리를 사느라 한도가 찬 신용카드 빚을 갚기 위한 약간의 현금뿐이었다. 그리하여 그들은 사업계획을 작성하고 박사과정을 중단하고 엔젤투자자를 찾아 나선다.

썬 마이크로시스템즈(Sun microsystems)의 창업자 중 한 명인 앤디 베이히톨스하임(Andy Bechtolsheim)은 평소에도 사물을 장기적인 관점에서 보는 스타일이었다. 구글의 데모 버전을 보자마자 그는 구글의 잠재력을 알아 봤다. 세르게이는 당시를 회상하며 다음과 같은 이야기를 했다. "팔로 알토(Palo Alto)에 위치한 집에서 베이히톨스하임을 이른 아침 시간에 만났는데 시간이 많지 않아 서둘러 구글의 짧은 데모 버전을 보여주었습니다. 보고 나서는 그가 "자세한 건 됐고 그냥 수표를 써 줄게요"라고 했습니다. 그리고는 그 자리에서 Google Inc.를 수령인으로 한 10만달러짜리 수표를 써주었죠."

이 투자에는 작은 딜레마가 있었는데 당시에는 Google Inc.라는 회사가 설립되기 전이었기 때문에 받은 수표를 현금화할 수 없었다. 이 수표는 페이지와 세르게이가 정식으로 구글이라는 회사를 세우고 친구, 가족, 지인들 중에서 추가적인 투자자를 찾는 동안 페이지의 책상 서랍에 2주 동안 방치되었다. 이 후 머지않아 두 사람은 창업자금으로 1백만달러 정도를 모을 수 있었다.

검색 엔진 개발에 매달려 2년 여를 보낸 1988년 9월 7일, 드디어 Google Inc.가 캘리포니아주의 멘로파크(Menlo Park)에 문을 열게 된다. 구글의 첫 사무실은 친구가 빌려 준 차고였던 덕분에 회사문이 리모컨으로 작동되었다. 이 사무실은 세탁기, 건조기, 욕조 등도 있었다. 구글의 첫 직원인 크레이그 실버스타인(Craig Silverstein)에게는 주차공간도 제공하였다. 실버스타인은 현재 구글의 기술 담당이사이다.

「Google History에서 발췌」

Ⅲ 창업의 과정과 창업경영

1. 창업의 과정

"내 아이디어는 정말 좋은 기회인가?"라는 질문은 사업을 시작하기 전에 해야 할 중요한 질문이다. 만약 창업을 고려하고 있다면 사업 아이디어가 진정 사업화될 만한 아이디어냐 아니냐에 따라 성패가 좌우될 수 있다. 그렇기에 사업아이디어를 평가하고 실현 가능성을 고려하는 것이 중요하다.

기존의 기업을 관리 · 통제하는 것은 일정 비율의 주식을 취득함으로써 가능할 수 있지만, 창업기업을 세우는 것은 기업 경영의 제반 구성 요소를 체계적으로 갖추고 나갈 때만 가능하다. 이때 요구되는 핵심적 구성 요소를 따져보면 제품 · 서비스의 아이디어, 기술적 노하우, 물리적 자원, 고객의 주문, 인맥 등이라고 할 수 있다.

그림 ❶-2 창업 기업의 생성과정

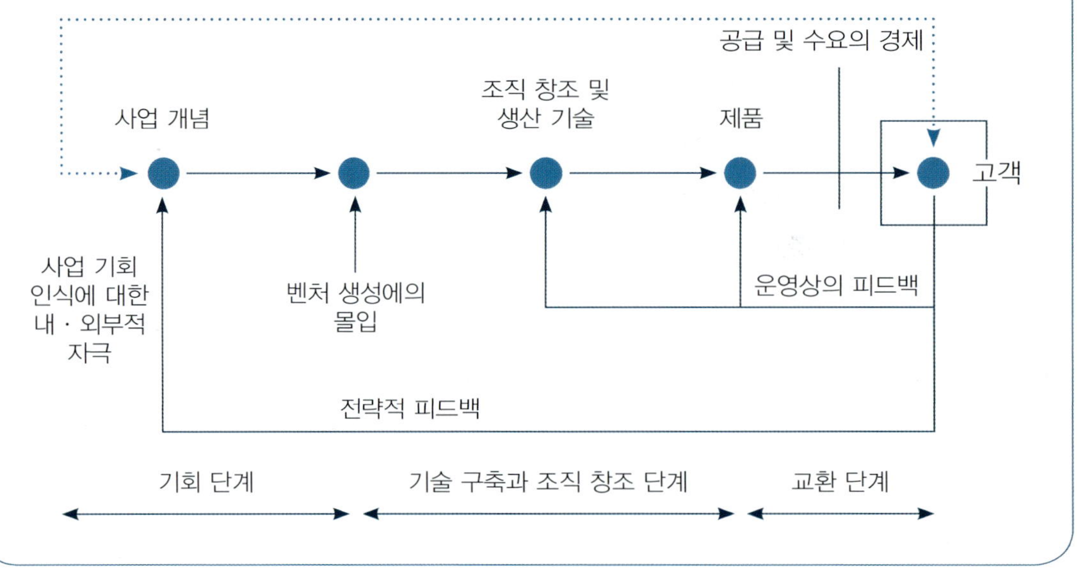

(1) 제품 · 서비스의 아이디어

사업의 개시에 무엇보다도 직접적인 영향을 주는 것은 잠재적 시장과 고객에게 제공할 제품이나 서비스의 특징에 대한 아이디어, 즉 창업 아이디어이다. 창업의 성공을 위해서는 이러한 아이디어가 빠른 시일 내에 구체화되고 실천되어야 한다. 그렇지만 사업 초창기에 도입한 창업 아이디어가 반드시 창업의 최종적인 성공 요소가 되는 것은 아니다. 기업이 커나가면서 사업을 성공으로 이끄는 창업 아이디어는 상황의 전개에 따라 달라질 수 있다.

(2) 기술적노하우

사업을 준비하고 운영하는 데는 설립 자본금, 운전자본, 설비자산 등의 물리적 자원이 필수적이다. 이들을 유치하고 적절히 배치하는 것이 창업자의 주요 역할 중 하나이다. 업종에 따라 이러한 자원의 중요도가 달라질 수 있다. 일반적으로 서비스 업종에 비해 많은 장치와 장비가 필요한 제조업의 경우 대규모의 자원이 동원된다.

(3) 물리적 자원

성공적인 창업가들은 제한된 자원으로 절약하며 버틴다. 간접비를 줄이고 생산성을 높이며, 사업 시작 단계에 들어가는 현금을 최소화하고 사업을 성장시키는데 집중한다. **기대이상의 매출액 발생이나 투자금을 확보하더라도 멋진 세단을 구입한다거나 임대료 비싼 고급오피스로 옮긴 창업자들 중에 지속적으로 성공을 유지하는 경우는 매우 드물다.**

(4) 고객의 주문

창업 아이디어를 통해 예견한 시장과 고객의 긍정적인 반응을 실제로 얻어내는 작업이 바로 고객으로부터 주문을 따내는 것이다. 고객의 첫 주문을 받아내는 것은 창업자에게는 계획상으로만 상상했던 시장의 존재를 직접 확인하는 중요하고 짜릿한 경험이다. **첫 번째 고객은 세상에서 제일 중요한 고객이 된다. 첫 고객을 만족시켜 재방문을 유도하는 것이 제품성공의 제일 중요한 관문이라 할 수 있다.**

(5) 인맥

사업의 추진은 진공 상태에서 이루어지지 않는다. 사업 구상 단계부터 성장기에 이르기까지 창업자는 주변의 친지와 가족으로부터 영향을 받게 된다. 이러한 인적관계를 자신의 사회적 자본(Social Capital)으로 받아들이고 이를 적극적으로 활용하고 개발하는 자세를 지닐 때 창업자는 보다 쉽사리 사업을 추진할 수 있다. 즉 성공적인 창업에는 노하우(Know-how)와 더불어 노후(Know-who)가 필요한 것이다. 사업 추진의 단계로 볼 때 초기에는 가족이나 친지 등의 비공식적 인맥(Informal Contacts)을 많이 접촉하고, 자금조달을 시작하는 후기에는 주로 금융인, 회계사, 변호사, 공무원, 부동산업자 등의 공식적 인맥(Formal Contacts)을 구축하는 경향을 보인다. 기존의 회사에서 사업과 관련된 경험을 쌓고 회사를 떠나 창업을 시도하는 퇴사 창업자의 경우 이전의 회사에서 다양하고 효과적인 인맥을 구축할수록 창업에 성공할 확률도 높아지게 된다. 자신의 사업을 개척하려고 꿈꾸는 사람은 인간관계에 대한 노력과 정성이 필요하다.

위와 같은 창업의 핵심적 구성요소가 한 번에 갖추어질 수 있는 것은 아니다. 따라서 그 중에서 무엇이 사업 추진의 초기 조건이 되고 어떠한 순서로 구성요소가 구비될지는 창업자와 사업의 배경에 따라 달라질 수 있다. 단지 창업자는 위와 같은 창업의 핵심적 구성 요소를 늘 염두에 둠으로써 어디에 사업의 노력을 집중할 것인가를 파악할 수 있다. 위의 여러 구성 요소가 충분히 갖추어져야 사업의 성공적인 추진이 가능하다. **현재 개인과 기업이 어떠한 구성 요소가 겸비되어 있고 무엇이 부족하지를 평가하고 우선순위를 정해야 한다.** 물론 창업가는 여러 구성 요소를 복합적으로 추구하는 것이 요구되지만, 무엇보다도 중요한 것은 창업가 자신의 헌신적 노력과 단호한 결단력이다. 성공적인 창업가는 과연 어떠한 사고방식을 갖고 있으며 어떠한 행동 패턴을 보일까 하는 것도 많은 관심을 끌어왔다. 창업가의 인성 자체가 사업성과 수익성을 전적으로 결정하는 것은 아니지만 사업에 임하는 창업가의 마음가짐이 사업 성패를 좌지우지할 수도 있다. **성공적인 창업가들은 공통적으로 긍정적인 사고의 소유자로서 사업 기회를 늘 염두에 두고, 위험 부담과 불확실성을 인내한다. 성공적인 창업가는 창의적인 자세로 상황의 요구와 변화에 적극적이며, 인간중심의 소통하는 리더십을 발휘한다.** 창업가는 일반 경영자들에 비해 더욱 창의적이고 혁신적인 사고와 행동이 요구되며, 창의적인 발명가들이 흔히 겸비하지 못하는 사업 경험과 경영 기법 및 인맥 등을 잘 활용한다.

2. 창업 경영

신설 기업을 창업하는 기업가나 혁신적인 경영방식을 도입하는 기업가는 기존 기업을 경영하는 일반 경영자들에 비해 경영관리에 있어 경영관리상 남다른 시각과 입장을 지닌다.

창업 경영(Entrepreneurial Management)의 핵심적인 특징은 현재 갖고 있는 자원의 유무에 상관없이 사업 기회를 적극적으로 추구하려는 경영 방식이라고 할 수 있다. 스티븐슨은 기존 기업의 관리적경영(Administrative Management)과 창업 경영을 비교하기 위해서 전략적 관점, 기회 대처, 자원의 투입 과정, 자원 통제의 개념, 경영관리 구조 및 보상 정책 등 여섯 가지의 차원을 제시하고 있다.

(1) 전략적 관점

전략적 관점은 기업의 전략 설정을 추진하는 요인들을 말한다. 기존 기업의 일반적인 경영자는 주어진 자원의 한계 내에서만 사업 기회를 찾으려는 경향을 보인다. 현재 상황을 뛰어넘으려는 자세보다는 가지고 있는 자원을 활용하는 데에만 급급하다. 반면에 창업 기업가는 스스로 기업 전략을 정의하기 때문에 주어진 자원의 한계를 넘어서라도 사업 기회를 인지하고 추구하는 자세를 보인다. 창업기업뿐만 아니라 기존의 기업도 사업기회가 급격히 사라지고 있다든지 기술, 소비자 기호, 사회적 가치, 정치적 환경 등이 급속히 변화하는 상황에서 창업 기업가의 기업가정신이 요구된다.

(2) 기회 대처

기회에 대처하는 자세에 있어서 창업가는 단순히 창의적이고 혁신적인 수준을 넘어서 발견된 기회를 적극적으로 추구하고 완수하는 면모를 보인다. 일반 경영자는 일단 설정된 사업 기회에 대해서 매우 장기적으로 대처하고 형태상의 변화를 거의 보이지 않는 경향이 있다. 반면 창업 기업가는 단기적인 관점을 가지고 기회를 재빠르게 추적하는 혁명적 행동지향성을 지닌다. 이러한 창업 기업가의 성패는 그가 얼마나 자신의 사업 분야를 잘 알고 있는가에 달려 있다.

(3) 자원의 투입과정

자원의 투입에 있어서 창업 기업가는 주요 의사결정 단계에 따라 다단계로 자원을 투입함으로써 단계별로 최소한의 투입을 하고자 한다. 이는 일반 경영자가 철저한 분석을 통해서 일단 결정된 사안에 대해서는 초기부터 집중적으로 자원을 주입하는 투자행위와는 크게 다른 것이다. 주변 상황이 매우 유동적일 때에는 창업 경영 방식으로 다단계 자원 투입을 하는 것이 시장, 경쟁 환경 및 기술 등의 변화에 적응할 때 결정적인 우위를 창출할 수 있다. 자원에 대한 장기적 통제가 불확실하고 향후 어떠한 자원의 필요성이 대두될지 예측 불허일 때 이러한 자원 투입 방침은 효과적인 대안이다.

(4) 자원의 통제

자원의 통제에 있어서 창업 기업가에게 필요한 것은 자원의 소유 그 자체보다는 자원을 실제로 활용할 수 있는 능력이 중요하다. 관리적 경영을 하는 일반 경영자는 기업이 직접적으로 소유하는 자원의 한계 내에서만 경영 활동을 고수하려는 경향을 보인다. 반면 창업 기업가는 자신의 자원뿐만 아니라 남의 자원도 마치 자신의 것인 양 활용하는 방식을 습득하며, 필요에 따라 어느 시점에서 필요자원을 사내에 유치할 것인가를 결정하는 능력을 갖는다. 특히 **한정된 자원을 활용해야 하는 창업 기업의 경우 무엇을 직접 생산하고 무엇을 외주할 것인가 하는 의사결정(Maker or Buy Decision)을 효과적으로 해야 할 뿐만 아니라 기술, 아이디어 및 인맥 등을 외부 조달할 경우도 이에 대해 직접적인 금전적인 대가를 치르지 않고서도 얻을 수 있는 융통성과 능력이 요구된다는 것이다.** 이러한 탄력적인 경영방식을 통해 급격한 자원 요구를 해소하며 비효율적인 투자와 고정비용을 최소화할 수 있다.

(5) 경영관리 구조

일반적인 경영관리자는 공식적이고 수직적인 위계구조에서 주어진 권한을 행사하고 책무를 수행하며 필요에 따라서 의사결정을 하부에 위임하게 된다. 창업가는 이에 반해서 다양한 비공식망을 접촉하기 위해 수평적인 구조를 창출하고 탄력적인 경영을 유도한다. 이를 통해 기업이 직접적으로 통제하지 못하는 자원을 원활히 조달하고 조정한다. 이러한 수평적 경영 방식은 특히 탄력적 근무를 원하는 창업 기업의 종업원과 기술자들에게 있어 수직적인 관리적 경영 방식에 비해 훨씬 더 매력적인 관리 방식이다.

(6) 보상 정책

창업기업에서 일하는 종업원들의 개인적 기대에 부응할 뿐만 아니라 투자 재원의 조속한 회수를 바라는 투자자의 요구에 부응해야 한다. 조직의 성과는 팀워크에 의해 결정되기 때문에 창업가는 팀 중심의 경영을 지원해야 한다. 반면 관리적 경영 방식은 새로운 창조보다는 지위와 신분에 의한 의사결정 경향이 있으며, 주어진 자원의 한계 내에서 승진을 중심으로 하는 것이 보통이다.

Ⅳ 취업과 창업

누구에게나 창업은 쉬운 일이 아니다. 창업생존율이 2년 뒤 50%에 불과하며 실패에 대한 사회안전망이 제대로 구축되지 않은 우리나라에서 일반 국민들의 창업 도전은 쉽지 않은 일이다.

창업선진국에서는 창업실패 경험에 대해 주요한 자산으로 인정해준다. 창업에 실패한 경험이 있을수록 재창업의 성공률은 높아지며, 실패경험이 개인의 주요자산이 되기 때문에 실리콘밸리에 있는 주요 기업들은 창업경험자들을 채용하려고 한다. 100세 시대에서 창업만으로 고용시장에서 생존할 수 없으며, 취업만으로도 버틸 수가 없다. **창업→취업→창업→학업이 유기적으로 연계되어야지 실패하더라도 재충전 및 재도전의 기회를 얻을 수 있고, 창업자의 실패 경험(자산)이 기업 및 사회에 환원될 수 있다.**

"취업 대신 창업이 대안인가요?" "내 자식에게도 창업을 권할 수 있나요?" "창업이 교육으로 가능한가요?" 현장에서 흔히 듣는 중요한 질문들이다. 다소 민감한 질문일 수 있고 의견이 엇갈리는 부분도 있다. 그러나 분명한 것은 창업교육에 대한 범국가적인 요구는 높아지고 있고, **창업 교육 및 실행 경험은 취업 및 창업을 떠나 진로에 있어 큰 도움을 준다는 것이다.** 최근에는 창업을 자신의 사업을 시작하는 것이라는 정의에서 벗어나, 회사나 조직에 입사해 새로운 프로젝트를 수행하기 위해 사업계획서를 만들고 비즈니스 모델을 구축하는 등의 성공적인 결과를 거둘 수 있는 역량까지 포함한다. 이를 사내기업가(Corporate Entrepreneurship)라고 부르기도 한다. 이런 차원에서 공대나 경상 계열만이 아니라 인문, 예술, 사회 등 다양한 학문분야의 친구들과 소통하고 그 학문 특성을 이해할 필요가 있다.

본 교재에서 제시하는 기업가정신과 창업교육을 통해 여러분들이 당장 창업을 하라고 권유하는 것은 아니다. 만약 창업의 필요성을 깨닫고 언젠가 한번은 도전할 생각이 있다면, 이 책이 학생들에게 충분한 고민거리와 해결방안을 제시할 수 있기를 바라는 것이다. 학생들은 이 책을 통하여 1) 창업의 필요성에 대해 이해하고, 2) 바람직한 기업가정신과 창업전략을 배우고, 3) 창의적인 아이디어를 발굴 · 보호하고, 4) 이를 사업화할 수 있는 생존 및 성장

전략을 구축하고, 5) 창업기업의 지속가능한 성장방안을 찾는데 구체적인 방법을 학습할 수 있다.

표 1-5 취업과 창업의 관계

구분	취업	창업
공통점	-결과물을 받는 상대방이 기대하는 수준 이상의 가치를 느낄 수 있도록 일을 수행해야함	
차이점	-고용계약을 통해 조직 내의 일을 수행하는 것 -근로자와 고용주가 노동을 거래하는 노동시장	-자신이 하고 싶은 일을 독자적으로 수행하는 것 -재화나 서비스를 산출하여 소비자에게 공급하는 일련의 과정

그림 1-3 창업가의 마인드

일반인(Risk Avoider)		창업자(Risk Taker)
지금은 타이밍이 좋지 않아.	➡	완벽한 타이밍은 절대로 없어.
이 아이디어로는 충분치 않아.	➡	이 아이디어로 시작하기에는 충분해.
이게 될지 모르겠어.	➡	일단 해보면 될지 안 될지 알거야.
실패하기 싫은데.	➡	실패가 없으면 성공도 없어.
실패하면 후회할 텐데.	➡	시도해 보지도 않으면 후회할 텐데.

생각해보기 3

성장할 수 없다면 떠나라.

너에게 어떤 사고가 일어날 때마다 언제나 너 자신에게 의지하고
네 속에 그 사건을 유용하게 만들 수 있는 힘이 있는지 언제나 질문하라.
- 에피테토스 -

세상에는 두 종류의 후회가 있다. 하고는 싶었으나 해보지 못한 아쉬움에서 오는 후회와 실컷 용기를 내어 실천했지만 기대보다 성과가 좋지 못한 서운함에서 오는 후회. 어떤 후회가 더 나쁠까?

당연히 해 보지 못한데서 오는 후회다. 아쉬움이 해소되지 않은 채로 끝까지 가니깐. 반면에 일단 시도하기만 한다면, 혹시 결과가 좋지 않아 실망하게 되더라도 시나브로 잊고 새로운 도전의 대상을 찾을 수 있다. 더구나 그 저지름은 어떤 형태로든 깨달음을 주고 나를 한발 더 나아가게 할 것이다.

TV의 한 강연프로그램에 작은 우동집을 운영하는 어느 사장님이 출연했다. 그는 16년의 외교관 생활을 접고 우동집을 차린 신상목 사장이다. 그는 외교관이 된 이유를 주변의 시선을 의식해서였다고 담담히 고백했다. '외교관이 되면 남들이 인정해주고, 부모님도 기뻐해주겠지'라는 생각에 진로와 전공을 선택하고 수순대로 외교관이 되었다.

그는 오랜 기간 동안 외교관으로 생활해 왔지만, 이젠 안정을 버리고 자신이 행복하게 살 수 있는 길을 선택하였다. 그의 사직서는 2006년 주일 대사관에서 근무할 때 맛본 우동국물의 맛 때문이다. 어느 날 근처 우동집에 갔는데 그 곳에 온 사람들을 둘러보니 들어올 때와 달리 음식을 먹고 나갈 때는 행복한 얼굴이 된 걸 보게 되었다. 그때부터 신상목 사장은 우동가게를 하는 게 꿈이 되었다고 한다. 자신이 차린 가게에 찾아온 손님들에게 행복을 드릴 수 있는 그런 일을 하고 싶어서였다.

"모든 사람이 반대했죠. 가족들 그리고 주변의 모든 사람들이 반대했어요. 특히 아내의 반대가 컸죠. 가족 입장에서는 안정적인 생활을 포기해야한다는 것에 대한 두려움이 컸을 겁니다."

조그만 식당이지만 식당운영은 정말 힘든 일이었다. 하루 20시간 이상 일을 해야 했고, 알아야할 것도 너무 많은 하루였지만 아침 일찍 눈이 번쩍 떠지는 건 자신이 하고 싶은 일을 하고 있기 때문이었다.

특정 분야에서 뛰어난 상대를 정해 자신과 비교하고 부족한 점을 찾아 배우는 것이 벤치마킹이라고 한다면, 퓨처마킹은 자신의 일을 현재 다른 사람의 일과 비교하지 말고, '미래의 자기상'을 세우고 그 모습을 위해 차근차근 배우고 성장해 나가는 것이다. 타인을 벤치마킹(bench-marking)하는 삶보다, 자신의 미래를 퓨처마킹(future-marking)하는 삶이 중요한 이유는 무엇인가.

인간은 사회적 동물(social animal)로서 타인과의 관계 속에서 존재하기 때문에 끊임없이 타인의 시선과 상호관계로 인해 영향을 받는다. 문제는 타인의 시선이 자신의 선택에 있어 주(主)가 된다면, 자신의 정체성(identity)은 사라지게 되는 것이다. 자신의 생각대로 살지 못하고 타인의 생각대로 살게 되는 것이다.

직장인을 대상으로 한 설문조사에서는 '직장인들이 타인의 생각에 얼마나 신경 쓰고 있는지'를 보여주고 있다. '회사 생활 가운데 가장 속이 뒤집힐 때'라는 질문에 대해 전체 1923명 중 '입으로 일하는 동료를 볼 때'

가 24.3%로 1위를 차지했고, 다음으로는 '동기나 후배가 나보다 잘 나갈 때'(22.6%), '내 기획서, 내 성과가 상사 이름으로 올라갈 때'(18.4%)와 '낙하산이 내 위로 올라왔을 때'(16.6%)도 많이 꼽혔다.

대부분 직장인들의 비교대상은 과거나 미래의 자신이기 보다는 '동료', '동기', '후배', '상사', '낙하산' 등 모두 타인이다. 꿈의 실현을 위한 자신의 현재 상태보다는 타인과의 관계나 비교를 통해 자신의 현재를 평가하고 있다. 어떻게 보면 자신의 인생에 있어 타인만 있고 자신은 없는 것이라 볼 수 있다.

여기, 자신의 꿈을 찾아서 자신이 입고 있던 옷을 과감히 던진 창업자가 있다. 1998년 한게임, 2006년 아이위랩(카카오의 전신)을 창업한 김범수 의장이다. 그는 6년동안의 직장생활이후 1998년, 창업을 하기로 결심하고 한게임을 설립하였다. 창업 후 한양대 인근에 PC방을 차리고 게임 개발에 착수하였다. 이때 게임 개발과는 별도로 'PC방 알바'라는 관리 프로그램도 개발하여 큰 성공을 거둔다. 1999년에는 예정대로 한게임 서비스를 시작했으나, 곧 네이버와의 합병을 선택하였다. 그후 네이버 공동대표 및 단독대표를 맡으면서 2007년 네이버USA로 발령을 받았지만, 얼마 지나지 않아 NHN을 떠난다. 이때 이미 동료들과 아이위랩을 창업하여 재도전에 대한 준비를 마친 상태였다. 2008년 3월부터 미국에서 브루(BURU), 위지나 등의 서비스를 출시하였으나 시장에서 모두 실패한다. 하지만 미국에서 아이폰의 출시과정을 지켜보며 PC시대에서 모바일시대로 급격히 전환할 것으로 판단한다. 이러한 판단에 근거해 모바일 메신저를 개발하게 되고 2010년 '카카오톡'을 내놓았다. 초반 수익모델의 부재로 인해 부정적인 염려를 낳았지만 게임을 통한 수익모델 발굴을 통해 폭발적인 매출을 얻기 시작했고, 가입자 2,500만명을 기반으로 기존 인터넷포탈업체인 다음과 합명하여 2014년 10월 '다음카카오'를 출범시켰다.

만약 김범수 의장이 그가 다녔던 대기업에서 남들과 같은 삶의 방식으로 생활했다면 자신은 편안한(?) 삶은 영위할 수 있었겠지만, 우리 세상은 새로운 것을 얻지 못하였거나 늦게 얻을 수 있었을 것이다.

자신과 타인을 비교하는 것은 매우 쉬운 방법이지만, 동시에 고통스러운 방법이다. 이에 반해 자신의 미래와 자신의 현재를 비교하는 것은 다소 막연하지만 발전적인 방법이다. 지금까지 대부분의 우리들은 주위에 사람이나 시선을 중심으로 자신을 평가했다. 이제는 달라져야 한다. 타인을 기준으로 생활하는 벤치마킹의 삶보다, 자신의 미래를 기준으로 생활하는 퓨처마킹의 삶이 필요한 시점이다. 자신의 생각대로 살지 않으면 타인의 생각에 함몰되어 빠져나올 수 없다. 언제까지 다른 사람들의 시선에 허우적거리는 삶을 살 것인지 스스로에게 물어보자.

▲ 국민메신저 '카카오톡'을 만들어낸 김범수 카카오 이사회 의장

토의문제

- 성공한 창업가들이 창업실패에 대해 두려워하지 않는 이유에 대해 토론해 보세요.
- "지금까지 자신은 남과 같아지기 위해서 노력하는가 아니면 달라지기 위해서 노력했는가"에 대해 생각해 보세요.
- 지금까지의 자신의 삶의 기준은 퓨처마킹인지 혹은 벤치마킹인지 생각해 보세요.

예비 창업자가 궁금해 하는 Q&A

Q1. 창업 경험이 취업에 도움이 될까요?

창업경험은 지원하는 회사에 따라 부정적으로도, 긍정적으로도 평가 받을 수 있습니다. 중요한 것은 단순히 창업을 해본 사건에 대한 경험이 아니라 창업 과정 속에서 개인이 어떤 전문성을 키웠는지를 어필 해야 합니다. 창업의 모든 과정은 결국 '일'과 관련되어 있습니다. 창업을 통해 본인이 발전한 모습과 어떤 역량을 갖추게 되었고, 창업과정에서 부딪히는 여러 위기상황에서의 문제해결능력이나 각종 프로젝트를 수행하며 협업을 발휘한 사례 등을 충분히 활용해 보세요. 또한 대표자의 역할과 책임을 경험함으로서 향후 직장 뿐만 아니라 다른 업무와 직무에 있어서도 관리자의 시각에서 생각하고 움직일 수 있는 힘을 제공할 것입니다. 창업경험은 충분히 다른 지원자와 차별화 시켜주는 당신만의 강력한 무기가 될 수 있습니다.

Q2. 학생창업으로 실패하면 취업하기 힘들지 않나요?

최근 한국사회에서 청년창업에 대하여 점차 긍정적인 시각으로 바뀌고 있습니다. 정부가 대기업 지주회사 내 벤처캐피털 설립을 허용하기로 하면서 대기업이 벤처기업 육성사업을 시작하고 있으며 벤처투자자금에 대하여 세법상 투자세액을 공제하는 등의 감면혜택을 주어 "제 2의 벤처 투자붐"을 조성하려고 추진 중에 있습니다. 이로 인하여 금융업계와 일반기업에서는 벤처사업부가 개설되고 있고 벤처창업 경험 인력을 공개채용하려는 회사들이 점차 늘어나고 있는 추세입니다.

이러한 변화는 인력채용 과정에서도 창업교육 수강경험, 창업동아리 활동, 실패이던 성공이던 실제적인 창업 경험 유무가 선발시 중요한 판단요소가 되고 있으며, 기업에서는 창업 유경험자에 대하여 진취적이고 혁신적인 성향을 갖고 있는 지원자로 보고 있어 취업과정에 긍정적 요인으로 작용합니다.

창업자가 꼭 봐야할 동영상

에어비앤비 사례로 배우는 바퀴벌레 정신

질긴 생명력의 바퀴벌레 스타트업이 뜨고 있는데 대표적인 기업으로 에어비앤비의 성공 비결을 학습해보세요. "폴 그레이엄(Y-combinator 전설적 투자자) : 규모에 집착하지 않는 것이 중요하다. 에어비앤비를 좋아하는 100만명보다 에어비앤비를 사랑하는 100명이 있는게 낫다. 확장되지 않는 일을 하는 것도 괜찮다."

* 유튜브(www.youtube.com)에서 '바퀴벌레같은 생존력'를 검색하시면 에어비앤비 공동창업자 브라이언 체스키의 창업초창기 에피소드를 볼 수 있습니다.

▶ *Ask Yourself*
"나는 Airbnb의 창업자처럼 죽지 않고 버틸 자신이 있는가?"

기업가정신과 창업교육 성과간의 연구(요약)
- 해커톤 교육을 중심으로 한 변혁적 리더십 효과성 분석 -

남정민

벤처창업연구, 10(1), 2015

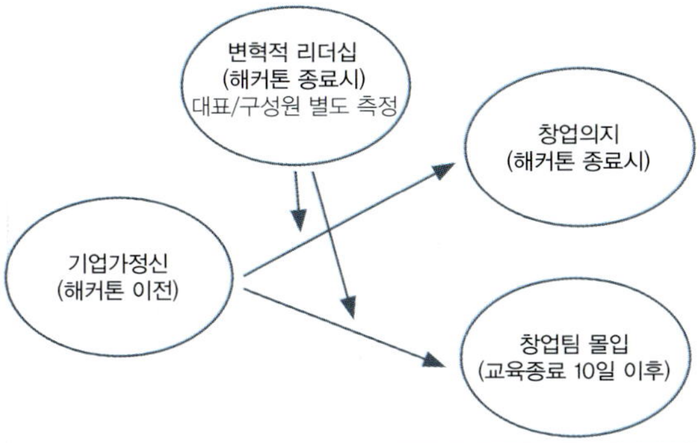

〈그림 1〉 연구모형 및 측정방법

본 연구는 최근 세계적으로 주목받고 있는 창업교육방식인 해커톤교육[1]의 효과성을 검증하고, 기업가정신이 실제 창업의지 및 팀 몰입에 어떠한 영향을 미치는지 밝히고 있다. 아울러 기업가정신과 성과 간의 관계에서 변혁적리더십[2]의 조절효과를 살펴보았다.

실증분석 결과, 기업가정신은 교육 이후 개인의 창업의지에 긍정적인 영향을 미치고 있으나 통계적으로 유의한 결과가 나타나지 않았다. 그러나 기업가정신과 창업의지 간의 관계에서 변혁적리더십은 긍정적인 조절효과가 나타났고, 개인의 기업가정신은 리더의 변혁적리더십과 상호보완적 관계를 통해 팀 내 개인의 창업의지에 긍정적인 영향을 미쳤다. 아울러 개인의 기업가정신은 교육 이후 개인의 팀 몰입에도 긍정적인 영향을 미치고 있으며(통계적 유의), 변혁적리더십은 통계적으로 유의하지 않으나 개인의 기업가정신과 상호작용 효과를 통해 창업팀 몰입에 긍정적인 영향을 미칠 수 있음을 확인할 수 있게 한다.

〈표 1〉 창업의지에 대한 계층회귀분석

종속변수	창업의지							
	1단계		2단계		3단계		4단계	
	β	t	β	t	β	t	β	t
연령	-.171	-1.048	-.210	-1.288	-.157	-.941	-.254	-1.523
성별	.285*	2.242	.267*	2.124	.262*	2.104	.213	1.751
학력	.351	1.966	.373*	2.114	.322	1.794	.431*	2.389
창업경험	-.096	-.435	-.098	-.452	-.045	-.207	.011	.050
창업계획	.621**	3.878	.536**	3.173	.555**	3.308	.525**	3.262
지식재산출원 경험	.149	.987	.192	1.261	.216	1.421	.250	1.713
사업자등록 경험	.392	1.956	.312	1.520	.270	1.311	.353	1.752
시제품/서비스 개발 경험	-.282	-1.792	-.255	-1.633	-.289	-1.840	-.225	-1.469
창업팀 결성 경험	.009	.042	.034	.166	.094	.454	.113	.570
사업유형자산 탐색 경험	.004	.018	.005	.026	-.044	-.227	-.133	-.690
사업계획서 작성 경험	.007	.044	-.049	-.314	-.095	-.600	-.058	-.383
사업자금 조달 경험	-.077	-.418	-.074	-.409	-.075	-.416	-.219	-1.165
기업가정신(a)			.224	1.398	.187	1.160	-1.567	-1.701
변혁적리더십(b)					.183	1.264	-2.013	-1.756
(a) * (b)							3.010*	1.930
F	3.025**		3.032**		2.987**		3.308**	
R^2	.548		.576		.599		.648	
R^2변화량	-		.028		.023		.049	

주) * : p <.05, ** : p< .01, *** : p < .001
※β는 표준화된 값임.

〈표 2〉 창업팀몰입에 대한 계층회귀분석

종속변수	창업의지							
	1단계		2단계		3단계		4단계	
	β	t	β	t	β	t	β	t
연령	-.172	-.760	-.273	-1.299	0.95	.582	.084	.488
성별	-.043	-.254	-.076	-.483	-.169	-1.525	-.174	-1.513
학력	-.131	-.578	-.077	-.368	-.260	-1.732	-.249	-1.548
창업경험	-.193	-.658	-.218	-.813	.067	.343	.073	.363
창업계획	.108	.502	-.082	-.389	-.027	-.179	-.030	-.196
지식재산출원 경험	.005	.023	.121	.615	.165	1.196	.169	1.192
사업자등록 경험	.189	.723	-.003	-.011	-.194	-1.086	-.185	-.987
시제품/서비스 개발 경험	.133	.589	.215	1.029	-.060	-.391	-.053	-.331
창업팀 결성 경험	-.514	-1.875	-.452	-1.799	-.164	-.892	-.163	-.867
사업유형자산 탐색 경험	.541*	2.050	.531*	2.203	.293	1.678	.284	1.558
사업계획서 작성 경험	-.013	-.062	-.153	-.780	-.357*	-2.505	-.353*	-2.401
사업자금 조달 경험	-.139	-.541	-.134	-.571	.021	.123	.004	.024
기업가정신(a)			.523*	2.550	.348*	2.365	.151	.172
변혁적리더십(b)					.754***	5.389	.512	.476
(a) * (b)							.331	.227
F	.656		1.224***		4.392***		3.953***	
R^2	.219		.371		.703		.704	
R^2변화량	-		.152		.332		.001	

주) * : p <.05, ** : p< .01, *** : p < .001
※β는 표준화된 값임.

효과적인 창업교육이 진행되기 위해서는 다양한 전공자들이 자신의 부족함을 보완할 수 있는 팀을 구성하는 것이 중요하다. 올바른 기업가정신이 구축된 팀은 높은 창업의지가 유지되며, 창업팀에 헌신하고 몰입한다.

---

1) 해커톤 : 해킹과 마라톤의 합성어로 개발자, 기획자, 디자이너 등이 모여 자신의 창업아이디어를 발표하고 실제 팀을 구성함과 동시에 아이디어의 구현까지 연결시켜 동작하는 프로토타입(Prototype)을 만드는 것으로 새로운 서비스나 비즈니스 모델을 개발하는 대회나 행사를 말한다.

2) 변혁적리더십 : 리더가 구성원에게 미래의 비전과 공동체적 사명감을 강조하고, 조직의 장기적 목표를 제시함으로서 구성원의 자발적인 동기부여를 통해 조직성과를 달성하는 것을 말한다.

학습목표

1. 점점 더 악화되는 고용환경 속에서 우리는 어떠한 계획을 세워야 하는지 토론해 보자.
2. 창업의 필요성이 왜 부각되고 있는지에 대하여 이해한다.
3. 창업 활성화를 위해 영향을 주고 있는 요인들과 기회형 창업을 활성화하는 방안에 대해 생각해보자.
4. 우리나라의 창업환경은 어떠하고 창업을 돕는 정책은 어떤 것이 있는지 알아보자.

단풍 든 숲 속에 두 갈래 길이 있었습니다
몸이 하나니 두 길을 가지 못하는 것을
안타까워하며. 한참을 서서
낮은 수풀로 꺾여 내려가는 한쪽 길을
멀리 끝까지 바라다보았습니다

그리고 다른 길을 택했습니다. 똑같이 아름답고.
아마 더 걸어야 될 길이라 생각했지요
풀이 무성하고 발길을 부르는 듯했으니까요
그 길도 걷다 보면 지나간 자취가
두 길을 거의 같도록 하겠지만요

그날 아침 두 길은 똑같이 놓여 있었고
낙엽 위로는 아무런 발자국도 없었습니다
아. 나는 한쪽 길은 훗날을 위해 남겨 놓았습니다!
길이란 이어져 있어 계속 가야만 한다는 걸 알기에
다시 돌아올 수 없을 거라 여기면서요

오랜 세월이 지난 후 어디에선가
나는 한숨지으며 이야기할 것입니다
숲 속에 두 갈래 길이 있었고,
나는 사람들이 적게 간 길을 택했다고
그리고 그것이 내 모든 것을 바꾸어 놓았다고
「로버트 프로스트, 가지 않은 길」

제2장

창업의 필요성과 한국의 창업생태계

Ⅰ 고용환경의 변화

Ⅱ 창업의 필요성 인식

Ⅲ 창업 활성화 영향요인

Ⅳ 우리나라의 창업환경

생각해보기 1

취업만을 생각하는 그대에게 - I

우리사회는 우리 모두에게 '직선의 삶'을 요구한다. 직선이란 무엇인가? '두 점 사이의 최단거리'이기 때문에 오직 하나뿐인 길이다. 유일한 길이기 때문에 극도로 경쟁적이고 소수만을 위한 제한적인 길이다.

'좋은 지역에서 좋은 중고등학교를 졸업해야지 좋은 대학을 갈 수 있고, 좋은 대학만이 좋은 직장에서 정규직으로 정년까지 버틸 수 있는 중요한 열쇠가 된다'고 자세하게 안내해 준다. 이런 '직선의 삶'의 기준으로 모든 사람들을 평가하고, 그런 삶에서 뒤처지면 도태되거나 낙오된다고 생각한다. 그럼 직선의 삶을 통해 굴지의 대기업에 취업하거나, 소위 안정적인 공기업에 들어가거나, 고시에 합격하여 공무원이 되는 것이 인생의 유일한 길이라고 볼 수 있을까? 기성세대가 권하는 인생의 길이 정말 안정된 길인가? 직선의 삶이 이 시대에서 정말 유효한가?

단언하건데, 기성세대가 권하는 삶의 방식이나 진로는 더 이상 그들의 아들과 딸에게 존재하지 않는다. 그 이유는 다음과 같다.

첫째, 우리나라 청년 실업률은 개선되기 어려운 지표이다.

근본적으로 대학졸업생에 대한 기업의 수요와 대학의 공급이 일치하지 않는다. 80년대 초만 해도 대학진학률은 20%후반이었다. 그러나 1990년대 이후 대학개방화로 인해 대학의 수는 폭발적으로 증가하여 대학진학률은 한때 80%대에 육박하는 정도로 세계 최고 수준이다. 국민소득이 6만 달러인 스위스의 대학 진학률은 20%이며 OECD 평균은 56%임을 감안한다면 기현상이 아닐 수 없다. 대학 졸업자를 수용할 수 있는 노동력의 수요가 시장에 있다면 문제가 되지 않겠지만, 협소한 국내 고용시장으로는 전체 청년의 대부분을 차지하는 대학졸업자를 수용하지 못하는데서 문제는 발생한다.

기성세대는 '대학 졸업자들이 일자리를 보는 눈이 너무 높다. 자신들의 눈을 낮춘다면 취업문제는 자연스럽게 해결된다'라고 단언하지만, 잘못된 선택을 알면서도 자신의 눈을 낮추지 못하는 것이 인간의 마음이다. 경제학 용어로 매몰비용(sunk cost)이라고 하는데, 인간은 자신의 결정이 잘못된 선택이었다고 판단하여도, 쉽게 그만둘 생각을 하지 않고 지금까지 투자한 돈을 만회하기 위해 얼마 남지 않은 시간과 자금을 투입한다.

대학개방으로 인해 성적과 관련 없이 누구나 대학에 들어갈 수 있는 시대가 되었지만, 높은 사교육비를 부담하기 위해 전 재산을 투자한 부모들은 그들의 자녀들이 IMF 이전 대졸자와 비슷한 사회적 수준의 진로를 기대한다. 졸업을 하고 미취업 상태로 몇 년이 지나더라도 '매몰비용 이상의 성과가 나겠지'라는 막연한 기대감으로 포기를 못한다.

한 신문기사에서 나온 칼럼 제목인 '너 키운다고 집이 없어졌다. 아들아 고시 합격해서 집 사다오'처럼 30년 동안 모든 인적 · 물적 자산을 동원해서 보육한 자녀들에게서 매몰비용 이상의 성과가 나오기를 기대하는 것은 어찌 보면 부모의 당연한 마음일 수 있다.

'지금의 경기침체가 호전된다면 실업문제, 특히 청년실업이 해결될 수 있지 않냐?'라고 반문할 수 있다.

그러나 이러한 질문에 대한 답변은 크게 희망적이지 않다.

세계적 컨설팅업체인 맥킨지에서 1998년 대기업의 부채 문제를 지적한 한국보고서를 낸지 15년 만에 한국을 주제로 두 번째 보고서를 발표했다. 이 보고서의 책임연구자인 돕스 소장은 한 신문사와의 인터뷰에서 "한국 경제는 서서히 뜨거워지고 있는 물속의 개구리 같다."라고 말하면서, 경제성장률이 8%→5%→2%로 갈수록 떨어지고 가계부채는 해마다 악화하고 있지만 정작 한국은 자신이 죽어가고 있다는 것을 모르고 있다고 말한다.

둘째, 취업을 하더라도 더 이상 고용안정은 기대할 수 없다.

얼마 전 취업포탈에서 직장인 601명을 대상으로 '체감 정년퇴직 연령'에 대해 설문조사 결과를 발표했다. 직장인들이 피부로 느끼는 **'체감 정년'**의 평균연령은 48.8세로 조사됐다. 또한 10명중 7명이 현재 근무하고 있는 회사에서 정년까지 고용안정을 보장받을 수 없을 것으로 내다보았다. 30년 동안 어렵게 스펙 만들어서 힘들게 들어간 일자리도 20년을 버티지 못하고 물러나야 한다는 것이다.

어렵게 들어간 대기업이라는 직장에서 정규직으로 20년간 근무한 후, 세상에 나온다고 해서 세상은 우리를 환대하지 않는다. 우리의 고용시장은 사각뿔 모양의 피라미드 구조가 아니라 원통 모양의 고원(高原)구조이기 때문이다.

대기업 정규직도 정리해고 되는 순간 원통 위에서 바닥으로 추락한다. 우리나라 고용시장은 기업 내 인력활용 중심의 내부노동시장으로 형성되었기 때문에 기업 간의 인력교류나 외부노동시장은 활성화되지 않고 있다. 즉, 우리나라의 고용시장은 미국의 고용시장과 달리 직무중심의 외부 노동시장이 활성화 되지 않기 때문에, 직장에서 배운 기술(직무)로 다른 직장으로 이직한다는 것이 매우 어려운 게 현실이다. 이러한 이유로 직장에서 방출되지 않기 위해 근로자들은 처절하게 '철탑위에 올라가고', '옥쇄파업을 하고', '천막농성'을 하는 것이다. 추락하지 않기 위해서 · · · · · · .

셋째, 평균수명의 비약적 증가로 인해 짧은 고용기간은 우리의 긴 생애를 지켜주지 못한다.

독일 로스토크 막스플랑크 인구통계연구소는 '항생제와 백신 발명, 식량을 생산하는 농경의 효율성 개선, 수질 향상으로 인해 인간의 수명은 비약적으로 증가했다'며 '인간 사망률은 생각했던 것보다 통제할 수 있는 것임을 보여준다'고 발표했다. 지난 한 세기 동안 연장된 인간의 기대 수명은 유인원에서 현대 인류로 진화를 겪었던 지난 20만년 동안 늘어난 것보다 길다는 점에서, '향후 예상할 수 있는 기대

1982년

2013년

2015년

수명의 상한선이 어느 정도인지도 알 수 없다'고 밝혔다.

'30-30-40'이라는 말이 있다. 30년 공부하고 30년 일해서 40년 노후를 준비해야 한다는 말이다. '그럼 내가 100세까지 산다고'라고 반문할 수 있겠지만, 지금의 80세 안팎의 평균수명도 계속 늘어나 20대는 '100세 시대'를 살게 될 것이라는 게 전문가들의 공통된 전망이다.

문제는 현재 직장의 일반적인 정년은 55세 정도지만 실제 체감 퇴직은 50세 이전이기 때문에 공적연금을 받을 수 있는 나이인 65세까지 15년 동안을 비정규직으로 버티거나, 아니면 뒤늦게 창업시장에 몸을 던질 수밖에 없는 상황에 이른다. 더욱이 우리나라 공적연금의 수준은 퇴직 이전 실질소득의 30% 정도에 불과하기 때문(일본의 공적연금은 퇴직 전 수입의 60% 수준으로 보장된다)에 공적연금에 대한 큰 기대는 할 수 없는 상황이다.

이와 같은 우리나라의 높은 학력 인플레이션, 낮은 고용유발효과, 낮은 고용안정성, 기대수명의 증가, 열악한 공적연금제도만 보더라도, 기성세대는 더 이상 직선의 삶을 그들의 아들과 딸에게 요구해서는 안 된다. 직선의 삶은 무한경쟁시대에서 생존한 극히 소수의 생존자들의 삶에 지나지 않기 때문이다.

토의문제

- '진학-취업-고용안정'이라는 직선의 삶에 대해 생각해 보세요.
- 경기가 회복되더라도 청년실업이 쉽게 해결되지 않는 이유에 대해 논의해 보세요.
- 창업 및 중소기업 육성의 필요성에 대해 토의해 보세요.

I 고용환경의 변화

전 세계적으로 전개되고 있는 글로벌화에 따라 사회, 경제, 정치 등 각 부문에서 예전에 경험해 보지 못했던 새로운 변화들이 일어나고 있다. 글로벌화는 전 세계 단일시장의 형성을 목표로 추진되는 것이어서 더 이상 국경의 경계는 큰 의미를 가지지 못하며 다양한 생산요소의 자유로운 이동이 이루어짐에 따라 무한경쟁의 시대가 전개되고 있는 것이다.

이러한 경제 환경의 변화는 각국의 고용환경에도 근본적인 변화를 불러일으키고 있는데 변화의 속도가 대단히 빠르고 이를 나타나게 하는 동인도 정보화, 세계화, 노동제도의 변화, 경제사회여건의 변화, 근로자의 의식변화 등 복합적인 양상을 보이고 있어 개인이나 기업 등의 경제주체가 쉽게 대처하기 어려운 속성을 가지고 있다.

아울러 최근 수년간 경제는 성장하나 고용이 창출되지 않는 이른바 고용 없는 성장 속에 대학졸업생은 지속적으로 증가해 이제 청년실업 문제는 범국가적 문제가 되었다. 이처럼 취업시장의 변화는 과거 몇 년 간의 일시적인 현상이라기보다는 신규 취업중심에서 경력자 중심으로 재편되는 산업 구조적인 변화라고 볼 수 있다. 앞으로 이러한 경력직 시장이 더욱 활성화되면서 취업자의 자격기준을 평가할 때 우리 사회의 병폐로 지적되는 학벌중시 경향이 경력중시 경향으로 자연스럽게 바뀌는 사회공감대가 만들어질 것으로 기대되고 있다. 이렇게 취업시장이 경력직 시장 중심으로 재편되는 상황에서는 **신규 대졸자 청년들의 사고는 처음부터 대기업과 같은 좋은 조건의 기업에 입사하기보다는 지속적인 경력개발을 통해 본인이 원하는 바를 성취하겠다는 방향으로 변화하고 있다.** 취업관문이 좁아지면서 높은 스펙을 맞추기 위해 스트레스를 받기 보다는 노력한 만큼 수익을 올리는 창업으로 눈을 돌리고 있다.

최근 전개되는 다양한 외적 영향력에 의해 가까운 시일 내에 예상되는 우리나라 고용시장 환경변화의 주요한 방향은 다음과 같이 나타날 것으로 전망된다.

1. 고용시장의 유연성 강화

외환위기 이후 우리나라 노동시장의 특징 중 하나는 임시직과 일용직 등 비정규직 근로자와 주당 35시간 미만의 단시간 근로자가 크게 증가하고 있다는 점이다. 전체 취업자 가운데 비정규직 근로자가 차지하는 비중은 2019년 36% 대를 유지하고 있다.

제도적 측면에서 고용조정제도와 근로자파견제, 탄력적 근로시간제 등의 도입은 기업의 입장에서 고용의 유연성 제고에는 크게 기여하였으나 노동자의 입장에서는 고용불안을 크게 심화시키는 결과를 낳았으며 이러한 추세는 앞으로도 계속될 것을 전망된다. 이에 따른 가장 큰 문제는 〈그림 2-1〉에서 보듯 고용의 질이 낮은 상태에서 유지되고 있다는 것이다.

그림 ❷-1 비정규직 규모 추이

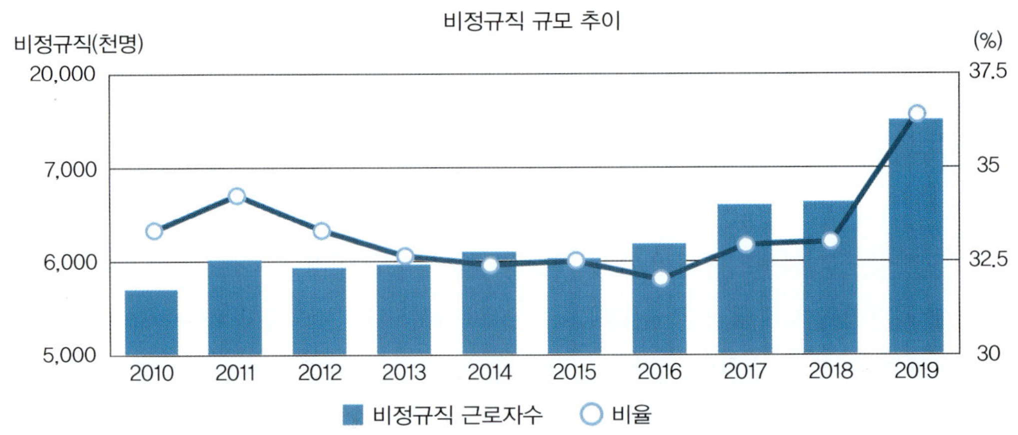

[단위: 천명, %]

구분	2010	2011	2012	2013	2014	2015	2016	2017	2018	2019
임금근로자	16,617	17,065	17,421	17,743	18,397	18,799	19,233	20,006	20,045	20,559
비정규직	5,498	5,771	5,809	5,732	5,911	6,012	6,156	6,578	6,614	7,481
비정규직 비중	33.1	33.8	33.3	32.3	32.1	32.5	32.0	32.9	33.0	36.4

「자료 : 통계청」

2. 화이트칼라 일자리 경쟁 격화

경제개발 초기에 고도성장의 배경이 되었던 풍부한 화이트칼라 전문인력은 1990년대 들어 부족해지기 시작하여 고용의 전성기를 맞이하였다. 그러나 외환위기를 겪으면서 종전의 인력수급 구조가 급변하는 계기를 제공하였다. 기업, 공공부문, 금융기관 등 경제 각 부문의 구조조정이 본격화되면서 화이트칼라의 경우 인력과잉의 상황을 맞고 있고 반면 3D업종과 같은 단순 노동 작업을 주로 하는 블루칼라의 경우 사회 전반적인 고등교육 수준이 높아지고 생산현장 작업 기피현상으로 인력난이 계속되고 있다.

고용노동부의 2014년 10월 '직종별사업체노동력조사' 결과 발표에 따르면 2014년 3/4분기 중 기업의 적극적인 구인에도 불구하고 충원하지 못한 미충원인원은 83천명이고 미충원율도 11.9%로 사업체와 구직자 사이의 눈높이의 차이로 인해 산업계의 인력난이 계속 되고 있음을 보여준다. 미충원 사유는 '임금수준 등 근로조건이 구직자의 기대와 맞지 않음'(25.9%), '구직자가 기피하는 직종'(18.5%) 순으로 나타났으며, 특히 높은 직무능력을 필요한 사업체에서는 '사업체에서 요구하는 학력 및 자격, 경력을 갖춘 지원자가 없기 때문'(27.6%)의 사유로 채용에 어려움을 겪고 있는 것으로 나타났다.

3. 학력과 일자리의 불균형으로 인한 실업급증

그동안 우리나라 노동시장은 급속한 고도성장 과정에서 노동력 수급불일치로 인해 고학력 구직난 및 저학력 구인난이 병존하는 이중구조를 보여 왔다. 그러나 앞으로는 상대적으로 저학력 계층의 실업증가가 두드러질 것을 보인다. 전반적으로 인력이 과잉상태여서 노동시장 유연화 정책으로 계약직 및 일용직 등의 비정규직이 크게 늘어나고 있는데다 지식 · 정보 집약적 산업이 중심이 되면서 노동수요도 새로운 디지털기술과 지식으로 무장한 고학력자 중심으로 구조적으로 변화해 가고 있기 때문이다.

또한 대량실업의 발생으로 전반적으로 일자리가 부족해지자 새로운 환경에 미처 적응하기 어려운 고학력자들의 하향취업이 크게 증가하여 저학력자의 일자리를 잠식한 것도 저학력 실업급증의 주요한 원인이 되고 있다. 하지만 하향 취업도 어느 정도의 수준 이하로 내려가지는 않는 것으로 나타나 이런 저런 이유로 경제활동에 참여하지 않는 고학력 실업자의 증가 가능성을 높여주고 있다.

4. 노동계층의 양극화 심화

그림 ❷-2 소득 5분위 배율 추이

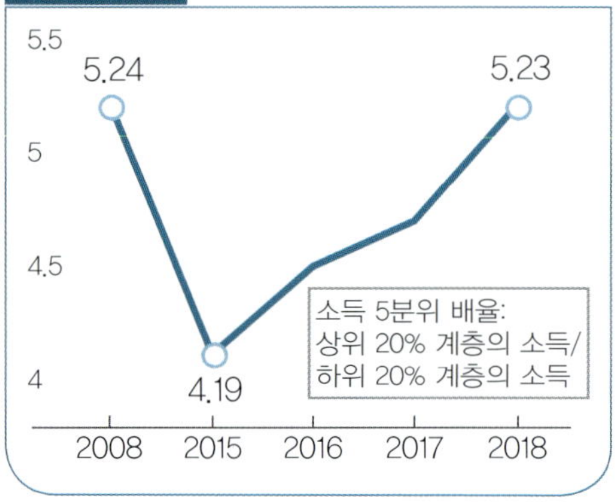

대량실업 발생으로 근로 계층 간에도 양극화 현상이 나타나고 있다. 경제위기를 계기로 우리경제의 패러다임이 미국식 신자유주의로 급속하게 전환되고 있고 이 같은 현상은 노동의 양극화 현상을 가속화시키고 있다. 높은 연봉에 고수익을 올리는 소수의 골드칼라와 적은 급여에 고용불안을 걱정해야 하는 다수의 그레이칼라들을 양산한다. 소득상위 20%와 하위 20%의 양극화 격차는 5.23배로 벌어져 2008년 글로벌 금융위기 후 10년 만에 가장 커졌다. 이는 미국의 글로벌 금융위기가 발생했던 2008년 2분기 5.24배를 기록한 뒤 2분기 기준으로 10년 만에 가장 높은 수치다.

특정 계층이 아니라 전체 구성원을 포괄하는 가장 보편적인 국제비교 소득분배지수는 지니계수인데, 이 지수는 0에서 1 사이로 계산되며 작을수록 소득분배가 평등함을 의미한다. 이 기준에 따라 대한민국의 지니계수는 2016년 0.298, 2017년 0.304, 2018년 0.326, 2019년 0.326으로 양극화 문제는 개선되지 않은 상황에서 OECD 가입국가 중 하위권에 머물고 있다.

5. 노동력의 고령화

인구구조의 고령화 등의 영향을 산업의 연령별 취업자 구조가 점차 고령화되는 경향을 보이고 있다. 특히, 제조업의 경우 젊은층의 제조업 기피 현상, 제조업의 신규채용 억제 등으로 저연령층 취업비중이 큰 폭으로 줄어들면서 다른 산업에 비해 상대적으로 노동력의 고령화 추세가 빠르게 진행되고 있다. 앞으로 노동인구의 고령화추세는 인구증가율의 감소, 평균수명 연장 등에 따른 고령화 사회로의 진입과 함께 본격화될 전망이다.

인구증가율의 감소와 함께 전 연령층의 진학률 증가도 젊은 층의 노동시장 진입 시기를 늦추는 결과를 가져오게 될 것이다. 우리나라는 OECD 국가 중 고령자의 빈곤수준이 제일 높은 나라이며, 고령자 층의 학력증가, 핵가족화 진전에 따른 경제적 필요 등으로 고령자 층의 취업욕구가 커지고 있다는 점도 취업구조 고령화 현상을 심화시키는 요인이 되고 있다.

표 ❷-1 고령자고용동향

[단위 : 천명 ,%]

	2014	2015	2016	2017	2019 02월	2019 03월	2019 04월	2019 05월	2019 06월	2019 07월
생산가능인구 (15~64세)	42,795	43,239	43,606	43,931	36,805	36,807	36,816	36,807	36,814	36,818
고령생산가능 인구비중	14.6	15.4	16.3	16.8	21.2	21.3	21.4	21.4	21.5	21.5
고령자경제 활동참가율	67.4	67.9	68.1	69.1	67.2	68.2	68.9	70.1	69.7	70.0
고령자고용률	65.8	66.0	66.2	67.5	64.7	66.0	66.7	67.9	67.9	67.6
고령자실업률	2.5	2.8	2.8	2.4	3.8	3.3	3.3	3.1	3.0	2.8

6. 서비스 및 신규분야의 고용확대

대부분의 나라에서 서비스산업은 성장세가 여타 산업에 비해 높게 나타나고 있으며 그에 따라 고용의 기회도 많다. 1990년대 이후 우리나라에서도 고용의 서비스화 경향이 뚜렷해지고 있다. 2007년을 기점으로 우리나라의 서비스산업 비중도 전체 산업의 60%를 상회하는 수준으로 확대되었다. 서비스업의 경우에는 수요의 소득탄력성이 상대적으로 높아 소득향상에 따른 서비스 수요 확대와 함께 생산비중과 고용비중이 지속적으로 증가하는 추세에 있다. 우리나라에서도 그동안 서비스산업의 성장은 소득향상에 따른 소비의 서비스화 영향을 크게 받았다. 특히, 앞으로는 산업의 지식집약화와 함께 컨설팅, 엔지니어링, 정보처리, 광고, 디자인, 금융 등 기업 활동과 관련된 전문지식 서비스업을 중심으로 신규고용 창출이 활발해질 것이다. 또한 지금까지의 일반화된 사고로는 생각하기 어려운 전혀 새로운 형태의 직업들이 나타날 것이다.

이상과 같이 글로벌화와 정보화 등의 환경 변화에 따라 기업의 고용관행 및 노동시장은 크게 변화하고 있다. 이러한 변화는 취업을 목표로 하는 구직자들에게 매우 중요한 도전을 제시하고 있다. 기존의 구직활동 방식으로는 경제활동 참여 기회를 쉽게 얻기가 어렵다는 것을 의미하며, 구직을 하더라도 과거에 비해 불리한 고용조건이나 낮은 고용안정성에 머무르게 될 가능성이 높다. 대학졸업 후 최소한 50년은 더 경제활동을 해야 하는 현대의 고등교육이수자들은 보다 장기적인 관점에서 본인의 경력계획을 세우고 중장기적인 진로계획을 세워야 할 것이다.

Ⅱ 창업의 필요성 인식

1. 사회적 이슈로서의 실업

우리나라는 1997년 말 IMF사태를 맞이하고 수년간의 극복과정에서 엄청난 경제 · 사회적 변화를 경험하였다. 물가의 상승으로 인한 실질소득의 감소, 고금리와 여신축소로 인한 신용한도의 위축, 구조조정으로 말미암은 실업의 확대 등의 고통을 겪어왔다. 그 후 대략 10년에 이르는 동안 최악의 상황을 모면하고 외적 여건이 호전되면서 수출이 늘어나고 경제가 다소 호전되면서 전반적인 상황은 다소 나아졌다고 볼 수 있으나 서민들이 체감할 정도의 뚜렷한 경제 호전은 실현되지 않고 있으며 오히려 사회적 격차만 크게 벌어져 있다. IMF사태와 금융위기가 나타나기 전에 중산층이 사회의 중심이 되던 40대 60의 사회에서 소수의 경제적 부자들이 부의 대부분을 차지하는 10대 90의 사회로 바뀌어 빈부의 격차가 더욱 커지게 되었다.

세계 각국의 기업들이 지구촌 단일시장에서 살아남기 위하여 치열한 생존경쟁을 벌이고 있는 상황에서는 구조조정과 실업의 공포에서 자유스러울 수 없으며 이러한 상황은 기계화 · 자동화의 확대와 고용구조의 변화로 인해 상당기간 지속할 것으로 전망된다.

실업의 문제는 우리나라에만 국한되지 않는다. 국제통화기금IMF는 2015년 1월 세계경제전망 수정(WEO Update) 보고서에서 '15~'16년 경제성장 전망치를 '14.10월 WEO 전망 대비 하향 조정하여 발표하였다. 미국을 제외한 선진국 및 신흥국의 성장둔화가 하향 조정의 주요 원인이며 유가 전망의 불확실성, 미국의 통화정책 정상화 등에 따른 글로벌 금융시장 위험, 지정학적 갈등 등을 상존해 있는 경제 위험 요소로 지적하고 있다. 이러한 경제 불안은 고용의 축소와 실업률의 증가로 이어질 수 밖에 없다. 특히 심각한 실업난으로 어려움을 겪는 유럽의 일부 국가에서 외국인력 고용을 반대 시위가 발생하는 등 각국의 실업률 증가는 보호주의로 이어질 조짐을 보이고 있다.

보호주의로 무역과 자금 투자가 줄어들고 미국이 금리를 인상한다면 한때 선진국 시장의 호

그림 ❷-3 OECD 주요국 실업률

그리스	스페인	이탈리아	프랑스	스웨덴	포르투갈	캐나다	OECD 평균	한국	미국	독일	일본
17.3%	14.1%	10.0%	8.4%	6.8%	6.5%	5.7%	5.4%	3.8%	3.7%	3.1%	2.4%

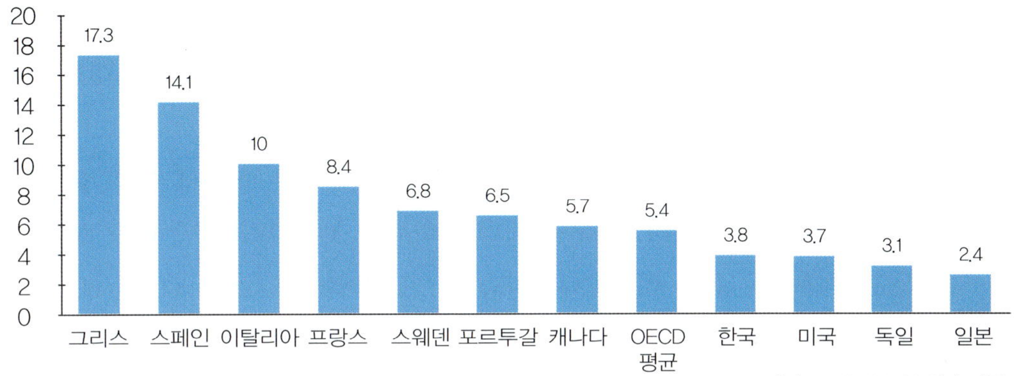

「자료 : OECD 2019년 기준」

황에 기대어 수출 주도로 성장을 이끌었던 국가들은 한층 더 심한 타격을 받을 수밖에 없다.

2. 최근 청년실업의 추이와 원인

청년실업은 1997년 경제위기로 인해 기업 사정이 어려워지면서 본격적인 사회문제로 대두되었다. **청년 실업률은 지난 15여 년 동안 평균 8~10%대를 유지하면서 전체 실업률을 2배 이상 상회하고 있다. 높은 청년실업률도 문제지만 고교나 대학졸업 후 취직이나 직업훈련도 받지 않는 청년 무직자가 늘고 있다는 것이 보다 큰 문제로 대두되고 있다.** 이들은 청년실업자와는 달리 실업통계에도 잡히지 않고 있으며 정부 또한 구체적인 실태 파악도 못하고 있는 실정이다. 이들까지 실업자에 포함시킨다면 청년실업률은 20%까지 올라갈 것이라는 분석도 있으며 실질적인 청년실업자가 100만 명을 넘는다는 추측도 있다. [표 2-2]에서 보듯이 2009년 이래 15~29세의 청년들의 실업률은 개선되지 않고 있다. 특히 청년들의 경제활동 참가율이 40%대로 머물면서 고용시장에서 청년들의 활동이 매우 위축되고 있는 상황이다.

청년실업의 발생 원인은 크게 구조적 요인과 경기적 요인으로 나누어 볼 수 있다. 구조적인 요인으로는 첫째, 노동시장에서의 수급의 불일치에서 찾을 수 있다. 노동시장에서의 변

표 ❷-2 청년실업률과 전체실업률 추이비교

	2009	2010	2011	2012	2013	2014	2015	2016	2017	2018
실업률	3.6	3.7	3.4	3.2	3.1	3.5	3.1	3.4	3.8	4.6
청년 실업률	8.1	8.0	7.6	7.5	8.0	9.0	7.9	9.0	9.2	11.1

화하는 노동력 수요구조에 대해 교육시장에서의 인력 양성체계가 제대로 부응하지 못하는 것으로 나타났다.

대학 진학률과 졸업생 수는 지속적으로 증가하고 있는 반면에 이를 수용할 수 있는 일자리는 많지 않다는 것이다. 그동안 대학 진학률을 보면 1970년만 해도 26.9%에 불과했으나 고등교육기관 수 증가, 대학 진학 열망 등으로 1990년 33.2%, 2000년 68.8%, 2005년 82.1% 등 급격히 높아졌고, 2008년에는 고교 졸업자 58만1,921명 중에서 전문대를 포함한 대학 진학자가 48만7,509명으로 진학률이 83.8%로 가장 높은 수준을 나타냈으며 2014년에는 70.9%로 하락했으나 여전히 세계 어느 나라보다도 대학진학률이 높다.

대부분의 대졸 이상 인력은 대기업과 수도권의 기업을 선호하고 있다. 한 연구기관의 조사결과에 따르면 대학생 10명 중 7명이 대기업 입사를 희망했고, 청년실업 문제가 심각해진 원인을 '일자리가 없어서'(19.3%)라고 지목한 학생보다 '마음에 드는 일자리가 없어서'(75.6%)라고 꼽은 학생이 훨씬 많았다고 한다. 대학생들이 중소기업을 꺼리는 것은 급여 수준이 대기업보다 크게 낮을 뿐 더러 안정성이 떨어지기 때문이라는 지적이다.

표 ❷-3 청년 고용동향 [단위 : %, 천명]

	2009	2010	2011	2012	2013	2014	2015	2016	2017	2018
15~29세 인구	9,829	9,735	9,660	9,531	9,439	9,395	9,380	9,363	9,282	9,149
경제활동 인구	4,340	4,269	4,229	4,150	4,053	4,179	4,253	4,334	4,333	4,312
취업자	3,992	3,930	3,907	3,837	3,728	3,802	3,864	3,908	3,907	3,904
실업자	348	339	322	312	324	378	389	426	426	408
실업률	8.0	7.9	7.6	7.5	8.0	9.0	9.1	9.8	9.8	9.5
고용률	40.6	40.4	40.4	40.3	39.5	40.5	41.2	41.7	42.1	42.7
경제활동 참가율	44.2	43.9	43.8	43.5	42.9	44.5	45.3	46.3	46.7	47.1

그림 ❷-4 청년 고용동향(고용률 및 실업률) [단위 : %, 천명]

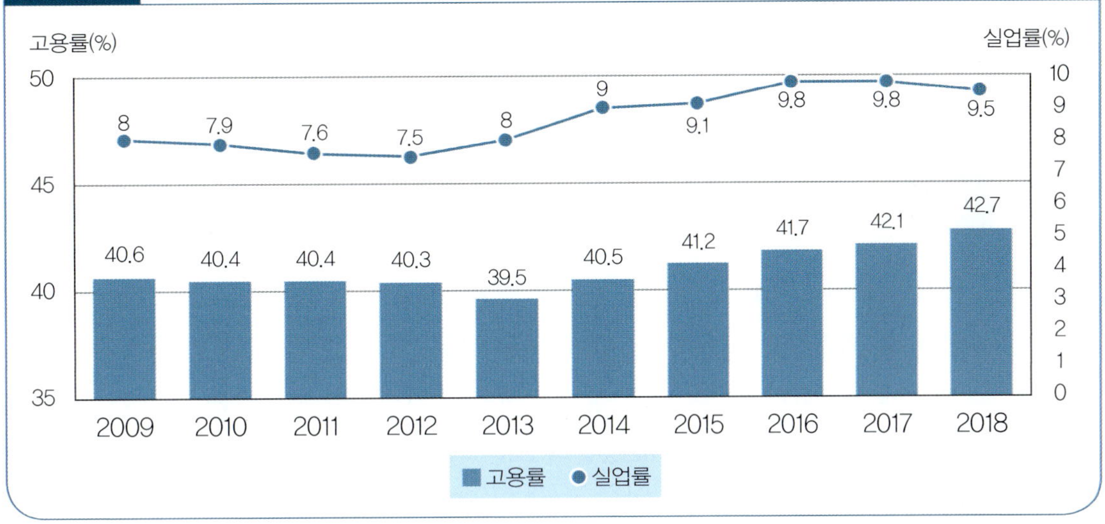

둘째, IT기술의 발달 · 설비자동화 등 산업구조변화와 중국 등 해외로의 공장설비 이전으로 청년 일자리가 절대적으로 감소한 것도 하나의 원인이다. 특히 2000년 이후 '고용 없는 성장'이라는 표현이 말해주듯이 경제구조가 고도화되고, 자동화가 급격이 이루어지면서 경제 규모의 팽창에도 불구하고, 고용은 그만큼 늘지 않아 경제성장에 따른 고용창출 효과는 과거에 비해 급속히 감소되고 있다. 또한 경제위기 시 고용조정의 어려움을 겪었던 기업들이 경기회복 이후에도 신규 채용을 꺼리는 경향으로 이러한 현상이 가중되고 있다.

셋째, 기업의 채용관행이 변화한 것에서도 찾을 수 있다. 두 차례의 경제위기를 거치면서 기업이 고용을 확대하는 경우에도 채용인력의 실질적 활용에 시간과 비용이 많이 소요되는 신규 참가자의 채용보다는 즉시 활용이 가능한 경력 근로자의 채용을 선호하는 경향이 두드러지고 있다. 기업이 노동비용 절감을 위해 정규근로자보다 비정규 근로로 노동수요의 선호체계가 변화하고 있음에 비추어 청년층 취업시장은 악화되고 있다. 경기적인 요인으로는 1997년 경제위기로 인해 대량의 청년실업이 발생했던 것이 후유증으로 남아 기업들이 경기회복에도 불구하고 미래의 경제전망을 불투명하게 보고 채용규모를 늘리는 데 소극적 태도를 보였다. 지난 2008년 금융위기에도 기업들이 구조조정과 함께 채용규모를 줄이면서 청년층의 취업이 더욱 어려워지고 있다. 한번 취업 시기를 놓친 신규 실업자들은 장기 실업자화와 노동시장에서의 후퇴현상을 가져오고 있다. 특히 청년층 노동시장은 경기변동이나 시장의 변화에 매우 민감하게 또는 과잉 반응하는 경향이 있어서 경제상황이 어려워지면 다른 연령층 보다 심하게 영향을 받는다.

3. 창업은 선택 가능한 경력 대안

급격하게 달라지고 있는 고용환경의 변화 추세를 고려한다면 대부분의 학생들이 학교를 졸업한 후 취업전선으로 자연스럽게 편입된다는 등식은 더 이상 현실이 아니다. 그리고 비록 **취업에 성공한다고 하더라도 장기간 고용의 안정성을 보장받는 것은 거의 불가능한 상황이 벌어지고 있다. 따라서 학교생활의 모든 과정이 졸업 후 취업이라는 단선적인 진행에 초점이 맞추어져서는 안된다.**

우리나라 청년들의 졸업 후 진로패턴을 보면 크게 민간기업 취업, 공공기관 취업, 전문직 자격시험, 석박사과정 진학 등으로 나누어 볼 수 있다. 어떤 진로 방향을 선택할지라도 오늘날에는 모든 상황에서 '자기주도적' 삶의 자세가 요구된다. 개인병원 및 로펌 등이 폐업한다는 소식이 더 이상 낯설지 않다. 대기업 직원들이 45세 이전에 퇴사를 하게 되는 경우가 통용된다.

변화된 생애주기에 비추어볼 때 누구나 '창업'을 고민하는 시기가 왔다. 창업자들 중에는 대기업 출신도 있고, 연구원 출신도 있다. 창업에 뜻을 가지고 자발적 퇴직을 한 사람도 있지만, 구조조정의 대상이 되거나 정년을 통해 비자발적 퇴직자가 대부분을 차지한다.

창업의 시기와 동기부여를 스스로 통제하기 위해서는 자기주도적인 삶의 자세를 가지고 학교생활 및 사회생활을 할 필요가 있다. 자발적인 창업과 비자발적인 창업은 명백히 다르기 때문이다. 자기주도적 삶을 살아야 한다는 것은 꼭 창업을 해야 한다는 말은 아니다. 창업이란 길도 자기주도적으로 선택할 수 있는 경력대안으로 준비해야 한다는 의미이다. 취업전선의 경쟁은 매우 치열하여 매력적인 고용기회를 포착하는 것이 무척 어렵고 설령 매력적인 고용기회를 포착한다고 하더라도 취업의 성공이 곧 평생의 고용 안정성을 보장하지 못하는 것이 최근의 현실이다. 그러나 창업을 경험하면서 얻어지는 지식과 식견은 매우 다양하며, 자신의 삶과 사업, 직장생활에 적용될 수 있으며 평생 고용의 기틀을 마련할 수 있는 점에서 매우 매력적인 점이 많다. 그리고 현재 취업에 성공하여 직장에 다니고 있는 많은 이들의 꿈은 자기 사업이라고 한다.

그림 ❷-5 경력 탐색 프로세스

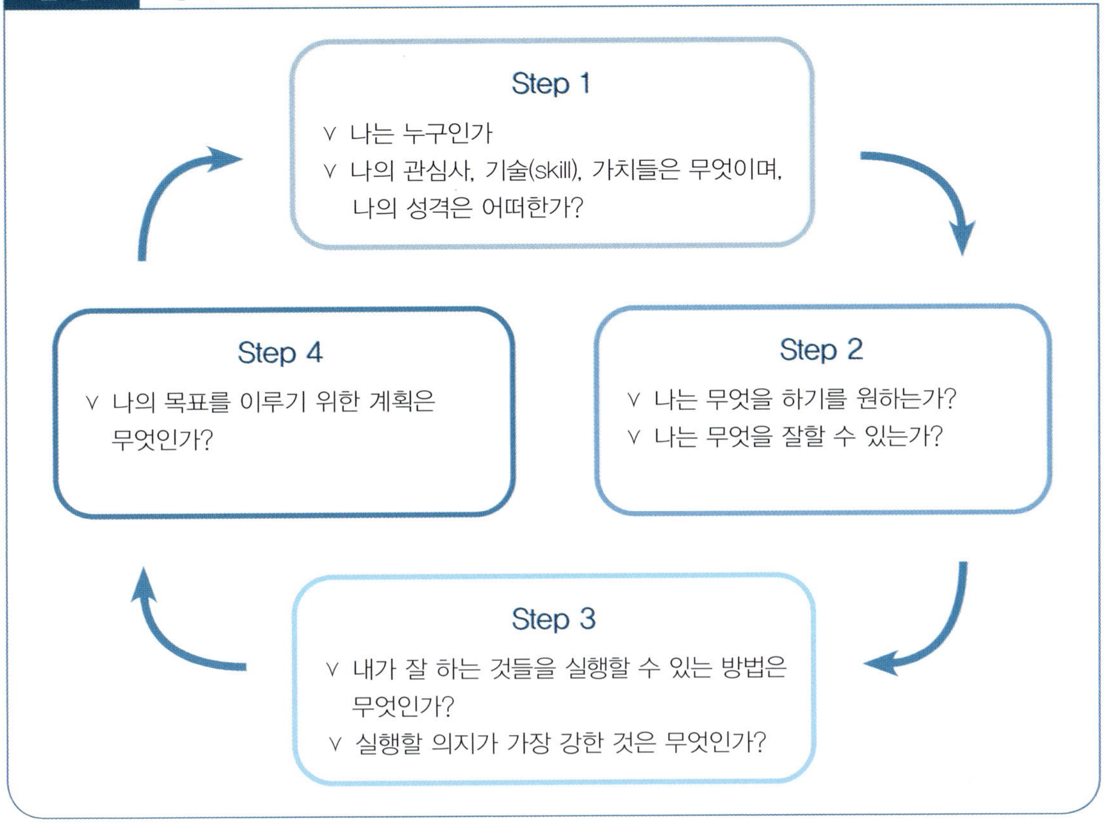

고용시장의 변화와 새로운 환경에의 적응이 개인에게 그리 쉽지 않은 일이지만 아주 좁은 취업기회를 놓고 수많은 후보들이 소모적으로 경쟁하는 것은 국가적으로도 바람직하지 않을 뿐만 아니라 개인적으로도 너무나 큰 희생을 수반하는 일이다. 따라서, 졸업 후 반드시 취업이라는 일방적인 방향보다는 취업, 창업, 학업의 연속 등 다양한 선택대안 중에서 스스로의 진로를 결정하고 준비하는 신축적인 자세가 그 어느 때 보다 요구되는 시점이다.

특히, 취업과 창업을 떠나 성공적인 경력개발을 실행하기 위해서는 경력탐색을 매우 진지하게 할 필요가 있다. **자신이 하고 싶은 것이 무엇이며, 가장 잘 할 수 있는 것은 무엇인가, 왜 하고 싶어 하는가** 등에 대한 깊이 있는 자기 관찰과 자기성찰이 진행될 경우 경력개발이 성공적으로 진행될 가능성이 높다.

Ⅲ 창업활성화 영향요인

창업의 활성화는 지역 및 국가 수준의 환경요인, 개인 수준의 요인 그리고 사회의 인구통계적 특성의 영향을 받는다. 우선, 지역 내 창업의 활성화를 위해서는 잠재적 창업가들인 기업의 근로자, 학생, 주부 등 경제활동이 가능한 이들이 임금근로자나 가사근로자를 선호하기 보다는 창업을 결정하고 실천하여야 한다. 그리고 **개인의 창업의사결정과 행동이 있으려면 창업의지, 즉 창업에 대한 긍정적인 태도가 선행되어야 한다.** 창업의지는 창업과 관련된 행동과 매우 밀접한 관련을 갖고 있는 중요한 변수로서 창업에 대한 의도적 태도를 의미하며 개인적 특질과 자기유능성 인식의 영향을 많이 받는다.

창업과정에 영향을 주는 개인적 특질로는 개인의 위험선호 성향, 통제의 위치, 성취욕구, 자율욕구, 경력지향성 등이 대표적인 것이다. 이러한 창업자의 개인적 특성은 창업뿐만 아니라 생존 및 성장에도 중요한 의미를 갖는 것으로 받아들여지고 있다.

창업에 대한 환경적 요인으로는 흔히 정부정책, 사회경제적 조건, 창업 및 경영기술, 재무적 자원, 비재무적 지원, 사회적 인식들의 요인들이 지적되고 있다.

한편, 미국의 Babson대학과 영국의 London Business School은 공동으로 주요 각국의 기업가적 활동의 정도와 내역을 상호간에 비교분석 하는 **국제기업가활동조사**(GEM: Global Entrepreneurship Monitor)를 1999년 이래 매년 실시하여 총 **창업활동지수**(TEA: Total Entrepreneurial Activity)를 조사 발표하고 있는데, 여기서는 창업활동이 경제성장에 미치는 영향, 경제활동이 경제안정에 영향을 미치는 경로, 국내 환경적 배경의 창업활동에 대한 영향, 창업활동을 활성화시키는 요인 등에 대한 내용을 중심으로 여러 국가 간에 기업가활동의 실태를 비교분석하고 있다.

GEM은 기본적으로 사회문화적 환경이 기업가적 체계여건에 영향을 미치며 이는 나아가 기업가적 활동기회와 기업가적 활동능력에 작용하여 기업생성의 정도를 결정케 하여 궁극적으로 새로운 기업의 활발한 생성이 국가의 경제성장(GDP, 일자리 등)에 영향을 주게 된다는 개념모델을 바탕으로 전개하고 있다.

그림 ❷-6 1인당소득수준에 따른 기회형 기업가 활동의 비율

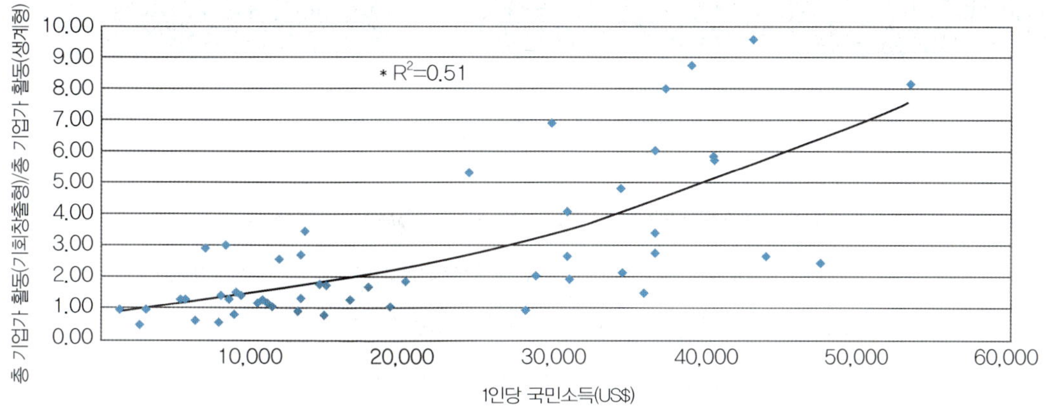

GEM연구의 주요결과, **소득 수준이 높은 국가에서는 생계형 기업가 활동이 낮고 기회창출형 기업가 활동이 활발한 반면, 소득 수준이 낮은 국가에서는 그 반대 경우가 지배적으로 나타났다.** 소득 수준이 높은 국가에 사는 사람들은 고용기회나 사회보장제도가 비교적 잘 갖추어져 있어 생계형 창업비율이 낮아지게 된다. 〈그림 2-6〉에 나타난 대로 1인당소득수준에 의해 기회형 기업가 활동의 비율이 영향을 받고 있음을 증명하고 있다.

미국, 일본, 한국의 GEM 주요지표를 비교한 결과에서 우리나라의 창업생태계의 현주소를 알 수 있다. 우리나라의 경우 대부분 일본에 비해 기업가정신과 관련된 환경에서 양호하게 나타났지만, 미국에 비해서는 몇 가지 주요 지표에서 크게 뒤져 있다. '실패에 대한 두려움'은 미국이 전체 대상 중 31%인데 비해 우리나라는 42%로 나타났다. **전반적으로 미국에 비해 실패에 대한 관용이 덜 주어지는 환경이라고 볼 수 있다.** 안정기 기업의 소유 비율에서 미국은 47%인데 반해 우리나라는 13%로 매우 낮은 수준을 보여준다. 즉, 새로운 기업을 창업하는 활동은 미국, 일본에 비해 크게 뒤지지 않지만, 지속 가능한 기업으로 유지하는 측면에서는 매우 뒤떨어진다고 평가할 수 있다.

주요 20개국의 2016년 창업환경 및 기업가정신을 조사한 GETR(Global Entrepreneurship Trend Monitor)를 활용한 연구에서 한국의 경우, 창업자들이 갖는 창업환경에 대한 긍정적

그림 ❷-7 기회형창업 정도

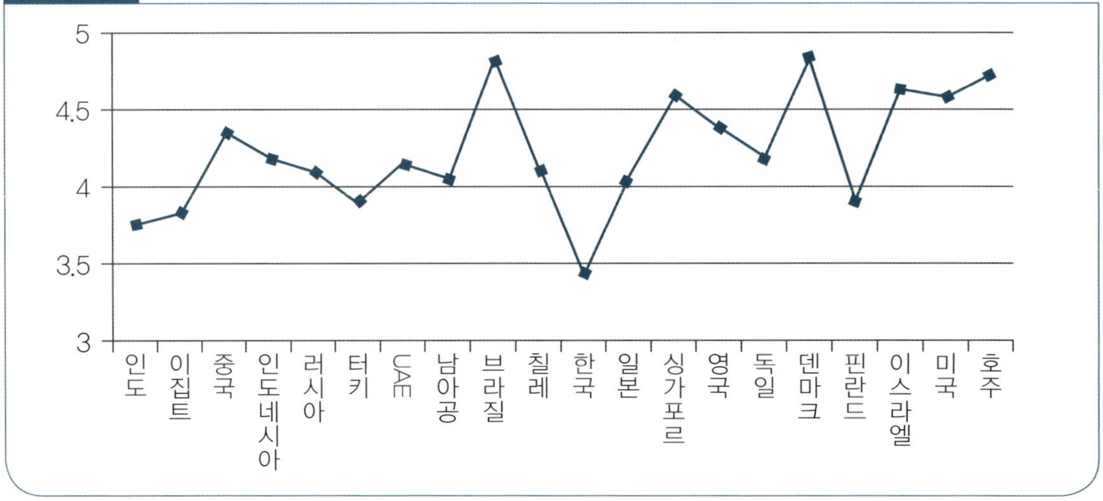

인 인식은 대부분의 항목에서 미국, 일본, 영국, 이스라엘 등이 속한 혁신주도형경제[1)] 평균에 비해 크게 낮게 나타났다. **창업이후 생존 용이성, 창업센터입주용이성은 중위권(각 9위)이나, '창업실패에 대한 사회안전망'은 15위권**으로 매우 낮게 나타났다. 또한 창업을 실행중이거나 창업경험이 있는 20개국 9,958명을 대상으로 조사한 결과, 한국의 경우 다른 혁신중심형 국가와 달리 기회형창업율[2)]이 매우 낮게 나타났다.

개인의 창업의지와 국가차원의 창업활성화는 정부지원, 시장조건, 금융환경, 지식인프라, 사회안전망, 창업에 대한 인식 등 창업환경의 상호작용을 통해 영향을 받는다. 따라서 국가수준에서 이러한 다양한 요소들이 서로 시너지를 낼 수 있도록 정책을 수립하는 것이 필수적이라고 할 수 있다. 한국의 경우 혁신 주도형 경제에 속하나 창업여건은 러시아 및 터키 같은 효율 주도형 경제와 유사하기 때문에 '창업 후 생존용이성' 및 '투자 용이성' 등의 환경조성이 매우 시급하며, 기회형 창업을 활성화하기 위한 '독과점담합규제', '정부자금조달용이성', '사회안전장치확보' 등이 매우 요구되는 시점이다.

---

1) 요소주도형경제(factor-driven economies)는 주로 자연상태에서 경제적 수단을 찾는 경제, 효율주도형경제(efficiency-driven economies)은 규모집약도가 경제 발전의 동인이 되는 경제, 혁신주도형경제(innovation-driven economies)은 연구개발, 지식집약, 혁신활동이 동인이 되는 경제를 말하며 우리나라는 일본, 미국, 이스라엘과 같이 혁신주도형 경제로 구분되어 진다. (출처) Porter and Schwab(2008), Global Competitiveness Report

2) 창업은 생계형창업과 기회형창업으로 구분할 수 있는데, 생계형 창업(opportunity-based entrepreneurship)은 요소주도형 경제에서 활발하게 이루어지는 유형으로 생계유지의 목적으로 이루어지는 창업을 말하며, 기회형 창업(necessity-based entrepreneurship)은 혁신주도형 경제에서 활발하게 이루어지는 유형으로 더 낫은 경제적 목적 및 비경제적 목적으로 이루어지는 창업을 말한다. (출처) Porter and Schwab(2008), Global Competitiveness Report (출처) GEM(2015-2016)

표 ❷-4 국가별 창업환경에 대한 인식 비교(종합)

[단위 : 점수, ( ) 순위]

국가명	세금적절성	정부지원 효과성	생존용이성	정부의 독과점 및 담합 규제 효과	해외진출 용이성	정부해외진출 프로그램도움 정도	벤처 및 엔젤투자 받을 용이성	상장, 인수합병을 통한 투자회수 용이성	정부를 통한 자금조달 용이성	창업센터입주 용이성	기술이전 용이성	국가사회안전장치 수준	창업지원인력의 능력
인도	3.89(7)	4.31(8)	3.45(8)	4.09(3)	3.68(10)	4.39(6)	3.2(12)	3.25(12)	3.38(8)	1.82(20)	4.02(13)	3.73(10)	3.34(13)
이집트	3.26(15)	3.38(17)	3.16(15)	3.53(13)	3.53(12)	3.53(16)	2.94(16)	3.08(15)	2.8(17)	3.95(15)	4.03(12)	3.41(14)	3.06(17)
요소유형평균	3.57	3.84	3.31	3.81	3.61	3.96	3.07	3.16	3.09	2.89	4.03	3.57	3.2
중국	3.88(8)	4.44(4)	3.29(13)	3.99(7)	3.46(14)	4.72(2)	3.35(8)	3.75(1)	3.49(5)	4.43(7)	4.14(9)	3.82(9)	3.91(6)
인도네시아	3.86(9)	4.35(6)	3.12(16)	3.93(9)	2.65(20)	4.3(7)	2.67(18)	2.8(18)	2.8(17)	3.36(18)	3.38(20)	3.95(7)	3.62(10)
러시아	3.11(17)	3.27(20)	2.71(19)	3(19)	3.39(15)	3.14(20)	2.74(17)	2.73(19)	2.48(19)	3.88(16)	3.46(19)	2.65(20)	2.64(19)
터키	2.75(19)	3.67(16)	2.97(17)	3.53(13)	3.21(17)	3.59(15)	3.14(14)	3.04(16)	3.22(13)	4.06(13)	3.99(14)	3.18(16)	3.14(16)
UAE	3.91(6)	4.31(8)	3.52(6)	4.14(2)	3.63(11)	4.42(4)	3.34(9)	3.43(8)	3.33(10)	3.99(14)	4.11(10)	4.18(5)	4.12(2)
남아공	3.26(15)	3.31(19)	2.7(20)	3.06(18)	3.07(19)	3.24(18)	2.5(20)	2.64(20)	2.23(20)	3.61(17)	3.8(16)	3.11(17)	2.63(20)
브라질	2.55(20)	3.92(12)	3.28(14)	3.66(12)	3.28(16)	4.04(11)	3.24(11)	3.26(11)	3.25(12)	4.15(10)	4.5(7)	2.95(18)	3.75(8)
칠레	3.04(18)	3.87(14)	2.85(18)	2.72(20)	3.16(18)	3.43(17)	2.62(19)	2.99(17)	2.81(16)	3.12(19)	3.74(18)	2.86(19)	2.73(18)
효율유형평균	3.3	3.89	3.05	3.5	3.23	3.86	2.95	3.08	2.95	3.83	3.89	3.34	3.32
한국	3.65(12)	3.9(13)	3.41(9)	3.37(16)	3.48(13)	3.72(13)	3.15(13)	3.13(14)	3.19(14)	4.23(9)	4.04(11)	3.3(15)	3.18(15)
일본	3.8(11)	3.74(15)	3.52(6)	3.23(17)	3.69(9)	3.84(12)	3.49(5)	3.55(3)	3.43(7)	4.15(10)	3.95(15)	3.68(11)	3.21(14)
싱가포르	4.28(1)	4.56(2)	3.54(5)	4.36(1)	3.78(7)	4.4(5)	3.41(7)	3.49(5)	3.69(2)	4.29(8)	4.46(8)	4.39(3)	4.26(1)
영국	4.04(4)	4.16(10)	3.98(3)	4(6)	4.6(2)	4.15(10)	3.56(4)	3.46(7)	3.54(4)	4.75(4)	4.89(3)	4.15(6)	3.99(5)
독일	3.84(10)	3.34(18)	3.3(12)	3.76(11)	3.76(8)	3.16(19)	3.09(15)	3.22(13)	3.06(15)	4.54(6)	4.57(6)	3.85(8)	3.56(11)
덴마크	3.92(5)	3.97(11)	3.66(4)	3.98(8)	3.86(6)	3.63(14)	3.48(6)	3.48(6)	3.47(6)	4.1(12)	4.71(4)	4.64(1)	3.77(7)
핀란드	3.28(13)	4.35(6)	3.41(9)	3.85(10)	3.98(4)	4.19(9)	3.34(9)	3.38(9)	3.37(9)	4.57(5)	4.68(5)	3.64(12)	3.53(12)
이스라엘	3.27(14)	4.77(1)	3.33(11)	3.43(15)	3.92(5)	4.29(8)	3.68(3)	3.37(10)	3.3(11)	4.82(2)	3.76(17)	3.62(13)	3.72(9)
미국	4.22(2)	4.5(3)	4.18(1)	4.07(4)	4.7(1)	4.84(1)	3.72(1)	3.66(2)	3.74(1)	4.93(1)	5.21(1)	4.29(4)	4.09(4)
호주	4.07(3)	4.44(4)	3.99(2)	4.07(4)	4.43(3)	4.59(3)	3.68(2)	3.53(4)	3.58(3)	4.77(3)	5.08(2)	4.49(2)	4.1(3)
혁신유형평균	3.84	4.17	3.63	3.81	4.02	4.08	3.46	3.43	3.44	4.52	4.53	4.01	3.74
전체	3.56	4.01	3.3	3.65	3.56	4.02	3.12	3.2	3.13	3.71	4.11	3.63	3.46

「출처 : 남정민·이환수(2017), 창업단계별 기업가정신 및 창업생태계 인식에 대한 연구」

Ⅳ 우리나라의 창업환경

한국의 창업 정책도 그 역할이 적지 않았다. 지난 20년간 비교적 짧은 기간에 벤처 관련 산업 및 생태계의 태동과 빠른 성장에 기여했기 때문이다. 그러나 정부의 직접적 지원에 대한 의존도를 높였고, 민간의 투자 의욕을 근본적으로 제고하는 데 실패했다는 지적을 받아왔다. 국내 창업자금 조달환경은 여전히 투자보다 융자 중심으로 머물러 있고, 중소기업 자금조달 역시 총액의 99%를 융자에 의존하고 있다. 창업 초기 민간부문의 엔젤투자도 극히 저조한 상황이다.

창업 정책의 또 다른 이슈로 회수전략의 부족을 들 수 있다. 회수전략은 크게 상장 및 인수합병(M&A)으로 나눠볼 수 있다. 그러나 국내에서는 코스닥 상장 이외에 M&A를 통한 회수 기회가 매우 낮다. 2004~2007년 사이 세 번에 걸쳐 M&A 활성화 방안이 마련되어 간이 합병 기준 완화 등 절차 간소화와 M&A 정보 중개시장 개설 등에 노력하였으나 실제 M&A 활성화 효과는 미미했다.

창업기업의 주요 출구전략인 M&A가 활성화되지 못한 이유는 국내기업의 경우 R&D를 직접 수행하는 것을 선호하며, 시장 내 기업규모 확장을 저해하는 제도와 관행이 있기 때문이다. 국내에서는 직접 수행 R&D 또는 특허권과 같은 명시적 기술 취득에만 세제 혜택을 부여하여 기술형 M&A에 대한 인센티브가 취약하다. 그리고 시가 대비 높은 가격으로 기업을 매각할 경우 초과 부분에 대해 양도세(11%)가 아닌 증여세(최대 50%)를 납부해야 하는 등 기업 매각에 따른 세제 부담이 과도하다.

국내 대기업의 경우 매년 계열사 숫자가 언론에 공개되고, 중소기업을 인수할 경우 문어발식 계열확장이라는 대중의 질타를 받는 경우가 많아 주저하곤 한다. 중소기업의 경우 타기업을 인수하는데 필요한 자본과 역량이 충분한 경우에도, 합병을 통해 중소기업 기준을 벗어나면 중소기업을 대상으로 한 각종 지원제도에서 제외되기 때문에 이를 피하는 경향이 있다. 게다가 기술보호 환경이 취약하여 M&A보다 저가의 비용으로 경쟁사의 기술을 도용하거나 탈취하는 것이 용이한 것도 M&A 활성화의 저해 요인으로 작용한다.

이와 같은 창업 정책상의 이슈들을 해결하기 위해 정부는 다양한 창업활성화 정책을 추진 중이다. 먼저 자금 측면에서는, 창업기업의 자금조달 구조를 융자에서 투자 중심으로 변경하기 위해 크라우드 펀딩(Crowd Funding) 제도, 엔젤투자 활성화, 5천억 원 규모의 미래창조펀드 조성 등을 제안하였다. 그리고 M&A 세제 부담 완화 및 R&D에 준하는 세제 인센티브를 강구하고, 대형 자본의 M&A 시장 진입 촉진을 위한 제도적 장치를 마련하며, 중소기업 기술보호 지원을 확대하는 등의 회수전략 개선 계획도 포함하였다. 또한 아이디어의 사업화를 지원할 창업 플랫폼 구축, 국내외 우수 기술 인력의 벤처 · 창업 유입 촉진 등을 기대하고 있다.

정부의 정책은 창업을 촉진하고 중소기업을 육성하는 데 초점을 맞추고 있다. 정부의 창업초기기업의 육성시책 또한 중소기업의 역할에 대한 정책적인 변화를 반영한다. 정부는 중소벤처기업부를 통하여 중소기업 특히 기술혁신 기업에 많은 투자를 하고 있다. 정부의 지원제도는 자금, 입지, 기술, 인력, 세제 등 매우 다양하다.

정부의 다양한 창업지원 세부정보 및 내용을 알기위해서는 **창업넷**(www.changupnet.go.kr)을 통해 확인하기 바란다.

2019년도 정부 창업지원사업 통합공고

□ 2019년도 창업지원사업 조사결과, 14개 부처 총 1조 1,180억원 규모

□ 부처별로는 중기부(9,975억원, 89.2%), 행안부(362억원, 3.2%), 고용부(280억원, 2.5%), 과기정통부(152억원, 1.4%) 순

□ 지원유형별로는 창업 사업화(5,130억원, 45.9%), 연구개발(3,797억원, 33.9%), 시설 공간(1,493억원, 13.4%) 순

〈부처별 창업지원 예산규모〉

구분	중기부	행안부	고용부	과기정통부	문체부	특허청 등	합계
예산 (억원/비중)	9,975.6 (89.2%)	362.2 (3.2%)	280.6 (2.5%)	152.4 (1.4%)	116.6 (1.0%)	293.4 (2.7)	11,180.8

〈지원유형별 예산규모〉

구분	사업화	연구개발	시설공간	창업교육	멘토링	네트워크	합계
예산 (억원/비중)	5,130.7 (45.9)	3,797.0 (33.9)	1,493.8 (13.4)	471.0 (4.2)	221.8 (2.0)	66.5 (0.6)	11,180.8

출처 : 2019년 정부 창업지원사업 통합공고

생각해보기2

취업만을 생각하는 그대에게 - II

우리 기성세대의 관점에서 마음에 들지 않는 사람을 한명 소개하겠다. 그는 23세 미혼모의 아들로 태어났으며 친부는 외국인이었다. 태어난 뒤 친부모에게서 버림받아 고등학교 중퇴자의 아들로 입양되었다. 그는 그를 버린 부모들을 평생 원망했으며, 그의 성공이후에도 "나를 버린 부모는 단지 정자은행과 난자은행에 불과하다"고 입버릇처럼 얘기했다. 그는 고등학교 때 2번의 정학을 받았으며, LSD(환각제의 일종)와 마리화나를 즐겨했다. 그의 대학은 유명한 대형대학이 아닌 정원 1,000명도 안 되는 조그마한 곳이었다. 당시 이 학교의 자퇴율은 무려 33%였다.

그는 별다른 가치도 없어 보이는 대학교육에 부모님의 돈을 그렇게 쓰는 것에 죄의식을 느꼈다고 훗날 밝혔다. "노동자 계층에 속하는 부모님이 평생 모은 돈 전부가 저의 대학 학비로 소진되고 있었다는 것에 놀랐습니다." 그는 1년 만에 대학을 자퇴했지만, 시간이 지난 후 세간의 관심을 끈 스탠포드 대학교 졸업식 연설을 했으며, 그 자리에서 이렇게 말했다.

"(대학을 다닐 때) 앞으로 무엇을 하며 살고 싶은지도 몰랐고, 대학이 그걸 알도록 도와줄 것 같지도 않았습니다. 그러면서 부모님이 평생에 걸쳐 저축한 돈만 축내고 있었습니다. 그래서 자퇴하기로, 그래도 모든 일이 잘 풀릴 것으로 믿기로 결심했습니다."

자퇴이후 고향에 돌아가 비디오게임 회사에 시급 5,000원으로 간신히 취업했다. 그의 첫 번째 파트너(회사 동료)는 "하필이면 몸에서 냄새가 펄펄 나는 녀석을 저한테 붙여 주시는 거예요? 게다가 저 녀석을 다루는 것 자체가 불가능합니다."라며 인사책임자에게 항의했다. 그는 친부모에게서 버림받았듯 회사동료에게서 버림받아 다른 직원들이 모두 퇴근한 후에 출근해 밤새 일했으며, 불과 1년도 지나지 않고 회사를 그만둔 뒤 인도로 종교적 순례를 떠났다.

'미혼모의 아들', '마약 중독', '지방대학의 자퇴자', '시급 5,000원의 야간근로자', '1년을 넘기지 못한 직장생활'이라는 이 사람의 이력은 우리나라 기성세대가 봤을 때 매우 우울하고 실패한 인생일 수 있다. 그러나 그는 이후 세계에서 가장 혁신적인 기업인 '애플'의 최고경영자가 되었으며, 월트디즈니의 이사로 재직했으며, 넥스트(NexT)와 애플컴퓨터를 설립하였다. 그는 스티브 잡스이다.

잡스 같은 사람이 성공할 수 있는 사회는 미국에서나 가능하다고 생각할 수도 있다. 그러나 우리 사회에도 수많은 사람들이 '직선의 삶'이 아니라 수많은 시행착오를 통한 '곡선'으로 그들의 꿈을 성취하고 있다.

홍익대학교 목조형가구학과 05학번인 정재엽, 탁의성, 안오준씨는 남자가 얼마 되지 않는 학과 특성으로 인해 자연스럽게 친해졌고, 대학생활을 함께 보냈다. 세 명의 친구는 4학년 졸업 전시회를 위해 작품을 준비하는 중에 처음으로 '사업' 구상을 했다. 졸업 작품을 만들면서 '이렇게 만들면 잘 팔릴 것 같은데'라고 서로 의견을 나누었다. 그들은 지금까지 취업을 위한 영어점수를 얻기 위해 바빴지만, 아이디어를 이야기 하면서 '취업은 나이가 먹어서도 할 수 있다. 젊을 때 우리가 생각했던 사업을 시작해 보자'라는 마음이 들게 되었다. 수중에는 창업자금이 전혀 없었다. 그래서 자금을 마련하기 위해 닥치는 대로 아르바이트를 했다. 모은 돈을 절약하고 사업구상에 집중하기 위해 각자의 집을 떠나 고시원에 들어갔다. "사업계획을 세우니 집에 오가는 시간도 아까웠습니다. 남들은 취업이나 고시 공부하느라 고시원에 들어가는데, 저희는 창업하기 위해 고시원에 들어갔습니다."

▲ 카레클린트의 공동 창업자 정재엽(왼쪽부터), 탁의성, 안오준 대표

자신들의 가구를 세상에 선보이겠다는 굳은 각오로 시작한 고시원 생활 4개월. 세 사람은 반 지하에 사무실을 얻을 수 있는 창업자금을 마련할 수 있었다. 그들은 자신들이 앞으로 만들 가구에 대한 디자인과 구상은 갖고 있었으나, 실제 가구를 만드는 생산경험은 없었다. 일산 가구단지 일대를 돌아다니며 수소문하면서 발품으로 그들의 까다로운 요구를 만족시켜줄 만한 공방을 찾아다녔다. 그러나 첫 시작은 호락호락하지 않았다. 샘플이 마음에 들어 계약했다가 완제품이 전혀 다르게 나와 계약을 파기하면서 얼마 남지 않은 돈을 다 날렸다.

사업을 포기할 수도 있었지만 그들은 다시 한 번 다짐했다. '우리의 가구가 세상에 나오는 순간 시장은 알아볼 것이다'고 확신했다.

다시 한 번 무작정 공방을 찾아다니게 되었다. 돈이 없으니 가구 하나를 팔 때마다 결제를 해주겠다고 약속했지만, 무일푼의 젊은이들을 믿는 공방을 찾는다는 것은 매우 어려웠다. 그러던 중 파주에서 딸만 셋을 둔 30년 경력의 '은둔 고수'를 만나게 되었다. 그 장인은 세 젊은이가 디자인한 물건을 상품화 할 수 있는 경험과 기술을 갖고 있었으며, 겁 없는 세 젊은이의 도전과 용기를 높이 평가했다. 어렵게 생산까지 시작한 세 젊은이는 자신들의 회사명을 '카레클린트'로 짓고 사방팔방으로 뛰어다녔다. 제품 유통비용을 줄이기 위해 200만 원짜리 조그마한 봉고차를 구입하여 자신들이 직접 전국을 돌며 가구를 배달했다. "배달하면서 보람도 컸습니다. 어느 고객은 제품의 디자이너가 직접 배달하는 것에 감동을 받아 사인에서 기념사진까지 부탁했습니다."

친환경적인 제조과정을 소비자에게 보여주기 위해 재료인 친환경 원목이 가구로 제작되어 배송되는 전 과정을 스토리텔링(story telling)한 동영상을 제작하여 블로그에 게시했다. 대기업에서는 절대 대량으로 생산할 수 없는 '잘 만든' 수제 원목가구라는 점이 부각 되면서 소비자의 반응은 뜨거워졌다. 4개월 만에 배송일정을 적은 달력에 빈자리가 없을 정도로 주문이 밀렸다. 예상하지 못한 제품 판매량의 수직 상승으로 배송차도 3대로 늘렸으며, 인터넷을 이용한 판매방식에서 매장을 활용한 오프라인을 함께 하는 방식으로 판매 채널도 다변화했다.

"고객들이 편안하게 커피를 마시면서 가구를 만져보고 체험할 수 있는 가구 카페를 오픈했습니다. 고객들은 온라인에서 본 제품을 직접 카페에서 확인할 수 있게 되었죠. 제품의 신뢰도가 크게 올라갔습니다."

몇 년 전 창업수업 학생들과 함께 카레클린트 매장과 디자인실을 방문하여 그들의 이야기를 듣게 되었다. 자신들의 창업과정을 동영상으로 하나하나 제작하여 우리에게 보여주면서 그들 또래의 대학생들에게 이렇게 말한다. "남들처럼 영어 점수에 매달려서 일단 취업부터 하자는 타성에 젖지 마세요. 우리는 젊으니깐 실패를 두려워하기 보다는 정말 하고 싶은 일을 시도해야 합니다. 실패와 고생을 두려워하지 마세요. 우린 아직 젊잖아요."

우리를 키운 부모, 학교, 사회는 우리들의 삶이 직선이기를 원한다. 세계 유래를 찾기 어려운 입시전쟁 시스템에서 승자가 되어, 그들의 기준에 드는 대학에 들어가서, 취업이라는 인생의 목적지를 위한 학원-자격증-토익-해외연수-봉사활동이라는 스펙 만들기를 권유하고 있다. 과연 기성세대가 제시하는 취업이라는 '직선의 길'이 안정되거나 순탄한 길이라 할 수 있을까? 우리의 꿈을 이룰 수 있는 방법은 취업이라는 길 뿐인가? 남들이 가는 길이라고 해서 내가 가야할 길인가?

토의문제

- 여러분들은 실패를 두려워해서 정말 하고 싶은 일을 포기하고 있지는 않은지 생각해 보세요.
- 창업아이템이 있지만 창업자금이 없을 경우 어떻게 해야 하는지 토론해 보세요.

예비 창업자가 궁금해 하는 Q&A

Q3. 저의 아이디어를 앱으로 구현하고 싶습니다. 전 문과생이라 앱개발을 할 줄 모릅니다. 만약 창업자가 프로그램 운영방법을 몰라 개발자나 외주업체를 컨트롤하지 못하는 경우 어떻게 될까요?

개발자 또는 외주업체에게 주도권을 뺏기게 되어 창업자의 계획과는 달리 개발의 방향이 바뀔 수 있습니다. 또한 창업자가 개발을 모른다고 판단되면 일부러 기한을 늦추거나 추가비용을 받는 등의 문제가 발생할 수 있습니다. 따라서 앱 개발을 모르더라도 지속적으로 공부하여 개발의 흐름 정도는 파악할 수 있는 시야를 키우는 것이 중요합니다. 그래야 개발자나 외주 업체를 고르는 안목이 생기고 창업자의 계획대로 프로젝트를 이끌어 갈 수 있습니다.

Q4. 하지만 실제로는 외주업체를 통해 많이 창업하지 않나요?

개발자 없는 스타트업이 급한 마음에 '외주'로 제품, 서비스를 개발하는 사례는 실제로도 빈번합니다. 똑같은 기능을 하는 SW라도 그 시스템 내부의 코드는 쓰레기부터 명품까지 다양한 것으로 채워지게 됩니다. 둘 다 겉으로는 같은 기능을 하고 잘 돌아가는 것처럼 보일 것 입니다. 용역을 발주할 때는 고객 친화적이고 스마트한 시스템을 상상하지만 결과물을 받아보면 관료적인 회사들이나 공공 기관의 SW 시스템을 받게 되는 경우가 많습니다. 시간은 시간대로, 노력은 노력대로 들이고 막상 고객에게 나쁜 첫인상만 남기면서 손해를 보게 되는 불상사가 초래할 수 있습니다.

Q5. IT 회사를 창업하려면 꼭 해당 지식이나 기술을 가지고 있어야 하나요?

만약 공동창업자라면 누구 하나는 사업의 핵심 분야에 대해 높은 수준의 지식과 기술을 갖고 있어야 합니다. SW회사에서 기획자로 일해본 경험이 없는 비개발자 창업자는 SW 개발자와 커뮤니케이션이 쉽지 않으며, 무엇을 요구하고 어떻게 자신의 생각을 표현하고 전달해야 하는지도 모르는 경우가 많습니다. 또한 SW상에서 무엇이 구현 가능하고 무엇이 안 되는지도 잘 모릅니다. 더 큰 문제는 외주업체에 맡길 경우 완성된 제품을 본 후에야 자신이 기대했던 것이 아닌 것을 알게 되고 외주업체와 다툼을 하는 경우도 생기게 된다는 점 입니다. 집요하고 꼼꼼하게 시나리오를 만들고 직접 사용해보면서 개발 과정에 함께 참여해야 하지만 SW분야에 일을 해본 경험이 없으면 쉽지 않습니다. 만약 자신이 개발자도 아니고 개발자인 공동창업자가 없다면 왜 굳이 IT 회사를 창업하려고 하는지 스스로 돌아볼 필요가 있습니다.

창업자가 꼭 봐야할 동영상

Sam Altam (Y Combinator 회장)이 말하는 공동창업자의 구성

이번 단계는 여러분들이 함께할 사람들을 만나는 단계입니다.
각자의 사정은 다 다르겠지만, 만약 자신의 궁극적인 목적이 창업이라면 공동창업자에 대해선 심각하게 고려해보아야 합니다.

* 유튜브(www.youtube.com)에서 '공동창업자의 구성'을 검색하시면 샘알트만 회장의 이야기를 볼 수 있습니다.

Ask Yourself

"나의 파트너는 평소에 알고 지냈던 사람인가?"
"나는 나의 아이템을 사업화할 때 어떤 사람을 만나야 하는가?"

대한민국 창업생태계현황 및 인식 연구(요약)
- 창업가, 예비창업가, 학생을 중심으로 현황 및 인식 비교 분석 -

김성훈, 남정민

벤처창업연구, 11(6), 2016

현 창업지원사업의 올바른 방향성 여부를 분석하기 위해 창업가, 예비창업가, 학생 등이 인식하는 창업생태계를 중심으로 비교 분석하였다. 이를 위해 창업가 113명, 예비 창업가 71명, 학생 60명, 창업관련기관 종사자 47명, 투자자 16명, 일반인 50명, 기타 11명 포함 총 368명을 대상으로 온라인 설문조사를 실시하였다. 분석결과, 창업에 대한 사회적 인식은 긍정적 응답이 36.3%로 부정적 응답 32.2%보다 다소 높다는 것을 확인하였다(표-3). 창업가에 대한 사회적 인식은 긍정적 응답이 41.7%로 부정적 응답 17.1%보다 2배 이상 높은 응답률을 보였고, 현재의 창업환경에 대한 인식은 나쁘다는 응답이 41.1%로 좋다는 응답 23.5%보다 높은 응답률을 보였다. 향후 대한민국의 창업환경이 좋아질 것으로 예측한 비율이 41.2%로 나빠질 것으로 응답한 비율 23%보다 높은 응답률을 보였고(표-2), 중국에 비해 우리나라의 창업환경에 대한 인식은 나쁜 편이라고 응답한 비율이 52.9%로 좋은 편이라고 응답한 비율보다 약 3배가량 높게 나타났다. 창업자의 창업경험이 증가할수록 현재의 창업환경 및 향후 창업환경에 대한 인식은 긍정적이었으며, 창업에 대한 부모의 인식이 긍정적일수록 응답자의 창업의사는 긍정적이었다(표-1). 즉, **바람직한 창업생태계 및 창업에 대한 인식을 구축하기 위해서는 기성세대인 부모들의 창업에 대한 인식을 먼저 바꿔야 하며, 그들을 위한 맞춤형 창업지원사업 및 교육이 요구된다.**

〈표 1〉 창업경험 유무에 따른 현재의 창업환경에 대한 인식

구분	창업경험 유무				
	없음	1회	2회	3회 이상	전체
매우 나쁘다	10(7.8%)	12(17.6%)	2(6.9%)	3(17.6%)	27(11.1%)
나쁘다	46(35.7%)	20(29.4%)	5(17.2%)	2(11.8%)	73(30.0%)
보통이다	52(40.3%)	18(26.5%)	11(37.9%)	5(29.4%)	86(35.4%)
좋다	19(14.7%)	13(19.1%)	8(27.6%)	3(17.6%)	43(17.7%)
매우 좋다	2(1.6%)	5(7.4%)	3(10.3%)	4(23.5%)	14(5.8%)
합계	129(100.0%)	68(100.0%)	29(100.0%)	17(100.0%)	243(100.0%)
평균	2.67	2.69	3.17	3.18	2.77
표준편차	0.878	1.188	1.071	1.425	1.051
차이검증	F : 2.876** / Chi-Square : 29.478***				

〈표 2〉 향후 한국의 창업환경에 대한 인식

구분	창업가	예비창업가	학생	전체
매우 나빠짐	8(7.1%)	3(4.2%)	1(1.7%)	12(4.96%)
나빠짐	20(17.7%)	17(23.9%)	7(11.9%)	44(18.1%)
현수준과 동일	35(31.0%)	27(38.0%)	25(42.4%)	87(35.8%)
좋아짐	39(34.5%)	22(31.0%)	23(39.0%)	84(34.6%)
매우 좋아짐	11(9.7%)	2(2.8%)	3(5.1%)	16(6.6%)
합계	113(100.0%)	71(100.0%)	59(100.0%)	243(100.0%)
평균	3.22	3.04	3.34	3.20
표준편차	1.075	0.917	0.822	0.976
차이검증	F : 1.559 / Chi-Square : 10.572**			

〈표 3〉 현재의 창업환경에 대한 인식

구분	창업가	예비창업가	학생	전체
매우 나쁘다	14(12.4%)	7(9.9%)	6(10.2%)	27(11.1%)
나쁘다	24(21.2%)	32(45.1%)	17(28.8%)	73(30.0%)
보통이다	37(32.7%)	25(35.2%)	24(40.7%)	86(35.4%)
좋다	24(21.2%)	7(9.9%)	12(20.3%)	43(17.7%)
매우 좋다	14(12.4%)	0(0.0%)	0(0.0%)	14(5.8%)
합계	113(100.0%)	71(100.0%)	59(100.0%)	243(100.0%)
평균	3.00	2.45	2.71	2.77
표준편차	1.195	0.807	0.911	1.051
차이검증	F : 6.708*** / Chi-Square : 28.891***			

창업자의 창업경험이 증가할수록 자신의 창업환경을 통제할 수 있다. 첫 번째 창업에서 성공할 가능성은 매우 낮다. 그러나 창업경험이 증가할수록 창업의 성공가능성은 높아진다. 이것은 창업자들만이 볼 수 있는 성공기회의 증가를 의미한다.

학습목표

1. 창업실패의 원인은 무엇이며, 실패를 최소화할 수 있는 방안을 이해한다.
2. 성공적인 창업을 이루기 위한 주요 요소는 무엇인지 이해하고, 자신의 창업아이템과 역량에 대한 강점과 약점을 체계적으로 분석한다.
3. 창업실패에 대한 바람직한 대처자세를 갖는다.

"나는 성공을 정의할 수 없다. 그러나 실패가 무엇인지는 안다.
성공여부는 어떤 실패를 경험했느냐에 달려 있다."

「알리바바 창업자, 마윈」

제3장

창업의 성공과 실패

Ⅰ 창업기업의 성공과 실패

Ⅱ 창업실패 기회의 축소와 창업성공 요인의 탐색

Ⅲ 창업실패에 대한 입장과 대처자세

생각해보기 1

실패한다면 우리에게 무엇이 남는가

한때 언론에 자주 노출되었지만 지금은 본연의 사업에 충실하고 있는 노련한 경력 15년차 청년창업가는 말한다. "사업을 하다보면 실패할 수도 있습니다. 하지만 실패할 것이 두려워 중도에 멈추는 사람들이 있는데 멈추지 않으면 망하지도 않습니다." 그는 성공하려면 실패하라고 말한다. "실패가 두려웠던 창업초기에는 망하면 정말 망하는 줄 알았어요. 그러나 시간이 흘러 작은 실패의 경험들이 모여 탄탄한 매트리스가 되었습니다. 여러분의 매트리스를 두껍게 쌓으시길 바랍니다."

사람들은 '실패하면 나의 모든 꿈이 날아간다'라고 생각한다. 하지만 꿈은 절대 도망가지 않는다. 도망가는 것은 꿈이 아니라 나 자신이다. 누구나 실패를 한다. 문제는 '실패했다는 것이 아니라, 실패를 통해 무엇을 배웠느냐'가 가장 중요하다. 한 번의 실패에는 한 번의 고통이 있지만, 한 번의 고통으로부터도 한 번의 성장이 있다. 실패를 거듭할수록 경험은 성장을 위한 고성능 매트리스가 된다.

벤처 1세대라고 할 수 있는 한 CEO가 창업자 및 예비창업자에게 전하는 당부이다. "아이템 하나로 대박을 기대하지 마세요. 창업에서 가장 중요한 것은 실패를 자산으로 만드는 것입니다. 우리나라의 창업환경 특성상 자신이 감당할 수 없는 수준으로 사업을 벌이다가 실패하면 자산이 되는 길이 아니라 인생이 망가지는 길로 갈 수 있습니다. 사업을 할 때는 성공하지 못할 수도 있다는 것을 전제해야 합니다. 실패를 통해야만 자신의 사업 아이템을 찾을 수 있고 시장에서 확인할 수 있습니다. 대신에 몇 년간은 버틸 수 있는 수준으로 시도해야 그것도 가능하죠. 처음부터 좋은 사무실, 높은 임금, 10명씩 막 채용해서 창업을 시작하면 제대로 시작도 하기 전에 무너집니다. 대박 아이템을 통해 1~2년 만에 성공? 이런 것은 현실에는 거의 볼 수 없어요. **사업은 3~4년 동안 실패와 시행착오를 거듭하면서 사업아이템을 찾고 완성하는 과정입니다.** 대신 몇 년 간을 버틸 수 있는 수준으로 시도해야, 그것도 가능한 것이죠. 1년 만에 손익분기점을 돌파할 수 있다는 환상? 이런 것은 말도 안 됩니다. 사업한다고 치면 5년 정도는 찾아가는 과정이라고 생각하는 것이 정석입니다."

로버트 론스타트(Robert Ronstadt)는 한 연구2)에서 성공창업을 위한 실패경험의 중요성을 실증적인 결과로 제시하고 있다. '창업자는 첫 번째 창업에서 성공여부를 떠나 경험을 통해 새로운 것을 학습하고, 두 번째 창업에서 그들이 축적한 학습의 결과로 성과를 창출한다. 아울러 두 번째 창업 시에는 창업자의 심리적 부담감이 줄어들고 창업 및 경영지식이 증가하여 사업추진이 용이해진다' 론스타트는 이러한 현상을 통로원리(Corridor Principle)로 설명한다. **통로원리란 창업자체가 창업기업가로 하여금 창업 전에는 보지 못하고, 활용할 수도 없었던 또 다른 사업기회를 인식하게 한다는 것이다. 이는 통로에 들어서야지만 통로 내부의 여러 갈래 교차통로를 볼 수 있는 것과 같은 이치이다. 그의 연구결과 많은 수의 창업자가 다수의 기업을 창업하고, 첫 번째 창업을 한 창업자에 비해 반복적으로 창업한 사람일수록 창업성공의 확률이 높아졌다.**

이러한 결과를 통해 우리는 첫 번째 창업에 인생의 모든 것을 걸 필요는 없다는 점과 창업의 성공 기준을 장기적으로 설정해야 한다는 것을 알 수 있다. 비록 첫 번째 창업이 실패하더라도 자신이 쌓은 창업경험은 또 다른 창업의 성공기반이 되기 때문이다.

실패 극복에 현실적인 제안을 담은 캐럴 하이엇과 고틀리프의 「똑똑한 사람들이 실패할 때」에서는 실패가 두려워 시도조차 하지 않는 것을 '감춰진 실패'라고 말하고 있다. "수많은 우리들은 싫어하는 일에 갇혀 있다고 느끼면서도 변화에 따르는 위험을 두려워해 시도하지 않는 자신을 경멸한다. 세상이 우리를 칭찬하는 바로 그 순간에도 마음 한 곳에선 자신의 희망을 실망시켰다는 생각이 자라고 있다." 누구나 실패를 두려워 하지만, 살면서 실패를 피할 수 없다. 삶에서 최악의 상황은 실패가 아니라 아예 시도조차 하지 않는 것이다.

실패는 우리가 진정한 자아로 성장할 수 있도록 역량의 범위를 늘려준다. 이것이 실패가 주는 너그러운 선물이다. 페이팔(Paypal)의 공동창업자이자 무일푼으로 시작해 '인터넷', '청정에너지', '우주항공사업'을 모두 이룬 억만장자 엘론 머스크(Elon Musk)는 다음과 같이 말한다. "실패는 우리 회사의 옵션입니다. 만약 우리가 실패하지 않는다면, 충분히 혁신적이지 않았다는 것입니다." 그는 실패에 대한 사회 및 기업, 스스로의 관용을 강조하면서 '실패는 끝이 아니라 성공의 시작'임을 밝혔다. 에디슨이 천신만고 끝에 전구를 발명하자 신문기자들이 찾아서 많은 실패를 했을 때 기분이 어땠냐고 물었다. "실패라니요? 전 한 번도 실패한 적이 없습니다. 전 단지 2천 번의 단계를 거쳐 전구를 발명했을 뿐입니다." 그에게는 2000번의 실패가 아니라, 2000번의 계단이었다.

토의문제

- 실패가 두려워 도전하지 못한 경험에 대해 이야기해보세요.
- 본인 및 주변인들 중 창업실패를 경험한 이에 대해 이야기해 보고, 창업실패로 인해 발생한 결과를 논의해 보세요.
- 본인이 창업에 적극적으로 도전하지 못하는 이유가 무엇인지 이야기 해보세요.

I 창업기업의 성공과 실패

우리나라는 한때 벤처붐과 함께 자신이 일하고 있는 직업을 불문하고 회사원, 학생, 연구원 등 다양한 사람들이 경쟁적으로 창업을 하였다. 그러나 최근에는 벤처의 거품이 꺼지고 프렌차이즈 등과 같은 생계형 창업의 문제점이 사회적 문제점으로 드러나면서 사회 전반에 걸쳐서 창업에 대한 부정적인 인식들이 만연해 있다.

창업에 대한 부정적 인식이 강한 이유는 여러 가지가 있겠지만 준비되지 않은 생계형 창업자들의 실패로 인하여 많은 사람들이 실패에 대하여 직간접적인 경험을 했기 때문이며, 이로 인해 창업에 대한 부정적인 학습효과가 팽배해졌기 때문이다.

최근 청년들은 산업구조의 변화, 자동화, 제조업의 공동화, 높은 구조조정 등으로 취업률 및 고용률이 사상 최악을 기록하는 등 기존의 세대에서 경험하지 못한 많은 어려움들을 경험하고 있다. 정부는 취업률을 높이기 위해 다양한 정책을 수립하고 시행하고 있지만 그 효과는 아직 미미하다. 결국 정부의 주도로 각종 창업지원과 창업활성화를 위한 노력을 하고 있지만 실패에 대한 깊은 상처나 실패에 대한 부정적인 인식을 머릿속에 각인되어 있는 상황에서는 창조적인 창업생태계를 성공적으로 구축하기 힘들다.

본 장에서는 창업의 실패에 대해 우리의 인식을 분석해보고 창업 성공에 있어 필수불가결한 요소인 창업실패에 대한 바람직한 관점을 제시하고자 한다. 아울러 여러 창업선진국에서의 창업실패에 대한 인식을 파악함으로써 우리 사회가 갖추어야 할 실패를 용인하는 문화에 대해 생각해 보도록 하자.

1. 창업의 성공과 실패

창업자가 해결해야 할 핵심적 과제는 창업 초기에 고위험에 대응하는 고수익성을 보장하는 사업체를 창출하는 것이다. 사업의 실패와 기업의 해산이 흔히 발생하는 일이기는 하지만 국내 · 외 경제 체제에는 실제로 고도로 성장하는 벤처 기업을 창립하고 키워온 수많은 성공 사례도 존재한다.

높은 실적과 성장을 보이는 창업기업들은 경영진의 구성, 사업전략 및 시장개척 방법 등에서 상호 유사한 특징을 보인다. 미국의 경우 이들은 연간 50-100만 불의 매출액 규모를 갖고 연평균 최소 10%이상의 성장률을 보인다. 고성장 창업기업의 경영진은 핵심 인사를 잘 유치하고 확보한다. 창업자가 창업 초기에 특히 범하기 쉬운 오류는 적은 여유 자원에 집착한 나머지 창업 인력을 확보하는 데 있어 장기적인 안목 없이 경영진과 기술진을 구성하는 데 있다. **초창기에는 오랫동안 함께 할 수 있는 사람을 유치하는 것이 가장 핵심적이고 우선적인 과제임을 염두에 두어야 한다.**

경영진의 구성이 제대로 된 이후에는 적절한 사업 전략의 추구가 따라야 한다. 고성장 창업기업은 기본 사업 전략으로서 우선 높은 매출액 이익률과 초우량 제품 품질을 유지하고 사업 기회에 발 빠르게 대처한다. 뛰어난 기술력과 기술진에 의한 고품질의 제품으로써 명성 있는 기존 기업의 제품과 경쟁해야 할 뿐만 아니라 이러한 제품 자체가 생산성이나 원가 구조에서도 우위가 있어 높은 수익성을 보장해야 하는 것이다.

고성장 창업기업은 시장 개척을 하는 데 있어서 고도성장 산업에 주력하고, 시장 점유율을 높이는 데 힘쓴다. 향후 수년 앞을 내다보고 투자하고 노력해야 하는 창업자로서는 산업과 시장 및 관련 기술의 향배에 남다른 혜안을 가지는 것이 중요하다. 따라서 성숙되고 침체된 산업보다는 미래의 경제를 주도할 고도성장 산업, 신기술 산업 등이 목표가 된다. 이러한 고도성장 산업 또는 생성기의 산업(Emerging Industry)에 있어서는 단기적인 수익성 자체보다는 시장의 선도적 역할을 포착하는 지표로서 시장 점유율을 높이는 것이 산업의 고도성장 곡선을 함께 탈 수 있는 좋은 지렛대가 된다.

세계 최대의 경제규모를 자랑하는 미국의 경우 총 2000만 개 이상의 회사가 존재하며 한 해에도 수백만 개 이상의 회사가 새로이 설립된다. 이처럼 창업의 기회는 끊임없이 존재하며 또 실현되고 있지만 사업 실패의 가능성도 매우 높다. 월 스트리트 저널에 따르면 창업기업 중에서 설립 후 2년 이내에 해산하는 경우는 전체의 23.7%, 4년 이내에 해산하는 경우는 과반수인 51.7%, 그리고 설립 후 6년 이내에 해산하는 경우는 거의 3분의 2에 육박하는 62.7%라는 것이다. 또한 이러한 **사업 실패와 기업 해산의 주된 요인으로는 사업 자체에 내재하는 경제적 및 수익성 요인이 47.4%, 과다한 부채, 경상비용 또는 운전자본 부족 등의 재정적 애로가 38.4%, 경험부족이 7.1%, 끝으로 사업상의 갈등, 가족 문제, 좋지 못한 업무 습**

관 등을 포함하는 창업자 자신의 문제와 소홀성이 3.4% 등으로 구성하는 것을 파악되었다.

이와 같은 실패 통계를 보면 알 수 있는 것은 사업의 실패가 다반사일 뿐만 아니라 대부분의 회사가 설립 후 2년에서 5년이면 성패가 판가름 난다는 것이다. 이를 창업자의 입장에서 보면 설립 연혁이 짧은 회사일수록 사업 실패의 위험이 높다는 것을 의미하며, 이에 따라 창업자의 주도면밀한 사업 추진이 초기에 특히 중요하다는 것을 알 수 있다. 적극적이고 긍정적인 사고를 하는 창업자는 시간이 갈수록 더욱 살아남을 확률도 높고 실제로 3분의 1이상의 기업들이 6~7년 이후에도 건재하다는 점 또한 중요하다. 많은 사업체들이 실패하는 현상 자체는 거시적으로 보면 슘페터가 제시한 창조적 자기 파괴(Creative Self-Destruction)의 과정이며, 경제가 자생력을 지속적으로 유지하는 자연스런 현상이라고 할 수 있다. 이를 통해 사업에 실패한 기업가는 기업 자체는 망했어도 실패를 통한 경험으로 보다 경쟁력 있는 제2, 제3의 창업을 할 수 있는 것이다.

잘나가던 시절에 노키아는 핀란드 국내총생산(GDP)의 25%, 수출의 20%를 차지했다. 이런 핀란드에서 2009년부터 혜성처럼 나타나 노키아의 빈자리를 넘어 세계적인 게임 및 엔터테이먼트 회사로 성장하고 있는 창업기업은 '앵그리버드'를 만든 로비오(Rovio)이다. 이 회사의 공동창업자 미카엘과 헤드와 니클라스 헤드는 다음과 같이 말한다.

"남들은 운 좋게 스마트폰 시대를 만나 대박을 쳤다고 생각할 수도 있지만, 사실 앵그리버드는 로비오 회사의 52번째 게임입니다. 게임 하청 일을 하면서 만든 51개의 게임을 다 실패라고 볼 수는 없지만 회사가 파산직전까지 갔던 것을 보면 힘든 시간이었습니다. 우리는 51번의 파산하지 않을 수준의 경험을 통해 52번째에 큰 성공을 만들었고, 당시에는 실패라고 여겼던 출판업을 병행했던 일이 결국 완성도 높은 앵그리버드 콘텐츠를 만드는데 기반이 되었습니다. **무슨 일을 하든 '모든 실패는 성공으로 가는 연결고리'라는 믿음이 중요**하다고 생각합니다."

2. 창업실패의 원인

사람들은 누구나 성공을 꿈꾸면서 사업을 시작한다. 그러나 성공하는 사람들보다 실패하는 사람들이 많다. 실패의 가장 큰 원인은 사업에 따르는 여러 가지 위험에 대한 관리 및 대응능력이 취약하기 때문이다. 다양한 실패사례를 분석하고 정리해 보면 다음과 같은 공통점이 도출된다.

(1) 선택의 함정

실패 원인으로 가장 많이 언급되는 것이 창업 아이템 선정의 잘못이다. 기술이나 업종 선택의 잘못으로 인해 겪는 어려움이 크다. **창업 아이템 선택이 잘못되는 가장 큰 이유는 사업 의사결정 시 정확한 판단에 필요한 지식과 정보가 충분히 주어지지 않기 때문**이다. 사업이란 '실행을 통한 학습'(learning by doing)이라는 특성을 갖기 때문에 해보기 전에 사업과 관련된 모든 정보와 지식을 숙지하는 것이 불가능하다.

창업자가 가지고 있는 자원이나 역량에 비해 무리한 분야를 택하는 경우 대부분 실패로 끝난다. 자신의 전문성이 부족한 분야에 뛰어들게 되면 상대적으로 시행착오를 많이 겪게 되어 실패의 위험이 증가한다.

(2) 개발의 함정

벤처창업의 위험은 기술개발단계에서 많이 발생한다. **개발위험의 가장 일반적인 유형은 예상했던 것보다 시간과 비용이 많이 들어가는 경우**다. 잠재적 가능성을 믿고 수년간 막대한 자금을 투입했는데, 기술개발이 지연되는 경우 사업은 심각한 위험에 직면하게 된다. 자금이 소진되면 운전자금의 압박을 받게 되어 직원들이 동요하고 핵심인력이 이탈하게 된다. 결국 개발조직이 와해되어 기술개발에 실패하게 된다.

개발된 기술의 성능이나 품질에 결함이 있는 경우도 실패를 가져온다. 첨단기술 제품인 경우 초기 제품의 성능에 결함이 있는 경우가 많다. 신속하게 취약한 부분을 보강하여 고객의 기대에 부응해야 하는데, 이 과정에서 어려움을 겪다가 좌초하는 경우가 많다.

(3) 시장의 함정

시장은 창업의 성공과 실패를 결정하는 가장 중요한 요소이다. 연구개발을 통해 만들어 낸 제품이나 서비스가 시장에서 수용되지 못하면 사업은 실패로 귀결될 수밖에 없다. 특히 신기술이나 첨단기술일수록 시장의 위험이 크다. 이러한 위험을 초래하는 원인 중의 하나가 창업자의 '기술중심 사고'이다. **고객이 바라는 것은 문제해결이며, 가격 대비 가치이다. 창업자는 새로운 제품을 만들어 내는 최고의 기술력만 있으면 최상의 비즈니스모델이 될 것이라는 함정에 빠져선 안된다.** 소비자들은 기술력과 신제품에 대한 우수성을 극찬하는 것과 실제 제품을 구매하는 것으로 연결되는 것은 다른 차원으로 보아야 한다. 새로운 기술이 시장에 수용되는 과정에서는 많은 장애요인이 있다는 점을 명확히 인지하지 못한다면 실패의 위험에 빠질 수 있다.

창업기업이 시장에 진입하는 데는 진입장벽이 존재한다. 기존제품에서 신생기업의 제품으로 전환하는데서 발생하는 전환비용, 제품차별화, 규모의 경제, 유통망에 접근, 정부의 정책 등 다양한 요인들이 있다. 특히 시장진입 시 어느 정도의 경쟁우위를 가지고 있더라도 경쟁강도가 높아지면서 우위가 지속되기 어렵다는 문제점이 있다. 소비자 욕구변화, 경쟁업체의 등장, 모방제품이나 대체재 등이 경쟁우위 상실의 원인이 된다. 시장진입 장벽을 효과적으로 넘지 못한 경우나 시장진입 후 경쟁우위 약화 등이 시장에서의 실패를 가져오는 원인으로 작용한다.

(4) 관리의 함정

창업이후 기업이 성장함에 따라 조직의 규모가 커지고 관리의 복잡성이 증가한다. 이 때 관리실패의 위험이 발생한다. 직원 수가 늘어남에 따라 평가와 보상, 채용과 해고 등 인적자원관리의 어려움을 겪는다. 이를 잘못하게 되면 갈등이 증폭되어 조직의 응집력이 떨어진다. 특히 관리의 위험은 급성장하는 벤처기업에서 많이 발생한다. 조직의 성장속도와 관리역량의 불균형으로 인해 문제가 발생하기 때문이다.

관리가 잘 안 되는 조직은 비효율성으로 인하여 낭비가 많고 생산성이 떨어진다. 또 규정이나 원칙이 모호한 경우 내부 갈등의 원인이 된다. 자금관리가 잘 안 되는 경우 현금흐름의 불균형으로 인해 자금압박을 받게 되고, 전반적인 금융비용이 높아지게 된다. 생산 및 품질관리 역량의 부족은 제품 경쟁력을 저해하고 고객의 불만족을 초래하게 된다. 영업인력에 대한 관리 및 재고관리의 위험도 있다. 매출채권의 관리가 부실하면 현금흐름에 위기가 온다. 이는 결국 재무와 수익관리의 어려움을 초래하여 기업실패의 원인으로 작용한다.

(5) 태도의 함정

창업자의 성격과 태도는 실패의 많은 부분을 차지하고 있다. 벤처창업은 대부분 그 분야의 전문가들에 의해 이루어진다. 전문가들의 지나친 자기 확신도 실패를 가져오는 원인이 된다. 사람을 잘 다룰 줄 모르고, 과도한 통제욕구나 과시욕 등도 부정적인 요소에 속한다.

완벽주의적인 성격을 가진 리더는 독선과 권위주의(權威主義)에 빠지기 쉽다. 초기 성공을 경험한 **창업자가 자기방식에 대한 집착을 하는 경우 위험을 초래**한다. 세심함과 주의력의 부족도 뜻하지 않는 실수의 원인이 되기도 한다.

열정적인 기업가들이 위험을 과소평가하는 이유는 **자신의 비전에 사로잡혀서 부정적인 정보를 무시하는 경향**이 있기 때문이다. 사업 아이디어를 다각적 관점에서 분석하고 평가하기보다 직관적 판단이나 감정에 치우친 경우도 있다. 주위의 기대와 우려 속에서 창업을 하는 과정에서 단기간에 사업을 일으켜보려는 생각에서 성급하게 행동하거나 무리한 의사결정을 하게 된다.

(6) 관계의 함정

창업은 수많은 이해관계자의 관계 속에서 이루어진다. 관계의 실패가 사업의 위험을 초래한다. 창업팀 내부에서 서로 이해가 맞지 않아 갈등을 일으키고, 상대방이 기회주의적 행동을 할 때 상호신뢰가 저하된다. 경영진이 내부갈등을 일으키면 직원들이 동요하게 된다. 핵심 투자자와의 관계가 어려워지면 경영상의 어려움이 높아지고 결과적으로 추가적인 자금조달에 지장을 초래하고 대외적 신뢰도가 저하된다.

창업기업의 성장과정에 창업멤버와 영입인력 간에 갈등을 일으키는 일이 많다. 창업팀의 배타적인 태도나 영입인력에 대한 상대적으로 높은 보상 등이 원인이 된다. CEO의 도덕적 해이로 말미암은 리더십의 위기가 초래되기도 한다. 리더에 대한 신뢰가 결여된 조직은 조직갈등이 증폭되고 동기부여에 부정적인 영향을 미치게 된다.

(7) 불운의 함정

사업하면서 겪는 어려움중의 하나는 '운(運)이 따르지 않았다'라고 하는 불운의 위험이다. 운이라 아무리 사전에 철저하게 계획을 세우고 위험관리를 해도, 기업 내부나 외부에서 통제가 어려운 사건이 발생함으로써 경영에 심대한 영향을 미칠 수 있다. 급격한 경기변동, 정책변화, 사고, 사기 등으로 인하여 사업이 위기에 빠지는 사태가 발생한다. 최근 우리사회는 급격한 사회변동을 겪고 있는 가운데, 예기치 않았던 정책변화가 시장의 기회나 자금조달의 기회를 막아버리기도 한다.

거래처의 부도로 인한 연쇄도산도 개별기업으로서는 감당하기 힘든 위험이다. 창업초기 기업은 우수한 거래처를 확보하기 힘들기 때문에 이러한 위험에 노출될 확률이 크다. 사기나 횡령 등으로 인하여 사업 전체가 흔들리는 일도 발생한다. 생산현장에서의 인사사고 등이 발생하는 경우도 심각한 타격을 입게 된다. 불운의 함정에 대처하기 위해서는 사전 대응력과 함께 위기관리 역량을 갖추어야 한다.

이처럼 창업가는 창업준비 및 진입단계에서 수많은 위험에 노출되고 피할 수 없는 실패에 직면하게 된다. 실패에 대한 두려움이나 비용으로 인해 기업가정신이 훼손되거나 창업을 기피한다면 우리사회는 발전할 수 있을까? 국가의 새로운 성장동력을 찾을 수 있을까?

창업에 대한 실패 가능성은 미국이라고 결코 낮은 수준이 아니다. 그러나 이러한 위험에도 불구하고 실리콘밸리에서는 창업 실패에 대해 관대한 환경이 조성되어 많은 사람들이 두려움 없이 창업에 나서고 있다. 이들은 실패한 경험이 오히려 이후 성공을 위한 좋은 밑거름이 되고 경력측면에서도 긍정적이라고 생각하기 때문에 창업에 따른 위험과 어려움을 기꺼이 감수하고 있는 것이다.

반면 우리나라의 경우 창업에 관심 있는 청년들이 실패에 대한 부담감으로 도전을 주저하는 경우가 많다. 최근 실패에 대한 부담을 덜기 위한 다양한 제도들이 마련되고 있지만, 여전히 실패의 경험은 경제적 손실은 물론이고 재취업이나 재창업을 시도하는 데에도 큰 부담으로 다가온다. 특히 창업을 하더라도 새로운 기술과 아이디어를 기반으로 하기보다는 도소매업 및 프랜차이즈 등 상대적으로 쉬운 창업에 더 큰 관심을 가짐으로써 실리콘밸리와 같은 성공 신화가 등장하기는 어렵다는 지적이 많다.

Ⅱ 창업실패 기회의 축소와 창업성공 요인의 탐색

1. 창업실패를 줄이는 방법

사람들은 누구나 성공을 꿈꾸면서 사업을 시작한다. 그러나 성공하는 사람들보다 실패하는 사람들이 많다. 실패의 가장 큰 원인은 사업에 따르는 여러 가지 위험에 대한 관리 및 대응능력이 취약하기 때문이다. 다양한 실패사례를 분석하고 정리해 보면 다음과 같은 공통점이 도출된다.

많은 이들이 스스로의 꿈을 실현하는 수단으로 창업에 도전하지만 기대하는 성공을 거두는 이는 제한적이다. 실패율이 높다고 해서 창업을 포기하는 것은 한번 뿐인 인생에서 새 삶을 위한 기회의 문을 두드려 보지도 않는 것이어서 아쉬움이 클 수밖에 없다. 그렇다면 창업 실패율을 줄일 수 있는 방법은 없는 것인가? 잘 생각해 보면 매우 단순한 진리이지만 나름대로 실패율을 줄일 수 있는 방법이 여러 가지가 있다.

첫째, 시간을 가지고 철저한 준비를 하는 것이다. 국내 창업자의 성공요인을 시계열 분석한 한 연구(남정민, 2013)[1]에서 창업 후 3년간 높은 창업만족도 및 창업성공을 유지한 핵심요인은 창업준비기간 동안의 철저한 창업준비과정에 있었다. 즉, **창업준비기간 동안 제품개발, 시장분석, 자금모집, 인력확보 등을 체계적으로 준비한 창업가들은 창업이후 생존률 및 창업만족도가 매우 높게 유지되는 것으로 나타났다.** 그러나 국내 대부분의 예비 근로자 및 현장 근로자들은 창업보다는 취업 또는 고용안정에 몰입하고 있다. 이로 인해 대부분의 일반인들은 창업을 선택하기에 앞서 창업에 필요한 사전 정보나 학습이 매우 부족한 실정이다. 반면, 미국 대부분의 고등교육기관은 기업가정신 및 창업 관련 교육을 정규과정 내 커리큘럼으로 포함하여 학생들의 진로 선택의 폭을 넓히고 있다. 그러나 한국의 교육과정은 진학이나 취업 중심의 교육과정에 국한되어 커리큘럼이 편성되어 있기 때문에 창업을 위한 정보 습득 및 준비가 어려운 실정이다. 2014년도 OECD 회원국 대상으로 조사한 창업기회 인

1) 창업성공에 영향을 미치는 창업준비단계 핵심요인 연구, 인적자원관리학회, 2013

식조사 결과에 의하면 OECD 34개 회원국 중 "한국의 창업역량 인식"이 33위를 기록했다. 또한 "창업에 필요한 교육훈련 접근성"에 관한 질문에서도 한국은 23위로 중하위권에 그쳤다. 이와 같은 창업과 관련된 세부적인 정보의 습득이나 체계적인 준비의 부족으로 인해 최초 창업의 위험부담은 더욱 확대되고 있다. 이러한 점에서 취업중심의 고등교육과정과 기업의 직무교육 중심으로는 청년 창업 및 중장년 창업의 성공을 담보할 수 없기 때문에 국가 및 기업, 대학 차원의 적극적인 창업교육이 요구된다. 예비창업자들이 창업이전에 철저한 준비를 할 수 있는 여건을 조성한다며, 창업의 성공 가능성을 높일 수 있고 창업실패로 인한 사회적 비용을 줄일 수 있기 때문이다.

둘째, 창업 시작의 동기가 순수한 자발적 선택에 근거해야 한다. '어려운 창업과정을 비자발적인 선택으로 인해 시작하는 사람이 있는가'라는 물음을 할 수 있겠지만, **철저한 창업 준비과정 없이 급작스러운 환경변화로 인해 생계유지의 수단으로 창업을 시작하는 창업자들이 국내 창업자의 다수를 차지한다.** 청년 창업보다는 외부노동시장에서 경쟁력이 줄어드는 40대 이상의 생계형 창업 비중이 높은 실정이다. 매년 직장에서의 해고 또는 명예퇴직으로 인해 십만 명에 가까운 사람들이 기존 일자리에서 빠져나오는 상황에서, 대부분의 창업자는 갑작스러운 해고로 인해 철저한 준비보다는 매체 광고나 타인 소개로 인해 자신의 제2의 인생을 도전하고 있다. 자신의 선택이 아닌 타인의 결정이나 환경적 변수로 인한 수동적인 창업선택은 창업의 목표 자체를 생계유지에 국한되게 만들 수 있기 때문에 창업 이후 창업만족도 및 생활만족도의 상대적 하락은 피할 수 없는 결과로 나타나게 된다. 앞서 제시한 연구(남정민, 2013)에서도 창업 시작의 동기가 비자발인 선택에 근거할수록 창업 이후 3년간 창업만족도 및 창업 유지율이 떨어지는 것으로 나타난 것은 이를 실증적으로 뒷받침한 연구결과이다.

셋째, 즐거움을 찾을 수 있어야 한다. 창업하여 사업을 운영한다는 것은 스스로의 책임으로 모든 것을 처리하여야 하므로 힘든 일도 많고 어느 정도 안정되기까지는 엄청난 육체적, 정신적 체력이 소모된다. 힘든 일을 힘들게만 받아들이지 말고 일에서 즐거움을 찾을 수 있어야 오래가고 실패 확률도 낮아진다. 특히 처음 사업을 시작할 때의 마음가짐을 잃지 않고 사업에 정성을 다할 때 성공은 더 가까워진다. 초조하거나 여유가 없는 마음은 사업을 어렵게 만들게 되므로 사전에 잘 기획하고 준비하고 즐거운 일을 할 수 있는 여건을 마련하는 것도 중요하다.

넷째, 전문가의 조언에 귀 기울이되 자신에 대한 믿음이 제일 중요하다. 창업은 그 성격상

사 례 벤처 투자엔 '빨리빨리' 금물 … 10년 내다보는 안목 갖춰야

▲ 싱가포르 대표 액셀러레이터 JFDI 창업자 휴 메이슨

꿈은 있다. 그런데 방법을 모른다. 스타트업 액셀러레이터(Starup Accelerator)는 이런 스타트업을 돕는 존재다. 창업 아이디어를 어떻게 발전시킬지, 그 아이디어를 어떻게 투자자에게 설명할지, 창업 뒤 회사를 어떻게 키울지 등을 조언한다. 초기 단계 투자에 참여하기도 한다. 훌륭한 액셀러레이터가 얼마나 많으냐에 따라 벤처 생태계의 성패가 좌우된다고 할 정도로 핵심 역할을 맡는다.

싱가포르의 JFDI는 아시아 대표 액셀러레이터 중 하나다. 이 회사의 대표 프로그램은 '100일 캠프'다. 15개 안팎의 스타트업을 모아놓고 아이디어를 사업화하는 과정을 100일간 치열하게 토론한다. 이 프로그램을 끝낸 스타트업의 투자 유치 비율은 60% 안팎. "다른 액셀러레이터의 투자 유치 성과보다 10배 정도 높은 수치"라는 게 휴 메이슨 대표의 설명이다. 비결은 뭘까. 그는 "비전을 제시하기보다 소비자를 직접 데려와 투자자를 설득하는 것"이라고 말한다. 영국인으로, BBC 다큐멘터리 프로듀서였던 그는 2001년 스타트업 투자자로 변신했고 2009년 싱가포르로 건너왔다. 다음은 일문일답.

Q) *투자 유치 실적이 좋은 비결은.*

A) "소비자 니즈를 먼저 찾도록 도와서인 것 같다. 많은 스타트업은 출발점이 자신의 기술이나 아이디어다. '이런 기술과 아이디어가 있으니 돈을 달라'고 투자자들에게 손을 내민다. 그래서는 사업도 투자 유치도 성공할 수 없다. 소비자를 먼저 찾고, 그들이 뭘 원하는지를 찾으면 아이디어는 그 다음에 따라온다. 그게 우리 일의 전부다."

Q) *100일 캠프 동안 어떤 작업을 하나.*

A) "세 가지를 확인한다. 이 팀이 사회문제를 정확히 이해했는지, 그 문제에 대한 해결책을 찾았는지, 시장이 그 해결책을 원하고 있는지. 일단 모든 팀이 큰 공간에 모인다. 벽에는 큰 차트가 있다. 각 팀의 사업 아이템을 놓고 '투자를 받기 어려운 이유'를 빨간 박스에 적어 놓는다. 치열한 토론을 통해 이 걸림돌들을 제거하면 파란색 박스로 바꾼다. 그 과정에서 사업 아이템을 부수고 새로 만들고를 반복한다."

Q) *실적이 좋으니 많은 스타트업이 몰리겠다.*

A) "경쟁률이 30대 1 정도 된다. 우리는 졸업장이나 전공을 따지지 않는다. 이 팀이 서로 마음이 잘 맞는지, 같

③ 자금

대부분의 기업 활동은 자금 소요를 필요로 하게 되며, 창업을 위한 준비에는 당연히 상당한 규모의 창업자금이 요구된다. 이것은 곧 창업자가 의도하는 기업을 실현하는데 필요한 인력 · 설비 · 기술 등을 동원하는데 이용되는 창업을 위한 원천적 자원이다.

창업을 위한 자금은 크게 자기자금과 타인자금에 의해 조달이 된다. 대개, 창업의 초기 단계에는 타인으로부터 자금을 조달하는데 한계가 있으므로 타인 자금보다 자기 자금에 대한 의존도가 높다. 그러나 최근 금융기관 차입, 정부지원제도의 활용 등으로 타인에 의한 자금조달의 경로가 다양해지고 있다.

기업은 여러 원천에서 조달된 자금을 적절하게 운영하고 기대하는 수익성을 실현함으로써 존속 · 성장할 수 있으므로 합리적인 자금관리가 필수적이다. 자금관리의 목표는 수익성의 극대화와 위험도의 최소화에 있다. 한편, 임금 · 급료 제 경비의 지급이 불가능해지거나, 지급어음이나 기타 부채의 결제가 불가능하게 되면, 이익이 난다 할지라도 기업의 활동은 정지하게 되므로 자금 수요에 대해 항상 자금의 공급이 가능하도록 유동성을 보유하여야 한다.

④ 시장

창업기업은 적합한 시장기회를 탐색하기 위해 세부시장을 인식하고 그 중에서 유망한 틈새시장을 찾아 거기에 집중하는 것도 필요하다. 사실상, 상이한 고객은 서로 다른 욕구를 지니고 있고 지불능력도 각기 다르다. 또한, 그들의 쇼핑습관도 차이가 있으며 매체에 대한 반응도 다양하여 동일하게 취급될 수가 없다.

이러한 고객의 다양성은 어떻게 보면 기업활동을 전개하는 데 있어 골칫거리로 여겨질 수가 있으나 실제로는 기업의 혁신을 조장하여 새로운 기회를 제공하는 원천이 되는 것이다. 동일한 욕구를 가진 구매자 집단을 적절히 식별하고 그들이 원하는 종류의 제품과 서비스를 생산 · 판매하는 기업은 마케팅 성공을 거둘 수 있는 것이다.

⑤ 기술

개방화 및 자율화로 요약되는 최근의 국내외 환경변화로 인하여 우리나라 중소기업들은 치열한 경쟁에 직면하고 있다. 국내의 대기업이나 외국의 경쟁기업에 비해 상대적으로 열세에 놓여 있는 우리나라 중소기업, 특히 창업기업들의 입장에서는 차별화된 고유한 기술만이 난관을 극복할 수 있는 유일한 돌파구로 인식되고 있다.

최근 국가산업 상 그 중요성이 크게 강조되고 있는 벤처 창업기업의 경우는 특히 그러하다. 기술은 고도의 지식자원으로서, 그 가치는 시장수요에 따라 매우 낮을 수도, 반대로 매우 높을 수도 있다. **창업기업의 입장에서는 자금이나 관리 · 전략 등 다른 창업핵심 성공요인이 낮은 경우가 많으므로 기술분야의 차별적 우위를 확보하는 것이 필요하다.**

이러한 의미에서 기술의 중요성은 제조업, 벤처산업 분야의 기업뿐만 아니라 도 · 소매업, 서비스 업종의 기업에 있어서도 동일하게 적용된다. 따라서 창업기업으로서는 어떤 경로에 의해서건 기존의 기술에 대한 새로운 혁신이 요구된다. 창업 희망자는 기술차원에 있어 자신의 상태가 어떠한가를 알아보기 위해 객관적으로 점검해 보아야 한다.

⑥ 경력 및 경험

창업기업의 유망 기회는 창업자가 자신의 경력 경로에 있어 경험해 보았거나 잘 알고 있는 분야에서 보다 쉽게 찾을 수 있다. 창업자는 이미 특정 분야에 있어서는 자기 나름의 노하우와 비결을 갖고 있는 경우가 많으며 이에 기초하여 새로운 사업기회를 탐색할 수 있는 것이다. 창업자의 경력 경로에는 그가 현재에 이르기까지 쌓아온 경험, 노하우, 기밀사항, 인맥, 대인관계 및 친분 등이 폭넓게 포함된다.

따라서 창업자 자신이 기왕에 해오던 일을 계속하거나 전 소속 기업과의 긴밀한 관계를 이용하는 방안 등은 창업기업의 위험을 크게 줄여주고 여러 가지 부차적 지원을 기대할 수도 있는 이점이 있다.

⑦ 경쟁

현대 기업사회는 이윤을 좇아 달려가는 수많은 사람들로 가득 차 있다. 마치 마라톤의 출발선을 벗어나 달리는 것처럼 수많은 창업기업이 나름대로 골인 지점인 창업 성공과 경제적 성취를 향해 달리지만 그들 중 많은 이는 경쟁 대열에서 밀려나고 만다. 창업기업의 입장에서 볼 때 경쟁업자는 물속에 숨어 먹을 것을 낚아채는 상어처럼 공포의 존재가 될 수도 있다. 따라서 창업 예비 과정에서 이들에 대한 철저한 파악이 필요하다.

창업기업의 경우, 경쟁분석의 내용은 두 가지로 나눌 수 있다. **첫째는 현재 및 잠재 경쟁자가 누구인가의 분석이고, 둘째는 경쟁이 어떻게 이루어지고 있는가에 대한 것이다.** 잠재 경쟁사에 대한 분석은 현재 경쟁사에 대한 것 못지않게 중요하다. 전통적으로 가장 혁신적인 제품 개발은 기존 산업 밖의 기술혁신에 기인하는 경우가 많다. 예를 들어 2000 대초 MP3업계에서 독보적인 기술과 디자인을 유지했던 한국기업의 경우, 잠재적인 경쟁사인 아이팟(애플)의 시장진입을 예측하지 못해 시장에서 사라진 사례를 보면, 경쟁분석의 대상을 해당 업종을 떠나 타 업종까지 광범위하게 두어야 할 것이다.

⑧ 관리 및 전략

기업이 기업 목적을 효율적으로 달성하려면 환경에 창조적으로 적응되도록 기업활동이 수행되어야 한다. 이처럼 기업의 환경적응 및 내적 효율성을 달성하여 기업목표를 지향해 가는 것이 곧 경영관리이다.

경영관리는 여러 가지 기본적 활동이 순환되는 과정으로 이루어지게 되는데 흔히, 계획, 조직화, 충원, 지휘, 통제 등이 이 과정에 포함된다. 경영관리의 효율은 경영 수단을 얼마나 절약하면서 경영 목표를 적절히 달성했는가에 의해 측정된다.

경영관리의 제반 활동들은 규모의 크고 작음에 관계없이 기업의 창설, 운영을 위해서는 필연적으로 행해져야 하는 것들이다. 이러한 관리 활동들에 대한 지식은 체계적인 경영학 교육이나 관리실무 등을 통해 얻을 수 있다. 그러나 **창업 희망자들의 경우 흔히 경영관리의 세부 활동들을 경시 내지 소홀히 하는데, 이는 치명적인 후회를 낳을 수 있다.**

한편, 최근 기업환경의 급격한 변화에 따라 이에 사전적으로 예측 · 적응하는 수단으로써 경영전략의 중요성이 강조되고 있다. 경영전략이란 환경변화에 대응하여 기업의 전략적 우위와 관련하여 수립된 통일적이고 포괄적이며 통합된 계획을 말하는데, 이는 기업의 기초적인 목적의 달성이 보장되도록 기획된 것이다.

창업기업은 시장 장악의 미흡, 자금부족, 치열한 경쟁 등으로 인해 단기적인 생존마저 위협받는 경우가 많아서 흔히 전략적 관점을 결여한다. 이들은 대개 하루하루 버텨나가기도 힘든데, 몇 개월 내지 몇 년 뒤의 상황을 어떻게 알 수 있느냐고 말한다. 물론 기업의 생존을 위해 땜질식 응급조치가 필요하겠지만 기업의 안정적 성장 및 발전을 위해서는 중장기적인 변화의 흐름에 예민해야 하며, 이를 통해 현재의 어려움을 헤쳐 나갈 수 있는 유망한 아이디어를 개발해 낼 수도 있다.

앞에서 검토한 창업자질 및 업종적합성과 창업의 핵심 성공요인들에 있어서 예비창업자가 어떤 상태에 있는가를 복합적으로 고려함으로써 창업예비자의 창업성공 가능성을 객관

표 ❸-1 창업성공 종합분석

점검사항		평가 1 매우 낮음	2 낮음	3 보통	4 높음	5 매우 높음
제품	전혀 새로운 유형의 제품서비스인가?					
	품질 수준은 뛰어난가?					
	신소재를 사용하는가?					
	디자인은 독특한가?					
	소비자의 욕구 충족력이 큰가?					
자금	수익성은 바람직한가?					
	자금조달은 용이한가?					
	재고부담은 크지 않은가?					
	운영 경비는 적절한가?					
	정부 및 금융기관의 자금지원이 가능한가?					
시장	시장 규모가 크고 안정적인가?					
	새로운 용도나 고객의 개발 가능성이 있는가?					
	출시 타이밍은 적절한가?					
	제품 수명주기는 초기단계인가?					
	고객에 대해서 잘 알고 있는가?					
기술	혁신적인 신기술인가?					
	연구개발 능력이 충분한가?					
	유능한 기술 전문인력의 확보 유지가 가능한가?					
	기술 변화의 계속적 추적이 이루어지는가?					
	연구개발에 충분한 자금을 쏟는가?					
경력	예전에 하던 일과 연관성 또는 유사성이 많은가?					
	남다른 노하우가 있는가?					
	경험 축적은 충분한가?					
	지원가능한 인맥이 많은가?					
	친분 관계는 양호한가?					
경쟁	상당한 시장 점유가 가능한가?					
	경쟁업자 수는 많지 않은가?					
	시장의 신규 진입이 용이한가?					
	경쟁업자에 대한 분석이 용이한가?					
	시장에의 진출 예상자는 많지 않은가?					
관리·전략	구매, 생산, 판매 등의 관리능력이 충분한가?					
	조직운영과 종업원관리를 잘 할 수 있는가?					
	조달, 구매의 안정성이 있는가?					
	지속적으로 고객정보 관리를 하는가?					
	경영개선 및 혁신을 잘 수용하는가?					
경영자	창의성이 있는가?					
	위기 대처능력을 갖고 있는가?					
	리더십이 충분한가?					
	진취적으로 목표를 설정하고 달성하고자 노력하는가?					
	사회지향적인 경영이념이 있는가?					

〈참고사항〉

창업성공 종합척도는 자신의 창업준비도를 체크할 수 있는 참고용으로 활용할 수 있다. 각 영역별 최고점은 25점 만점(제품영역 25, 시장영역 25점 등 총 8개 영역 200점 만점)이다. 각 영역별 25점 만점이기 때문에 "매우 우수"(20~25점), "우수"(15점~19점), 노력필요(14점이하)로 구분할 수 있다.

적으로 추정하려는 것이다. 따라서, 다양한 요인들에 대한 예비창업자의 신뢰성 있는 자기 평가가 요구된다.

창업성공 종합분석에서는 창업희망자가 현재 고려하고 있는 업종 아이템을 중심으로 다양한 기준을 동시에 적용하여 그의 창업성공 가능성을 측정하고 있다. 먼저, 그가 보유한 경영자원의 상태를 창업 핵심성공 요인의 8가지 차원에서 파악하고, 나아가 그의 창업자질점수와 창업업종적합성 점수를 종합하고 있다.

창업희망자는 자신이 현재 고려하고 있는 업종 · 아이템에 기초하여 이러한 각 차원에서의 평가에 솔직하게 답변함으로써 스스로의 창업성공 점수의 크기를 얻어낼 수 있는 것이다. 창업성공 종합분석에 있어 각 요소별 실제 점수는 요소에 대한 창업예비자의 주관적 평가에 따라 설정된 범위 내에서 신축적으로 주어질 수 있다. 주관적평가에 의한 신축적 점수 부여 방법을 택한 이유는 무수히 많은 업종, 제품, 서비스에 대한 객관적 · 타당성 있는 개별적 점수화는 사실상 불가능하기 때문이다. 〈표 3-1〉은 앞서 언급한 바 있는 창업성공 요인들에 대한 분석이 제시되고 있다.

(2) 창업성공 외부요인

경제환경의 급속한 변화로 미래의 상황은 예측하기 어렵다. 이런 상황만 고려한다면 창업을 결심하기가 쉽지 않다. 그러나 이런 상황을 심층 검토해 보면 그 자체가 좋은 사업기회인 아이템 및 업종을 발굴할 수 있다. 뿐만 아니라 창업은 현재의 상황만 고려하는 것이 아니라 적어도 몇 년 후를 내다보며 준비하는 것이기 때문에 현재의 상황만을 고려하는 것은 바람직하지 않다.

환경변수와 자신의 잠재력을 감안해 창업의 방향을 설정하고자 할 때 많이 사용하는 방법 중의 하나가 바로 SWOT분석이다. **SWOT분석이란 사업에 영향을 끼치는 각종 환경분석을 통해 기회요인(opportunity)과 위협요인(threat)을 발굴하고, 이를 다시 자신이 가지고 있는 강점(strength)과 약점(weakness)에 연결시켜 타당한 방향을 찾는 방법이다.**

SWOT분석은 환경을 분석하는 안목을 갖출 수 있고, 나아가 자신의 잠재력과 결합해 거시적인 창업 방향을 탐색할 수 있다.

기회요인이란 지금의 환경변화가 창업을 할 때 어떤 점에서 유리할지를 찾아내는 것이다. 반면, 위협요인은 환경변화 중에서 창업자들에게 불리하게 작용하는 변수들을 말한다. 기회요인이나 위협요인을 발굴하는 방법은 환경변화의 내용을 직시하고 그 중에서 창업에 유리하거나 불리한 영향을 줄 항목들을 골라내면 된다. **환경요소를 분석할 때는 가급적 3년 정도의 중기적 관점에서 접근해야 미시적 접근에 따른 판단 오류를 방지할 수 있다.** 3년은 중장기 전략 수립의 최소 단위이기 때문이다.

현재 우리 사회에서 전개되는 각종 환경요인은 크게 법 · 정치적 환경, 경제 · 기술적 환경 그리고 사회 · 문화적 환경이다. 법 · 정치적 환경은 창업에 영향을 끼치는 국회의 입법, 정치권이나 지자체의 움직임 등을 말하며, 경제 · 기술적 환경은 금융정책이나 소비구조, 기술의 변화 등을 말한다. 사회 · 문화적 환경은 사람들의 심리나 사회 흐름의 변화 등 소비구조에 영향을 미치는 여러 사회 현상을 일컫는 것이다.

① 법·정치적 환경

우리 사회는 법률과 정치 환경 측면에서 큰 변화가 일어나고 있다. 이러한 법 · 정치적 환경이 특징적 변화 내용을 창업자가 생각나는 대로 추출해 보고, 이를 다시 기회요인과 위협요인으로 분류해 보자.

예

- 각종 규제의 철폐와 완화
- 외국자본의 국내 유입 가속화
- 정치개혁에 대한 국민적 요구
- 창업 및 중소기업 지원을 위한 정부지원제도 홍수
- 기업의 사회적 책임
- 높은 실업률과 저성장 구도
- 중산층의 몰락과 사회계층의 양극화

어느 정도 해당항목이 도출되었으면 그 다음은 이러한 환경변화 중에서 기회로 작용할 요인과 위협이 될 만한 내용을 분류한다. 여기서 유의할 것은 환경변화 항목 중 어떤 측면에서는 기회도 되지만, 한편으로는 위협도 될 수 있는 양면성을 가진 것들이 많다는 점이다.

② 경제·기술적 환경

IMF 외환위기 이후 경제 · 기술적 환경의 변화요인이 가장 많았다. 앞에서와 마찬가지 방법으로 경제 · 기술적 환경변화의 내용을 생각나는 대로 발굴해 보자.

예

- 경제개혁의 필요성 증대
- 도산기업의 증가
- 부동산 장기침체
- 대기업들의 구조조정
- 고용불안과 실업증대
- 가계소비 축소 장기화

- 창업확산 분위기
- ICT 기술의 발달
- 웹(Web) 시장에서 앱(App) 시장으로 변환

③ 사회문화적 환경

창업방향을 수립하고 구체적인 아이디어를 구상할 때 사회 · 문화적인 변화들을 심층 고려하여 고객을 확보하는 영업 전략을 수립하여야 한다. 현재 전개되고 있는 사회 · 문화적인 변화들을 기술하면 다음과 같다.

예

- 소비자 의식의 변화
- 소비구조의 양극화
- 가격 및 개념 파괴의 확산
- 귀농 · 귀향인력의 증가
- 화이트칼라의 붕괴 가속화
- 개인이 심리적 불안감 가속
- 핵가족시대를 넘어 1인가족 시대 도래
- 고령화시대의 도래
- 한류(韓流) 문화의 세계화와 그에 따른 반한 감정
- 집단주의에서 개인주의 중심으로 전환

④ 체계적 정리를 통한 환경변화의 활용

이상과 같이 세 측면에서 환경 분석과 기회 및 위협요인의 발굴이 끝나면 〈표3-2〉, 〈표3-3〉와 같이 체계적으로 정리하고 활용방안을 모색해 본다. 그리고 SWOT분석에 활용할 때는 세 분야의 요소들을 망라해 기회와 위협요인으로 가장 중요한 것을 5개씩 추려서 대입시키면 된다.

○기회요인의 발굴 : 위의 내용 중에서 창업을 준비하는 자신에게 도움이 될 만한 것들은 무엇인지 생각해 보자. 먼저 각종 규제의 철폐나 완화 추세는 대단히 매력적인 내용이다. 그 동안 어떤 사업을 시작하려고 해도 행정당국의 규제로 착수조차 하지 못하는 경우가 많았기 때문이다. 아울러 창업 및 중소기업 지원제도의 확대에 따라서 창업의 기회는 확대될 수 있다. 많은 예비창업자들이 자원부족 특히 자금문제로 인해 창업의 어려움을 겪거나 창업실패이후 어려움을 겪을 수 있기 때문이다.

○위협요인의 발굴 : 기회요인과 반대로 위의 환경요인 중 자신이 구상하는 사업에 불리하게 작용할 수 있는 요소를 찾는 것이 위협요인의 발굴이다. 중산층의 몰락은 전 업종에서 사업을 어렵게 할 가능성이 있다. 경제가 불안한 가운데 번창할 수 있는 사업은 거의 없기 때문이다. 외국자본의 국내 유입 가속화도 업종에 따라서 위협요인이 될 수 있다. 이는 곧 시장개방을 의미하기 때문이다.

표 ❸-2 환경분석 결과 정리 시트

구분	기회요인(O)	위협요인(T)
법 · 정치적 환경 (중요5가지 항목)	• • • • •	• • • • •
경제 · 기술적 환경 (중요5가지 항목)	• • • • •	• • • • •
사회 · 문화적 환경 (주요5가지 항목)	• • • • •	• • • • •

표 ❸-3 기회요인과 위협요인의 체계적 정리

번호	기회요인 BEST5	위협요인 BEST5
1		
2		
3		
4		
5		

더 알아보기 **문제를 해결하는 방법**

엘론 머스크는 어떻게 이런 엄청난 일을, 그것도 하나도 아니고 동시에 여러 개를 해낼 수 있을까?

저명한 자기계발 저자 제임스 클리어는 엘론 머스크의 '제1원리 사고법'에 주목했다.

"저는 무슨 일을 할 때 제1원리에서부터 시작합니다. 흔히 사람들이 알고 있는 것을 따르기 보다는 확고하게 제1원리(first principles)를 따르는 것이 중요합니다"

아리스토텔레스가 처음 주창한 제1원리는 '의심할 여지가 없는 궁극적 논거'를 말한다. 예를 들어 수학의 제1원리는 '두 점 사이의 최단거리는 직선이다', '평행하는 두 직선은 만날 수 없다'와 같은 공리들이다. 과학자들도 경험적 자료가 아닌 기본적인 과학지식에 근거를 둔 정보를 제1원리라고 부른다. 추정에 바탕을 두지 않는 근본적인 전제이자 논의의 출발점이다.

이 제1원리를 엘론 머스크의 언어로 풀이하면 낡은 습관을 벗어던지고 문제의 근본부터 독립적인 방식으로 사고한다는 것을 의미한다. 물리학을 공부한 머스크는 사업을 벌일 때도 바로 이 제1원리 사고법을 활용했다.

"저는 물리학의 사고틀로 문제에 접근합니다. 물리학은 통념이나 경험에 의한 유추가 아닌 제1원리로 돌아가라고 가르치죠. 일단 문제를 세부적으로 분해한 뒤, 근본적인 문제를 공략해야 합니다. 더 나은 해결책이 반드시 그곳에 있기 때문입니다."

예를 들어 머스크가 전기차 사업을 시작하려할 때 주위에서는 배터리 가격이 높아 성공하기 힘들다고 말했다.

"배터리가 비싼가요? 그럼 여기에서부터 시작하는 겁니다. 사람들은 '배터리팩이 1킬로와트시(kWh)당 600달러(65만원)니 여기에 맞춰 예산을 타이트하게 짜야한다'고 생각합니다. 배터리팩을 바꿀 생각은 하지 않죠. 모든 회사가 그렇게 하니까 따르는 것이죠. 문제의 근본으로 들어가 보죠. 배터리는 무엇으로 만들어지죠? 탄소강, 니켈, 알루미늄, 강철들이 있습니다. 만약 이 금속들을 런던금속거래소에서 산다면? 와우! 1킬로와트시당 80달러(9만원)! 저는 지금보다 훨씬 저렴한 배터리가 가능함을 깨달았고 테슬라를 시작했습니다.”

이것이 바로 엘론 머스크가 ‘어떻게 저런 엄청난 일에 도전하지?’라는 일들에 대담히 뛰어들 수 있었던 비결이다. 문제의 기저로 치고 들어가 실체를 파악했기 때문이다. 그의 이런 제1원리 사고법을 단적으로 보여주는 사례가 있다.

“어릴 때 저는 어둠을 정말 무서워했어요. 그런데 어느 날 어둠이란 그저 파장의 길이가 400~600 나노미터 사이인 광자의 결여 상태임을 알게 됐죠. 그러자 광자의 결여 상태를 무서워하는 건 참 바보 같은 짓이 아닌가 생각이 들었고 더 이상 어둠을 두려워하지 않게 됐어요.”

그래서 제임스 클리어는 머스크의 제1원리는 결국 ‘우리가 세계를 바라보는 방식’에 관한 것이라고 말한다.

“어린 아이의 뇌는 말랑말랑한 찰흙과 같다. 아이는 자신을 둘러싼 환경을 지배하는 법칙을 이해하고 싶어 한다. 그래서 ‘왜요?’라는 질문을 달고 산다. 하지만 학교와 어른들은 한 줄로 걷기, 시험 잘 치는 법을 가르친다. 그러면 아이의 뇌는 시간이 지날수록 굳어진다. 이제 아이는 ‘왜?’라고 스스로 생각하는 대신 ‘엄마가 그렇게 말했어’, ‘선생님이 그랬어’, ‘책에 그렇게 쓰여 있어’라고 통념을 바탕으로 유추한다. 하지만 모방이 문제를 개선할 순 있어도 혁신을 가져올 순 없다.”

이처럼 제1원리는 결국 우리가 세계를 바라보는 방식에 관한 것이다. “스스로 생각하는 법(thinking for yourself)을 익히지 못하면 통념이 인생을 조종하게 된다. 자신의 강력한 사고 스킬이 고유한 인생의 진로와 혁신의 길을 만들어낼 수 있다.”

「출처 : 티타임즈, 2017.11.23」

Ⅲ 창업실패에 대한 입장과 대처자세

1. 우리나라의 창업실패 입장

국내 한 경제연구기관에서 창업인식에 대한 설문조사를 실시하였다. “당신의 아들딸이 창업하겠다고 하면 어떻게 할 것인가”라는 질문에 설문 응답자(706명)의 과반수(52.1%)가 “나는 반대할 것”이라고 답했다. 실패의 부담 때문이다. 또한 응답자의 절대 다수인 92.2%는 “창업 실패는 곧 개인 파산”이라고 답했다. “실패하면 재기가 어려운 게 한국 사회”라는 인식도 75.5%에 달했다. 자녀의 인생을 망가뜨릴 수 있다는 걱정을 하는 판에 창업을 권할 부모가 있을 리 없다. 우리사회는 아직까지 ‘창업을 두려워하는 사회’라고 규정할 수 있다. 미국 샌프란시스코에선 실패 콘퍼런스(Failcon)가 매년 열린다. 이 포럼의 공동기획자인 카스 필립스는 미 경제 잡지 ‘포춘’을 통해 “건강한 창업 생태계를 만들려면 무엇보다 기업이 위험과 실패에 익숙해질 수 있도록 하는 게 중요하다”고 강조했다. 그는 “많은 나라에서 아직 사업 실패를 인생 실패로 여긴다”고 꼬집었다.

국내에서도 실패를 경험한 창업자들에 대한 지원제도가 활성화되고 있다. 중소벤처기업부는 ‘사업실패로 저신용자로 분류된 기업인 또는 사업실패로 자금조달에 애로를 겪는 기업인’을 대상으로 재창업에 소요되는 운전 · 시설자금을 지원하는 재창업자금을 조성하여 운영하고 있으며, 재창업 중소기업에 대한 신기술 · 신제품 개발에 필요한 기술개발 자금을 지원하고 있다. 아울러 재도전 지원사업을 통해 실패를 경험한 창업자들의 경험을 창업자산으로 활용한 지원사업도 추진 중에 있다.

특히, 창업실패의 부담감을 가중시켰던 창업자금지원 연대보증제도가 점진적으로 사라지고 있다. 과거 창업자가 금융기관에서 자금 지원을 받을 때, 연대보증인을 의무적으로 내세우게 하는 관행이 사라짐으로써 창업실패로 인한 부담이 크게 해소되고 있다. 이와 함께 정책금융기관 등이 청년 창업자에게 대출이나 보증 등의 지원을 해주는 대상을 대폭 낮추고 있다. 정부는 기존 채무를 분할 상환 중인 '재도전 창업자'에게도 신규 보증 기회를 부여하는

더 알아보기 '실패하면 패가망신'…한국 창업 인식 OECD 꼴찌 수준

애플 창업자인 스티브 잡스처럼 회사를 세워 실패를 두려워하지 않고 신사업에 도전하는 기업가정신은 경제 성장에서 핵심적인 요소다.

하지만 한국의 경우 중소기업 창업에 대한 인식이 경제협력개발기구(OECD) 회원국 가운데 최하위권에 머물고 있다는 비교 분석 결과가 나왔다.

24일 OECD가 이달 발간한 '중소기업 경영환경 보고서'(Small, Medium, Strong. Trends in SME Performance and Business Conditions)를 보면 한국은 2014년 기준 '창업 기회 인식' 조사에서 OECD 34개 회원국 가운데 33위를 기록했다. 한국보다 순위가 낮은 국가는 꼴찌인 일본뿐이었다.

1위인 스웨덴은 성인 70%가량이 창업 기회를 긍정적으로 보았지만, 한국과 일본은 이 비율이 20%에 못 미쳤다. 창업에 필요한 지식과 기술이 있는지 묻는 '창업 역량 인식' 조사에서도 한국은 역시 일본만 간신히 제친 33위였다.

'창업 실패에 대한 두려움'은 그리스, 일본, 이스라엘이 차례대로 1~3위에 올라 두려움이 컸으며 한국도 7위로 나타났다. 한국 응답자 40% 이상은 실패할까 두려워 창업이 꺼려진다고 대답했다. '창업에 필요한 교육 훈련 접근성'에 관한 질문에서도 한국은 23위로 중·하위권에 그쳤다. 핀란드, 뉴질랜드, 호주가 나란히 1~3위로 공식·비공식적인 창업 교육 접근성이 가장 높았다. 노민선 중소기업연구원 연구위원은 "정부가 창업 규제를 줄이려는 노력을 기울이고 있지만, 여전히 아이디어가 있는 청년층이나 기술 역량을 보유한 중장년층은 창업을 망설이고 있다"면서 "정부는 창업 초기 비용 부담을 완화하는 방법으로 창업을 지원해야 한다"고 말했다.

노 위원은 또 "창업했다가 실패하면 패가망신한다는 인식이 여전히 강하다"면서 "창업 지원뿐 아니라 실패 시 재도전할 수 있는 프로그램도 활성화하고 기업가정신 확산 교육도 더욱 강화해야 한다"고 덧붙였다.

「연합뉴스, 2017.05.24」

방안을 검토하고, 은행의 벤처캐피털 투자 시 보고의무를 완화해 은행의 투자를 활성화하는 방안도 추진하는 등 창업자들의 실패부담감을 줄이기 위한 다양한 정책들이 나오고 있다.

그림 ❸-1 재도전·재창업 지원 안전망 강화 대책은?

연대보증제 폐지 확신으로 사업 실패 부담 완화 정책 금융기관은 창업 후 7년 초과 기업에 대해서 선도적으로 연대보증제를 폐지하되 도덕적 해이 방지 보완책을 병행한다. 민간 금융권 확산을 위해 연대보증이 면제된 보증부대출의 신용부분은 은행권도 연대보증을 폐지토록 협약체결을 추진한다.

사업 실패 시 재산압류·신용정보·조세채무 등 부담 완화 개인파산 시 압류재산 제외 범위를 최저생계 등 현실에 맞게 상향 조정해 사업 실패에 따른 생활고를 완화한다. 폐업한 영세 자영업자가 재창업·취업하는 경우 3000만 원 이하 소액체납 납부 의무 면제제도를 한시 시행한다.

재도전·재창업 지원 강화 재도전·재창업 지원 대상 선정 기준이 되는 성실경영평가제도를 개선해 지원 대상을 확대한다. 과거 법령을 위반한 기업인도 법령 위반 경중 및 경과기간을 고려해 정부의 재창업 지원 사업에 참여할 수 있도록 개선한다.

— 2017. 11월 http://www.korea.kr/policy/economyView.do?newsId=148844959

2. 창업실패는 개인과 사회의 자산

미래는 "창업가가 세상을 바꾼다"라는 말처럼 미국의 경우 빌 게이츠, 래리 페이지, 세르게이 브린, 마크 저커버그 등 벤처창업을 통해 30대에 막대한 부를 형성한 기업가들이 즐비하다. 이들은 부와 명성을 획득하고 성공의 표상으로 떠오르면서, 수많은 젊은이들이 꿈을 가지고 도전하게 하는 시대의 상징이 되었다. 그러나 성공한 소수에 비해 다수의 실패자가 나오는 것이 창업의 세계이다.

미국은 벤처기업과 벤처캐피탈의 활동이 왕성하고, 실리콘밸리 비롯한 벤처생태계가 잘 발전되어 있어서 전 세계 국가들의 벤치마킹 대상이 되어 왔다. **최근 유럽연합(EU)에서 만든 보고서에 의하면 "왜 유럽에는 빌 게이츠가 나오지 않는가?"라는 질문에 대해, 실패에 대해 경직된 사회제도와 문화를 제시했다. 미국의 창의성과 도전정신은 실패에 대해 관용적인 사회문화적 특성과 밀접하게 연관되어 있다는 점이다. 실리콘밸리에서 벤처사업에 성공한 사업가들은 평균 2.8번의 실패를 경험했다는 사실로 미루어서도 실패경험의 창조적 활용이 매우 중요함을 알 수 있다.**

국가경제의 비상을 위해서는 장기적으로 창업의 본질적 특성에 비추어 실패경험의 자산화와 재도전을 활성화할 수 있는 정책의 추진이 필요하다. '정직한 실패'에 대해 관용적인 사회문화와 제도의 개선이 필요한 시점이다.

창업은 태생적으로 실패의 확률이 높기 때문에 고위험을 수반하는 투자가 될 수밖에 없다. 그러나 성공하면 고수익을 실현할 수 있다는 점이 벤처기업의 매력이기도 하다. 벤처창업에 도전하는 사람은 경제적 동기도 있지만 새로운 분야에 도전해서 남이 하지 않았던 분야를 개척한다는 성취동기가 강하게 작용한다.

창업을 꿈꾸는 사람은 많지만 과감하게 도전하지 못하는 이유는 실패에 대한 두려움 때문이다. 우리 사회는 아직 사업실패에 대해 가혹한 편이다. 사업실패가 인생의 실패로 간주되는 경향이 있기 때문이다. 그럼에도 불구하고 한편에서는 미래의 기업가를 꿈꾸며 도전하는 사람들이 많아야 한다. 이는 우리 사회의 발전 및 국가 경쟁력의 향상을 위한 소중한 자산이다. 따라서 사회적 차원에서 현재 또는 잠재적 벤처창업자들에게 기업가로서의 역량을 효과적으로 배양할 수 있는 기회를 제공해야 한다.

일반적으로 능력이 있고 똑똑한 사람들이 주변의 기대 속에 창업을 하지만 결과는 실패로 끝나는 경우가 많이 있다. 학교 다닐 때 우등생이었다든가, 자기분야에서 알아주는 전문가라고 해서 사업에 성공한다는 보장은 없다. 오히려 과거의 화려한 경력으로 인한 과도한 자신감이 실패의 원인이 될 수도 있다. 창업자에게 가장 필요한 것은 밑바닥에서부터 시작해서 사업을 일으킨 사람들에게서 볼 수 있는 경험으로 체득한 지식이다. 이런 사람들이 실속있게 회사를 설립하고 사업을 알차게 꾸려나간다.

그러나 '현장 중심의 똑똑함'도 한계가 있다. 사업에 성공하면 여기저기서 강의를 요청하게 되어 졸지에 인기스타가 될 수 있다. 언론에서 조명을 받고, 대학을 비롯한 수많은 곳에서 강의 의뢰가 들어온다. 처음에는 사양도 하고 절제도 하지만, 여기 저기 나가다 보면 유명 강사가 되기도 한다. 자기 경험을 반복해서 말하다 보면 스스로의 논리에 도취되기도 한다. 주변의 칭찬을 많이 듣다보면 자기 역량에 대해 과신하게 된다. 자만심이 생기는 순간 실패의 씨앗이 싹튼다.

결국 **진정한 똑똑함이란 자기절제와 균형감각이다. 인간의 깊은 심정으로 이해하는 마음과 세상 물정을 꿰뚫어 볼 줄 아는 통찰력이다. 이는 성공만을 거듭해온 사람들이 가지기 힘든 지혜다. 오히려 실패를 통해서 이러한 능력이 길러진다. 모든 실패한 사람들이 이러한 지혜를 체득하는 것이 아니고, 실패를 통하여 충분한 자기성찰을 한 사람에게만 가능하다.** 에머슨 전기의 전설적인 CEO 찰스나이트(Chales Knight)는 '실패하는 것도 능력이다. 실패를 두려워한다면 혁신을 피할 수 없다. 나는 실패를 용납하지 않는 분위기를 조성하는 곳이 이

사회에 많다는 사실에 놀랐다. 발전하려면 실수를 인정하고 받아들여야 한다'고 말하며 실패에 대한 사회적 관용의 필요성을 강조했다.

창업의 성공과 실패에 대한 창업가의 자질 측면에서 최근 스타트업계에서는 끈기와 열정으로 실패와 역경을 이겨 낸 사람들만이 가지고 있는 그릿(GRIT)지수가 높다는 연구들이 나오고 있는 상황이다.

생각해보기 2

경험의 힘

시작하자마자 성공하는 사람은 없다. 수많은 실패를 겪으면서 잘못된 방법을 고치고 수정하면서 성공에 도달하는 것이다. 그런 사람들이 성공하는 것이다. 그들은 알고 있었다. '실패는 그 만큼 성공에 더 가까워졌다는 신호라는 것을. 실패라는 교활한 뱀에게 현혹되어 포기하지 않고 꾸준히 노력하는 마음이 성공의 자세라는 것을.

푸드트럭 성공시킨 20대 창업가 "경험보다 값진 것 없다"

국내 정착 탈북민 3만 명 시대. 이들은 한국에 제대로 정착하기 위해 각자의 분야에서 고군분투를 하고 있다. '먼저 온 통일'이라는 사명감에 따른 이들의 노력은 향후 통일 한반도에서 큰 자산이 될 것이라는 기대가 많다.

경기도 과천에서 2년 째 토스트 푸드트럭을 운영 중인 20대 창업가 박영호(2002년 탈북 · 27) 씨는 지난 8월 AI(조류인플루엔자 · avian influenza) 사태로 최대 위기를 맞이했다. 살충제 계란 파동의 영향으로 매출이 뚝 떨어졌기 때문이다. 그는 물론 안전한 먹거리 판매를 원칙으로 하고 있었지만 소비자들의 불신은 커져만 갔다. 천정부지로 오른 계란 가격도 어려움을 가중시켰다.

박씨는 "평소 도매시장에서의 계란 가격은 2500원대 정도였는데, 1차 파동 후 8000원, 2차 파동엔 1만 5000원까지 올라 자포자기했다"며 당시 어려웠던 상황을 떠올렸다. 인건비는 고사하고, 두 달여 간 수익이 나지 않아 자릿세를 내기도 버거웠다. 하지만 유럽의 푸드트럭에 착안해 창업을 해야겠다고 마음먹은 이후 준비 기간만 2년. 현재의 위기는 금방 지나갈 것이라며 마음을 다잡았다.

박씨는 고등학교 때부터 이미 진로가 정해져 있었다고 했다. 자영업에 관심이 많아 무조건 경영학과에 진학해야겠다고 생각했기 때문이다. 돈을 많이 벌려면 마케팅 등 전문적 지식이 필요하겠다는 생각에 서강대학교 경영학과에 진학했다.

하지만 대학의 교육 커리큘럼은 그의 기대와는 달랐다. 기업 규모가 몇 조원 단위에 달하는 성공한 회사를 분석하는 것이 대부분이었다. 그는 오히려 실패한 기업의 사례를 배우거나, 작게나마 직접 경영을 해보는 게 더 좋은 수업이 될 것이라고 생각했다.

이후 박씨는 돈을 모으기 위해 아르바이트에 나섰다. 우선 학교 근처에서 3~4개의 아르바이트를 구했다. 시간 조정이 어려울 때도 있었지만 가게 사장님에게 적극적으로 얘기해 일을 따냈다. 일을 잘한다는 평가를 받아 시급도 남들보다 1000~2000원 더 받았다. 대학가에서 할 수 있는 아르바이트는 거의 다 해본 것 같다고 박씨는 자부했다.

박씨는 아르바이트 경험이 많기는 했지만 직장인으로서의 경험도 필요하다고 생각했다. 한국 직장에서의 경험은 책에서는 알 수 없는 또 다른 배움을 얻을 수 있는 기회가 될 거라 여겼기 때문이다. 이후 박 씨는 중견기업인 건설회사에 취직했다. 잦은 회식, 야근 등 업무의 연장을 경험하기도 했고, 상사와의 갈등으로 바람 잘 날 없기도 했다.

그는 결국 퇴사 이후 그동안의 경험을 바탕으로 창업에 도전했다. 요즘 박 씨의 하루 일과는 해 뜨기 전 시작해 해 뜨기 직전 끝이 난다. 하루에 사용하는 계란만 900~1200개. 양배추, 당근, 옥수수 등 재료 손질을 끝내고 나면 새벽 4시에서 5시. 쪽잠을 자고 7시에 다시 등교를 한다. 통학시간도 길어 9시 수업에 늦지 않으려면 잠을 줄이는 수밖에 없었다. 힘들 법도 하지만 박씨는 가게를 찾아주는 손님과 대화하는 것도 좋고 끊임없이 일을 하고 있다는 점이 오히려 삶을 즐겁게 한다고 했다.

세상에는 쉽게 되는 일이 없고, 공짜로 되는 일은 더더욱 없다는 것을 일찍이 깨달았다는 박씨. 스스로의 노력 없이는 한국 사회 정착은 힘이 들 수밖에 없다고 강조했다.

스티브잡스는 1982년 매킨토시 PC를 개발할 때 직원들을 모아놓고 "여정 자체가 보상이다(Journey is reward)1)"라는 격언을 소개했다. 그는 알고 있었다. '긴 세월이 흘러 지금 이렇게 함께 보낸 시간을 돌이켜 보면, 고통스러웠던 순간은 잊어버리고 황홀했던 절정기만 떠올리게 될 것이다'라는 것을.

토의문제

- 창업 실패 경험을 미래의 성공으로 전환시킬 수 있는 방법에 대해 논의해보세요.
- 자신은 현재 어떤 창업아이디어를 갖고 있는지, 이를 실행시켜 성공시킬 수 있는 방안은 무엇인지 생각해 보세요.

---

1) 스티브잡스, 월터 아이작슨.

Q6. 창업에 성공할 확률보다 실패할 확률이 높은데 그럼에도 창업을 해야 하는 이유가 궁금합니다.

실제로도 창업은 소수의 경우만이 생존하고 성공합니다. 모든 창업가들이 자신은 예외에 속할 것이라고 기대하지만 현실은 반대에 속합니다. 그러면 왜 창업을 시도할까요? 목표가 실패인가요? 아닐 것 입니다. 그렇다면 성공하기 위해? 그것도 아닙니다. 젊은이들에게 있어서 창업의 목적은 '경험'이어야 합니다. 그 경험을 통해 본인이 사업가 자질을 갖추지 않았다는 사실을 발견하는 것도 중요한 소득입니다. 어쩌면 이것이 바로 인생에 있어서 정말 큰 것을 발견하고 배운 것은 아닐까요?

Q7. 저는 대학생이고 창업하고 싶은데 지금 바로 창업하는 것이 좋을까요? 아니면 직장 경험이나 사회 경험을 한 후에 창업을 하는 것이 좋을 까요? 어느 쪽이 성공 가능성이 높나요?

성공 가능성이 가장 높은 창업이라면 저는 직장 경험을 통해 배운 것들로 창업하는 경우를 추천합니다. 직장 경험이나 사회 경험을 하지 않은 채 시작하는 사업은 시행착오의 위험이 더 커질 것입니다. 직장은 '창업준비학교'이기도 합니다. 회사라는 학교에서 성실히 학습하고 좋은 결과를 만들어낸 학생(회사원)은 다른 회사에서 더 높은 연봉을 제시하며 스카우트 제의를 받을 것이며, 자신이 담당하는 제품이나 산업에 정통한 지식을 습득하면 그 분야에서 선두가 될 기회 역시 발생하게 됩니다. 이런 직장인들이 회사에서 몰입했던 분야에 창업하면 성공할 가능성이 매우 높지 않을까요?

Q8. 아이디어가 여러 개입니다. 어떤 아이디어를 선택하는 것이 좋을까요?

자신이 정말 흥미가 있고 사랑할만한 아이디어 인지를 먼저 생각해 본 후 결정하는 것이 가장 바람직합니다. 여러 개의 좋은 아이디어가 있다면 본인이 일에 대해서 생각하지 않을 때 가장 많이 생각하게 되는 아이디어는 무엇인지 떠올려 보시기 바랍니다. 그리고 나서 그 아이디어를 어떻게 발전시키고 실현할 수 있을 것인지에 집중해보세요. 자연히 아이디어 선정의 어려움은 차츰 없어지게 될 것입니다.

창업자가 꼭 봐야할 동영상

김민철 야나두 대표 <100% 성공하는 법>

그는 7년간 사업을 하며 27개의 프로젝트를 하였고, 24개가 망했다. 150억을 날렸고, 실패 장인이었다. 하지만 그는 이 실패의 경험을 통해 100% 성공하는 법을 알게 되었다.

* 유튜브(www.youtube.com)에서 '100% 성공하는 법'을 검색하시면 김민철 대표의 에피소드를 볼 수 있습니다.

Ask Yourself

"첫 창업에서 실패할 경우에는 어떻게 해야 하는가?"
"실패의 경험은 성공의 자산이 될 수 있을까?"

창업 성공에 영향을 미치는 창업준비단계 핵심요인 연구(요약)

남정민, 전병준, 박정우

인적자원관리연구, 20(5), 2013

본 연구는 창업준비단계에서 나타나는 창업의 자발성 여부, 창업준비수준, 자기자본비중의 영향력을 연구함으로써, 창업의 성공여부는 '타고난 창업자'로 인해 결정된다는 기존의 고정관념에서 벗어나, 누구나 준비된 도전을 통해 성공할 수 있다는 점을 실증적으로 밝혔다. 신규 창업자 190명을 대상으로 3년간 창업유지여부 및 생활만족도를 추적 조사하여 성공창업을 위한 핵심요인을 실증적으로 분석한 결과는 다음과 같다.

'창업의 자발성 여부' 및 '창업준비정도'는 결과변수인 '창업만족도' 및 '생활만족도'에 통계적으로 유의한 정(+)의 영향을 주고 있으며, '자기자본비중'은 '생활만족도'에 통계적으로 유의하지 않으나 정(+)의 영향을 주는 것으로 나타났다. 또한 창업자의 학력, 연령, 성별 등 인구통계학적 변수는 창업성과에 의미 있는 영향을 나타나지 않음을 확인하였다. 추가적으로 창업시점이후 3년 동안 창업생존여부에 대한 로지스틱회귀분석[1]에서 창업시점으로 '창업준비'는 3년이 지난 후에도 창업생존여부에 중요한 원인변수로 작용하고 있음이 확인되었다.

이러한 분석결과를 통해 창업은 타고난 경영자나 창업자만이 성공할 수 있다는 그릇된 시각에서 벗어나, 창업의 성공은 창업준비(아이템 및 업종 선정, 기술 및 인력 확보)를 얼마나 충실히 했는가에 달려있다는 사실을 실증분석을 통해 확인하였고, 창업의 성공은 순간의 선택이 아닌 지속적인 학습과 노력, 준비에서 비롯된다는 점을 본 연구를 통해 제시하고 있다.

〈표 1〉 생활만족도에 대한 계층회귀분석

독립변수	창업 시점 생활만족도				창업 3년차 생활만족도(추가)			
	1단계		2단계		1단계		2단계	
	β	t	β	t	β	t	β	t
성별	−0.073	−0.688	−0.060	−0.586	−0.078	−0.679	−0.079	−0.689
연령(표준화)	0.047	0.312	0.038	0.258	0.060	0.380	0.064	0.410
결혼여부	0.092	0.733	0.633	0.633	0.011	0.081	0.019	0.144
학력수준	0.212	1.618	1.388	1.388	0.207	1.491	0.231	1.610
창업이전 월평균소득(표준화)	0.165	1.580	1.572	1.572	0.150	1.325	0.114	0.991
사회경제적지위 향상가능성 지각	−0.130	−1.295	−1.417	−1.417	0.069	0.632	0.084	0.767
창업동기(자발성)			0.185+	1.770			−0.009	−0.079
자기자본률			0.028	0.291			0.028	0.264
창업준비수준			0.305**	3.040			0.242*	2.192
F	1.725		2.451*		1.076		1.357*	
R^2	.100		.197		.073		.134	
R^2변화량	−		.097		−		.061	

주) + : p <.10, * : P < .05, ** : p< .01, *** : p < .001
※β는 표준화된 값임.

성공창업자는 타고난 것이 아니다. 창업의 성공은 철저한 창업준비 과정에서 시작한다. 창업자는 창업아이템에 대한 지속적인 학습과 노력, 준비를 통해 창업성공 가능성을 높여야 한다.

1) 로지스틱회귀분석: 영국의 통계학자인 D. R. Cox가 1958년 에 제안한 확률 모델로서 독립 변수의 선형 결합을 이용하여 사건의 발생 가능성을 예측하는데 사용되는 통계 기법이다. 즉, 어떤 사건(event)이 발생할지에 대한 직접 예측이 아니라 그 사건이 발생할 확률을 예측하는 것이다.

학습목표

1. 창업아이템을 선정하기 위해 필요한 트렌드 분석방법을 인지하고 중요성을 이해한다.
2. 창업기회 발견을 위한 창의적 아이디어 발상법에는 어떠한 것들이 있는지 이해하고 적용해본다.
3. 창업기업의 유형과 설립절차를 인지하고 창업아이템에 적합한 유형의 기업을 설립 할 수 있다.

기업가란 변화를 탐구하고
변화에 대응하며
변화를 기회로써 이용하는 자이다.
「피터 드러커」

제4장

창업아이템 선정 및 창업 절차

Ⅰ 트렌드 분석

Ⅱ 창업기회의 발견

Ⅲ 기업의 형태와 설립절차

생각해보기 1

화상 트라우마를 성공으로 탈바꿈한 Dr.G 안 대표

고운세상코스메틱 브랜드 닥터지

고운세상코스메틱은 피부과 의사인 안건영(53) 대표가 2000년 설립한 더마코스메틱 업체다. 더마코스메틱은 피부과학(dermatology)과 화장품(cosmetics)의 합성어로 의사들이 직접 만드는 전문 화장품을 뜻한다. 고운세상코스메틱은 선크림(자외선차단제)과 필링젤 등을 중심으로 한 닥터지 브랜드를 운영하며 지난해 연매출 280억 원을 올렸다.

안 대표를 설명할 때 빠지지 않는 수식어는 '화상을 극복한 기업인'이다. 그의 어릴 적 아픔이 '피부과학으로 세상을 건강하게 한다'는 고운세상코스메틱의 경영철학으로 자리 잡은 만큼 회사 입장에선 상징적인 스토리다.

단칸 셋방에 살던 소년은 어느 날 실수로 오른쪽 얼굴에 큰 화상을 입었다. 응급처치에 익숙지 않은 어머니는 민간요법으로 아들의 치료를 대신했지만 오히려 그것이 화근이었다. 결국 소년의 오른쪽 얼굴에는 흉측한 흉터가 자리 잡았다. 이 흉터는 소년의 어린 마음을 짓누르는 큰 짐이었다. 치료를 위해 병원에 입원한 소년은 외적인 것보다 더 큰 내적인 상처를 입었다. 실험대상을 바라보듯 한 의사들의 냉소적인 눈빛, 의료기기 등 차가운 병원 내 환경이 소년에게 더 큰 아픔으로 남았다. 안 대표의 어릴 적 이야기다.

그는 "어릴 때 성장 환경이 매우 중요한데 당시 화상 흉터는 나에게 큰 심리적 상처로 다가왔다"며 "학창시절 내내 고개를 들지 못했고 하루하루가 너무 살기 힘들었다."고 회상했다. 결국 그는 자신의 내적 · 외적 상처를 치유하기 위해 직접 움직이기로 결심했다. "내 피부는 내가 직접 고친다."며 야심차게 의과대학 입시를 준비한 그는 결국 중앙대 의대에 입학하면서 전문의 길을 걸었다. 1998년에는 '환자도 고객이다'라는 캐치프레이즈를 내걸고 국내 첫 프랜차이즈 병원인 고운세상피부과도 개원했다. 안 대표는 병원사업이 안착하자 곧바로 더마코스메틱 분야로 영역을 확장했다.

이어 그는 "피부과 의사로 화장품 사업까지 한 것은 어찌 보면 운명인 것 같다"며 "어린 시절 콤플렉스를 다른 사람들을 위한 사업으로 극복해나간 것이나 마찬가지"라고 덧붙였다.

닥터지의 첫 해외 진출 지역은 홍콩이었다. 홍콩에 거주했던 환자 한 명이 닥터지 화장품을 현지에서 일부 판매하면서 입소문을 탔다. 창업 6년 만인 2006년에는 홍콩 대형 드럭스토어 '사사' 측이 먼저 수출 제의도 해왔다. 안 대표는 "당시는 한류가 확산되지 않았던 때였음에도 선크림과 비비크림 등을 처음으로 홍콩에 수출했고, 진출한지 1년 만에 100만 달러를 벌어들였다"며 "홍콩 사사에서는 지금도 닥터지가 한국 화장품 브랜드 중 판매 1위 자리를 이어간다"고 강조했다.

닥터지는 사사에서의 성공을 기반으로 대만 · 싱가포르 · 말레이시아 등 동남아시아 시장 진출에도 탄력을 받았다. 2016년에는 미국시장 진출을 본격화하면서 매출액도 201억으로 껑충 뛰어올랐다. 전문의가 만든 화장품이라는 강점이 크게 작용했다. "우리만큼 화장품을 잘 아는 전문가들은 없다"고 자부할 정도로 안 대표의 제품에 대한 자신감은 남다르다. 수출시장도 넓어져 닥터지를 공급하는 지역은 현재 전 세계 20개국 이상으로 늘어났다.

특히 2016년 미국 고급백화점인 노드스트롬으로부터의 입점 요청은 안 대표에게도 큰 기억으로 남아있다. 그는 "미국 노드스트롬은 아무나 입점할 수 있는 백화점이 아닌데 너무나 쉽게 입점할 수 있었다"며 "나중에 알고 보니 노드스트롬 경영진이 내 어릴 적 화상 스토리를 전해들은 후 진정성을 느껴 입점을 추진했던 것"이라고 설명했다. 진정성 없는 브랜드는 가치가 없다는 노드스트롬 측 경영철학과 안 대표의 생각이 맞아떨어진 것이다. 고운세상코스메틱은 미국시장에서의 선전으로 지난해 전년보다 40%가량 늘어난 280억 원 매출액을 올리며 성장세를 이어갈 수 있었다. 대부분 국내 화장품 업체들이 중국 '사드'(고고도미사일방어체계) 영향으로 실적이 역성장한 것과는 사뭇 대조적인 모습이다. 안 대표는 4차 산업혁명 시대에 대비해 제품과 서비스를 결합하는 작업도 진행 중이다. 지난해 론칭한 '마이스킨멘토'가 그것이다.

"마이스킨멘토는 소비자 DNA를 분석해 피부 타입을 진단하고 이에 맞는 화장품을 처방, 상담까지 해주는 솔루션이다. 궁극적으로 인공지능(AI)을 통해 피부 타입별 상담을 맞춤형으로 하고 피부과 치료 안내까지 연계해 평생 피부 관리를 해주는 솔루션을 구축할 계획이다. 현재 약 7만 명인 마이스킨멘토 이용자는 앞으로 100만 명 이상으로 늘어날 것이다."

토의문제

- 자신의 창업아이템은 있는가? 창업아이템이 있다면 어떤 원천(정보, 경험, 우연 등)에서 비롯되었는가?
- 자신의 창업아이템을 실제 사업화로 진행될 수 있는 방법에 대해 생각해 보세요.

I 트렌드 분석

1. 트렌드의 개념과 중요성

트렌드(trend)의 사전적 의미는 '~의 방향으로 가다', '향하다' 혹은 '기존과 다른 새로운 방향으로 변화해가는 경향'이다. 트렌드는 과거, 현재, 미래로 이어지는 하나의 흐름으로서, 일시적 유행과는 달리 어느 정도 긴 시간 동안 유지되는 사회의 주요 흐름이나 패턴을 의미한다. 트렌드 연구가들은 유형처럼 단기간에 나타났다가 사라지는 현상과 구분하여, 적어도 5년 혹은 10년 정도 지속되면서 사회발전에 영향을 미치는 변화의 흐름을 트렌드로 정의하고 있다. 급속한 변화와 발전을 경험하고 있는 우리나라에서 특정한 시간 주기의 제한을 적용하는 것은 다소 무리가 있을지 모르지만 트렌드가 장기간 지속되는 물결임에는 동의할 수 있을 것이다.

트렌드는 특정한 시점에서 하나의 징후로 출발하여 사회, 경제 문화의 다양한 영역에서 포괄적이며 동시적으로 나타나는 현상이다. 인구 통계적 변화, 대중의 가치관이나 태도 변화, 생활양식 또는 기술 등의 변화를 통해 사회 전반에 점진적이면서도 광범위한 변화를 가져오는 물결이며 바람인 것이다. 물결과 바람을 타면 즐겁게 항해할 수 있지만, 그것을 거스르면 힘들고 곤혹스럽다는 것을 누구나 잘 알 것이다.

창업가는 새로운 시장 트렌드를 파악하지 못하면 고객을 구하지 못하고, 업계의 경쟁에서 뒤쳐지기 때문에 먼저 새로운 트렌드를 찾아내기 위해 노력을 기울여야 한다. 그러나 창업가는 트렌드와 일시적 유행을 제대로 구분해 내지 못하여 시간과 노력을 낭비하기도 한다. 기업의 입장에서 일시적 유행은 굳이 따라가지 않더라도 장기적으로 큰 문제가 되지 않으나, 트렌드는 역행하기가 어려울 뿐만 아니라 미리 시작하지 않으면 경쟁사들과 차별화되기 어렵다. 그러므로 트렌드를 파악하고 이를 주도하는 것이 매우 중요하다. 이처럼 트렌드는 현재로부터 시작된 필연적인 미래의 변화이다. **트렌드는 '변화의 이야기'이기 때문에 특정 시기의 어떤 제품이나 어떤 현상으로는 설명하기 어려우며 트렌드가 어떻게 어떤 속도로 진행되는지를 파악하는 것이 중요하다.**

사 례 　취미에서 직업으로…돈 벌긴 쉽지 않지만 "가슴이 뛰는 일"

취미를 직업으로 삼은 이들이 등장했다. 29일 방송된 'SBS 스페셜'에서는 '취미가 직업이 된 사람들, 하비프러너'를 부제로 취미-직업 간 경계를 허문 사람들의 모습이 담겼다.

하비프러너 백예림 씨. 웨이크 서핑을 즐기는 예림 씨는 보드 위 노래 리듬에 맞춰 자유자재로 움직였다. 서핑을 취미 삼은 예림 씨는 "생계를 유지하며 취미를 영위하기 위해 서핑 의류를 만들기 시작했다"고 말했다. 예림 씨는 의류 디자인에 대해 서핑하며 경험했던 불편한 점을 반영했다고 설명했다. 또, 판매를 위해 모델까지 홀로 해낸다고 덧붙였다.

예림 씨는 사업에 필요한 자금 마련을 위해 가지고 있던 물건을 판다고도 덧붙였다. 이에 대해 예림 씨의 어머니는 "추진력은 끝내준다"며 "그 나이에만 할 수 있는 것들"이라고 지지해주는 모습이었다.

다음 하비프러너는 김슬기 씨였다. 식품영양학을 전공한 슬기 씨는 강아지 케이크를 만드는 공방을 운영한다. 강아지가 좋아 취미로 시작했다는 슬기 씨는 참고한 자료들에 대해 "내가 좋아하는 디저트"라고 말했다. 슬기 씨의 아버지는 "나에게 가게를 해보자고 하더라, 처음엔 작게"라며 홍보에 나서며 힘을 실어줬다.

슬기 씨는 강아지 수제음식 판매와 유통까지 담당한다고 했다. 그러면서 "원데이 클래스, 자격증 수업을 진행하고 있다"며 꿈에 대해서는 "교수"라고 덧붙였다. 이에 레저경영연구소장은 "내가 누구인지를 사회적으로 재현할 수 있게 된다"며 '진지한 여가'에서 얻는 보상에 대해 설명했다.

다음으로 소개된 하비프러너는 화장품 회사를 창업한 김한균 씨.

지난 2009년, '그것이 알고 싶다'에서 화장품을 좋아하는 '독특한 남성'으로 소개된 바 있다. 당시에 대해 한균 씨는 "악플들이 있었다. 남자 망신시킨다는 등"이라고 회상했다.

10년 전 영상에서 한균 씨가 밝힌 포부는 현실이 되어 있었다. 본인의 브랜드를 만들고 기업 대표가 된 한균 씨는 2014년 중국에 진출했으며, 올해 현지 대형 쇼핑몰 상위 셀러에 등극했다. 협력업체 대표는 한균씨에 대해 "한국보다 중국에 알려졌다. 유명한 왕홍이다"라고 말했다.

현재 한균 씨는 화장품 연구에 집중한 모습이었다. 한균 씨는 경영하던 화장품 회사에서 퇴임한 것에 대해 "잘하고 좋아하는 것에 집중하고자"라고 설명했다. 그러면서 최근 20대들의 취미 활동에 대해 "좋아하고 잘하는 것을 실행하는 원동력이 취미다"라며 "이런 현상에 긍정적이다"라고 덧붙였다.

이날 방송에는 좋아서 시작한 운동이 직업이 된 하비프러너들의 모습도 담겼다.

머슬 마니아 선수 주이형 씨는 전직 승무원이었다며 "허리가 많이 안 좋아졌었다"고 말했다. 이형 씨는 취미로 시작한 운동이 인생을 바꿨다면서도 "좋아했던 게 돈 버는 수단이 되니 마냥 좋아할 수 없었다"며 압박감에 대해 털어놓기도 했다.

이에 대한 이형 씨의 해결법은 퇴근 후 또 다른 취미를 갖는 것. 디제잉에 나선 이형 씨는 "음악 듣고 취미처럼 다시 운동을 한다"며 운동 슬럼프를 음악으로 극복한다고 말했다. 그러면서 '운동 디제이'라는 새로운 분야를 만들었다. 이형 씨는 "클럽에서 다 같이 운동하는 피트니스 파티"라며 "즐겁고 트렌디하게 할 수 있다"고 새로운 방향을 소개했다. 또, 달리기를 사랑하는 하비프러너 안정은, 이윤주 씨의 모습도 담겼다.

「SBS 뉴스, 2019.09.30」

2. 트렌드에 영향을 미치는 요인

트렌드는 개별 제품이나 개별 영역에 국한되어 나타나는 현상이 아니고, 소비자를 둘러싸고 있는 광의의 환경과 상호작용하는 가운데 형성된다. 그러므로 트렌드를 읽고 이해하고 또 그것을 활용하기 위해서는 소비자를 둘러싼 환경을 함께 이해하는 것이 필수적이다. 이러한 환경요인은 다양한 세부요인으로 구분할 수 있는데, 본 장에서는 크게 인구통계학적요인, 사회문화적 요인, 경제적 요인 등을 살펴보도록 한다. 창업자의 입장에서 비록 이들 요인들이 통제하기가 어려우나, 능동적으로 이들 **환경요인들을 세심하게 파악하고 관찰함으로써 기회를 사업화할 수 있으며, 자신에게 닥칠 위협을 미리 예측하여 적절하게 대응할 수 있다.** 이를 위해서 창업자는 다음 환경요인들을 모니터링하고 무엇이 기회가 되고 무엇이 위협이 될지를 예측해야 한다.

(1) 인구통계학적 환경요인

기업의 외부환경 요인 중 첫 번째인 인구 통계적 요인은 통계청에서 주기적으로 발간하는 통계연보에 수록되어 있는 인구 수, 가구 수, 연령, 성별, 결혼통계, 직업 및 소득 같은 변수들이 포함된다. 우리나라 인구구조는 빠르게 고령화하고 있다. 현재 추세라면 고령사회(고령인구비율 14~20%)를 지나, 2026년 초고령사회(고령인구비율 20% 이상)가 될 것이다.

인구고령화는 경제성장과정에서 평균 수명이 길어지고 출산율이 떨어지면서 인구구조가 성숙해지는 과정이다. 문제는 우리나라의 고령화 속도가 지나치게 빠르다는 데 있다. 선진국은 고령화 사회에서 초고령사회에 이르기까지 평균 70년 이상이 걸렸으나 우리나라는 불

그림 ❹-1 한국 인구 변화 주요 시점

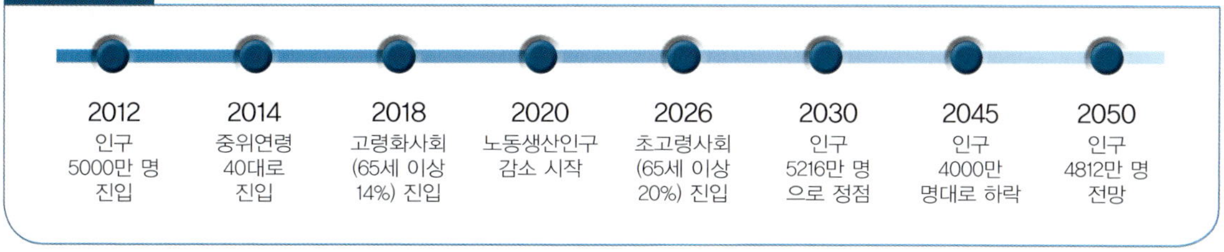

그림 ❹-2 연도별 출생아 수 및 합계출산율

[단위 : 명]

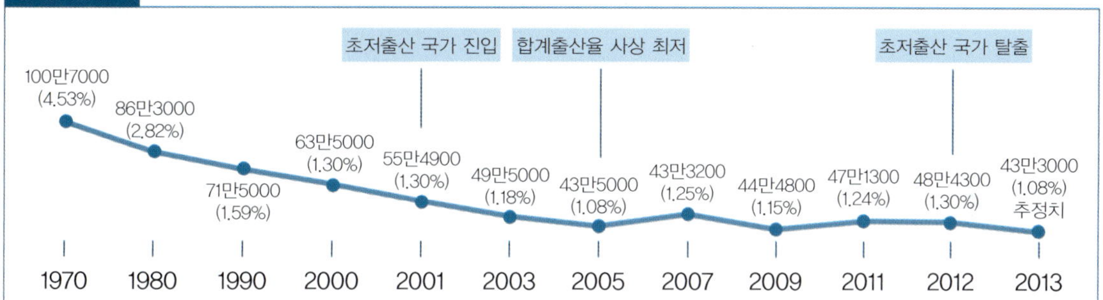

[자료: 통계청]

과 한 세대 만에 초고령사회가 될 것으로 예상된다. 이처럼 우리나라의 고령화 속도가 빨라 사회 · 경제적으로 대비할 시간이 부족한 만큼, 인구 고령화가 경제전반에 미칠 영향을 분석하고 이에 대한 대비책을 서둘러 마련해야 한다.

젊은 인구의 비중이 줄고 고령인구의 비중이 늘어나면서 고용의 연령별 구성도 변하고 있다. 취업자 중 40세 이상 비중이 1980년 39%에서 2012년 55%로 상승했다. 근로자의 평균연령도 1990년 39세에서 2013년 44세로 5세나 높아졌다. 이는 향후 고령층 근로자들이 은퇴 등으로 노동시장을 떠나고 청년층의 노동 유입이 둔화하면, 기업이 적정 인력을 확보하고 유지해 나가는 데 더 많은 비용이 필요하게 됨을 의미한다. 또한 숙련 노동력이 부족해지면서 기업의 노동생산성을 떨어뜨리는 위험요인으로 작용할 여지도 있다.

인구 고령화는 산업별 고용구조에도 영향을 주고 있다. 고령화로 가계 구성원들의 연령구조가 바뀌면 그들이 소비하는 재화의 구성도 변한다. 사람들은 나이가 많아질수록 금융, 식품, 의료기기, 요양, 여가, 의료서비스 등의 지출을 늘리는 반면 교통, 교육, 오락, 의복 관련 소비는 상대적으로 줄이는 경향이 있다. 따라서 고령인구 비중이 늘어나면 고령층이 선호하는 재화나 서비스를 생산하는 실버산업이 성장하면서 경제 전체에서 차지하는 비중이 높아진다. 이런 개인들의 소비구조 변화에 따라 고용구조도 변한다. 최근 보건 및 의료 서비스의 고용이 크게 증가하는 데서 이 같은 고용구조의 변화를 실감할 수 있다.

(2) 사회문화적 환경요인

중요하면서도 파악하기 어려운 환경요인은 사회문화적 환경요인이라고 할 수 있다. 사회문화적 요인은 사회전반에 걸친 가치관과 밀접한 관련을 갖고 있다. 이러한 사회문화적 가치관의 변화는 새로운 시장을 탄생시키기도 하는데 다음에 몇 가지를 살펴보기로 한다.

① 1인 가구의 증가

최근 통계청은 한국에서 가장 흔한 가구 형태가 1인 가구(29.3%, 2018 인구주택총조사 결과)라고 발표하였다. 1인 가구가 대한민국의 표준이 된 것이다. 주목할 것은 1인 가구의 증가로 가장 달라지고 있는 것은 소비문화, 이른바 '솔로 이코노미(solo economy)'의 등장이다. 적은 양을 간편하게 소비하려는 1인 가구의 소비성향을 바탕으로 시장에서는 가정 간편식을 쏟아내고 있고 1인 가구 소비자는 주로 '무겁거나 부피가 크고 구매 빈도가 잦은' 생활필수품을 온라인으로 구매하는 소비 패턴을 갖고 있기 때문에 1인 가구에게 생수 · 물티슈 등을 정기적으로 배송해 주는 '정기 배송' 서비스나 24시간 안에 무료로 배송해 주는 서비스 등이 다양해질 것으로 예상된다.

② 건강 및 체형에 관한 관심의 증가

건강의 개념이 바뀌고 있다. 이전에도 건강에 대한 관심은 많았지만, 요즈음의 추세는 자신이 건강하면 되는 것에서 나아가, 다른 사람들에게도 자신이 건강하게 보이는 것이 강조되고 있다. 사람들이 건강함을 느낄 뿐만 아니라 남들에게 좋은 몸매를 가졌다는 것을 보이고 싶어 하는 추세의 확산은 피트니스(Fitness) 운동기구 시장의 급성장을 가져왔다. 이와 더불어 건강에 관심은 많지만 피트니스 센터를 갈 만큼 많은 시간 여유가 있지 않은 사람들을 위해 집에서도 운동할 수 있도록 돕는 홈트레이닝 동영상, 건강 및 체형 관리를 돕는 어플리케이션 등의 개발도 활발히 이루어지고 있다.

③ '욜로(YOLO)' 라이프 스타일의 증가

요즘 새로운 라이프스타일의 하나로 떠오르며 최근 대표 소비트렌드에 자리를 잡은 욜로. 욜로(YOLO)는 '인생은 한 번뿐이다(You only live once)'라는 영어 앞 문자를 따서 만든 말로 한번 사는 인생 현재를 충실히 즐기며 살자는 삶의 방식을 말한다. 욜로 라이프 스타일의 핵심은, 바로 오늘의 행복을 위한 투자를 아끼지 않는다는 것이다. 소비의 보편적 기준인 실용성이나 효용성 보다는, 남들이 이해하지 못할지라도 지금 내 삶에 기쁨을 주는 소비, 자신의 행복을 찾기 위해 들이는 돈을 낭비나 불필요한 소비로 여기지 않고 한 번뿐인 인생을 행복하게 살기 위한 투자로 여긴다. 이러한 욜로족들이 돈을 아끼지 않고 소비하는 가장 대표적 지출키워드로 여행, 셀프인테리어 그리고 악기 배우기를 포함한 취미활동이 있다.

(3) 경제적 환경요인

국민총생산, 이자율, 인플레 같은 경제적 요인은 기업의 수익성에 큰 영향을 준다. 이러한 경제적 요인은 산업별로 주는 충격이 다를 수 있는데 경제여건이 어려워지면 자동차, 전자제품 등의 내구재산업, 관광산업, 그리고 주택건설업과 같은 분야가 가장 큰 타격을 받게 된다. **많은 경제지표 중에 국민총생산, 소득수준, 소비성향, 인플레이션 등은 소비트렌드를 예측하는데 중요한 지표**라고 할 수 있다. 최근의 한 연구에서는 민간소비가 GDP에 비해 지속적으로 낮은 증가율을 보임에 따라 민간소비가 구조적으로 둔화되고 있을 가능성에 대한 우려를 제기하고 있다. 최근 10년간 실질 GDP의 증가율의 연평균은 4.1%인데 반해 실질 민간소비 증가율의 연평균은 이를 하회하는 3.2%에 불가하다. 특히 우리나라는 고령화가 빠른 속도로 진행되고 있음에도 불구하고 평균소비성향이 감소하고 있는 추세이다. 인구의 고령화는 일반적으로 평균소비성향을 증가시키는 것으로 알려져 있으나, 가계동향조사 자료에 따르면 우리나라는 가구주의 중위연령이 2003년 44세에서 2013년 48세로 상승하였으나 동기간 평균소비성향이 0.78에서 0.73으로 하락하였다. 연령별 평균소비성향이 전반적으로 하락하고 있는 것은 기대수명이 급속히 증가하는 가운데 근로가능 기간은 늘지 않는데 기인하는 것으로 사료 된다. 2000년 이후 기대수명이 매년 평균적으로 0.45세씩 증가하고 있으나 노동시장의 은퇴 시기는 이와 비례하여 증가하지 않고 있는 상황으로써, 은퇴 후 생존기간이 길어짐에 따라 노후대책에 필요한 소요자금이 증가하고 있으며, 이를 예상한 대부분의 연령계층에서 노후대비를 위해 소비성향을 낮추고 있는 것으로 판단된다. 아울러 배우자의 경제활동참가율이 높아지고 있다. 경제이론에 따르면 미래소득에 대한 불확실성이 커질 경우 예비적 동기에 의한 저축(Precautionary Saving)이 증가하여 경제활동에 참여하고 있는 가구의 소비성향이 낮아지고, 배우자의 경제활동참가율은 높아지는 것으로 알려져 있다. 실제 우리나라의 맞벌이 가구비중은 2003년 35%에서 2013년에는 38%로 상승하였으며, 특히 50대 이상의 가구에서 그 증가폭이 두드러지게 나타나고 있다.

3. 트렌드 분석의 접근방법 및 절차

소비자트렌드를 분석하기 위해서는 크게 두 가지 방법을 사용한다. 정량조사방법과 정성조사방법이다. 두 조사 방법의 특징, 장단점, 그리고 트렌드 분석에 있어서 두 기법의 활용방안 등에 대해 살펴보자.

(1) 정량조사

정량조사(quantitative research)의 유형은 대체로 구조화된 또는 비구조화된 서베이(survey)나 설문지를 사용하여 조사한다. 연구목적에 부합하는 질문을 담은 설문지나 조사표를 사전에 작성한 후 다양한 방법으로 조사를 하게 된다. **정량조사는 양적 조사를 하는 것이므로 설문지의 응답을 최종적으로 수량화**하게 된다. 준비된 설문지나 조사표를 어떤 형태로 배포할지 또는 어떤 방식으로 응답할지에 따라 다양한 정량조사 방법이 사용된다.

① 면접조사

면접원이 응답자나 가구를 방문하여 직접 설문을 응답받는 방식이다. 상세하고 다양한 설문을 받을 수 있고 높은 응답률을 보장할 수 있으나 조사기간이 길고 조사비용이 비싸다는 단점이 있다.

② CLT(central location test)

조사 대상자들을 한곳에 모이게 한 후 조사를 진행하는 방식이다. 시제품, 광고카피 등에 대한 소비자 반응을 조사하는 방법이다. 실제 소비자와 구매상황과 유사한 상황 하에서 조사가 이루어져야 한다.

③ 가정 내 사용조사(HUT : home use test)

가정 내 사용조사는 응답자가 실제 상황 하에서 제품을 장기간 사용하여 본 후 소비자 반응을 조사하는 방법이다. 이 조사는 자료의 수집을 위하여 응답자의 장기간에 걸친 협조를 필요로 하므로 응답자의 선발관리가 중요하다.

④ 패널조사

소비자 패널(panel)이란 조사회사 또는 제조회사와 계약을 맺고 지속적으로 자료를 제공하기로 한 소비자 집단을 의미한다. 패널조사란 소비자 패널을 구축한 후, 패널 내 소비자들로부터 정기적으로 제품구매 또는 제품사용과 관련된 자료를 수집하여 그 변화를 추적하는 조사 방법이다.

트렌드란 유행과는 다른 개념이다. 유행이란 다른 사람들의 모습이나 행동 등을 따라하려는 일시적이고 단순한 것을 말한다. 하지만 트렌드는 대부분이 사람에게 있어 동질적인 욕구나 심리적 이유 등을 내재하면서 오랫동안 지속되는 것을 말한다. 이 같은 특성을 가진 트렌드를 정량조사를 통해 분석하기란 쉽지 않다. 트렌드 개념 자체가 다소 질적인 개념이므로 트렌드 조사는 주로 정성조사, 즉 질적 조사방법을 사용하는 것이 보통이다.

예를 들어, 소비자에게 설문지를 배부하여 소비자 욕구를 파악한다고 할 경우 빠르게 변화하는 소비자의 마음이나 욕구를 파악하는 것은 쉬운 일이 아니다. 현대사회에서 소비자는 자신이 무엇을 원하는지 정확히 알지 못하는 경우가 많고, 설사 알고 있다고 해도 표현하지 못하는 경우가 많다. 그러므로 설문조사를 통해 소비자 욕구를 파악하기 어렵다. 더구나 트렌드는 생활방식, 가치관, 행동 등 광범위한 범위를 포함하는 다소 추상적인 개념이므로 정량조사를 통해 트렌드를 분석하고자 할 경우 정성조사 방법을 적절히 병행 · 활용하여 종합적인 결과를 얻는 것이 바람직하다고 할 수 있다.

(2) 정성조사

일정한 틀을 사용한 설문이 아닌 **개방형 설문을 통해 응답자의 태도, 감성, 제안 등을 찾아내는 조사를 정성조사**(qualitative research)라고 한다. 정성조사는 소수의 응답자를 대상으로 하기 때문에 넓게 조사하기보다는 동기(motivation), 태도(attitude), 가치(value), 감정(feeling), 지각(perception)을 깊게 발견하는데 있다. 1950년대의 심리학 이론인 행동과학에서 비롯되었지만 정성조사로 정량조사를 대체할 수는 없다. 왜냐하면 정성조사는 적은 숫자의 사람들을 대상으로 하기 때문에 시장 전체를 대표할 수 없기 때문이다.

정성조사 결과는 통찰력과 단서를 제공해주는 데 유용하다. 직접적인 질문 방법으로는 쉽게 응답하기 힘든 소비자 행동의 밑바닥에 깔려 있는 원인과 이유를 알고자 할 때 적합하다. 즉 소비자들이 잘 모르거나, 명확하게 표현해내지 못하거나, 쉽사리 인정하기를 꺼려하는

그림 ④-3 고객 요구를 발굴할 수 있는 다양한 채널

고객이 새롭게 원하는 것은 무엇일까? 또 기존의 제품이나 서비스에서 불필요하다고 여기는 요소는 무엇일까? 고객의 욕구가 무엇인지를 알 수만 있다면 획기적인 신제품을 만들어 낼 수 있을 것이다. 고객의 욕구는 어떻게 파악하는가? 가장 많이 사용하는 방법에는 설문조사가 있다.

우리가 만나는 모든 사람이 다 잠재적인 소비자이다. 거창하게 설문조사를 하지 않고서도 조금만 노력하면 고객의 숨겨진 마음을 읽어낼 수 있다. 이러한 조사법을 총칭하여 정성적 방법이라고 묶을 수 있다. 예를 들면 다음과 같은 방법들이 있다.

1. 고객의 제품 사용 모습을 관찰한다.
2. 생활의 다른 영역에서는 어떤 현상이 벌어지고 있는지 본다.
3. 모니터 요원을 정해두고서 지속적으로 인터뷰를 반복해본다.
4. 선도 사용자를 조사해본다.
5. 소비자들이 의견을 개진하는 인터넷 사이트를 분석해본다.
6. 고객과 생활에 관한 내·외부의 정보를 적극 활용한다.

동기들을 찾아내고자 할 때 사용한다. 물론 정성조사는 정량조사와 함께 종합적으로 이루어질 때에 더욱 효과적이다.

일반적으로 신제품 개발을 위한 소비자 조사를 할 때 정성조사를 거쳐 정량조사에 들어가게 되는데 이미 개발하고자 하는 가설 콘셉트를 가지고 있는 경우는 정량조사를 먼저 하여 개발하고자 하는 제품 콘셉트에 대한 소비자들의 수용도 및 반응을 심층적으로 분석한다. 그 후에 정량조사에서 파악하지 못한 소비자 니즈를 다음 정성조사에 깊이 있게 다루어 콘셉트를 수정하고 보완한다.

정성조사는 조사 결과의 타당성(validity), 신뢰성(reliability)에 문제점이 제기될 수 있다. 따라서 조사자는 설계에서 조사 결과 분석에 이르기까지 신중을 기해야 한다. 정성조사방법은 여러 가지가 있다. 면접법을 활용한 표적집단면접법(focus group interview)과 일대일 심층면접법(face-to-face in-depth interview), 전문가 모니터링, 델파이법, 사다리 기법, 브레인스토밍, 관찰법 등 다양하다. 본 장에서는 대표적인 정성조사방법인 표적집단면접법(FGI) 및 참여관찰법에 대해 설명하도록 한다.

① 표적집단면접법

표적집단 면접법 또는 포커스 그룹 인터뷰(FGI)는 정성조사의 대표적인 조사방법으로 면접 진행자(moderator) 또는 조정자가 면접 대상자들을 한 장소에 모이게 한 후, 자연

스러운 분위기에서 조사목적과 관련된 토론을 함으로써 자료를 수집하는 방법이다. 예를 들어 소수의 면접 참여자들이 광고 효과, 브랜드 인지도 및 만족도 등 특정 주제에 대해 집중 토론하는 기법이다. 면접 진행자의 지도하에 6~8명의 참여자들이 주어진 주제에 대해 토론하는데 참여자들은 제품, 서비스의 사용경험이 있어야 가치 있는 정보를 제공할 수 있다. 면접 진행자는 상품에 대한 전문적인 지식과 경험 외에 토론을 이끌 수 있는 숙련된 기술을 보유해야 한다. 이때 초점 패널(focus panel)이라 해서 동일한 소비자패널 집단을 면접 대상으로 사용하기도 한다. 흔히 패널 간의 토의를 한 후 필요한 경우 제품을 주고 사용 후 경험에 대해 다시 토의하기도 한다.

표적 집단 면접법은 조사의 목적을 달성하기 위하여 독립적으로 사용되는 조사방법이라기보다는 본격적인 소비자 조사 또는 마케팅 조사를 위한 사전 · 사후 검증 목적으로 활용되는 경향이 있다. 따라서 토론 주제에 대한 숙고 없이 순간적인 최초 반응만으로 진행되므로 조사 결과에 전적으로 의존하는 것은 위험할 수 있다. 표적 집단 면접법을 효과적으로 실행하기 위해 딱딱한 인터뷰 공간과 방식을 사용하면 참여자의 사고가 제약을 받으므로 상품과 소비자의 특성에 따라 방법을 달리하여 조사 효과를 극대화한다.

② 참여관찰법

참여관찰은 고객들의 일상생활 속에서의 행동과 그 배경을 체계적으로 조사하는 기법이다. 포커스 그룹조사가 짧은 기간에 인위적 환경 하에서 이루어진다면, 참여관찰은 조사대상의 자연스런 행동을 관찰하면서 사회문화 배경을 보다 폭넓게 파악하며, 인류학의 일종인 민족학적 연구에서 출발한다. 응답자는 조사자가 관심이 없을 것이라고 판단하고 이야기하지 않거나 자신이 원하는 바를 분명히 표현하지 못하는 경향이 있는데, 참여관찰법은 이러한 한계를 극복할 수 있다.

소비자를 파악하는 방법은 여러 가지가 있으나 소비자를 잘 파악하려면 그들에 대한 통찰력을 가지는 것이 중요하다. **통찰력을 발견하려면 질문을 잘하기보다는 먼저 소비자를 관찰하고 소비자의 말을 잘 들을 수 있어야 한다.** 보거나 듣는 것에 익숙해질 수 있는 가장 좋은 방법은 질문이 필요 없는 상황에 놓이는 것이다. 소비자 관찰과 청취에 능숙해지면 소비자에게 실제로 질문을 해야 할 경우에 전보다 훨씬 더 생산적인 결과를 얻을 수 있다. 그러므로 소비자를 잘 파악하기 위해서는 우선 소비자를 잘 관찰한 후 질문하는 형식이 효과적이다.

Ⅱ 창업기회의 발견

다수의 창업 아이디어는 창업자의 경험으로 나온다고 한다. 창업가는 자신의 경험을 통해 해당 산업 분야에 눈을 뜨고 새로운 사업에 대한 기회를 엿본다. 학생들의 경우 업무 경험이 부족하여 새로운 사업 아이디어를 떠올릴만한 지식이나 경험 기반이 약한 경우가 많다. 그렇다면 학생들의 경우 어떻게 하면 좋은 사업 아이디어를 떠올릴 수 있을까?

우선 자신이 진정으로 좋아하는 것이 무엇인지부터 찾아보자. 창업을 한다는 것은 엄청난 시간과 에너지가 들어가는 일이고 그 일에 대한 열정이 없다면 처음의 노력수준을 유지할 수 없다. 그럼 열정을 쏟을 분야가 어떤 것인지를 어떻게 찾을 수 있을까? 우선 자신이 재미를 느끼는 모든 것들에 대해 생각해 보자. 여가 시간에는 무엇을 하며 보내는가? 취미는 무엇인가? 좋아하는 신문, 잡지, 인터넷 블로그는 어떤 것들인가? 예를 들어, 하루에 10시간 이상 게임을 하는 학생들은 게임시장을 관찰하면서 게임 수요자와 공급자들이 갖는 불만과 요구를 기반으로 다양한 사업아이템을 찾을 수 있다. 애견, 스포츠, 자동차, 게임, 요리 등 개인의 취미가 사업으로 연결될 수도 있다.

관심분야 경험을 쌓는 것이 중요하다. 다시 말해 레스토랑 경영에 관심이 있다면 먼저 레스토랑에서 경험을 쌓는 것이 중요하다. 고객이 무엇을 좋아하는지, 그리고 그것을 어떻게 하면 효율적으로 제공할 수 있는지를 배우게 될 것이다. 게다가 많지 않지만 수입도 생긴다. 중요한 것은 이 경험이 훗날 기업가로서 익혀야 할 지식과 경험을 쌓아 가는 소중한 자산이 될 것이다. 단기적으로 큰 보상은 바랄 수 없지만 이는 미래 성공의 초석이 된다. 진정으로 창업가가 되고 싶다면 많은 희생을 감수해야 한다. 그 첫걸음이 바로 당장의 높은 연봉을 포기하고 밑바닥부터 경험을 쌓아 가는 것이다. 이 때 얻은 지식과 경험은 지금 포기한 급여보다 훨씬 큰 보상을 가져다 줄 것이다.

1. 창업아이디어의 원천

창업기회는 사업에 있어서 중요한 조건이다. 예비창업자들은 창업기회를 어떻게 이용하느냐에 따라 사업의 성패를 좌우할 수도 있다. 미국독립사업전국협회(National Federation of Independent Business)는 회원을 대상으로 **"지금 하고 있는 사업의 아이디어를 어디에서 얻었는가?"라는 설문을 하였다. 그 결과 "이전 일의 경험"이라는 비율이 45%이며, 16%가 취미 또는 관심사이며 다음으로는 "우연한 기회"로부터가 11%, 어떤 사람의 제안에 의한 아이디어의 획득이 7%이었다.**

대부분의 창업아이디어는 과거의 경험 및 취미 또는 관심사를 통해 도출되기 때문에 다음과 같이 적극적이고 체계적인 경험과 탐색을 통해 자신의 사업아이템을 구체화해야 한다.

첫째, 창업 기업가와 그렇지 못한 사람이 차이는 발견된 사업기회에 대해 행동을 취하느냐 마느냐 하는데 있다. 따라서 예비 창업자는 시장과 소비자의 욕구나 특성에 항상 귀 기울이고 소비자의 입장에서 그것을 만족시킬 수 있는 해결 방안을 진지하게 모색하는 태도를 견지할 필요가 있다.

둘째, 특정한 사업 부문에 관심을 둔 예비 창업자는 관련된 각종 기술적, 산업적 전문지식을 배우는 자세를 가지고 세미나와 컨퍼런스 등에 적극 참여하고 정부나 지원 기관의 출판물을 충분히 습득해야 한다. 성공 창업가는 학습과 연구에 익숙하다.

셋째, 일반적으로 전 직장 경험을 바탕으로 창업을 하는 경우가 많으므로 자신이 관심 있는 사업 분야의 업체에 취업함으로써 별다른 투자 없이 창업의 예비 수업을 할 수 있다. 창업은 총체적 사업 활동이므로 이때 될 수 있는 대로 생산, 영업, 관리 등 다양한 기능 부서의 경험을 쌓는 것이 중요하며, 소규모의 회사일수록 예비 수업의 효과는 커질 수 있다. 특히 회사운영과 관련하여 주요 공급업체, 고객, 기술진, 자금원 등에 대해 관심 있게 관찰하고 인맥을 형성하는 것이 중요하다. 창업 기업 설립이 아니라 인수에 의해 사업을 개시하고자 할 경우는 인수 가능한 기업체에 취업함으로써 인수 후에 순조롭게 사업을 운영할 수 있을 것이다.

넷째, 창업 기업을 설립하는 위험을 최소화하는 좋은 방법으로 관련 업체에서 파트타임으로 일해보는 방법도 있다. 이렇게 창업하고자 하는 업종에 차근차근 발을 들여 놓아 단계적으로 성공을 맛본 다음 본격적으로 뛰어드는 것이 노하우를 축적하면서 사업 위험을 줄이기 쉽다. 만일 중간에 성공적이지 못하든지 당초의 생각보다 매력적인 사업이 아니라는 판단이 들면 언제든지 본업으로 돌아갈 수 있다.

끝으로 창업 기업가의 가치관과 생활 습관을 습득하는 것이 중요하다. 창업 기업가는 일정액의 자금을 저축하고, 늘 그것을 투자할 사업 기회를 모색하며, 사업성 있는 기회를 적극 행동으로 추구하는 실천가이다. 또한 주변의 인맥을 항상 자신의 자원으로 활용하고 도움을 받을 자세를 갖고 적극적인 사회 활동을 한다. 이는 특정한 회사에서 만년 사원으로 일할 생각을 버리고 자신의 변화 기회를 포착하고, 가능하면 하나가 아닌 여러 회사를 단계적으로 창업할 수 있는 마음가짐으로 살아가는 것이다.

TIP 어떤 아이템을 찾아야 할 것인가

"어떤 아이템을 해야 창업에 성공할 수 있을까요?"

"창업을 하고 싶은데 막막합니다. 무엇을 어디서부터 어떻게 해야 할지..."

창업 강의를 할 때 사람들에게 가장 많이 받는 질문이다. 이런 질문을 받을 때마다 역으로 묻는 질문이 있다.

"'이건 참 문제야. 이렇게 바뀌면 참 좋을 텐데…' 라고 생각했던 것이 있습니까?"

"갑자기 생각이 잘 안 난다고요? 너무 거창하게 생각할 것 없어요. 그냥 요즘 자신을 가장 성가시게 하거나 불편하게 만드는 일을 떠올려 보세요."

이 질문이 의미하는 바가 무엇이냐고?

〔No pain, No gain.〕

위 속담은 우리가 잘 알고 있듯, '고통 없이는 얻는 것도 없다'라는 뜻을 가지고 있다. 여기서 고통이란 자기 자신과의 싸움을 의미하는데, 목표를 이루기 위해서는 고통스러울 만큼 피 나는 노력을 기울여야 한다는 것을 뜻한다.

그런데 이 속담은 창업 아이템을 찾는 핵심 비법으로도 설명할 수 있다. 이때의 Pain(고통)이란 앞에서 해석한 고통과는 대비되는 완전히 부정적인 감정으로 어떤 제품이나 서비스가 없어서 겪게 되는 불편함, 번거로움, 불만, 문제 등을 말한다. 더 멀리, 더 빠르게 가지 못해 불만인 사람들이 자동차, 기차, 비행기 등을 만들었듯이 우리 주변의 모든 것은 불편함이 낳은 발명품들의 총 집합이라고 할 수 있다. Pain이 없다면 창업 아이템도 있을 수 없으며, 우여곡절 끝에 창업을 했다고 해도 실패할 확률이 높다. 그러나 Pain을 정의하고, 그 고통을 없앨 수 있는 해결책을 제시할 수 있다면 그 창업은 절반의 성공은 한 셈이다. 실제 창업에 성공한 사람들을 보더라도 사람들이 겪고 있는 고통, 불만의 소리에 귀를 귀울이고, 그것을 사업화 할 줄 아는 사람들이였다.

1976년 스티브 잡스가 세계 최초의 개인용 컴퓨터 애플 I 을 개발한 것은 기존 컴퓨터의 크고 비싼 가격불만 때문이였다. 세계 최대 파일 공유 서비스 드롭박스의 CEO 드류 휴스턴도 USB나 외장하드를 깜

박하고 두고 오거나 분실했을 때의 불편함에 문제를 느끼고 창업을 시작하였다. 중국 샤오미 설립자 레이 준은 기존 스마트폰의 비싼 가격과 중국인에게 최적화되어 있지 않은 하드웨어 및 소프트웨어 시스템에 불만을 가지고, 자체 OS를 개발하였다.

여러분이 창업을 생각하고 있다면 그 이유가 무엇인가? 직장생활 스트레스 때문에? 늦기 전에 '내 일'을 해보고 싶어서? 큰 돈을 벌고 싶어서? 기막힌 아이템이 있어서? 넘치는 열정을 주체하지 못해서? 한 시라도 젊을 때 뭔가를 해보고 싶어서? 단언컨대 'Pain'에 대한 고민 없이 뛰어든 창업은 '폐인'이 되는 지름길이다. 그렇다고 창업을 너무 거창한 것으로 생각하고 지레 겁먹지 않길 바란다. 일상에 대한 작은 관심, 즉 나 자신이, 내 친구가, 주변의 누군가가 겪고 있는 불편함이 무엇일까 찬찬히 들여다보는 것이 그 시작이다. "지금 이 방식은 굉장히 불편해. 좀 더 편하게 바꿀 수는 없을까?" 라고 생각한 적이 있다면 당신은 이미 창업 아이디어를 가지고 있는 잠재적 벤처 CEO라고 할 수 있다. 지금부터 해야 할 일은 아이디어를 좀 더 갈고 닦아서 행동으로 옮기는 일이다.

「출처 : 전화성의 스타트업 교과서, 이콘출판, 2015」

2. 창의적 사업 아이디어의 창출기법

창의적이고 좋은 아이디어는 창업을 추진하려는 창업자의 기본도구가 되며, 사업기회를 포착하는 발판이 된다. 새로운 아이디어를 얻기 위해서는 남들보다 앞서서 상황적 변화의 패턴을 인식하는 것이 중요하다. 이를 위해서는 직장이나 기타 일상생활의 경험을 새롭게 재구성하는 노력도 필요하며, 창의적인 아이디어 창출기법을 적극 활용하는 자세도 필요하다. 창의적 사고력을 자극하고 유도할 수 있도록 몇 가지 기법을 살펴보면 다음과 같다.

(1) 브레인스토밍(brainstorming)

브레인스토밍은 주어진 시간 내에 특정한 문제에 대해 참여자들이 자발적으로 모든 가능한 아이디어를 창출해 내는 방법으로서 초기에 문제의 범위를 적절히 선정하여 아이디어의 다양성과 구체성을 확보하는 것이 중요하다. 또한 회의 중에 모든 아이디어를 기록하고 비판을 최대한 억제하는 것이 필수적이다.

▶ 효과적인 브레인스토밍을 위한 4가지 기본규칙

- 아이디어를 내놓는 동안 어떤 아이디어라도 절대로 비판하거나 평가하지 못한다.
- 아이디어가 비현실적이거나 터무니없는 것이라도 모두 받아들여야 한다.
- 좋은 아이디어를 얻기 위해서는 가능한 많은 아이디어가 요구된다.
- 두개 이상의 아이디어를 결합하여 제3의 아이디어를 내놓을 수 있다.

다음은 효과적인 브레인스토밍을 위한 기본절차이다.

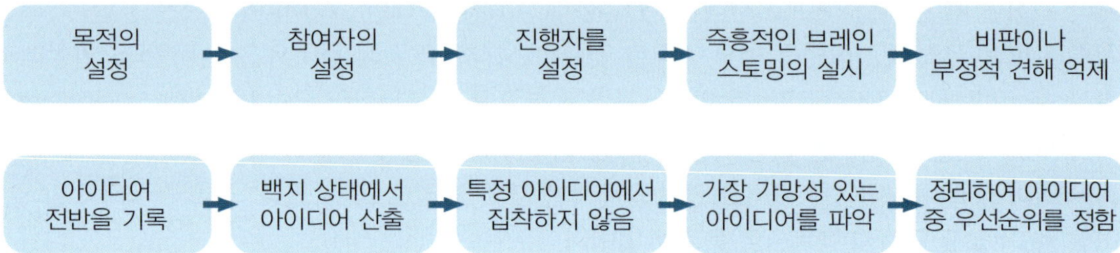

(2) 디자인씽킹(design thinking)

창의성 개발을 위한 '디자인씽킹'에 대한 연구와 경영방식과의 융합은 오래 전부터 진행되어 왔다. 이미 미국 스탠포드(Stanford)와 프랑스의 INSEAD 등 대부분의 해외 명문 비즈니스 스쿨들은 MBA 학생들에게 디자인씽킹 관련 과목들을 가르치고 있다. 디자인씽킹이라는 용어는 디자이너들이 문제를 해결하는 방식과 특유의 사고 흐름에 빗대어 디자이너들 사이에서 먼저 통용되기 시작했다. 아이디어를 구상하여 빠르게 시각화해 보고, 다른 사람의 의견을 구한 뒤, 다시 최초의 안을 수정하여 새로운 것을 만드는 것을 반복하는 작업은 디자이너들이 일하는 방식을 가장 잘 표현한다. 디자이너들의 문제 해결 방식은 문제 자체에 수반되는 제약 조건들을 잠시 접어두고 해결책 중심으로 사고함으로써 얻을 수 있는 장점들이 창의적 결과물로 직결될 수 있다는 가능성을 준다.

이러한 디자이너들의 문제해결방식을 산업화에 도입시킨 것이 바로 디자인씽킹이다. 디자인씽킹은 스스로 문제를 찾고 해결하는 과정에서 사고방식의 전환을 가져올 수 있으며, 4차 산업혁명시대에 꼭 필요한 프로세스라고 여겨진다.

첫 번째 단계인 공감(Empathize)은 기업이 목표로 하는 고객이 될 수 있는 사람들을 관찰하고 인터뷰하면서 그들을 이해하는 과정으로, 디자인씽킹이 다른 방법들과 차별화된 가치를 발견할 수 있게 도와주는 단계이다. 사람들을 관찰하고 인터뷰하면서 내 머리로 그들을

그림 ❹-4 스탠포드 디스쿨의 디자인씽킹 프로세스

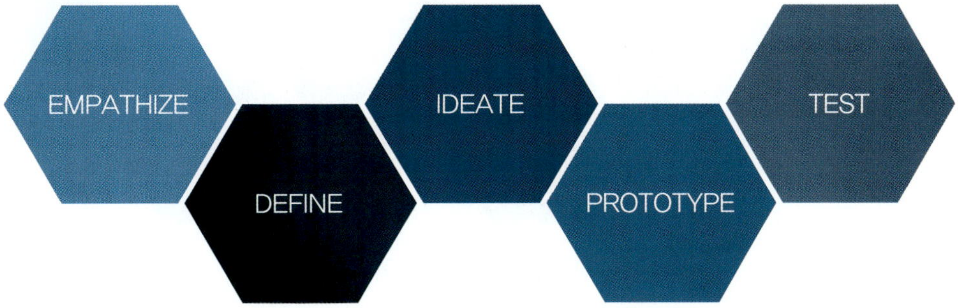

(출처: http://dschool.stanford.edu/dgift/)

이해하는 것이 아니라, 내가 그들이 되어 그들의 머리와 마음으로 공감을 형성하는 것이 중요하다. 즉 사람들의 피상적 답변 이면에 숨겨진 내면의 이야기와 감정을 잘 끌어내야 한다.

두 번째 단계인 정의(Define)에서는 첫 번째 단계인 공감(Empathize)에서 포착한 이해와 공감을 바탕으로 가장 집중해야 할 문제에 대한 정의를 내리게 된다. 앞 단계에서 우리가 보고 들었던 사람들의 이야기 중 가장 흥미로웠거나 놀라웠던 사실들로부터 의미를 추론하고, 그 사람들에게 필요한 해결책에 대한 감을 얻는 것이 관건이다.

세 번째 단계는 아이디어를 도출하는(Ideate) 과정으로, 앞서 정의한 사람들의 문제를 해결하기 위한 창의적인 아이디어를 최대한 많이 수집하는 것을 목표로 한다. 이 단계에서는 아이디어를 낼 수 있는 다양한 학문적 및 경험적 배경을 가진 사람들을 구성원으로 하여 자유로운 분위기 속에서 많은 아이디어를 낼 수 있도록 유도한다. 이 단계의 후반부에는 도출한 아이디어들의 분류 작업을 통해 실현 가능성보다는, 제약이 있지만 해결된다면 가장 혁신적일 수 있는 아이디어를 선별하도록 한다.

네 번째 단계인 프로토타입(Prototype)은 아이디어를 제품과 서비스의 원형(Prototype) 형태로 구체화하는 과정이다. 프로토타입은 고객에게 제품과 서비스가 무엇인지 전달할 수 있는 가장 효과적인 수단이다. 따라서 고객에게 제공할 제품과 서비스의 가치가 명확하게 드러나야 한다.

이는 아이디어를 표현할 수 있는 스케치, 시제품 등 유형의 모습뿐만 아니라 유형의 제품들이 서비스되는 장면연출까지 모두 가능하다. 이 단계의 핵심은 아이디어가 프로토타입으로 구체화되는 과정자체에서 아이디어가 더욱 단단해 진다는 것이다.

다섯 번째 단계인 테스트(Test)는 프로토타입을 활용하여 제품과 서비스를 실제 사용하게

표 ④-1 디자인씽킹 5단계 핵심 키워드 설명

공감하기	정의하기	아이디어	프로토타입	테스트
이해하고 공감하기 상황을 관찰하고 문제점을 발견하는 과정	**문제를 정의하기** 문제를 인식하고, 공유하여 문제지점을 도출하는 과정	**아이디어 확장하기** 아이디어를 자유롭게 발산하는 과정	**아이디어 구현하기** 아이디어를 구현하는 과정	**아이디어 실행하기** 피드백을 통해 아이디어를 개선하는 과정
UNDERSTANDING – 사용자 중심의 관찰, 공감		CREATE – 발산과 수렴을 통한 통합적 사고		CREATE – 구현하기

5가지 디자인씽킹 프로세스 Guide(Process in HCD)

창업자가 꼭 봐야할 동영상

인재의 숲, 디자인씽킹 ideo영상

많은 시간, 열린마음, 신선한 아이디어, 그리고 혼동ㄴ이 건설적이고 팀워크가 될 수 있다는 신념, 그리고 많은 협동능력. 바로 이러한 것들이 혁신이 일어날 수 있게 해주는 비결입니다.

* 유튜브(www.youtube.com)에서 '인재의 숲'을 검색하시면 IDEO의 프로젝트 영상을 볼 수 있습니다.

될 사람들에게 검증 받아 보는 과정이다. 사람들의 반응을 피드백 받고 빠르게 프로토타입을 수정해 나가는 것이 핵심이다.

(3) 트리즈기법

창의적 문제해결이론(Teroriya Reaheniya Izobretatelskikh Zadach)이라는 러시아 말에서 앞 글자만 딴 것이다. 문제가 발생된 근본모순을 찾아내 이를 해결할 수 있는 방안을 모색하는 방법론을 말한다. 1940년대 옛 소련의 과학자 겐리흐 알트슐레르(Genrich Altshuller)박사가 20여 만 건에 이르는 전 세계의 창의적인 특허를 뽑아 분석한 결과로 얻은 40가지원리를 응

표 ④-2 트리즈 40가지 방법

트리즈 40가지 발명원리		
분할, 추출, 국소적 품질, 비대칭, 통합, 다용도, 포개기, 평형추, 선행반대조치, 선행조치, 사전 예방, 높이 맞추기, 반대로, 구형화, 역동성, 과부족, 차원변경, 진동, 주기적 작용, 유익작용지속, 고속 처리, 해를 이롭게, 피드백, 매개체, 셀프서비스, 복제, 일회용품, 기계시스템 대체, 공기/유압, 얇은 막, 다공질 재료, 색깔 변경, 동질성, 폐기 혹은 재생, 속성 변환, 상전이, 열팽창, 활성화, 비활성화, 복합화		
트리즈 원리	**방법**	**사례**
분할	나누어본다(쪼개본다)	– 시장 세분화 – 조금씩 잘라 쓸 수 있게 만든 커터칼
추출	필요한 것만 뽑아낸다	– 배달로만 매출을 올리는 피자 업체
국소적 품질	전체를 똑같이 할 필요는 없다	– 프랜차이즈라도 지역별 특화 메뉴를 만든다
비대칭	대칭을 비대칭으로	– 디지털 고객과 아날로그 고객 차별화 마케팅
통합	여러 작업을 한꺼번에 한다	– 쇼핑몰의 진화(유통+영화+음식+전시)
포개기	포개어 본다	– 전시장서 나올 때 기념품 판매장을 통과하도록 설계
선행 반대 조치	미리 반대방향으로 조치	– 연체료를 대여료보다 높게 책정해 반납 지연을 막음
반대로	반대로 해 본다	– 상품을 숨겨 호기심을 자극하는 티저광고
구형화	직선형을 곡선형으로	– 경영권 강화를 위한 고리형 순환출자구조
차원 변경	다른 차원에서 바라본다	– 오프라인 교육을 온라인으로 바꾼 인터넷강의
주기적 작용	연속적이 아니라 주기적인 조치로 바꾼다	– 레스토랑에서 점심시간을 이용한 커피판매
해를 이롭게	유해한 것을 좋은 것으로	– 계약 시 가격을 낮추는 대신 장기 계약 체결
피드백	피드백을 받아 반응을 살핀다	– 댓글 마케팅 기법

용한 것이다. 트리즈는 주어진 문제에 대하여 얻을 수 있는 가장 이상적인 결과를 정의하고, 그 결과를 얻기 위해 관건이 되는 모순을 찾아내어 그 모순을 극복할 수 있는 해결책을 생각해 내로록 하는 방법이다. 예를 들어 전사품질관리(TQM)나 6시그마와 같은 기존 혁신기법은 주로 품질개선과 원가절감에 초점을 맞추고 있는 반면 트리즈는 제품구성이나 생산라인, 작업시스템 등을 통째로 바꾸는 창조적 혁신을 추구한다. 6시그마는 정해진 일을 효율적으로 처리하는 데에는 유리하지만, 이와 달리 트리즈는 불확실한 일과 모순된 문제를 찾아 해결하는 데에 적합하다. 문제의 본질을 찾아 창조적인 방법으로 해결하고 최고 수준의 아이디어를 만드는 단계까지 포함한다. TRIZ는 전략적 결정을 돕기 위한 8가지 진화 패턴과 시스템 내 기술적 요소들을 결합시키기 위한 76가지 해결책, 각각의 문제를 구체화하기 위한 39 가지 변수, 기술적인 문제를 해결하기 위한 40가지 발명원리로 구성돼 있다.

3. 아이디어에서 제품·서비스로

일반적으로 기발한 아이디어가 실제 상품이나 서비스로 탄생하기까지는 많은 비용과 시간이 소모된다. 하지만 **최근에는 빠르게 프로토타입을 만들어 출시하고, 고객의 피드백을 후속 제품으로 반영하는 린스타트업이 새로운 개발 프로세스**로 주목받고 있다.

빠르게 프로토타입을 만들어 고객의 피드백을 반영하여 시행착오와 보완을 반복하는 린스타트업방식(Lean Manufacturing)은 기존의 생산프로세스가 가지는 많은 비용과 시간의 단점을 보완하기 위한 제조방식으로 최근 많은 글로벌 브랜드와 스타트업에서 사용하고 있다. **린방식은 아이디어 단계에서 빠르게 시제품을 소비자들에게 보여주고, 그에 대한 피드백을 적극적으로 반영해 단점을 보완한 후속 제품을 내놓는다.** Build(개발)-Measure(측정)-Learn(학습)의 과정을 반복하면서 꾸준히 혁신해 나가는 것이 핵심이다.

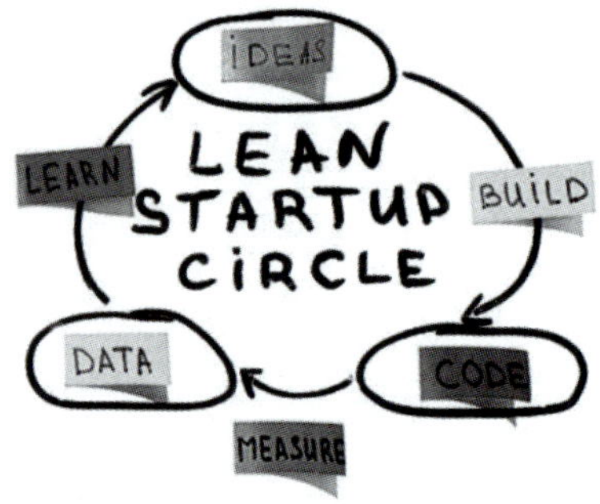

(1) 프로토타입, 왜 필요한가?

프로토타입은 추상적인 개념을 구체화시키고 새로운 아이디어를 더 쉽게 탐색할 수 있게 한다. 특히 건축, 설계, 디자인 등에 널리 사용되어 왔고, 제품 디자인, 서비스 디자인 등 고객의 요구를 신속하게 감지하고 반영해야 하는 비즈니스와 디자인이 접목되는 분야에서 활성화되고 있다. 그렇다면 프로토타입은 왜 기술사업화에 필요한가?

프로토타입의 제작목적은 최소한의 자원으로 아이디어를 제품화하여 실행해 보고 실패와 피드백을 통해 개선점을 찾기 위함이다. 시제품을 만들어 경험해 봄으로써 제품의 미비한 점을 미리 확인, 검토할 수 있기 때문에 제품수정 및 보완이 용이하여 제작비 절감 및 제작과정을 신속하고 원활하게 진행할 수 있다. 즉, 프로토타입은 자신의 아이디어를 시각화하여 보여주고, 사용자들에게 제품을 사용하여 상호작용하게 함으로서 사업화 실행 전에 제품 수정 및 보완과 미흡한 점을 확인할 수 있게 하는 개발 단계이다.

특히 **초기 기술창업기업들은 프로토타입을 통해 아이디어를 현실 가능한 제품으로 구현해서 평가 받을 수 있다. 투자자에게 자신의 아이디어를 보여줌으로써 투자 여부를 결정하는데 중요한 역할**을 할 수 있다.

(2) 프로토타입, 어떻게 실행할 것인가?

프로토타입은 반복적인 구현과 피드백을 통해 지속적으로 개선하여 완성품이 만들어지게 되는 것이다. 첫 번째 단계에서는 아이디어를 시각화하고 형상화하는 과정으로 간단한 도구를 사용하여 제품 사양 등에 대한 다양한 시도를 해 볼 수 있다.

두 번째 프로토타입 단계에서는 첫 단계에서 얻은 피드백과 실패의 교훈을 바탕으로 좀 더 실현가능한 구체적인 제품을 만드는 단계이다. 전문가들의 조언과 상담을 통해 기술적으로 구현여부를 실제적으로 검증할 수 있다.

세 번째 단계는 반복적인 피드백을 통해 얻어진 완성된 제품개발 단계이다. 유념해야 할 것은 완성된 단계라 할지라도 제품에 대한 평가나 피드백이 긍정적이지 않다면 다시 프로토타이핑 단계를 반복해야 한다. 프로토타입은 간단하게 그림으로 스케치하는 방법, 간단한 도화지나 색종이를 이용하거나 레고 등의 장난감, 주변 문방도구 등을 이용하는 방법, 스토리보드나 카드 비디오 등을 활용하여 다양하게 구현할 수 있다.

머릿속에 좋은 아이디어는 있는데 당장 어떻게 시작할 수 있을지 두렵고 망설여진다면 적은 비용과 시간으로 아이디어를 시각화할 수 있는 다양한 방법들을 활용하여 생각을 실행해 보자. 머릿속에 아무리 많은 생각과 아이디어를 갖고 있어도 보여주지 않으면 그것이 무엇인지, 현실적으로 제품화가 가능한지, 어떻게 개선할 수 있을지 아무도 알 수 없기 때문이다.

(3) 프로토타입, 어떻게 접근할 것인가?

프로토타입은 개념을 유형화하는 과정이다. 이를 효과적으로 접근하기 위해 던져야 할 질문은 다음과 같다.

▶ 어떻게 보일까?

먼저 머릿속의 아이디어가 어떻게 보일지, 어떻게 그릴 수 있을지 빈 캔버스에 그려보자. 만일 날개가 있어야만 전동에 의해 바람이 나오는 선풍기에 날개를 없애면 어떻게 보일까? 기존 선풍기에 날개만 제거한 모양일까? 진공청소기와 유사한 모양일까?

어떻게 작동할 수 있을지, 어떤 기술을 활용할 수 있을지 생각해 보자. 선풍기에 날개를 없애면 어떻게 바람을 만들 수 있을까?

어떻게 상호작용할까?

다른 제품이나 주변기술과 어떻게 상호작용할지 구체적으로 고려해 보아야 한다. 무선 디지털방식의 터치나 센서 등의 활용은 가능한가? 여러 기술제품들은 핵심기술 자체만으로 운용되는 것도 있지만 외부 주변기술과 상호작용을 통해 완전하게 활용되는 경우가 많기 때문이다.

어떻게 느껴질까?

마지막으로 사람들이 어떻게 느낄 것인가를 고려해야 한다. 기존에 없던 혁신적인 아이디어 제품들은 시장과 고객이 미처 받아들일 준비가 되지 않은 경우가 많기 때문이다. 예를 들어, 날개가 없는 선풍기는 오히려 바람을 만드는 날개가 없기 때문에 바람이 세지 않을 것이라는 선입견은 없을까? 날개가 없어서 손가락이 다칠 염려가 없지만 바람의 강도나 소음의 정도는 만족스러울까? 하는 질문들이다.

프로토타입은 부정적인 평가와 피드백이 있으면 언제 어느 단계에서건 다시 돌아가 피드백을 반영하고 개선하는 반복적인 흐름이 중요하다. 제품의 좋은 점, 나쁜 점, 개선할 점, 이해되지 않은 점, 몰랐던 점 등 구체적이고 체계적인 피드백을 받는 것이 좋다. 구체적인 피드백을 통해 추가할 것, 제거할 것, 수정할 것 등 개선할 점을 파악할 수 있기 때문이다. 즉, 제품실행과 반복적 피드백으로 고객의 요구를 충분히 반영한 제품을 신속하게 적은 비용으로 생산할 수 있다는 장점을 가진다.

(4) 린 프로세스란?

영어로 린(Lean)은 '군살이 없는'의 뜻을 가지고 있다. 이 의미 그대로 풀이를 하면 린 프로세스는 군더더기가 없는 프로세스이다. 즉 타당하지 않은 아이디어들은 없애고, 효율적인 자원배분과 일관된 프로세스를 통해 시간과 자원의 낭비를 최소화하는 프로세스이다.

기술사업화에서 린 프로세스의 목적은 반복적인 초기 아이디어 타당성 조사를 통하여 사업 모델을 결정하고 사업 계획을 세우는 순환으로 시간과 자원의 낭비를 최소화하고자 하는 것이다. 디자인사고의 프로토타입 방식과 유사하게 개발단계에 고객의 의견과 참여를 반영하여 문제점을 신속하게 파악, 개선하고 제품의 시장가능성을 높이고자 하는 것이다.

각 단계마다 타당성 검증이 되지 않을 시 반복적으로 조사와 타당성 검증이 이루어져야 한다. 이를 통해 시장조사에 대한 잘못된 가정을 가능한 빨리 검증하고 최소기능 제품 개발을 통해 고객의 요구를 지속적으로 반영하고 개선한다. 이는 시장에서의 문제점을 초기에 발견하여 문제해결을 위한 시간과 비용을 줄이고자 함이다. 또한 제품 및 서비스 개발 계획에 고객의 참여를 유도하여 의견을 수렴하고 전략적으로 실행 가능한 제품을 개발한다. 최근 주목 받고 있는 린 스타트업은 비용을 줄이고 합리적인 사고를 중시하는 린 사고방식을 창업에 적용시킨 것이다.

기술사업화 과정에서도 자체적인 기술개발에 있어 고객의 참여를 유도하고 요구를 반영하여 추후에 발생할 수 있는 시장조사의 불일치와 생산과정의 문제점들을 가능한 빨리 확인하고 불필요한 비용을 최소화할 수 있는 린 프로세스를 고려해 볼 필요가 있다.

창업기업의 주요 실패 요인은 사업 준비의 부족이다. 사업의 타당성이 부족한 상태에서 창업하고 검증되지 않은 제품을 출시하여 시장에서 실패하는 경우이다. 즉 창업자가 고객이 원하는 가치와 서비스, 상품을 제공하기 위해 창업을 하였으나 고객을 제대로 이해하지 못하고 자기 생각만으로 제품을 만들었기 때문이다. 그러므로 창업가는 본인의 상품이나 가치를 빠르게 검증하는 단계가 필요하고 그 가설을 보다 신속하고 더욱 효과적으로 할 수 있게 가이드를 주는 방법론이 바로 린프로세스이다.

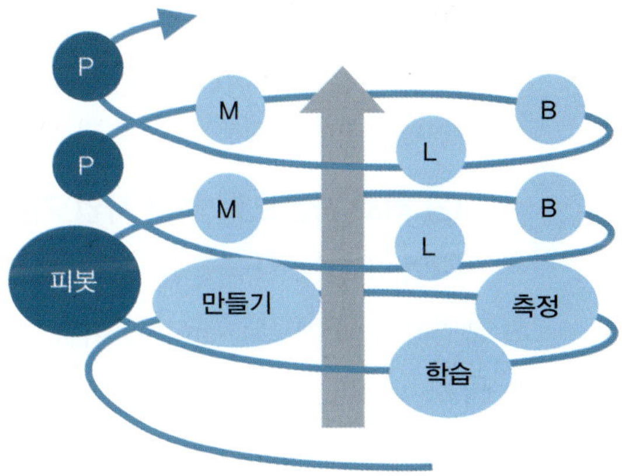

4. 사업기회의 특징과 사업위험

사업아이디어는 창업자가 사업을 추진하는 기본 도구이고 사업 기회 포착의 첫 단계이긴 하지만 아이디어 자체는 그 이상의 아무것도 아니다. 좋은 아이디어가 반드시 좋은 사업 기회를 뜻하는 것은 아니라는 점이다. 그것이 좋은 사업 기회가 되기 위해서는 사업상의 매력도가 높아야 하고, 수익이 지속적이어야 하며, 시의 적절하게 공략할 수 있어야 한다. 그리고 무엇보다도 **중요한 것은 고객의 입장에서 볼 때 새로운 가치를 창출할 수 있는 제품과 서비스를 제공해야 한다.**

(1) 발명가의 오류

기술 위주의 사고를 하는 발명가와 엔지니어 창업자들에게 흔히 발생하는 오류이다. 아이디어는 활동적인 것이 아니며, 그 자체로서는 가치가 없다. 고객이 알아서 찾아오도록 기다리지 않고 세상에 나가 적극적으로 제품과 서비스를 알리는 자만이 공장을 돌아가게 하는 것이다.

세상에서 수많은 사업 아이디어가 생성되고 있다. 미국의 경우 벤처 투자자가 접수하는 **새로운 사업 아이디어는 한 달에만도 200건에 달하지만 이 중 실제로 지원되는 사업은 1-3%에 불과하다. 창업자들이 이러한 발명가의 오류에 빠지는 이유는 시장의 욕구를 무시한 기술지향성으로 인해 특정 제품을 보다 더 잘 만들려고만 하는 욕구와 자신이 발명한 것에 대한 감정적 유착 등**이라고 할 수 있다. 이러한 자세는 사업추진을 넓고 장기적으로 보는 시각을 가져야 하는 창업자로 하여금 특정한 제품 특성에만 집착해서 사업의 수익성을 유지하지 못하는 함정으로 빠져들게 한다.

가장 훌륭한 아이디어라고 해서 반드시 사업성공을 가져오는 것은 아니다.

(2) 최소 자본으로 최대 사업 기회 모색

사업 기회는 자금줄을 쥔 사람에게 오는 것이라기보다는 한정된 소수의 창업 기업가에게 분명하게 찾아오는 것이다. 이들 창업 기업가들은 최소한의 자본 투자로 가능한 한 최대한의 가망성이 있는 사업 기회를 추구한다. **많은 성공적인 창업 기업가들은 자원이 많은 것보다는 오히려 자원이 부족하고 한계가 있음으로 해서 사업이 성공할 확률이 높아진다는 것을 경험한다.** 즉 저스트인타임(Just-In-Time) 시스템에서 생산 흐름상의 완충 요인(Buffer)들이 최소화됨으로써 생산과정의 문제를 조기에 발견하고 보다 효과적으로 해결할 수 있듯이 창업자가 사업기회 추구를 위해 배수의 진을 치고 자원을 동원하는데 있어 자력으로 해결하는 활동(Bootstrapping)이 사업 성공의 바탕이 된다. 예컨대 1930년대에 멘처(Josephine Esther Mentzer)는 $100의 자본금을 가지고 피부 미용제를 개발하여 약국이 아닌 백화점을 돌아다니면서 판매하기 시작하여 지금은 세계적 규모의 에스티 로더사(Estee Lauder)를 성장시켰다.

Ⅲ 기업의 형태와 설립절차

1. 창업기업형태의 이해

사업계획을 수립한 창업자가 사업의 실행을 위해서는 자신의 기업을 설립해야 한다. 회사를 설립하는 시점이 곧 진정한 의미의 창업시점이라고 볼 수 있다. **창업자는 다양한 기업의 형태와 특성을 이해하고, 자신의 사업과 상황에 가장 적합한 기업을 설립**해야 한다.

기업의 형태는 크게 법률적 형태에 따라 **개인기업과 법인기업으로 나누어진다. 그리고 법인기업의 종류에는 주식회사, 유한회사, 합자회사, 합명회사 등**이 있다.

개인 기업은 소요자본의 전부 또는 대부분을 한 개인이 출자하고, 그 자본운영에 관한 책임을 그 출자자가 전적으로 지는 기업을 의미한다. 반면에 법인기업은 우리가 흔히 알고 있는 주식회사의 형태가 대표적이다.

주식회사는 주식의 보유 한도 내에서 책임을 부담하는 주주만으로 성립하는 회사이다. 주주는 회사에 대해 출자의무를 부담할 뿐 이외의 어떤 의무도 부담하지 않는다. 주식회사는 발기인이 정관을 작성하여 공증인의 인증을 받은 후 각 주식에 대한 인수가액의 전액과 현물출자의 이행을 완료한 후 설립등기를 함으로써 성립한다.

그림 ❹-5 기업의 형태

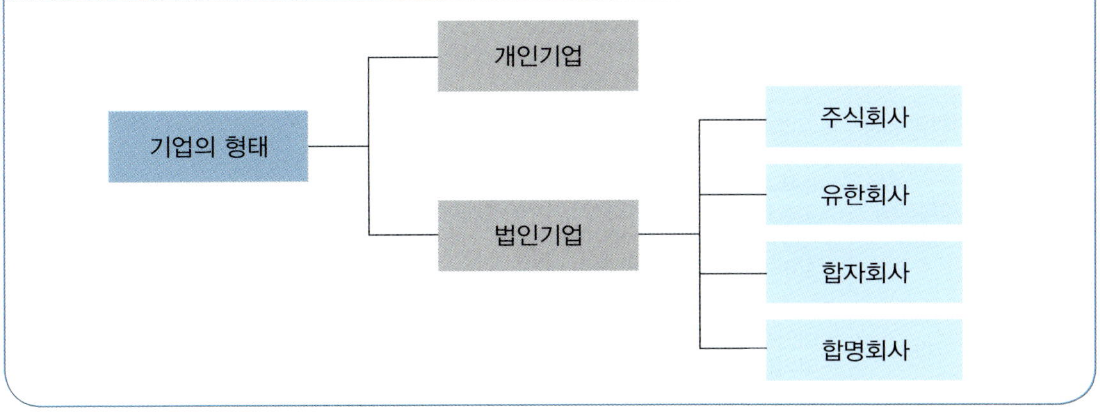

2. 개인기업과 법인기업

개인기업과 법인기업은 설립절차와 설립비용 및 대표자 책임 등에서 차이가 있으므로 여러 가지 부분을 비교하여 선택하는 것이 바람직하다. 선택이 어려울 경우는 개인 기업으로 시작하여 법인기업으로 전환하는 것도 하나의 방법이다.

개인 기업은 설립등기가 필요 없고 사업자등록만으로 사업개시가 가능하므로 기업설립이 용이하다는 장점을 가지고 있다. 또한 기업이윤 전부를 기업주가 독점할 수 있다. 반면에 기업주가 경영상의 모든 부채와 손실을 전액 부담해야 할 무한책임이 있다는 점과 투자나 자본조달이 쉽지 않고, 사업주 개인의 경영능력에만 의존한다는 한계점을 가지고 있다.

법인기업은 금융기관을 통한 자본조달이 용이하고, 설립 후에도 신주발행이나 회사채발행 등을 통하여 투자받기가 용이하다. 또한 주주의 개인 재산과 회사의 재산이 명백히 구분되므로 투자자는 회사 도산 시에도 출자금액 범위 내에서 법적 유한책임을 지게 되어 안정적인 경영이 가능하다는 장점을 가지고 있다. 반면에 설립절차가 복잡하고 기업이윤이 주주의 출자지분에 따라 배당되므로 대표자의 독점적인 이윤이 보장되지 않는다. 또한 개인 기업에 비해 신속한 경영의사결정이 어려우며, 폐업 등 청산 시에 절차가 복잡하고 어려운 단점이 있다.

표 ④-3 개인기업과 법인기업의 비교

구분	개인기업	법인기업
설립절차	• 사업자등록으로 간편한 절차	• 정관작성, 법인설립절차 등 이행
경영	• 경영활동에 대한 단독무한책임 • 신속한 의사결정 • 경영능력의 한계	• 회사의 형태에 따라 분류(유한책임, 무한책임) • 소유와 경영의 분리가능
기업주활동	• 기업주활동의 자유	• 기업주활동의 제약(상법 등)
자본조달	• 개인의 전액출자로 자본조달 한계	• 다수의 출자자로부터 거액의 자본금조달가능
이윤분배	• 이윤의 전부를 개인이 독점	• 출자자의 지분에 의한 분배
기업영속성	• 기업의 영속성 결여	• 기업의 영속성 유지
세제상의 차이	• 소득세 과세(7~33%) • 일정규모 이하인 경우에 세금부담에 유리 • 대표자 본인의 급여 불인정 • 장부기장 등이 상대적으로 덜 엄격	• 법인세 과세(11~23%) • 일정규모 이상인 경우에 세금부담에 유리 • 대표자의 급여인정 • 복식부기에 의한 장부기장 증빙 등의 엄격성 요구 • 업무무관 가지급금에 대한 인정이자의 계산
기타	• 대인접촉과 비밀유지에 유리 • 대외신용도 취약	• 출자금의 유가증권화 가능(재산 이전 용이) • 대외적인 신용유리 • 경영관리의 효율성

3. 개인개업의 설립절차

신규로 사업을 개시하는 자(개인 사업자)는 당해 업종을 관장하는 주무 부처에 필요한 인 · 허가를 받은 다음, 사업개시일로부터 20일 이내에 관할 세무서에 사업자등록을 신청하여 사업자등록증을 교부받음으로서 설립된다.

한편, 신규로 사업을 개시하고자 하는 자는 사업 개시일 전이라도 등록이 가능하다. 신규로 사업을 개시하고자 하는 자가 사업 인 · 허가를 득하기 이전에 사업자등록을 하는 경우에는 사업 인 · 허가증 사본 대신 사업허가신청서 사본이나 사업계획서를 제출하면 된다. 관할 지방 세무서에는 사업자등록 신청일로부터 7일(또는 14일) 이내에 사업자 등록번호가 기재된 사업자등록증을 교부한다. 요즘에는 민원처리 속도가 빨라져 신청 즉시 사업자 등록증이 교부되기도 한다.

최근에는 인터넷을 통한 개인 사업자등록이 가능하며 간편하게 신청발급 받을 수 있다. 국세청 홈텍스 홈페이지(www.hometax.go.kr)에 방문하여 등록이 가능하며, 공인인증서, 사업 인 · 허가증 등 관련서류를 스캔한 파일을 준비하면 된다.

그림 ❹-6 개인기업 설립절차

1. 사업아이템 선정 : 사업타당성 조사
2. 사업계획 수립 : 사업규모, 기업형태 등 결정
3. 인·허가 취득 : 업종의 소관부처에서 인·허가 취득
4. 사업자등록 : 소재지의 관할 세무서에 등록
5. 사업개시 : 정상적 영업활동 시작

4. 법인기업의 설립절차

일반적으로 법인기업이라고 하면 주식회사로 이해하는 경우가 많다. 그 이유는 법인을 설립한다고 하면 대부분 주식회사를 설립하기 때문이다. 사업을 운영하는 데 있어 일반적으로 법인이 개인기업보다 유리한 점이 많기 때문에 최근에는 주식회사를 설립하는 경향이 높다.

주식회사의 설립은 사업업종과 관련된 관할 관청에서 사업에 대한 인 · 허가를 취득해야 한다. 인 · 허가를 취득한 다음에 법인설립등기를 한 후 20일 이내에 관할세무서에 법인설립 신고를 해야 한다. 또한 1인 이상의 발기인이 발기인 조합을 구성하여 상법에 따라 정관을 작성하고 발기인 전원이 기명날인하여 공증인의 인증을 받는다. 그리고 주식의 인수와 청약 및 기타 설립요건에 필요한 사항을 법원에 신고함과 동시에 창립총회를 거쳐 설립등기를 마침으로써 회사를 설립하게 된다. 2009년 이전에는 주식회사 설립시 5,000만 원 이상의 최저자본금제도를 두고 있었으나, 이후 법 개정을 통해 소액의 자본금(100원)으로 주식회사 설립이 가능해져 자본금 부담 없이 창업을 할 수 있는 시대가 되었다. 법인기업 설립절차는 [그림 4-7]와 같다.

그림 ❹-7 법인기업 설립절차

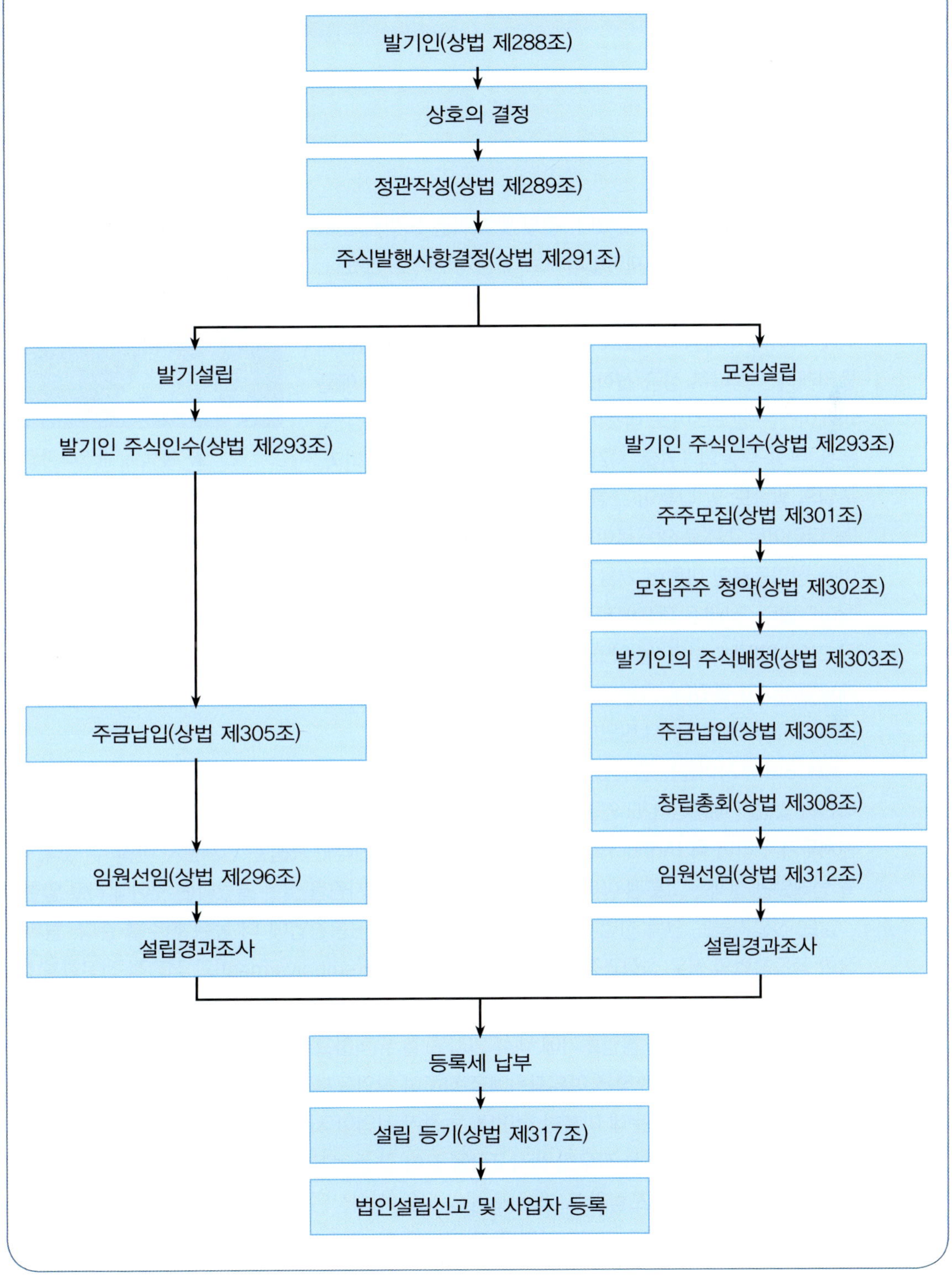

생각해보기 2

혼자하기 보다 함께 하라

'빨리 가려면 혼자 가고 멀리가려면 같이 가라'
-아프리카 속담-

▲ 정세주 워크스마트랩 대표(왼쪽)

대학을 끝까지 마치지 못했다. 공부에 재미를 느끼지 못했다. 아니, 공부 자체가 재미없다기보다 동기부여가 안됐다. 영어는 한 마디 내뱉기도 어려웠다. 돈도 몇 푼 없었다. 스물다섯 나이에 무작정 미국으로 건너간 한 청년은 스마트폰 애플리케이션 하나로 성공 신화를 써내려갔다. 그가 만든 애플리케이션은 안드로이드 마켓이 문을 연 2007년 이래 건강 및 운동 분야 부동의 1위를 지키고 있다. 한국뿐 아니라 미국, 독일의 방송도 앞 다투어 그를 주목하기 시작했다. 드라마 같은 창업성공담의 주인공은 '카디오 트레이너', '눔 다이어트고치'로 안드로이드 마켓을 휩쓴 정세주 워크스마트랩 대표이다. 워크스마트랩의 창업 아이디어는 창업동료인 아텀이 처음 생각했다. 8개월가량 조사에 몰두한 후, 대강의 아이디어만 가지고 투자사를 찾아다녔다. 정세주 대표에게 투자한 클라이너퍼킨스(KPCB), 퀄컴 등의 투자사들이 가장 관심을 갖은 것은 그의 '아이템' 보다 '팀'이었다. 투자자들은 어떤 사람인지를 먼저 심사한 다음에 마음에 들면 그제야 뭘 개발할거냐고 물었다. 그는 결국 2011년 3월에는 구글, 아마존 등 공룡 IT기업들을 키워낸 클라이너 퍼킨스(KPCB)로부터 투자까지 받았다.

KPCB의 투자이유는 간단했다. "아이템도 물론 좋았지만, 무엇보다 창업멤버들이 갖고 있는 가치관과 사업 비전이 좋았기 때문이다."6) 인텔(Intel), 애플(Apple), 페어차일드 반도체 등에 선도적으로 투자를 해온 유명한 벤처투자가 아더 록 (Arthur Rock)은 "좋은 인재를 찾아낸다면 제품은 언제든지 바꿀 수 있다. 내가 지금까지 늘 범해왔던 실책은 그릇된 아이디어를 골랐던 것보다는 사람을 잘못 골랐다는 것이다"라고 말한다.

많은 전문가들은 단독 창업자에 비해 팀워크에 의한 공동창업에 더 높은 점수를 준다. 팀워크를 통해 성장한 공동창업의 경우 성장과정에서의 적절한 권한 위양(empowerment)과 점진적 전문화를 통해 지속적인 성장을 유지할 확률이 높아지기 때문이다.8) 미국의 고성장 창업기업의 특징을 분석한 연구9)에서도 '성공한 창업기업의 공통점은 창업초기에 핵심 인사를 잘 유치하고 확보하는데 있다'고 밝힌다. 창업자가 창업초기에 범하기 쉬운 오류는 적은 여유자원에 집착하여 창업동지를 확보하는 데 있어 장기적인 안목을 갖고 경영진과 기술진을 구성하는데 미흡한 점이다. 초창기 사업이 시작할 때는 사업실패의 위험이 가장 높은 시기이기 때문에 창업의 성패를 좌우할 생사고락을 같이 할 동업자를 모으고 유지하는 것이 핵심적인 과제이다.

한국의 대표적인 창업포럼인 '고 벤처포럼'의 고영하 회장은 창업을 준비하는 사람들에게 제일 중요한 것은 '팀을 잘 짜는 것'이라고 말한다. "팀을 잘 짜는 것이 사업 성공의 지름길이다. 사업을 기획하고 아이디어를 내고 어쨌든 팀을 짜는 주체가 사람들을 설득해서 영입해야 한다. 설득 과정이 사업 기획 과정이다. 누구나 쉽게 합류하지 않을 것이다. 설득이 됐다면 좋은 팀이 만들어질 것이다. 팀을 짜면 창업비용도 줄어들고 토론을 거치면서 사업 완성도는 높아진다. 아이템은 얹을 수 있지만 팀 역량이 있어야 사업이 돌아간다."

구글의 초기투자자이며 현재까지 이사회에 남아있는 램슈리램(네스케이프의 공동창업자, 아마존닷컴의 중역을 지냄)의 말은 실리콘밸리의 격언이 될 정도로 사람들에게 잘 알려져 있다. "A급 사람들은 고용하면 그들도 A급 사람들만 채용하지만, B급 사람들은 고용하면 그들은 C, D급을 데려온다" 램슈리램의 말에 근거한다면 물적 · 인적자원의 여유가 없는 창업기업은 무엇보다도 A급 인재와 함께 공동창업을 하는 점이 매우 중요하다. 함께 할 수 있는 A급 인재와 함께 창업한다는 것만으로 창업자에게는 어떤 자원보다 가장 소중한 자산을 갖게 되기 때문이다. 그럼 어떻게 A급 인재와 공동 창업할 수 있을 것인가? 페르난데스는 위즈(위즈니악)에게 홈스테드(위즈가 졸업한 고등학교)에 한번 만나 보면 좋을 학생이 있다고 말했다. "그 친구 이름도 스티브인데, 너처럼 전자공학에 푹 빠져 있는데다가 장난치는 것도 무척 좋아하거든." 휼렛이 패커드의 집에 들어간 지 32년 만에 실리콘 밸리 역사에서 가장 의미심장한 차고(車庫) 모임이 이뤄진 것이다. "스티브와 저는 만나자마자 집 앞 인도에 걸터앉아 시간 가는 줄 모르고 얘기를 나눴죠. 서로가 저지른 장난질이며 직접 모방하거나 고안한 전자공학 설계에 관한 얘기들 말이에요. 우린 공통점이 많았어요. 대개 다른 사람들한테는 제가 진행하던 설계에 대해 설명하는 게 쉽지 않았는데, 스티브는 바로바로 알아듣더라고요. 그래서 아주 맘에 들었죠." 애플을 공동 창업한 위대한 전략가인 스티브 잡스와 위대한 엔지니어인 스티브 위즈니악의 만남이다. 이 시대의 가장 위대한 만남이라 할 수 있는 두 사람의 만남치고는 다소 초라하다고 볼 수 있지만, 이처럼 위대 한 창업자의 만남은 '작은 차고', '학교', '지인의 소개' 등 일상적인 상황에서 발생할 수 있다.

워크스마트랩의 정세주 대표가 아텀(Artem)을 만난 것은 그의 일생에 일대 전환점이었다. 지인의 소개로 우연히 만난 아텀은 20년 경력의 베테랑 엔지니어였다. 구글에서 일하고 있던 아텀과 정 대표는 금방 친해졌다. 정 대표는 자신의 이야기를 솔직하게 했고, 아텀은 그런 정 대표에 대해 호감과 함께 가능성을 발견한 것이다. 정 대표는 아텀을 통해 로봇경진대회 1위에 빛나는 마크와 캐틀 이라는 동료를 만날 수 있었고, 의기투합한 네 남자는 할렘가의 좁은 원룸에서 먹고, 자고 일했다. 여름에는 에어컨이 없어 팬티만 입고 돌아다녔다. 휠체어를 타는 마크를 위해 화장실 문을 뜯었더니 구린내가 진동했다. 사람과 사람의 관계는 원심력으로 인해 헤어지고 어긋날 수도 있지만, 구심력의 힘으로 더욱 단단하게 여러 사람을 끌어 모을 수 있는 것이다. 최근 창업특강에 초빙한 한 젊은 창업가에게 한 학생이 "지금 보유하고 있는 핵심인재들을 어떻게 함께 일할 수 있었나요? 창업기업이 무슨 자금으로 그들을 스카우트 했나요?"라고 질문하였다. 젊은 창업가는 웃으면서 답했다. "우리 회사는 설립한지 2년도 채 되지 않은 곳입니다. 이곳에게 그들에게 줄 수 있는 것은 높은 연봉이나 스톡옵션은 아닙니다. 소위 잘나가는 기업을 그만두고, 기존 연봉의 절반만 받는 이곳에 왔습니다. 그들은 높은 연봉을 기대해서도 아니고 좋은 근무여건을 기대한 것도 아닙니다. 그들은 이 회사의 비전을 보고 함께 성장할 수 있다는 믿음을 보고 이곳에 온 것입니다. 제가 그들에게 보여 준 것은 회사의 비전과 미래가치 뿐입니다." 이처럼 꿈을 꾼다는 것만으로 비슷한 꿈을 가진 사람들을 모이게 한다.

서로 다른 성향을 갖는 사람이 만나 팀을 이루면 서로의 부족한 부분을 보완할 할 수 있고 독단이 아닌 합리적인 의사결정이 가능하다. 팀워크는 창업기업의 최고의 무기가 될 수 있다. 혁신적인 아이디어나 경쟁력 있는 팀, 둘 중 하나는 확보해야 시장에서 성공할 수 있다. 개인은 누구나 강점과 약점이 있다. 자신의 약점을 보완하는 것도 중요하지만, 다양한 동료의 강점을 모아 시너지를 창출하는 것이 창업의 옳은 길이다. 시너지를 창출할 수 있는 팀이 있다면 혁신적인 아이디어나 다소 부족한 제품이 시장에서 실패하더라도, 다시 수정하고 보완하여 일어날 수 있게 하는 사람은 남기 때문이다. 이 점이 사업아이디어보다 함께 하는 '팀'이 중요한 이유이다. 창업은 멀고 긴 여정이다. '빨리 가려면 혼자 가고 멀리가려면 같이 가라'라는 격언처럼 함께 할 동료를 만난다는 것만으로도 우리는 무엇보다도 중요한 성공자산을 얻는 것이다. 지금 당장 당신의 꿈을 함께 할 수 있는 동료를 찾길 바란다.

토의문제

- 창업 준비 및 실제 창업 시 창업아이템, 창업자, 자본 중 어느 것이 더 중요한지 본인의 생각을 말하시오.
- 공동창업과 개인창업 각각의 장단점이 무엇인지에 대해 생각해 보세요.
- 창업을 준비하는 당신은 창업을 성공적으로 진행할 동료가 있습니까?
  있다면 어떤 과정을 통해 구했는지? 없다면 어떠한 과정을 통해 구할 것인지 말해보세요.

예비 창업자가 궁금해 하는 Q&A

Q9. 스타트업 동업 시 분쟁이 잦은 이유가 무엇인가요? 상호계약서는 꼭 필요한가요?

공동명의로 창업을 할 경우 동업자 한 명이 사업을 지속할 수 없을 때 문제가 발생 할 수 있으며 사업이 부진 할 경우에도 갈등이 발생할 수 있습니다. 동업의 주요 갈등요인으로는 동업자간 성격 및 업무스타일 차이가 보편적이며 투자금액, 지분구조 등이 많은 요인이 존재합니다. 이러한 갈등을 최소화하기 위해서는 어떤 방법이 있을까요?

동업자간 갈등상황을 줄이기 위해서는 구두로 상호협의가 된 부분을 상호계약서의 형태로 문서화 하는 것을 좋습니다. 상호간의 계약서는 필수는 아니지만, 서로의 장기적 관점에서 볼 때 필요한 과정입니다. 상호간의 계약은 서로 더욱 더 신뢰하기 위해서 필요한 계약서로 인식해야 하며 서로를 신뢰하지 않아서 하는 행위가 아님을 유의해야 합니다. 공동 창업자 각각의 역할과 지분을 명확히 나눠야 하며, 누가 대표이사를 맡을 것인지, 공동대표로 할 것인지, 포지션까지 분명하게 나누는 것이 공동창업자 간의 갈등을 줄여줄 수 있을 것 입니다.

Q10. 창업을 하고 싶어도 뚜렷한 아이디어가 없습니다. 아이디어를 얻기 위해서는 어떤 방법이 있을까요?

많은 예비 창업자들이 사업 아이디어는 의외로 거창하거나 혁신적어야 한다고 생각합니다. 하지만 수많은 발명과 아이디어 제품들을 자세히들여다 보면, 우리들의 일상적인 환경에서 아이디어를 얻는 경우가 대부분이라는 것을 깨달을 수 있습니다. 즉, 실제로 사람들이 불편을 느끼고 있는 문제를 발견하고 해결하기 위한 방법을 찾아가는 과정이 아이디어 발견의 원천이 되기도 합니다. 혹시 자신이 사용하면서 불편함을 느끼고 있는 아이템이 있다면 그 해결책에 대해 고민해 보세요. 자신의 관심을 가지고 있는 분야나 일상생활이나 취미활동 등에서 아이디어에 대한 영감을 충분히 얻을 수 있을 것입니다.

Q11. 창업아이템이 무조건 트랜드를 따르는 것이 좋은 것인가요?

창업아이템이 트랜드를 따르는 것이 시장을 점유하기위한 전략으로 사용할 수 있습니다. 하지만 뚜렷한 창업 아이템이 없어서 트랜드만 고려하여 창업아이템을 선정하는 것은 결코 좋지 않은 방법입니다. 한참 뜨는 분야에서 창업을 해도 90%는 실패하는 것이 창업시장입니다. 성공의 주된 요인은 자신이 가진 경쟁력이지 외부 환경과 트렌드가 사업 성공의 중심 요인이 아님을 명심하시기 바랍니다.

트랜드라는 것은 시장의 변화에 맞게 아이템을 고도화 시키는 과정이거나 나아가고자 하는 방향을 설정하는 것이지 아이템을 정하지 않고 최근 트랜드가 기술이니까, 플랫폼이니깐 등의 목표를 정해 놓고 아이템을 구상하는 것은 바람직 하지 않습니다. 정말 큰 기회를 찾는다면 오히려 트렌드로부터 가능하면 멀리 떨어지는 것이 유용할 수 있습니다.

창업자가 꼭 봐야할 동영상

Zero to One(독점하라) : Peter Thiel(페이팔 창업자)

페이팔의 공동창업자 피터 틸(Peter Thiel)은 독점의 개념이 창업, 투자, 출구전략에 미치는 영향이 크다고 이야기한다. 우리는 보통 사업을 할 때 직관적으로 큰 시장을 공략해야 한다고 얘기하지만 피터는 우리가 노려야 하는 것은 높은 시장 점유율이라고 생각한다.

* 유튜브(www.youtube.com)에서 'Zero to one'을 검색하시면 피터틸의 창업기업의 독점전략을 볼 수 있습니다.

Ask Yourself

"창업팀의 시장진입 전략에 대해 생각해보세요"

기업가정신 온라인교육의 효과성 검증(요약)
- 플립러닝 및 PBL 기반 기업가정신교육 적용 사례 -

남정민

벤처창업연구, 12(2), 2017

본 연구는 문제중심학습(PBL)[1] 및 플립러닝(Fliped Learning)[2]을 적용한 기업가정신 온라인교육의 효과성을 검증하였다. 국내 대학의 기업가정신 및 창업교육을 선진화시키기 위해서는 이론을 앞세우거나, 일회성 특강에 그치는 활동을 지양하고 창업 전 과정에 단계별 맞춤형 교육과정의 개발이 필요하며, 창업교육 관련 교과목을 모듈화시킴으로써 기업가정신의 함양, 아이디어 개발 및 발굴을 위한 사업화 과정 등 창업에 관한 구체적인 사항들을 단계별로 구성해야 한다. 이러한 문제점을 해결하기 위해 설계된 기업가정신 온라인교육은 크게 개인학습 및 팀학습 영역으로 구분되며, 1단계(스타트업과 기업가정신) / 2단계(아이디어 제시 및 상호평가)에서 시작하여 7단계(사업계획서 작성) / 9단계(랜딩페이지, 프로토타입)를 거쳐서 10단계(데모데이) 및 11단계(지속성장과 네트워킹)로 마무리된다. 개인학습영역과 병행된 팀 학습 영역은 3단계(건강한 조직 구성)를 통해 함께할 동료를 찾고, 4단계(디자인씽킹)를 통해 현장중심의 문제해결방법을 실행하며, 6단계(비즈니스모델캔버스) 및 7단계(사업계획서)를 통해 비즈니스모델을 구현하고 구체적인 사업계획을 수립한다. 그리고 9단계(랜딩페이지 및 프로토타입) 및 10단계(데모데이)를 통해 시장에서 제품을 검증할 수 있게 설계되었다. 특히 각 단계별로 10개 내외의 동영상 등의 학습 자료를 제시하고, 각 학습내용에 대해 피드백 작성을 의무화시키도록 시스템화 했으며, 오프라인수업에서는 선행 학습한 내용에 대한 토론 및 팀활동 중심으로 진행함으로써 PBL 및 플립러닝 기반의 기업가정신교육을 진행할 수 있도록 설계하였다.

연구결과, PBL 및 플립러닝 방식의 기업가정신교육을 적용한 집단은 비교집단에 비해 교육이후 문제해결능력 및 창업의지, 기업가정신이 더욱 높게 향상되었고, '창업 진행 및 준비 중'이라는 답변이 1.83배 높게 나타났다. 이러한 연구결과는 향후 PBL 및 플립러닝에 기반한 기업가정신 및 창업교육을 설계할 때 유용한 기초자료로 활용될 수 있다.

〈표 1〉 PBL 및 플립러닝 기반 기업가정신교육의 효과

요인	집단	M	SD	t
기업가정신	실험(n=64)	3.78	.56	−2.239*
	실험(n=75)	3.57	.55	
창업의지	실험(n=64)	3.94	.79	−2.174*
	실험(n=75)	3.60	.99	
문제해결능력	실험(n=64)	3.76	.61	−1.669+
	실험(n=75)	3.59	.59	

$*p < .01$, $+p < .1$

〈그림 1〉 기업가정신 및 창업의지의 변화

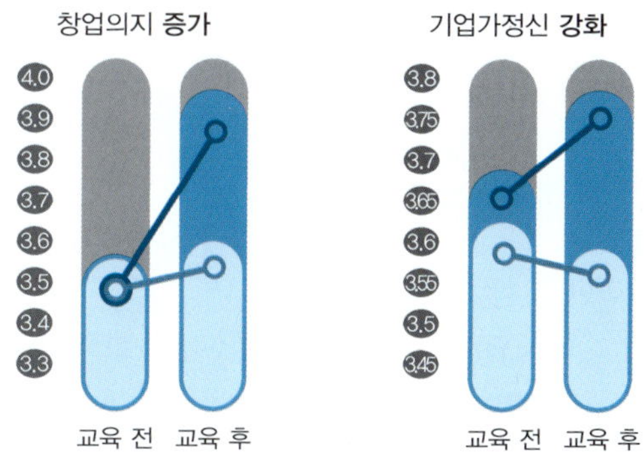

토론 및 팀 활동 중심기반의 문제중심학습(PBL) 및 플립러닝(Fliped Learning)을 적용한 기업가정신 온라인교육의 효과성은 매우 높다. 창업 전 과정을 단계별로 학습하고 경험할 수 있는 창업교육이 대학 및 진로교육시장에 보급되어야 한다.

---

1) 문제중심학습 : 다양한 실제 문제 상황 속에서 학습자가 문제를 해결하기 위해 알고 있는 지식과 사고, 기술을 적용하여 연구 자료를 조사하여 해결안을 도출하는 학습자중심 교육방법이다. 팀내의 학습자는 문제를 해결하기 위해 상호간에 공동으로 문제해결방안을 강구하고, 개별학습과 협동학습을 통해 공통의 해결안을 마련하는 일련의 과정에서 학습이 이루어진다.

2) 플립러닝 : 전통적인 수업방식을 뒤집은 역진행 수업으로 학습자는 수업 전에 핵심적인 교과내용을 사전에 제시하는 동영상을 통해 미리 학습하고, 수업시간에는 질의응답, 토론과 같은 학습자 간의 상호작용을 통해 학습자가 수업활동에 주도적으로 참여하는 것이다.

학습목표

1. 창업에 있어 가장 초기단계인 사업 계획에 대한 전반적 이해를 할 수 있다.
2. 계획 수립의 중요성에 대해 알아보고, 어떤 의미를 가지고 있는지 알아볼 수 있다.
3. 사업계획서 작성 방법을 이해하고 본인의 사업계획서를 효과적으로 작성할 수 있다.
4. 사업타당성 분석 방법을 알아보고, 이를 통해 사업계획을 객관적으로 분석할 수 있다.

"단순함의 완벽함이란 더 이상 보탤 게 남아있지 않을 때가 아니라
더 이상 뺄게 없을 때 완성된다."
「생텍쥐페리」

제5장

비즈니스플랜 수립과 사업타당성 분석

Ⅰ 비즈니스플랜 수립

Ⅱ 사업타당성 분석

생각해보기 1

창업기업의 성패를 좌우하는 것

창업기업의 성패를 좌우하는 것은 결국 시장이다. 창업가는 시장의 변화 및 수요와 공급 간에 나타나는 작은 틈새(niche)를 찾아야 한다. 원래 틈새란 적소, 특정분야, 특정 활동범위를 나타내는 말로서 틈새시장은 특정분야의 소규모 시장을 의미한다. 마케팅 관점에서 틈새시장은 시장점유율이 낮은 기업이나 후발기업이 기존시장에의 직접적 진출을 피하면서 아직 선점되지 않은 분야를 공략하여 자신의 입지를 넓혀 가는 전략의 출입구를 말한다.

친분이 있는 아주 노련한 창업자는 틈새시장에 대해 이렇게 말한다.

"어떤 기업도 작은 시장을 목표로 하진 않습니다. 틈새라고 해서 시장이 영원히 작다는 것은 아닙니다. 단, 시장에 들어가기 위해 틈새를 이용하는 것이죠. 기업가는 시장이 요구하는 작은 틈새를 찾아서 큰 시장으로 확대해 나가는 것이 중요합니다. 애플이 기존 핸드폰 시장과 컴퓨터 시장 사이에서 아이폰을 이용하여 거대한 스마트폰 시장을 창출한 것처럼, 소비자들이 진정으로 원하는 수요를 찾는다면 '내리막길에서 눈을 굴리듯이' 틈새는 자연스럽게 커지게 됩니다."

'배달의 민족' 김봉진 대표는 NHN과 네오위즈, 이노션에서 소위 '잘 나가는 디자이너'였다. 그러나 자신의 기업을 만들고픈 꿈을 안고 7년간의 직장생활을 접고 2007년 창업에 뛰어들었다. 가상공간의 디자인이 아닌 실물 디자인을 하고 싶은 생각에 수제가구사업에 도전했지만, 디자인만 알았지 사업에 대해선 전혀 몰랐기에 6개월 만에 길거리에 나앉기 직전까지 갔었다. 그가 다시 뛰어든 사업이 바로 지금의 '배달의 민족' 어플리케이션이다. 10조 규모의 배달음식시장이 전혀 온라인화 되어 있지 않다는 것에 착안하여, 스마트폰 열풍 속에서 사업의 기회를 발견한 것이다. "지금 내가 가지고 있는 아이디어를 사람들이 '그건 이미 있는 것'이라고 하더라도 자꾸 세밀 하게 만들어 가면 창업의 아이디어가 될 수 있다. 아이디어는 문제를 어떻게 해결하느냐를 찾는 게 아니라 문제 자체를 찾아내는 것이다. 해결방법은 수없이 많지만 세상에 문제가 뭔지를 생각하는 것이 더 먼저다. 배달의 민족도 처음에는 '누가 휴대폰을 꺼내서 검색하면서 배달을 시키겠냐? 눈만 뜨면 보이는 게 전단지인데'라고 의심하는 사람이 많았다. 하지만 생각할수록 인터넷이 이렇게 발달했는데 왜 배달음식시장은 그대로일까? 전단지를 찾는 것도 귀찮은데 다른 방법이 않나? 등 여러 가지를 생각하고 의심하면서 시작했다.

▲ '배달의 민족'을 키운 김봉진 우아한 형제들 대표

김 대표는 배달시장 현장에 나갔다. "현장에 나가보니

우리나라가 IT강국이지만, 실제 시장에서 소상공인 사장님은 적게도 수십 만 원에서 많게는 수천만 원의 광고비를 지불하면서도 광고의 피드백이나 효과성을 전혀 알지 못 했습니다. 배달 광고시장은 아직까지 인쇄물 중심의 시장에 머물고 있었습니다." 기존의 중국집이나 치킨집 같은 배달음식의 광고시장은 전단지 광고와 인터넷 광고로 양분되었다면, 그 틈새에서 각종 배달 전단지 정보를 스마트폰 앱(App)으로 포함시켰으며, 스마트폰의 위치기반 검색을 활용하여 자신의 위치 주변 배달음식점을 소개해주는 새로운 시장을 포착한 것이다. 아울러 배달의 민족을 통해 연결된 주문은 '배달의 민족을 통해 주문된 전화'라는 연결음으로 광고주(배달업체 소상공인)에게 알려주기 때문에 광고의 효과성도 정량적으로 제시되었다. "인터넷에서 찾을 수 없는 정보까지 우리가 다 가지고 있어야만 서비스 경쟁력이 있을 것이라는 생각에 서울 전 지역의 전단지를 모으기 시작했습니다. 전단지 인쇄소 업체에 가서 제발 한 장만 빼달라고 사정하기도 했고요. 길을 걸을 때도 늘 땅만 보고 다녔습니다. 혹시라도 떨어진 전단지가 있을까 하고요. 쓰레기통도 뒤져가면서 그렇게 6개월을 보내니 어느 새 5만개가 넘는 정보들이 구축되어 있더군요. 이것이 이제는 남들은 절대 따라올 수 없는 저희 앱의 경쟁력이자 자산이 되었죠."

토의문제

- 자신의 창업아이디어는 무엇이며, 어떠한 경로로 구상하였습니까?
- 자신의 창업아이디어는 시장에서 성공적으로 안착할 수 있는지 생각해보세요.

I 비즈니스플랜 수립

사업계획서(business plan 또는 business proposal)는 새로운 사업을 시작함에 있어 필요한 모든 요소들을 기술해 놓기 위해 준비하는 서류로 사업목적달성을 위한 지속적인 활동에 필요한 방법과 절차, 활동 범위 등을 글로 표현한 것이다. **사업계획서를 작성하려는 주요 목적은 이해관계자와의 원활한 의사소통 및 외부로부터 자금을 지원받기 위함**이다. 사업계획서는 사업의 성공을 위해서 필요한 사항들을 체계적으로 검토하게 하며, 계획된 사업의 강점과 약점을 확인하는 기회를 제공한다. 또한 창업과정에서 단계적으로 달성해야 할 이정표(milestone)를 제시하며, 순차적 행동의 가이드라인을 제공한다. 따라서 **사업계획서는 현재 나의 위치는 어디인가, 목적지는 어디인가, 그리고 어떻게 도달할 것인가와 같은 질문에 답을 요구하게 된다.** 사업계획서는 이를 문서화하여 의사소통하는 수단으로서 중요한 의미를 가지고 있다.

▶ 사업계획이 다루어야할 9개의 질문

1. 우리 고객은 **누구**인가?
2. 고객의 **어떤 문제**를 해결해 줄 것인가?
3. **어떤 경로**로 우리 제품을 발견하고 사용하게 만들 것인가?
4. 고객들과 어떻게 **관계를 유지**할 것인가?
5. **수익**은 어디에서 발생하는가?
6. **어떤 자원**이 필요한가?
7. 이 자원으로 할 수 있는 **핵심적인 활동**은 무엇인가?
8. 우리의 회사와 제품의 **이해관계자**는 무엇인가?
9. 제품과 서비스에 소요되는 **비용**은 무엇인가?

1. 사업계획서의 중요성

사업계획을 작성하면 작성하지 않는 경우보다 실제로 사업으로 이어질 가능성이 훨씬 높아진다. 사업계획 작성은 단순한 문서 작성 작업이 아니라 조사활동의 일환이며, 많은 사람과의 대화이고, 소중한 배움의 과정이다.

많은 이들이 흔히 사업계획서는 주로 투자 유치용 문서라고 오해를 한다. 잘 만들어진 사업계획서가 투자를 유치할 때 도움이 되는 것은 사실이지만 기업가 입장에서 사업계획서를 작성하면서 얻는 가장 큰 혜택은 기업가에게 자신이 발견한 사업 기회를 보다 깊이 이해하는 계기가 주어진다는 것이다. 노력과 시간을 들여 제대로 된 사업계획을 세워보면 소중한 돈과 인생의 귀중한 시간을 낭비하는 것을 막을 수 있다.

기업가는 사업계획서 작성을 통해 최초의 비전에 대해 중요한 질문들을 던지고 답을 얻음으로써 더 좋은 기회로 찾을 수 있다. 그 질문은 바로 **"고객의 니즈는 무엇인가?"**이다. 잠재 소비자 그룹과 자문단과의 대화를 통해 자사의 제품이 소비자의 니즈를 과연 어떻게 충족시킬 수 있을지를 알 수 있다. 모든 사업이 소비자 피드백을 통해 제품을 수정하는데 사업계획 과정을 잘 거치면 이러한 작업을 미리 어느 정도 할 수 있다. 이러한 사전 작업을 거치면 일단 시작해서 시장 반응에 맞추어 조정하는 것보다 훨씬 많은 시간과 비용을 절약할 수 있다.

사업계획서를 통해서 다양한 이해관계자에게 사업기회에 대하여 효과적으로 알릴 수 있다. **사업계획서를 통해 투자자에게 자신의 사업을 어필 할 수 있다. 현재 재직 중인 내부 직원들에게 회사의 미래에 대한 청사진을 제시하는 문서이기도 하다.** 나아가 사업계획서를 통해 전략적 파트너, 소비자, 공급자를 확보할 수 있다. 요컨대 사업계획서는 이해관계자의 질문에 대한 답변을 미리 작성하는 것이다. 잘 만들어진 사업계획서를 준비한 창업자는 여러 이해관계자에 신뢰를 줄 수 있다.

일례로 **미국의 경우 벤처캐피탈리스트에게 제시된 200개의 사업계획서 중에서 고작 25개 정도가 읽을 가치가 있다고 보고 있고, 10개 정도가 정밀 분석의 대상이 되고, 이중 1~2개 정도가 투자의 대상이 될 뿐이라고 한다. 투자한 사업 중에서 25%는 완전히 실패하고, 50%는 간신히 살아남는 정도이고, 단지 5%만이 크게 성장한다는 것이다.**

매일 수십 건 이상의 사업계획서를 검토하는 VC(Venture Capital)을 설득할 만한 정도의 창업 사업계획서를 만들려면 상당한 노력이 들어간다. 철저히 생각해서 준비해야 하고, 조직적이고 체계적으로 자료를 제시하고 설명해야한다. 그리고 **읽은 이에게 흥미로움과 신선**

함을 줄 수 있는 스토리가 필요하다.

2. BMC를 활용한 한 장짜리 사업계획서 작성하기

사업계획서는 그림과 같이 몇 단계를 거치는 과정에서 기업가에 의해 살아있는 문서로 작성되어 관리되어야 한다. 초기기업가는 자신이 알고 있는 정보를 기반으로 1) **비교적 간단한 비즈니스 플랜을 작성**하고, 이후 사업운영과정에서 얻게 되는 지식과 정보를 정리하여 2) **비즈니스플랜을 수정**하게 되면, 다시 제품을 개발하고 사업을 성장시키는 단계에서 3) **비즈니스 플랜을 재정비 또는 확장**하게 된다.

처음부터 수십 장의 사업계획서를 작성하는 것은 창업을 준비하는 단계에서 창업에 대한 두려움만 지레 생기게 할 수 있고, 태어나자마자 머리가 큰 사업계획서로 인해 유연하지 못한 생명체가 될 수 있다.

사업마다 각기 다른 비즈니스 플랜이 있고, 그 플랜을 글로만 분석하기에는 체계적이고 종합적인 분석이 어려움이 있다. 이런 **비즈니스모델 분석의 어려움을 시각적으로 보다 이해하기 쉽게 도화지에 그려놓은 것이 바로 비즈니스모델캔버스(Business Model Canvas : BMC)이다.** 즉, 한 장의 캔버스에 비즈니스모델을 특성별로 분류하여 9개 영역으로 기입해 놓은

그림 ❺-1 비즈니스 플랜의 수정과 발전 단계

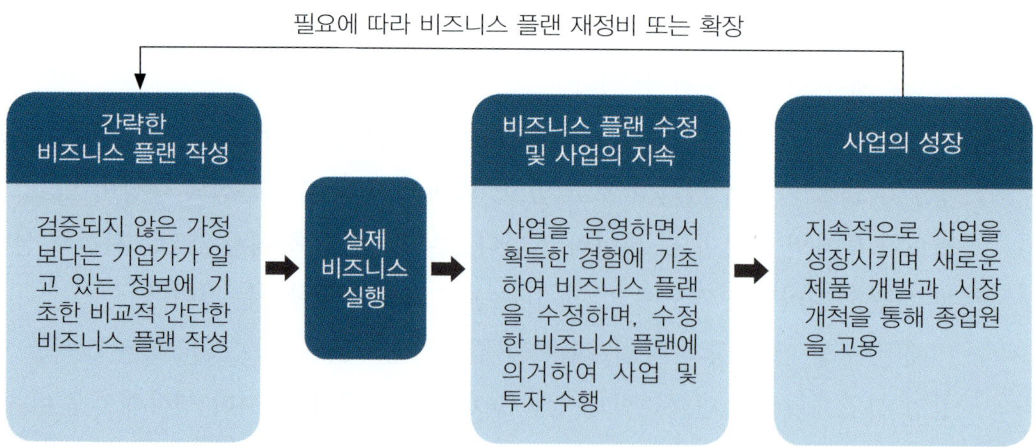

Robert A Baron & Scott A. Shane, Enterpreneurship, Thomson South-Western, 2006, p. 208

그림 ⑤-2 비즈니스 모델 캔버스

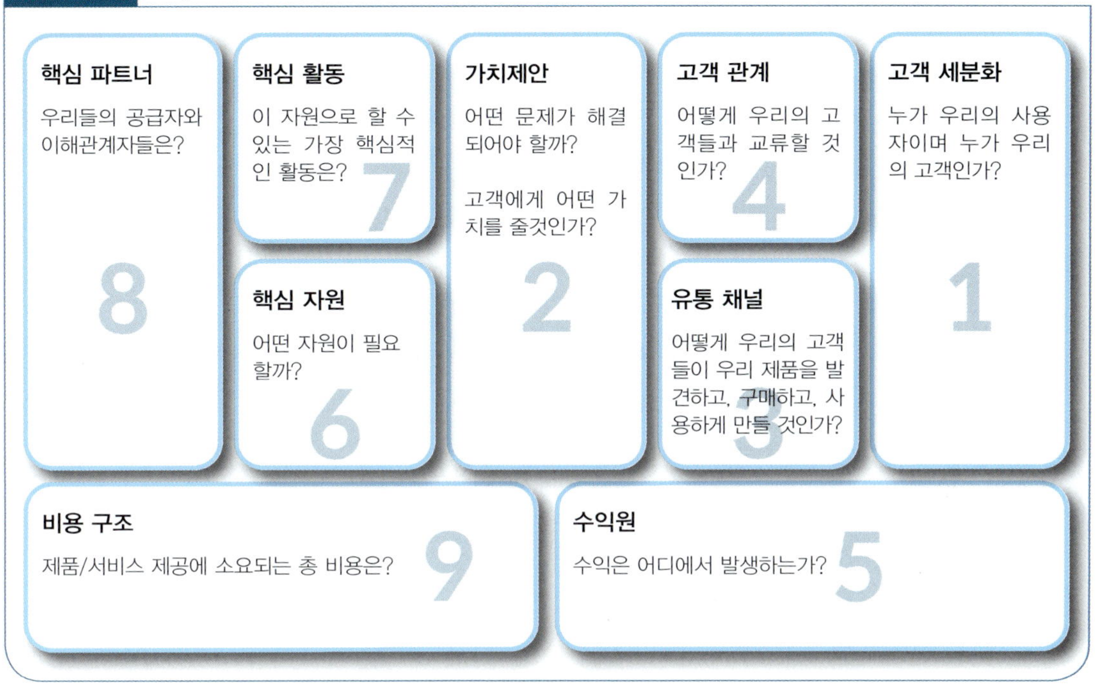

것이다.

간단히 작성할 수 있는 BMC를 통해 BM상의 각 부분 간 관계를 직접 눈으로 확인할 수 있고, BM상의 가설 및 가정, 위험요소들을 식별 할 수 있게 되며, 사업 계획의 타당성을 검증할 수 있으며, 지속적인 브레인스토밍(brainstorming)을 통해 사업계획서를 고도화할 수 있다. 특히 언제든지 말하거나 보여주거나 정리할 수 있는 구조화된 한 장짜리 청사진을 만든다는 점이다.

(1) 비즈니스모델캔버스의 세부항목

비즈니스모델캔버스에는 9개의 영역이 있는데, 각 영역별 세부특성은 아래와 같다.

우선 ① 고객세분화(Customer Segments)는 조직이 누구에게 가치를 창출하느냐에 대한 것으로서, 단순 사용자와 니즈를 갖고 있는 고객까지도 포함된다. 또한 각각의 세그먼트는 각기 명확한 ② 가치제안(Value Propositions)을 갖고 있으며, 각 고객을 대상으로 제품과 서비스의 제공을 통해서 가치를 창출해야 한다. ③ 채널(Channels)에서는 고객과 어떻게 상호작용하고 접촉하며 가치를 전달하는지를 설명해 줄 수 있어야 한다. ④ 고객관계(Customer

더 알아보기

부동산중개 스타트업 ‘직방’의 비즈니스 모델

스마트폰을 통해 우리 삶이 기존보다 좀 더 편리해짐에 따라 최근 스마트폰으로 임대 정보를 확인할 수 있는 서비스를 다양하게 선보이고 있는데, ‘직방’은 그 중에서도 선두주자라고 할 수 있다. 1800만 건의 누적 다운로드 수를 돌파한 직방은 어떤 비즈니스 전략으로 성공할 수 있었을까? ‘직방’의 비즈니스 모델을 간단히 살펴보자.

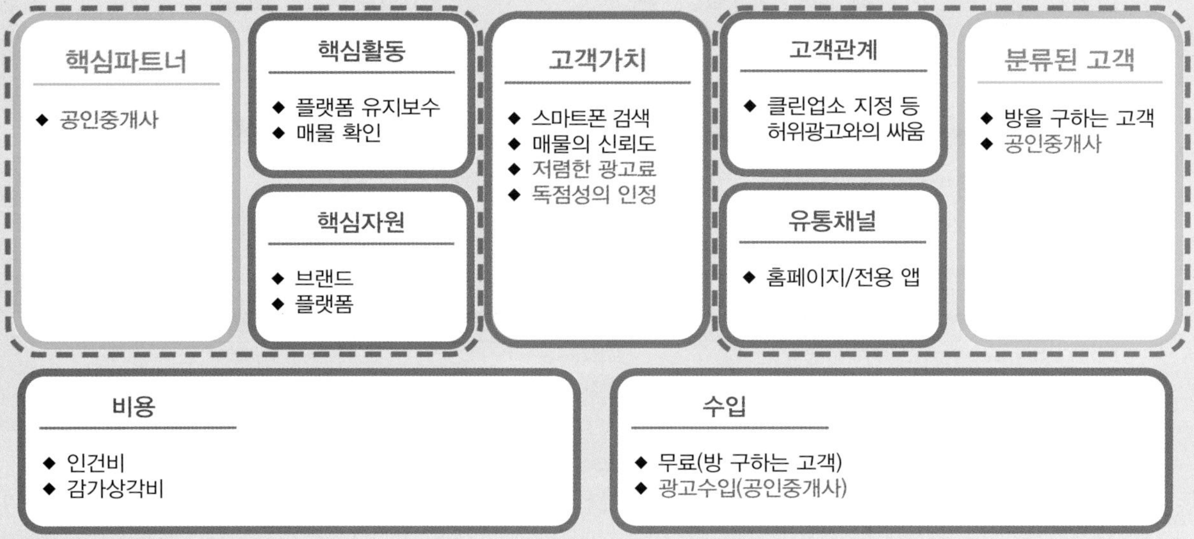

기존의 부동산 사이트들은 PC 베이스로 되어 있어 이동성, 편의성이 부족하다는 약점에 주목하여 직방은 ‘편의성’에 초점을 맞추고 사업 계획을 세워나갔다. 저가의 방을 구하고 스마트폰에 익숙한 젊은 계층을 타깃으로 하여 스마트폰으로 이동 중 사진으로 물건을 직접 확인 가능하게 시스템을 설계한 것이 직방의 강점 요인이었다.

사업을 구체화하기 전, 위의 직방 사례처럼 비즈니스 모델을 통해 사업계획을 간단히 구조화하는 작업이 필요하다. 비즈니스 모델을 통해 핵심 고객, 핵심 자원, 핵심파트너, 수익구조 등 사업의 필수 요소를 간단하게 파악하고 한 요소씩 구체화해나가는 것이 사업 계획에 큰 도움이 될 것이다.

자신만의 개선된 아이디어가 잘 안 떠오른다면, 아이디어의 구체화가 막막하다면 다른 사업 분야의 BM을 공부하라. 책, 인터넷 등을 활용해서 정보를 찾으면 생각보다 쉽게 해결이 가능하다.

「출처: 블로그-창업, IT 그리고 스타트업, 2016.05.22」

Relationships)에서는 당신이 고객과 어떤 종류의 관계를 만들어야 할지를 정해야 하며, ⑤ 수익원(Revenue Streams)에서는 당신의 비즈니스 모델이 어떠한 가격 정책으로 수익을 확보할 지를 결정해야 한다. ⑥ 핵심자원(Key Resources)에서는 어떤 자산이 당신의 비즈니스 모델의 기반이 되는지를 보여주어야 하며, ⑦ 핵심활동(Key Activities)에서는 반드시 성과를 보여주어야 하는 활동이 무엇인지를 결정해야 한다. ⑧ 핵심파트너(Key Partnerships)에서는 누가 당신의 비즈니스 모델을 돕거나 활용이 될 수 있는지를 찾아내야 하며, 마지막으로 ⑨ 비용구조(Cost Structure)에서는 비즈니스를 실행하는데 있어 주로 소비되는 비용이 어떤 것인지 결정하게 된다.

(2) 나의 BMC 작성하기

BMC는 살아 움직이는 것이다. 그렇기에 많은 창업 전문가들은 매직이나 볼펜으로 쓰는 것보다 포스트잇으로 붙이면서 작성하라고 한다. 그래야 수정하기 용이하고 점점 정교화 시킬 수 있기 때문이다. BMC는 사업계획서라도 봐도 무방할 정도로 상당히 유용한 정보를 제공해 줄 수 있다. **BMC를 바꿔가는 과정이 사업 계획을 바꿔가는 과정인 것이고, 좀 더 확장하여 공식문서로 만드는 것이 바로 사업계획서가 된다.**

BMC는 처음부터 모든 항목을 자세히 작성할 필요는 없다. **처음엔 문제에 대한 인식, 고객 세분화, 가치제안 부분만 명확히 인식하는 것이 좋고, 좀 더 사업이 성장하면서 나머지 부분까지 확장해 가는 편이 좋다. 왜냐하면 이 부분이 시장 기회를 살피고 기회를 포착하는데 핵심이 되는 부분이기 때문이다.**

The Business Model Canvas

Designed for:

Designed by:

On: Day Month Year

Iteration:

Key Partners

Who are our Key Partners?
Who are our Key suppliers?
Which Key Resources are we acquiring from partners?
Which Key Activities do partners perform?

Key Activities

What Key Activities do our Value Propositions require?
Our Distribution Channels?
Customer Relationships?
Revenue streams?

Key Resources

What Key Resources do our Value Propositions require?
Our Distribution Channels? Customer Relationships?
Revenue Streams?

Value Propositions

What value do we deliver to the customer?
Which one of our customer's problems are we helping to solve?
What bundles of products and services are we offering to each Customer Segment?
Which customer needs are we satisfying?

Customer Relationships

What type of relationship does each of our Customer Segments expect us to establish and maintain with them?
Which ones have we established?
How are they integrated with the rest of our business model?
How costly are they?

Channels

Through which Channels do our Customer Segments want to be reached?
How are we reaching them now?
How are our Channels integrated?
Which ones work best?
Which ones are most cost-efficient?
How are we integrating them with customer routines?

Customer Segments

For whom are we creating value?
Who are our most important customers?

Cost Structure

What are the most important costs inherent in our business model?
Which Key Resources are most expensive?
Which Key Activities are most expensive?

Revenue Streams

For what value are our customers really willing to pay?
For what do they currently pay?
How are they currently paying?
How would they prefer to pay?
How much does each Revenue Stream contribute to overall revenues?

3. 구체적인 유형별 사업계획서 작성하기

사업계획에 들어가는 노력은 비즈니스모델의 중요한 측면에 집중되고 이러한 측면들은 사업계획의 전형적인 포맷을 형성한다. 이제 초기 질문에 대해 받은 피드백을 바탕으로 사업계획서의 주요 항목을 구성해 보자. **순서는 크게 중요하지 않지만 일반적으로 제품이나 서비스를 먼저 설명하는 것이 좋다. 이 부분은 예비 창업가가 사업에 대해 가진 비전 중 비교적 가장 명확한 부분이기도 하다.** 하지만 만일 제품 설명이 아닌 다른 부분에서 시작하고 싶으면 그렇게 해도 좋다. 사업계획서를 작성하다 보면 이것이 반복적인 과정이라는 것을 알게 될 것이다. 가장 중요한 것은 이 모든 것이 자신의 사업계획 수립 과정, 즉 자신의 배움의 과정이라는 것이다. 사업을 해나갈 자신이 느끼기에 가장 효과적이고 편안한 방법을 취하면 된다.

사업계획서는 "살아있는"문서라는 것을 알아야 한다. 즉, **사업계획서는 결과물이 아니라 배움의 과정을 보여주는 문서이기도 하며 반복적으로 업데이트되고 수정되어야 한다.** 기업가는 사업을 하는 한 새로운 것을 계속 배워야 하고, 배움을 그만 두는 순간 회사는 쇠퇴의 길을 걷기 시작한다.

그래서 항상 사업계획 문서를 가까이 두고 상황의 변화를 주시하고 학습해 나가야 한다. **사업계획서의 중요성은 계획 자체가 아니라 그 과정에서 얻은 학습에 있다는 것을 항상 기억하라.** 사업계획서는 기업가가 자신의 사업과 기업에 대해 가진 비전을 구체화하는 것이다. 또한 사업의 탄생, 성장, 성숙에 대한 역사적 기록이기도 하다. 쉬운 작업은 아니지만 흥미롭고 창조적인 작업일 수 있다.

(1) 비즈니스플랜의 핵심구성 요소

우리는 비즈니스 플랜을 읽을 대상을 생각하면서 그 내용을 작성해야 한다. 특히 기업 내부용이 아니라 외부 고객용일 경우에는 추가로 몇 가지 요소들이 더욱 강조되어야 한다. 지금부터는 비즈니스 플랜에 포함되어야 하는 내용 즉, 무엇(What)을 담아야 하는지에 대하여 자세하게 살펴보고자 한다. 비즈니스 플랜을 읽을 대상이나 사업 아이템의 업종 등에 따라서 비즈니스 플랜의 내용 구성을 조금씩 달리할 수도 있다. 비즈니스 플랜에 일반적으로 포함되는 구성 요소를 살펴보면 아래와 같다.

그림 ⑤-3 비즈니스 플랜의 구성요소

1. 표지와 차례	2. 요약	3. 회사 개요
■ 차별화된 특징과 기능이 포함된 제목 ■ 연락처 등 관련 정보 ■ 차례는 9단계로 기재	■ 비전/목표(핵심) ■ 핵심제품/서비스 ■ 차별화 특징 ■ 수익성 ■ 투자요청/회수방안	■ 회사 개요(현황) ■ 비전/목표 ■ CEO 및 핵심인력 ■ 조직구성도(표) ■ 제품/서비스 ■ 핵심역량, 수요 시장 ■ 주요 주주 현황
4. 외부환경 분석	**5. 사업 전략**	**6. 재무계획**
■ 거시 경제 분석 ■ 해당 산업/시장 분석 ■ 5 focus 분석 – 경쟁자, 잠재적 진입, 대체재, 공급자, 구매자 – 입지(상권) 분석	■ 전략(SWOT 분석) ■ 마케팅(4P, STP-D) ■ 연구개발계획 ■ 생산/운영 전략 ■ 광고/홍보 전략 ■ 차별화 전략 등	■ 예상매출계획 ■ 자금 조달(운영) 계획 ■ 손익계산/현금흐름 ■ 투자자금/용도 ■ 투자회수방안
7. 위기관리 및 대응전략	**8. 실행 일정**	**9. 첨부 자료**
■ 시기별 위기예측 (6개월, 1년, 장기) ■ 대응 계획 수립 ■ 위기를 기회로 바꿀 수 있는 핵심 성공요인	■ 단계별 추진 일정 ■ 창업준비업무별 실행 일정 (주, 월, 연간 단위)	■ 특허/면허 자료 ■ 수상 자료 ■ 기타 인허가 자료

① 표지와 차례

비즈니스 플랜의 첫 번째 페이지로, 창업자의 제품 또는 서비스의 가장 핵심적인 기능과 특징을 키워드로 표현하여 제목화해야 한다. 아울러 회사 홈페이지와 연락처를 반드시 기재해야 한다. 눈에 띄는 관련 이미지를 첨부하는 것도 좋다. '차례'는 이후 작성되는 단계를 순차적으로 보여 주면 된다.

② 요약

비즈니스 플랜에서 가장 중요한 부분이라 할 수 있는 '요약'은 2-3페이지 내외로 간결하게 작성하는 것이 좋다(가능한 한장짜리 요약으로 만들어 보자). 독자(투자자)는 요약 부분을 읽고 나머지 비즈니스 플랜을 읽을 것인지 여부를 결정하게 되므로 효과적으로 작성된 요약 부분을 통해 독자(투자자)를 유인하고 사업에 대한 확신을 갖도록 해야 한다. 요약 부분에 담아야 할 내용은 핵심 제품(서비스)과 사업내용, 사업기회와 진입전략, 경쟁우위, 경제성 및 수익성, 투자제안 등이다.

③ 회사 개요

회사의 창업 준비현황 및 연혁, 제품(서비스)에 대해 보다 자세한 설명, CEO를 비롯한 주요 경영진 등 조직(팀)을 소개하는 부분이다. 해당 시장에 대한 현황 분석 및 관련 사업을 완전히 이해하고 그 핵심 내용을 압축하는 부분이므로 비즈니스 플랜의 다른 부분이 완성된 후에 작성하는 것이 바람직하다.

- 회사 업적을 중심으로 한 연혁과 사업 내용
- 제공하는 제품의 특징과 비즈니스 모델
- CEO를 중심으로 한 경영진의 역량 및 조직

④ 외부환경 분석

외부환경 분석은 주로 시장의 규모와 동향, 경쟁자에 대한 조사와 분석 등으로 이뤄지며, 뒤에 제시하게 되는 마케팅 전략 등에 대한 사실적인 근거와 데이터를 다루는 매우 중요한 부분이다. 사업 외부환경 분석을 위한 시장조사와 분석에는 오랜 시간이 걸리므로 충분한 시간적 여유를 가지고 정확한 자료를 얻기 위해서 노력해야 한다.

⑤ 사업(마케팅) 전략

통상적으로 이 단계는 기업을 둘러싼 외부환경을 분석한 뒤 본격적으로 창업기업과 세부적인 마케팅 전략 수립, 광고 · 홍보 등의 마케팅 기법 및 전략, 연구개발계획, 생산 및 운영계획 등에 대해서 서술하는 부분이다.

⑥ 재무계획

재무계획의 목적은 회사의 예상되는 재무성과를 신뢰성 있고 이해 가능한 추정치로 수식화하는 것이다. **현실성 있고 믿을 만한 재무계획은 투자자가 투자를 결정하는 가장 중요한 요소 중의 하나다.** 비즈니스 플랜의 다른 부분이 기업의 본질을 이해하도록 한다면 재무계획은 투자자의 최대 관심인 수익성을 표현하는 부분이다.

- 재무상태표 및 (추정)손익계산서
- 추정 현금흐름표
- 손익분기점 분석
- 자금 조달 및 운영계획
- 투자제인 및 용도, 투자회수방안 등

⑦ 위기관리 및 대응전략

이 단계는 창업자가 가장 작성하기를 꺼려하는 부분인 반면에 가장 현실적으로 작성되어야 하는 부분이다. 실제로 많은 창업자들이 자신의 기술과 아이템에 관한 수많은 장점과 특성을 논리적으로 주장하지만, 정작 본인의 제품과 서비스, 기술이 가진 단점과 위험요소 등을 냉철하게 되돌아보고 그에 따른 대응전략을 수립하지 못하는 경우가 많다. **장점뿐만 아니라 약점까지 정확히 파악하고 그에 대한 대비책까지 갖고 있는 창업자라면 누구라도 투자하고 싶은 마음이 들기 마련**이다.

⑧ 실행 일정

회사의 설립과 사업목표 달성에 필요한 각 활동의 시작 시기와 끝나는 시기, 각 활동 상호간의 연관관계를 보여 주는 것으로 비즈니스 플랜의 필수적인 부분이다. 특히 **일정계획의 현실성 여부는 투자자에게 기업의 성공 여부를 사전에 판단할 수 있게 해주기 때문에 아주 중요하다.**

주요 일정계획으로 기술 및 신제품 개발 일정계획, 시설 및 인력 확보 일정계획, 생산일정계획 등을 들 수 있다. 또한 회사 설립, 제품 설계 및 개발, 시제품 완성, 영업조직 구축, 전시회 참가, 대리점 및 딜러 선정, 원자재 구입, 생산 개시, 수주, 납품, 대금 회수 등 주요 활동의 완료 시점을 보여 주는 총괄일정계획을 수립할 필요가 있다. 이러한 일정계획은 월간 혹은 분기 단위로 작성한다. 아울러 주요 일정이 지연될 경우 예상되는 문제점과 이에 대한 대책도 제시한다.

⑨ 첨부자료

마지막으로 아래와 같은 관련 자료를 빠짐없이 첨부해야 한다.

- 회사 설립 관련 서류 : 정관, 사업등기부 등본, 사업자등록증 사본 등
- 회계 서류 : 최근 기 결산재무제표, 최근 월 합계 잔액 시산표

- 경영진 및 기술진의 이해
- 공업소유권 및 신기술 보유관계 증빙서류
- 기타 : 벤처기업확인서, 제품 및 공장 사진, 언론보도자료 등

4. 사업계획서의 평가

지금까지는 사업계획과정에서 언급되어야 할 기본적인 항목과 분야에 대해서 다루었다. 처음에는 편집하기 편한 간이폴더 등에 정리해도 무방하지만 결국에는 보다 공식적인 문서의 형태를 갖추어야 한다.

사업계획은 그 목적에 따라서 몇 가지 형태로 구분될 수 있다. 모두 많은 노력이 들어가고 결론은 같겠지만 누가 언제 사용하느냐에 따라서 문서의 형태는 달라진다. 예를 들어, 사업의 기본 개념을 잠재적인 투자자에게 소개하려 할 때라면 짧고 간결한 요약 계획을 제공할 것이다. 상대방이 흥미를 가지면 좀 더 상세한 버전을 제공하면 된다. 사업계획서는 투자유치용 말고도 직원, 전략 파트너, 재무관계자, 이사회 등 그 대상에 따라 다양하게 이용될 수 있으며, 기업가 스스로도 잘 만들어진 사업계획서의 혜택을 본다.

기업 내부 구성원을 위해 작성된 사업계획서는 기업가 자신과 그의 팀원들이 제품 개발, 출시, 초기 성장을 이끄는 기본 운영계획서이다. 양식에 구애 받을 필요 없고 분량에 대한 요건도 정해진 것은 아니지만 보통 80페이지가 넘는 경우가 많다. 자체 운영계획과 투자 유치용 사업계획서의 가장 큰 차이점은 상세함의 정도인데 자체 운영계획서 쪽이 훨씬 상세하다.

외부 투자유치가 필요한 경우 투자자에게 보여 주기 위한 사업계획서는 보통 25페이지에서 40페이지 정도의 분량으로 구성한다. 전문 투자자들은 사업계획서를 정독할 시간이 없기 때문에 필요한 부분만 골라서 읽을 수 있도록 구성해야 한다. 전체적으로 간결하게 작성하고 투자자가 가장 가치 있게 생각하는 부분을 강조하라. 따라서 운영에 대한 세부 사항은 간략하게 언급하고 넘어간다.

전체 요약문은 사업개발 계획을 수립한 후, 다시 한 번 정식으로 작성하는 것이 좋다. 대부분의 투자자가 사업계획서 전체 내용보다는 전체 요약문 부분에 집중함으로 많은 노력을 들여야 한다. 이 때 투자자의 흥미를 끌 수 있으면 실제 상담 미팅으로 이어지고 여기서도 좋은 반응을 이끌어 낼 수 있다면 추가적인 상세 자료의 제출을 요청받게 될 것이다.

Ⅱ 사업타당성 분석

1. 사업타당성 분석의 의의 및 필요성

사업의 기회를 발견하였다면 다음으로 그 사업이 현실적으로 가능성이 있는지를 검토해 보아야 한다. 이 단계를 사업타당성 분석이라고 한다. 사업타당성 분석은 기업경영의 핵심 요소를 체계적으로 점검하여 실패요인을 사전에 제거하거나 성공 가능성이 적은 사업진출을 미리 포기함으로서 사업 실패로 인하여 발생할 수 있는 손실을 예방하는 등 신규 사업의 성공에 있어 필수적인 역할을 한다. 또한 체계적인 사업타당성 분석은 경영능력 향상에 도움을 준다.

특히 **창업기업은 고위험을 동반하고 있기 때문에 창업 이전에 자신의 사업 아이디어에 대한 세밀한 분석이 필요하다.** 기술 확보, 시장 개척, 자금 조달, 조직 관리 및 인적 자원의 공급과 같은 문제에 흔히 부딪힌다. 사업타당성 분석은 창업자가 사업을 시작하기 이전에 자신의 사업이 가지고 있는 잠재성과 성장성뿐만 아니라, 가능한 위험요소를 분석하고 이에 대한 대비책을 가지고 사업을 준비하도록 도와준다.

〈그림5-4〉에서 보듯이 사업타당성 분석은 크게 4단계로 나누어진다. 각 단계에서 제시된 바와 같은 분석을 통해 자신이 하고자하는 사업의 성공가능성을 평가하여야 한다.

그림 ⑤-4 사업타당성 분석 절차

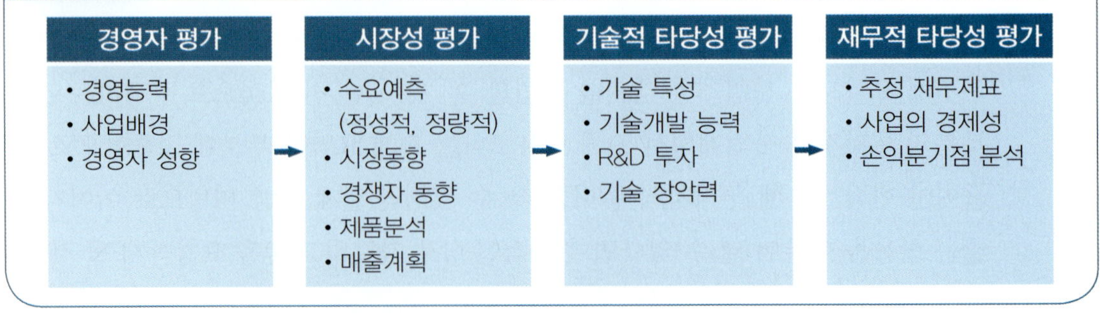

2. 사업성 평가 요소

(1) 창업자 평가

경영자 평가에서는 창업자 자신의 특성과 능력, 사업을 하고자 하는 동기를 분석하여야 한다. 창업자가 자신의 성향과 능력에 알맞은 사업을 추진하고 있는지, 필요자원 조달을 위한 네트워크 구축 가능성에 대해서도 살펴보아야 한다. 경영자 평가는 자신에 대한 평가이므로 최대한 신중하고, 객관적인 관점에서 자신을 냉정하게 평가하여 보아야 한다.

벤처기업 성패를 결정하는 핵심 요인 중의 하나는 창업자이다. **창업자가 어떤 자질과 특성과 배경을 갖추고 있는가는 초기 벤처기업 성공을 평가하는데 매우 중요하다.** 미국의 벤

표 ⑤-1 창업자의 평가 항목

구분	주요항목	평가방법	
창업자	통찰력과 예측능력	• 산업변화에 대한 인지 정도 • 경쟁우위 창출방안의 유무	• 경쟁규칙의 변화방향에 대한 인지 정도
	지배구조	• 창업자 지분 정도	• 스톡옵션 분배계획
	신뢰성	• 주변의 평가	• 개인의 재무적 신용도
	개인적 네트워크	• 학력으로 구축된 관계 • 창업과정에서 구축된 관계	• 창업 이전 기업 경험시 구축된 관계
	실천력	• 평소 목표 달성 정도	• 목표에 대한 몰입 정도
	창조성	• 아이디어 개발 능력	• 신규사업 기회 포착 능력
	모험심	• 위험을 감안한 모험능력	
경영능력	위기대응 및 조직관리 능력	• 위험 감지와 대처 능력 • 핵심 인력 유치 방안	• 의사소통 유형
	비전제시 능력	• 공유 비전의 유무	• 비전 달성 방법 제시 정도
	분석력	• 경쟁자 분석 능력	• 시장기회 분석 능력
	기획력	• 사업계획 구체화 능력	• 미래 사업 기획 능력
	조직력	• 조직 구축과 관리 능력	• 조직내부 갈등 관리 능력
	포용력	• 종업원의 실수를 용서해 줄 수 있는 정도	• 창조적 실패를 장려할 수 있는 능력
사업배경	창업동기	• 창업이 실질적인 동기 • 창업의 적절성	• 기술권리와 관련된 문제 발생 가능성
	성장단계	• 기업의 향후 성장 가능성	• 기업의 성장 원동력
	외부투자자에 대한 인식	• 회계 처리의 투명성 • 기업 공개 계획/추진의지 여부	• 외부 자본에 대한 배당의지 여부

[출처 : 정승화, 벤처창업론, 2008.]

처캐피탈리스트 102인을 대상으로 실시한 맥밀란(MacMillan)의 연구보고서에 의하면 성공 창업자는 지속적이고 집중적인 노력을 계속 기울이고 계획사업과 관련된 분야에 경험이 있고, 위험을 잘 평가하여 적절히 대처할 수 있으며, 리더십이 있고, 목표시장에 친숙하여야 벤처기업을 성공적으로 이끌 수 있다고 보고 있다. 만약 창업자가 이를 제대로 할 수 없다면 그러한 특성들을 갖고 있는 우수한 경영자의 영입을 통하여 해결할 수 있어야 한다.

창업자는 벤처기업 성과에 매우 중요한 핵심변수임에도 불구하고, 대부분의 창업자들은 자신에 대한 분석을 게을리 하는 경우가 있다. 창업자들은 자신이 가지고 있는 개인적 역량이나 배경뿐만 아니라 자신에 대한 주변의 평판에 대해서도 객관적이고 타당성 있게 평가해야 한다. 또한 **창업자는 자신의 위험 감지 및 대처능력, 실천력, 의사소통 능력, 조직 관리능력에 대해서 면밀하게 판단하여야 한다.** 창업자 및 경영능력 평가를 위한 일반적 요소는 다음의 〈표5-1〉과 같다.

(2) 시장성 평가

시장성이란 기업이 제공하고자 하는 제품이나 서비스의 시장반응을 측정, 평가하는 개념이다. 실제로 제품이나 **서비스가 시장에 진입했을 경우 고객들이 어떤 반응을 보일 것인가, 즉 얼마나 많은 수의 고객이 그 제품이나 서비스를 구매할 것인가는 사업의 성패와 직결된다.** 따라서 시장성은 벤처기업의 창업타당성 분석과정에서 가장 중요한 분야다. 아무리 좋은 제품을 만든다고 하더라도 해당 제품이 시장에서 수용되지 않는다면 기업의 생존이나 성

표 ❺-2 시장성 평가 항목

평가요소	평가방법	
가격 및 품질 경쟁력	• 경쟁제품 및 수입품과의 비교	• 자사 제품의 비교 우위 요인 도출
시장현황 및 수요전망	• 일반적인 시장 현황 • 판매영역별, 고객별 잠재수요 분석 • 시장의 특성 및 구조 분석	• 시장 규모 및 전망 • 국내 제품 및 대체, 유사품에 대한 수급 실적 • 소비자 특성 및 변화 추세 분석
매출계획	• 시장 개척 및 판매계획의 실현 가능성 분석 • 판매량 증감요인 분석 및 영역별 판매 전망	• 시장 점유율 분석
제품 분석	• 제품의 강약점 분석 • 제품 원가 및 마케팅 비용 분석	• 제품의 라이프 사이클 및 보급률 분석 • 마진율 및 제품 가격 분석
경쟁자 분석	• 재무 상태 비교 • 주요 경쟁요소 비교	• 생산 능력 및 실적 비교 • 전략집단 분석

그림 ❺-5 페르미 추정법을 활용한 시장규모 예측하기

페르미 추정법은 세계 최초로 원자로를 제작한 핵물리학자 페르미가 만든 사고법으로 제한된 데이터를 기반으로 신속하게 시장규모를 예측하고 의사결정을 할 수 있는 유용한 방법이다. 페르미 추정법은 어떤 문제에 대한 일반적인 지식과 제한된 정보를 가지고 짧은 시간 안에 대략적인 근사치를 추정해 나가는 과정이다. 예를 들어, “미국 시카고에 피아노 조율사는 몇 명일까?”라는 문제를 살펴보자. 일반적으로 알고 있는 상식과 기초적인 데이터를 바탕으로 논리적 추론을 통해 시장의 크기를 파악할 수 있다.

(1) 데이터 조사를 통한 가정

1. 시카고 인구는? 300만명
2. 가구당 구성원 수는? 3명
3. 가구당 피아노 보급률은? 10%
4. 가구당 피아노 조율은 얼마나 자주할까? 1년에 1회
5. 조율사는 하루 몇건 조율? 4건
6. 조율사는 1년에 몇일 일하나? 주 5일

(2) 추론을 통한 어림셈

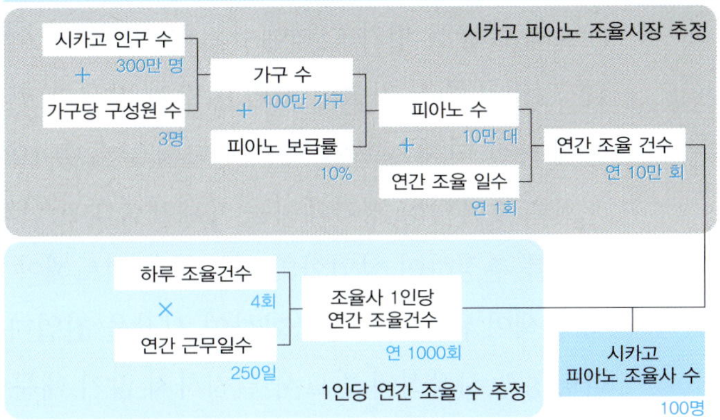

[출처 : 꼭 알아야할 기술사업화 바이블]

과실현이 불가능하기 때문이다.

벤처창업의 실패사례를 보면 좋은 제품을 만들고도 판매가 제대로 되지 않고, 그 결과 손익분기점에 도달하는 기간이 너무 길어져 사업이 본 궤도에 올라가지도 못하고 도산해 버리는 경우도 있다. 벤처창업자는 시장성 분석을 통하여 사업 성패를 사전에 판단할 수 있는 중요한 정보를 얻고자 하는 것이다. 생산할 제품이나 서비스가 시장에서 언제, 어느 정도 팔릴 수 있는가를 분석하기 위해서는 다양한 환경 변수들에 대한 가정을 두고, 각 상황에 따라 판매예측을 실시해야 한다.

시장성 평가에서는 **자신이 하고자 하는 산업의 시장 동향이 어떠한지, 경쟁자들은 어떻게 분포되어 있으며, 그들의 사업전략은 무엇인지, 시장 수요는 어떻게 변하고 있으며, 소비자 욕구는 어떻게 변화되고 있는지, 매출 계획은 어떠한지를 분석**하여야 한다. 이에 더하여 경쟁자들과 차별화하기 위한 자신의 경쟁우위요인은 무엇인지 계획을 세워야 하며, 만약 창업자가 시장 후발주자라면 선발주자의 이점을 상쇄할 수 있는 요인이 무엇인지도 명확히 해야 한다.

(3) 기술적 타당성 평가

기술적 타당성 평가에서는 **자신이 보유하고 있거나, 개발 계획 중인 기술의 특징은 무엇인지, 연구개발진의 기술 개발 능력은 어떠한지, 연구개발 투자 계획과 창업자의 기술에 대한 이해정도와 개발, 참여 가능성에 대해 분석**하고자 하는 것이다. 본 단계에서는 창업자가 보유하고 있거나, 추후 개발을 예정하고 있는 기술이 경쟁자에 비해 어떠한 차별성을 가지고 있는지에 초점을 맞추어야 한다. 만약 창업자가 가지고 있는 기술이 차별성이 있다면, 이는 적극적으로 강화할 수 있는 기술 개발 능력 및 인력이 조달 가능한가를 살펴보아야 한다. 기술적 타당성 평가 단계에서는 창업자뿐만 아니라 기술개발 인력에 대한 중요성도 강조된다. 그리고 핵심 기술 인력의 이탈이 발생하더라도 사업에 영향을 주지 않도록, 창업자의 기술에 대한 이해 정도와 역량에 대해 살펴보아야 한다.

기술적 타당성 평가에서는 계획제품의 생산과 관련된 생산시의 문제점, 생산계획 및 제조원가를 추정하여 상업화의 가능성을 검토해야 한다. 한편, 기술 수준이 선도 기업과 비교하여 손색이 없더라도 상품화하여 시장을 진입하는 데는 어려움이 많을 수 있다. 이는 기술적 타당성과 시장성이 반드시 일치하지 않기 때문이다.

▶ 기술적 타당성 평가 요소

기술적 타당성 평가 요소를 보면 먼저 제품 개발 가능성 및 기술 능력이 있다. 여기서는 기술인력 현황, 핵심 기술의 내역, 기술 도입 및 협력 가능성, 연구개발 과정 및 개발 일정을 먼저 확인해 보아야 한다. 기술 인력의 학력 분포, 연구개발 업적 등에 대해서도 면밀하게 평가해야 한다. 핵심 기술의 내역에서는 핵심 기술의 정의, 개발 진척 정도, 향후 전망에 대해 초점을 맞추어야 한다. 기술 도입 및 협력 가능성에서는 외부로부터 기술 이전 계획, 혹은 핵심 기술 개발에 있어 타 기업과의 공동개발, 협력 개발 가능성에 대해 살펴보아야 한다.

다음으로 제품의 특성 및 경쟁력을 정의해야 한다. 제품의 특성 및 경쟁력 분석에서는 유사제품과 비교한 계획제품의 기술적 우수성, 가격 경쟁력, 대체기술의 출현가능성, 기존의 특허현황, 해외기술의 도입 가능성, 기술 변화 사이클을 분석해야 한다. 이는 앞서 본 시장성 분석에서도 나온 것이다. 그러나 시장성 분석과 비교하여 보다 자세한 분석이 기술적 타당성 평가에서는 요구된다.

마지막으로 생산 능력 및 계획에 대한 분석이 요구된다. 공장시설 확보의 정도 및 계획, 적정한 기계 설비 구입 및 배치, 원 · 부자재 조달의 안정성, 원 · 부자재 가격의 안정성,

표 ⑤-3 기술적 타당성 평가 항목

평가요소	평가방법
기술적 특성	• 기술상의 차별성 • 경쟁제품 및 수입품과의 기술 차이, 성능 비교 • 외부 연구기관의 자문 • 신기술 관련 인증, 심사 등의 시험자료 활용 • 동업계와 산업별 단체 또는 기술에 대한 분석
기술개발 능력	• 기술인력의 과거 개발 실적 • 회사의 개발기술 보유내용
R&D 투자	• R&D 투자비율 • 총인원대비 기술인력의 비율
대표자의 기술 장악력	• 대표자의 기술개발 능력 • 핵심 기술인력의 이탈 가능성 • 신규 인력 확보 노력

[출처 : 정승화, 벤처창업론, 2008.]

생산이력 조달상의 문제점, 생산 계획 및 원가 추정이 필요하다. 공장시설 확보의 정도 및 계획에서는 기존 입지 조건과 요구되는 입지 조건과의 비교를 통해 보다 합리적인 결과를 도출해야 한다. 그 외의 요인들에 대해서도 면밀한 현상 파악과 미래 조망을 통해 기술적 타당성 평가를 보다 정확히 해야 한다.

기술적 타당성 평가에 대하여 투자자는 제품의 마진율 정도와 시장 수용성을 중요하게 생각하는 반면, 첨단 기술제품이거나 특허 등 독점적 소유권으로 보호받는 것에 대해서는 별로 중요하게 생각하지 않는 경우가 있다. 이는 기술적 타당성 평가 시 첨단 기술로서 높은 위험과 이윤이 보장되는 제품의 개발보다는 일정한 마진과 판매가 보장되며 생산에 문제가 없는 제품을 선호하는 것으로 볼 수 있다. 아래의 〈표 5-3〉은 기술적 타당성 평가항목에 대한 내용이다.

(4) 재무적 타당성 평가

아무리 제품의 품질이 좋고, 시장성이 뛰어나서 성공적으로 생산 · 판매되더라도 수익이 제대로 창출되지 못하든가 투자의 경제성이 없다면 그 사업은 근본적으로 실익이 없는 것으로 판단할 수 있다.

이러한 재무타당성 분석은 사업타당성 분석의 최종단계일 수도 있으며, 나아가서 창업 후 경영전략을 수립하기 위한 사전준비과정일 수도 있다. 왜냐하면 계획제품이 그 특성상 수익성이 낮다면 영업외적 요소, 즉 인건비나 경비를 줄일 수밖에 없는 경영전략 수립이 요구되며, 경제성이 없다면 새로운 사업 분야의 탐색 등이 필요하기 때문이다.

재무타당성 분석은 추정 재무제표의 작성을 그 전제로 하고 있다. 수익전망은 향후 3년 내지 5년간의 추정제조원가 명세서와 추정손익계산서를 작성하여야만 그 예측이 가능하며, 예측된 매출액 및 당기순이익 규모에 의해 손익분기점분석이 가능한 것이다. 또한 추정 대차대조표와 자금조달 운용계획표가 작성되어야만 이를 근거로 투자수익 및 계획사업에 대한 경제성 평가가 가능하고, 자금흐름 예측에 의거하여 자금수지 및 자금조달 능력을 검토할 수 있기 때문에 재무타당성 분석은 추정 재무제표 작성을 전제로 하고 있다.

① 분석의 범주 및 평가항목

평가항목을 크게 나누어 ① 수익전망, ② 손익분기점 분석, ③ 투자수익 및 계획사업의 경제성 분석 등으로 분류할 수 있다.

첫째, **수익전망은 창업 후 3년 내지 5년간의 추정 손익계산서(제조원가 명세서 포함), 추정 대차대조표, 자금수지 예상표를 작성한 후, 이를 근거로 기준시점 이후 3년 내지 5년간의 수익전망 및 흑자실현 가능시점 등 수익성을 검토한다.**

둘째, 손익분기점 분석은 손익분기점 매출액, 즉 **기업이 영업활동에서 발생하는 수익과 비용이 일치하는 매출액과 비용은 어느 정도이며, 어느 시점에 실현 가능한지를 중점적으로 분석한다.** 또한, 부수적으로 손익분기점 산출 후 판매수량, 금액, 고정비, 변동비 등이 균형을 이룰 수 있는지도 검토되어야 한다.

셋째, 투자수익 및 계획사업의 경제성 분석은 각종 투자수익률 산출방식에 의한 투자수익률을 산출함과 동시에 계획사업을 통해 최소한 목표수익률 이상의 수익실현이 가능하며, 나아가서 사업의 경제성은 있는지를 분석하게 된다.

② 항목별 평가기준 및 방법

가. 수익전망

수익전망은 추정 손익계산서를 근거로 하여 예측한다. 향후 3년 내지 5년간의 추정 손익계산서가 작성되면 손익계산서상 연도별 매출액, 매출 총 손익, 영업이익, 경상이익, 세전순이익, 그리고 당기순이익 등을 분석한다. 매출액에 대한 매출원가는 동종업계와 비교하여 과다하지 않은지, 판매비와 일반관리비는 매출액 또는 전체적인 영업규모에 비해 과다하지 않은지 종합하여 분석해 보아야 한다. 그리고 최종적으로는 당기순이익 규모가 적정한지, 매출액에 대한 당기순이익률은 경쟁사 대비 어느 수준인지도 검토되어야 한다.

수익전망분석에서 검토되어야 할 또 다른 요소는 흑자실현 가능시점의 분석이다. 몇 년이 지나도록 이익이 실현되지 못하고 있거나, 이월결손금 보전이 안 된 경우라면 결코 사업성이 있다고 볼 수 없다. 아무리 창업기업이라 하더라도 2-3년 내에 이익실현이 불가능한 경우이거나 5년 이내에 이월결손금이 보전되지 않는 사업이라면 재고의 여지가 있다. 또한 아무리 대규모 장치산업이라 하더라도 중소기업에 있어서는 5년 이내에 이익실현이 불가능한 경우라면 5년 이후에 큰 수익이 기대되더라도 사업자체를 재고하지 않으면 안 된다. 5년 내에 자금 압박으로 도산해 버린다면 5년 이후의 큰 수익은 아무 소용이 없기 때문이다.

나. 손익분기점(break-even point) 분석

손익분기점이란 기업경영에 있어서 수익총액과 비용총액이 일치하게 되는 이익도 손실도 없는 매출액을 말한다.

손익분기점은 어느 정도의 매출을 실현하여야만 이익도 손실도 아닌 분기점에 도달할 수 있는 것이며, 분기점 도달시점은 영업개시 후 언제가 될 것이냐가 분석의 핵심과제가 되는 것이다. 손익분기점 분석은 사업성패의 관건인 동시에 자금수급계획의 지침이기도 하다. 매출이 손익분기점에 이르기 전까지, 그리고 손익분기점에 이른 후에도 일정기간 동안은 자금의 투입만이 이루어지기 때문에 동 기간 동안 소요될 자금을 미리 확보하지 않으면 사업이 본 궤도에 오르기 전에 도산하고 마는 결과를 가져올 수 있는 것이다. 따라서 손익분기점 분석은 자금조달계획을 미리 수립하기 위한 척도로서 활용할 수 있다.

또한 손익분기점 산출 후 손익분기점 달성시점을 재조정할 필요성이 있는 경우 판매수량, 금액, 고정비, 변동비 등의 타당성을 검토함은 물론, 이들 요소로부터 경비의 절약 방안 등을 강구할 수 있어서 손익분기점 자체를 재조정할 수도 있다.

손익분기점의 평가기준은 그 평가목적에 따라서 다양하다. 단순히 손익분기점 매출액을 산출하는 경우에는 손익분기점에 이르는 매출액 규모의 산출에 그 목적이 있으며,

이 손익분기점 매출액을 산출하면 이를 근거로 하여 창업 후 어느 시점에 이익실현이 가능한지를 예측해 볼 수 있는 것이다.

창업기업에 있어서는 손익분기점 매출액 자체보다는 언제쯤 이익실현이 가능한지가 더 중요한 지표일 수가 있다.

3. 경쟁자를 통한 사업타당성 분석

(1) 경쟁자 분석의 의의

경쟁사의 현재 전략과 강약점, 미래 전략을 이해하고 대처하면 자신의 사업 타당성을 높일 수 있다. 현재에는 사라졌지만 과거의 경쟁사의 사례를 분석하고 강점과 약점을 학습한다면 본인의 전략 대안의 결정에 도움이 되며, 미래의 불확실성을 파악할 수 있다.

경쟁사는 현재 시장의 경쟁자(직접적), 대체가능한 경쟁자(간접적) 그리고 잠재시장의 경쟁자(잠재적)로 나누어 살펴볼 수 있다. 직접적인 경쟁자만 고려하다가 간접적 경쟁자에게 시장을 뺏길 수 있다.

(2) 경쟁자 분석하기

경쟁자의 기초정보, 제품 및 서비스, 마케팅, HR, 운영, 경영진, 조직구조, 브랜드, 경영전략, 재무구조 등을 토대로 기업의 미래 목표, 현재 전략, 능력(장단점) 등을 분석할 수 있다. 이를 통해 나의 비즈니스에 접목함으로써 더 발전된 비즈니스모델을 구축할 수 있다.

경쟁사의 제품이나 서비스와 관련된 내용을 홈페이지나 인터넷상의 고객 리뷰, 언론보도, 통계자료 등을 활용하여 확인할 수 있다. 또한 실제 고객이 되어 구매, 사용, 환불, A/S 등 모든 과정을 직접 체험하는 것도 중요하다. 온라인으로도 구매해 보고 사무실에도 들러 본다. 그리고 제품구매 외에도 다른 것을 요청해 보고 어떻게 처리하는지 꼼꼼히 확인하여 운영적인 측면도 놓치지 않도록 살펴봐야 한다.

실습해보기 Work Sheet를 활용한 경쟁사 확인하기

다이어트 기능이 있는 청량음료의 경쟁대상을 찾아본 사례를 참고하여 나의 경쟁사(제품)를 정의해보자. Work Sheet를 작성할 때에는 먼저 네모 칸 안에는 분류의 기준(제품 형태, 제품 범주, 대체제품, 브랜드 연상, 경영전략 등)을 직접적인 것에서 간접적인 순서로 적은 후 그와 관련된 제품군이나 기업명을 동그라미 안에 적는다.

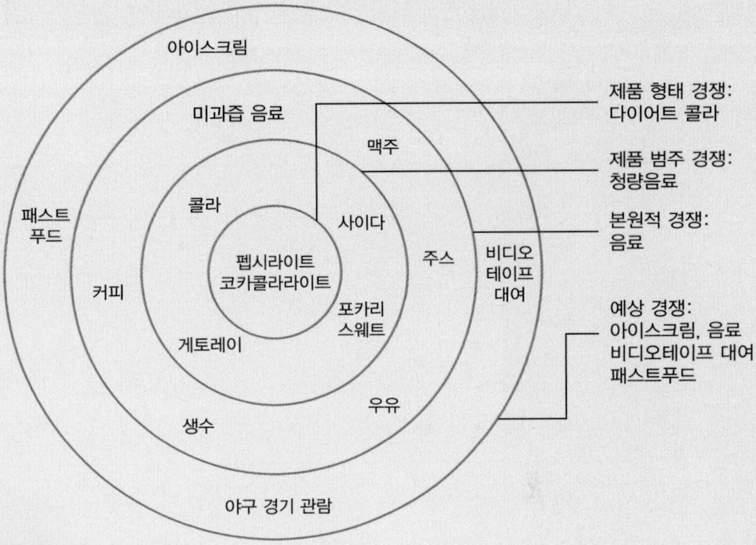

Work Sheet | 경쟁사 확인하기

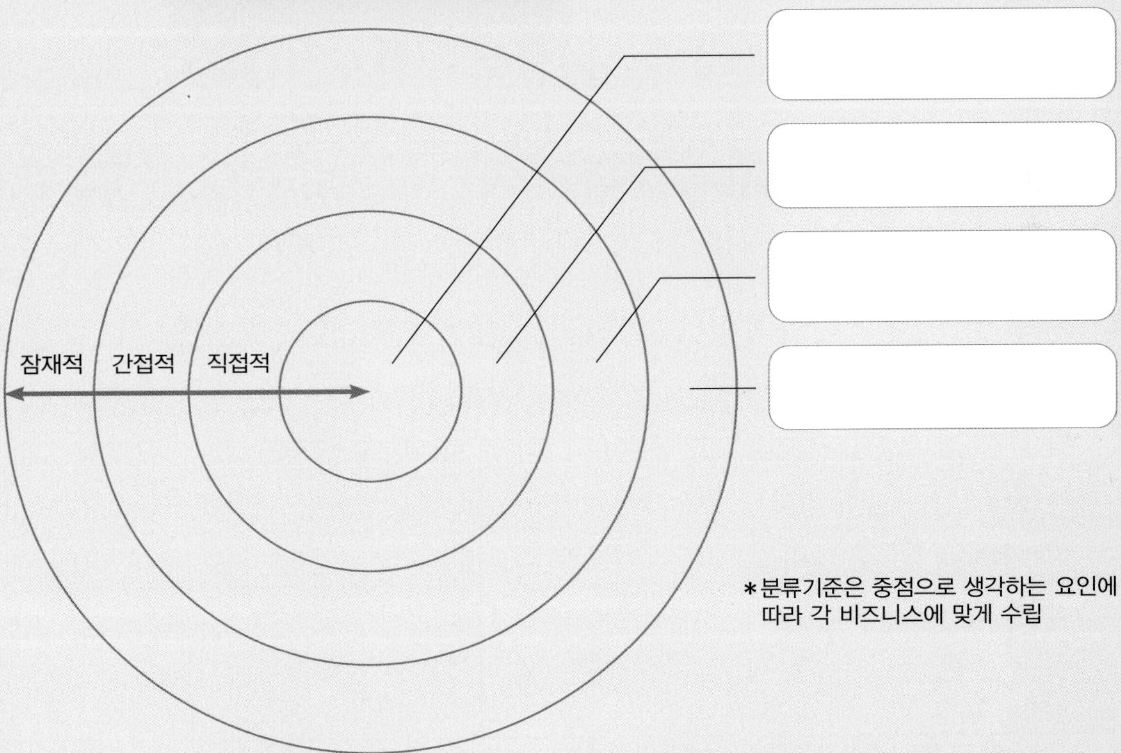

*분류기준은 중점으로 생각하는 요인에 따라 각 비즈니스에 맞게 수립

[출처 : 손에 잡히는 비즈니스플랜, 한국청년기업가정신재단(2017)]

실습해보기 경쟁자 분석을 통한 개선점 찾기

기업명 (제품)	강점 / 단점	벤치마킹 포인트 / 보완 포인트
	강점	벤치마킹 포인트
	단점	보완 포인트
	• • •	• • •
	• • •	• • •
	• • •	• • •
	• • •	• • •
	• • •	• • •
	• • •	• • •
	• • •	• • •
	• • •	• • •

4. SWOT 분석을 통해 사업타당성 제고하기

SWOT분석은 외부요인(시장, 환경)과 내부요인(기업, 제품)에 관해 수집된 정보를 통합하여 포괄적으로 분석하는 방법이다. 내부 환경을 분석하는 강점(Strength)/약점(Weakness) 분석과 외부환경을 분석하는 기회(Opportunity)/위기(Threat)분석으로 나뉜다. SWOT분석의 주된 전제는 내 · 외적인 현실(realistics)에 대한 냉철한 진단과 분석이 기업의 목적을 달성하기에 적절한 전략을 선택, 구성할 수 있게 한다는데 있다.

기업환경의 기회와 위험, 그리고 기업의 강점과 약점을 분석하여 조직이 어디로 향하고 있으며, 어디로 향해야 하는지에 관해 명확한 비전을 제시하고, 사업타당성을 높일 수 있는 합리적인 전략을 수립할 수 있도록 해준다.

표 ❺-4 SWOT 분석의 구성요소

	구성 요소
강점 (Strength)	독특한 능력, 경쟁우위, 강한 상표망, 혁신력, 원가.가격의 주도자, 기능 노동력, 견고한 재무능력, 독점적 기술, 충실한 고객
약점 (Weakness)	가격인상의 취약성, 약한 시장점유율, 약한 재무력, 낮은 제품개발력, 마케팅 능력부족, 상대적으로 높은 원가, 독특한 능력 부족, 진부한 상품, 낡은 시설, 공급자에 대한 취약성
기회 (Opportunity)	새로운 시장에서의 성장, 세계적 확장, 신제품 개발, 새로운 서비스, 품질 개선, 수직적 통합, 고객의 욕구 증대, 경제적 이점
위험 (Threat)	새로운 경쟁자 침입, 제품원가 증대, 원자재 부족, 기술의 변화, 수입된 대체품, 불리한 경제적 요인, 불리한 법률, 고객의 강한 압력

실습해보기 SWOT 작성하기

SWOT		기회요인(O)	위협요인(T)
		1) 2) 3) 4) 5)	1) 2) 3) 4) 5)
강점 (S)	1) 2) 3) 4) 5)	(SO 전략)	(ST 전략)
약점 (W)	1) 2) 3) 4) 5)	(WO 전략)	(WT 전략)

생각해보기 2

"스타트업은 빠른 실행이 생명… 일단 제품 내놓고 시장 반응 살펴야"

▲ '실리콘밸리의 대부'로 불리는 스티브 블랭크(Steve Blank) 스탠포드대 교수

스티브 블랭크씨는 스티브 잡스처럼 대학 자퇴 후 억만장자가 된, 실리콘밸리의 전설 중 하나다. 미시간대 입학 후 학업에 흥미가 생기지 않아 한 학기만에 그만뒀다. 1978년 실리콘밸리에 처음 발을 디딘 뒤 지금까지 벤처기업 8곳 설립에 참여했고, 이 중 4곳을 상장시켜 갑부가 됐다. 그가 자신의 경험을 집대성해 지난해 펴낸 책 '기업 창업가 매뉴얼(Startup owner's manual)'은 젊은 벤처 지망자들에게 바이블로 통한다. 그는 또 UC버클리와 스탠포드대에서 창업 교육 과정을 주관하며 미래의 스티브 잡스를 발굴하는 데 힘을 쏟고 있다.

그가 벤처기업 창업과 관련해 강조하는 건 일명 '린 스타트업(Lean Startup)' 전략이다. 도요타 자동차의 '린 제조(lean manufacturing)'란 말에서 차용했다.

요약하자면 아이디어가 있으면 머뭇거리지 말고 빠르게 최소 요건 제품(시제품)으로 제조한 다음 일단 내놓고, 시장의 반응을 보면서 다음 제품 개선에 반영하는 전략이다. 짧은 시간 동안 제품을 만들고 성과를 측정해 다음 제품 개선에 반영하는 것을 반복해 성공 확률을 높이는 방식. 몸집이 가벼운 벤처기업 생리에 딱 맞는 창업 전략이다. 그는 "스타트업(갓 창업한 회사)에는 스타트업에 맞는 방식이 있다. 대기업에서 통한 방식을 무조건 적용하면 안 된다"고 강조했다.

→ 린 스타트업 철학에 대해 좀 더 설명해 달라.

"스타트업은 대기업의 작은 버전이 아니라는 점에서 출발한다. 전통적인 MBA 과정은 대기업에서 배운 방식과 규칙, 과정을 전달하려 한다. 하지만 스타트업은 다르다. 스타트업에는 실행, 더 빠른 실행이 중요하다. 시작부터 남달라야 한다는 건 강박관념일 뿐 아무런 긍정적인 효과를 낳지 못한다. 스타트업의 '비전'이란 검증되지 않은 가설에 불과하며 고객 검증이 필요하다. 실패는 스타트업이 비즈니스 모델을 탐색하는 과정에서 겪는 필수적인 과정이며, 스타트업이 실패를 두려워하면 실패할 수밖에 없다. 답은 현장에 있다. 고객과 접촉하는 가운데 기민하게 시제품을 보완하고 가설을 검증하는 것이 중요하다. 고객은 창업자의 계획대로 행동하지 않기 때문이다. 창업 희망자들에게 항상 '건물 밖으로 나가라'고 한다. 아무리 똑똑해도 고객 반응을 고객보다 잘 알 순 없다."

→ 미국에서도 유독 실리콘밸리가 혁신의 중심이 될 수 있었던 이유는 뭔가.

"독특한 문화 때문이다. 동부나 서부나 실리콘밸리 모태가 되는 군수 연구 단지가 있었다. 다만 뉴욕 · 보스턴 같은 동부는 부모가 가까운 곳에 있어 자주 찾아가야 하는 등 보수적인 문화 속에 자리 잡고 있다. 반면, 스탠포드대를 가느라 서부로 온 젊은이들은 대개 부모와 멀리 있어 간섭을 덜 받고 자유분방한 생활을 하다 모험이 많은 생활을 하게 됐고 그게 혁신을 가능케 했다. 많은 대기업이 차고에서 아이디어를 짜내는 몇몇 젊은이보다 훨씬 많은 자원을 갖고 있는데도 혁신에 느린 건 전통을 고집하고 모험을 기피하는 문화 때문이다. 앞으로 누가 성공할지는 예측할 수 없는 법이다. 혁신을 이룬 회사들을 보면 항상 내부 문화를 역행한 사람들이 있다. 혁신을 위한 지표가 필요하다. 패스트 팔로어(fast follower · 빠른 추격자)가 아니라 혁신이 목표라면 자유롭게 실험할 수 있는 환경을 조성해야 한다. 영화 제작사가 돈을 대고 분위기만 조성해 주고 모든 걸 지시하지 않는 것과 마찬가지다."

→ 하지만 그동안 성공한 실적이 없는 젊은이에게 사업 아이디어만 좋다고 투자하면 위험하지 않나.

"위험을 그냥 감수하는 거다. 실리콘밸리엔 실패한 창업자를 부르는 말이 있다. 바로 '경험 있는 창업자(experienced entrepreneur)'다. MIT가 있는 보스턴이 아닌 실리콘밸리가 혁신의 중심이 된 이유가 그거다. 1970년대 보스턴의 벤처캐피털이 은행 같았다면 서부 벤처캐피털은 도박사 같았다. 동부 투자자가 확실히 결과가 보장되는 프로젝트를 원했다면, 서부에선 포트폴리오가 너무 좋은 사람은 위험을 감수하지 않는 사람이라 보고 부정적으로 해석했다. 실리콘밸리에는 투자한 10가지 중 9가지가 실패로 돌아가도 1가지만 성공하면 된다는 모험가적인 문화가 있다."

→ 실리콘밸리의 혁신적인 문화가 끊이지 않고 계속 이어지는 이유는 뭐라고 보나.

"실리콘밸리엔 '페이 잇 포워드 (pay it forward)' 문화란 게 있다(도움을 준 사람에게 되갚지 않고 다른 사람에게 갚는 것). 안면도 없는 사람에게서 도움을 청하는 연락을 받고 도와주는 것을 사회적 책무라 생각한다. 실리콘밸리에서 반도체 산업이 태동할 때 실패를 경험한 기업이 허다했다. 그때 페어차일드를 비롯하여 60여개 기업 엔지니어들이 같이 점심을 먹으며 자신들의 경험과 시행착오, 노하우를 나누는 문화가 생겼다. 인도, 중국, 러시아 출신 등 인종적 장벽을 경험한 기업인들도 연합을 결성해 서로 돕기 시작했다. 그 문화가 다음 세대에까지 이어졌다. 몇몇 기업 간부가 1주일에 한 시간씩 시간을 내 엔지니어들을 만나 조언을 주기도 했는데, 장발의 20대 청년이 당시 55세였던 인텔 창업자 로버트 노이스 연락처를 전화번호부에서 찾아 조언이 필요하다고 면담을 청했다는 일화는 유명하다. 그 젊은이가 바로 스티브 잡스였다. 지식은 유전을 통해 자동으로 다음 세대에게 전달되지 않는다. 그래서 학교가 필요한 것 아닌가. 실리콘밸리는 그런 의미에서 학교였다. 혁신을 원한다면 다음 세대에게 페이 잇 포워드 문화를 가르쳐야 한다."

→ 한국 창업자들이 외부 접촉을 보통 하지 않는 것과 사뭇 다르다.

"그런 현상은 비판해야 한다. 자기 자신의 능력으로 성공했다고 생각하기 때문에 생기는 일이다. 어떤 아이디어든 결코 사회적 분위기와 주변 도움 없이 성공할 수 없는 만큼 성공한 사업가는 새로 시작하는 젊은이들을 도와야 한다. 오만해져선 안 된다."

→ 뛰어난 창업자에게서 공통적으로 발견되는 성격이나 자질이 있나.

"훌륭한 예술가가 될 수 있는 자질이다. 뛰어난 화가나 음악가가 될 자질이 있는 사람은 창업가가 될 자질이 있다. 무에서 유를 만드는 사람이고, 눈에 보이지 않는 아이디어가 창조됐을 때 어떨지를 내다볼 수 있는 능력이 있는 사람들이기 때문이다. 어릴 때 예술 감상하는 법을 가르치는 게 유익하다고들 하지만, 그걸로 커리어를 개발하고 돈을 벌 수 있다고는 생각 안 하는데, 돈 벌 수 있다. 스타벅스 이전에는 커피가 브랜드가 될 수 있다고는 아무도 생각 안 했다. 훌륭한 창업 아이디어들도 처음엔 우습게 보일 수 있다. 그런데 그게 혁신을 시작하는 단초다. 또 성공한 창업자 중에는 불우한 환경에서 자란 사람이 꽤 많다. 어수선한 분위기에서 자란 탓에 스타트업 같은 불안정한 환경은 그들에게 일상인 셈이다. 그런 성장 과정에서 살아남은 경험은 남다른 집중력과 투혼을 갖는 경향이 있다."

「출처 : 조선일보, 2014. 7. 12.」

토의문제

- 대기업과 다른 차별화된 스타트업의 제품출시 방법에 대해 생각해보세요.
- 한국의 창업 생태계를 개선할 수 있는 방안에 대해 생각해보세요.

예비 창업자가 궁금해 하는 Q&A

Q12. 사업계획서 작성 시 꼭 들어가야 할 중요한 포인트는 무엇인가요?

여러분은 사업계획서에 어떤 내용을 담고 싶으신가요? 우선 사업계획서라는 서류의 속성과 용도를 파악하는 것이 중요합니다. 사업계획서란 사업계획이 어떤 방향으로 가고 있으며 어떻게 목표에 도달할 수 있는지를 나타내는 지침서와 같습니다. 즉, 자신의 사업 아이템이 무엇인지, 특장점은 무엇인지, 얼마나 사업성이 있는지 등이 사업계획서에 담겨져 있어야 합니다.

사업계획서의 용도는 크게 이해관계자와의 원활한 의사소통 및 투자를 유치하기 위한 목적으로 분류할 수 있습니다. 따라서 사업계획성은 누구나 이해할 수 있도록 쉽게 작성해야 하며 핵심적인 내용으로 간결하게 구성하되 어려운 단어나 추상적인 단어는 피하는 것이 좋습니다.

Q13. 사업계획서 작성 시 유의해야 할 점은?

상당수의 사업계획서를 받아보면 '고객은 이것을 좋아할거야, 기존 회사는 이래서 못해, 난 잘할 수 있어' 와 같은 삼단 논리 비약으로 시작합니다. 스타트업은 각 문장에 '왜'를 붙여 이를 실험하고 검증하는 일이 해야할 핵심 입니다.

'왜 고객이 이것을 좋아해야만 할까? 왜 기존 회사는 그것을 하지 않았을까? 왜 나는 잘할 수 있을 것이라 믿는가?' 이 세 가지 질문을 만들어 고민해보시기 바랍니다.

Q14. 비즈니스 모델은 하나여야 하나요?

사업 초기 단계에서는 다양한 비즈니스 모델을 가지고 있는 것은 나쁘지 않습니다. 1년에도 몇번의 사업모델이 변화되는 것이 스타트업이며, 다양한 비스니스 모델은 검증 단계에서 모두 걸러지게 됩니다. 하지만 너무 많은 비즈니스 모델을 제시하면 현실가능성이 떨어질 수 있으며 사업의 방향성도 모호해 질 수 있으니, 선택과 집중을 통해 강화해야할 비즈니스 모델은 강화하고 현실 가능성이 떨어지는 비즈니스 모델은 과감히 버릴 줄 알아야 합니다.

창업자가 꼭 봐야할 동영상

작은 프로토타입이 페이스북으로 발전된 과정
-Facebook 설립자이자 현 CEO, Mark Zuckerberg-

"다시 말하지만 저와 제 룸메이트는 페이스북을 회사로 만들려고 한 것이 아니었고 사람들이 원하는 것을 반영해 나갔을 뿐입니다. 그러다 보니 다른 학교들에도 확장하게 되었고 결국에는 학교 범위를 넘어서게 되었습니다"

* 유튜브(www.youtube.com)에서 '가장 큰 리스크'를 검색하시면 마크 저커버그의 프로토타입이 페이스북으로 확장되는 에피소드를 볼 수 있습니다.

Ask Yourself
"작은 프로토타입이 페이스북으로 발전되는 과정을 여러분들의 사업아이템에 적용해 보세요"

소상공인의 창업 경영진단과 컨설팅을 위한 린 스타트업의 활용 사례연구(요약)

김재현, 남정민

벤처창업연구, 13(4), 2018

본 연구는 창업 중인 청년 소상공인들을 대상으로 심층컨설팅을 실행하고, 청년 소상공인들의 창업 인식과 창업교육 이후의 인식변화 및 고객문제, 솔루션에 대한 Lean Start-up의 효과성을 검증하였다. 약 10개월 동안 5명의 소상공인들의 아이템을 철저하게 고객의 관점에서 살펴보았으며, Lean Canvas[1]를 이용한 아이디어 시장성 검증 및 최소기능제품(MVP)[2]을 통한 제품 적합성을 실시하여 소상공인들의 자발적인 경영진단과 문제점을 해결할 수 있도록 하였다. 연구 대상자들은 현실에서 창업 이전 창업에 대한 불안감과 부정적인 인식을 가지고 있었으며 창업 이후 경영계획이나 마케팅 및 이익률 관리 등 전반적인 경영지식이 부족하였지만, 교육 이수 후 창업에 대한 인식이 긍정적으로 변화되었다. 특히 본인의 경험을 교육 이론에 적용하거나 경영에 적극적으로 활용하려고 하였다. 아울러 MVP 테스트를 통해 고객의 정확한 의견을 확인하고 수정 보완할 수 있게 되었으며 스스로 경영진단과 창업의 성공률을 높일 수 있는 방법론으로서 이용할 수 있게 되었다.

이러한 연구 결과에 따라 Lean Start-up은 실제로 고객의 요구를 파악할 수 있어 개개인의 주관에 근거한 판단이 아닌 시장에 의한 비교적 정확하고 객관화된 검증을 가능하게 만들어준다. 사업화 과정에서 발견되는 여러 가지 문제점을 극복할 수 있는 자발적 경영진단 모델과 창업 초기의 소상공인 실패를 줄일 수 있는 통찰력과 지침을 제공할 수 있음을 알 수 있다.

〈표 1〉 연구 대상자 창업 인식 및 검증 사례

	김**	김**	성**	천**	박**
교육 전 창업 인식	• 부사관 제대 후 많은 고민 • 다양한 경험을 위하여 노력	• 창업비용 부담 • 경영의 두려움 • 아이템과 경쟁의 두려움	• 창업의 두려움 • 나만의 외식 브랜드 • 경기침체에 따른 불안감	• 실패의 두려움 • 철저한 관리 및 계속된 노력	• 실패의 두려움 • 선배들의 사례 분석 • 계속된 노력
창업교육 후 창업 인식	• 체계적인 교육 필요 인식 • 이론을 실제 현장에서 접목 • 계속된 연구와 노력 • 막연한 창업에 대한 자신감	• 창업에 대한 자신감 • 창업의 부정적 이미지 전환 • 현장과 팀원의 중요성을 깨달음 • 교육의 필요성을 인식	• 창업교육의 필요성 및 수익성의 중요성 • 고난과 역경을 이겨내겠다는 의지 생성 • 주변 및 팀원	• 현실적 접근 및 불안감 해소 • 현업의 중요성 파악 • 차별성을 통한 경쟁우위	• 전문적인 도움의 필요성 인식 • 창업에 대한 자신감 생성
고객 문제검증	• 3D 프린팅 체험학습이 없다. • 만들고자 하는 쿠키툴의 부재 • 방과 후 및 체험학습 프로그램의 차별성이 없다.	• 주부들이 석고를 이용한 공방을 찾기가 불편함. • 학교 수업에 적극적으로 활용되지 않음. • 아직 석고품질의 검증이 없다.	• 현재 **시장 주변 수제 돈가스 집이 없다. • 수제 돈가스의 가격을 높게 생각하고 있다. • 돈가스는 건강에 좋지 못하다.	• 금속, 가죽 공예 판매점이 없다. • 대부분의 금속제품의 가격이 고가이다. • 시장의 공예품은 제품의 질이 낮다.	• 주변 상권에 스테이크 판매 점포가 없다. • 스테이크의 가격을 높게 생각하고 있다. • 시장제품의 스테이크는 품질이 낮다.
MVP 인터뷰	• 체험학습 후 반응 • 좋은 점 및 개선점	• 석고를 이용한 취미활동 여부 • 좋은 점 및 개선점	• 식사 후 재방문 여부 • 좋은 점 및 개선점	• 금속, 가죽 공예품 재구매 의사 • 좋은 점 및 개선점	• 식사 후 재방문 여부 • 좋은 점 및 개선점

Lean Canvas를 이용한 아이디어의 시장성 검증 및 최소 기능제품(MVP)을 통한 고객 반응을 확인함으로써 소상공인들의 창업 실패율 감소 및 창업 성과 향상을 도모할 수 있다.

1) Lean Canvas : 주요 사업 요소들에 대한 정의를 한 눈에 볼 수 있도록 만든 그래픽 템플릿이다. 즉, 한 장으로 요약하는 비즈니스 모델이라고 할 수 있다. 기존의 비즈니스 모델 캔버스(Business Model Canvas)를 초기 스타트업에 맞게 최적화 하려는 목적으로 다듬은 버전으로 이해하면 된다.

2) MVP(Minimum Viable Product) : 제품을 만들 때 최소한으로 구현해 일단 출시한 후 사용자 반응을 보고 개선해 나가기 위한 최소요건제품을 의미한다. 최소한의 핵심기능을 최소의 노력을 들여 시장에 빨리 내놓는 것으로 고객의 반응을 살피는 것이 핵심이다.

학습목표

1. 창업자금이 중요한 이유는 무엇이며, 창업자금 확보가 어려운 이유에 대해 이해한다.
2. 재무 전략을 수립하기 위해 선행되어야 할 점과 유의해야 할 점을 알아보자.
3. 회계와 재무제표의 중요한 요소를 알아보고, 사업을 객관적으로 바라볼 수 있는 시각을 갖는다.
4. 다양한 자금조달 방법 등을 알아보고, 이를 통해 자신에게 적합한 투자조달계획을 수립할 수 있다.

"기업가정신이란 절벽에서 뛰어내려 떨어지는 동안 비행기를 만드는 것과 같은 일이다."

「Linked in 창업가, 레이드 호프만」

제6장

창업자원의 조달과 운영

Ⅰ 창업자금의 중요성

Ⅱ 창업기업의 재무전략

Ⅲ 창업프로젝트의 경제성 분석

Ⅳ 자금조달의 원천

생각해보기 1

버티는 것이 성공?

1986년 초 마이크로소프트의 부회장이자 공동창업가였던 스티브 발머(Steve Baller)는 회사의 성장률을 계산한 뒤 17명의 사원을 고용해야 한다는 결론을 내렸다. 그 말은 들은 빌 게이츠 (Bill Gates)는 버럭 화를 냈다. "회사를 파산시키고 싶은 건가? 절대로 안 돼! 회사를 재정파탄에 이르게 놔둘 수 없어! 17명이라고? 적어도 1년은 유지할 수 있는 현금을 보유하고 있어야 되는 데? 단 한 푼의 수입도 없이 1년이나 말이야!" 당시 마이크로소프트는 주식상장을 준비하고 있었으며, 주식시장에서 최고의 블루칩으로 기대받는 상황이었다. 지금은 세계에서 가장 기부를 많이 하는 인물로서 워렌 버핏(Warren Buffett)과 수위를 다투고 있으며 매년 35억 달러 이상을 기부하는 '세계에서 가장 부유한 인물'이지만, 창업초기에는 세상에 둘도 없는 구두쇠이자 피해망상의 대통령으로도 유명하다. 빌 게이츠와 5 년간 비밀 연예를 한 뒤 그와 결혼한 멜린다는 말한다. "1988년부터 비밀연애를 시작했고, 커피 값을 내는 쪽은 항상 저였어요. 그는 항상 빈 지갑을 들고 다니기 일쑤였어요."

창업은 획기적인 아이디어를 통해 한 번에 큰 돈을 버는 행위가 아니라 다양한 시행착오를 통해 축적된 아이디어를 시장에서 평가받는 단계적 과정이다. 시행착오기간을 버티기 위해서는 '현금'(cash)관리가 중요하며 아이디어가 시장에서 제대로 평가받기 전까지는 최대한 버티는 것이 창업초기의 관건이라 할 수 있다.

세계적인 경영컨설턴트 짐콜린스의 저서 '위대한 기업의 선택'에서는 9년 동안 미국의 7000여 개 기업을 분석한 후 수십 년간 획기적인 성과를 낸 기업들의 특성을 제시하고 있다. 그의 깐깐한 조건을 충족시킨 기업 중 하나인 바이오맷은 세계적인 미국의 의료장비 전문업체로 30년간 동종업계의 주가지수를 10배 이상 유지한 위대한 기업이다. 그러나 위대한 기업의 시작은 작고 초라했다. 바이오맷은 1977~1982년까지 회사가 기반을 마련하는 동안 겪게 될 어려움에 대비하고 충격을 완화하기 위해 극단적인 생활을 하며 버텼다. 창립자 밀러와 세 동료는 하던 일을 그만두고 각자 저축한 돈을 모두 창업에 쏟아 부었다. 이들은 헛간을 개조하여 만든 곳에서 주말을 포함해 하루 16시간씩 일하며 지냈다. 여름에는 전기요금을 최대한 아끼기 위해 냉방을 끄고 카드놀이용 접이식 테이블에서 땀방울을 뚝뚝 떨어뜨리며 일했다. 투자자를 만나러 출장을 갈 때도 경비를 아끼기 위해 그들은 이동주택에서 잠을 자고 얼음처럼 차가운 물로 샤워를 했다. 어느 날 밀러는 회사 뒤편의 빈 들판을 바라보다가 좋은 생각이 떠올랐다. '놀고 있는 저 초원에 소들을 풀어놓고 키우는 것도 괜찮지 않을까?' 회사에 현금이 바닥났을 때 힘든 시기를 견디기 위해 소고기로 식사를 대신하면 되겠다는 생각이었다. 그래서 소 세 마리를 기르기 시작했고 의료기기업계 최초로 목축업으로 위험을 헤징(hedging)하는 기업이 되었다. 바이오멧은 상당액의 외부투자를 유치할 때까지 다양한 상품을 시도해보고, 소도 잡아먹고 찬물로 샤워하면서 5년 이상을 버텼다. 벤처투자자들에게 거절당하고, 유명 판매점에서 거절당했을 때도 살아남았다. 오랫동안 살아남은 결과, 그들이 만든 의료기기가 마침내 주목을 받으면서 주가수익률이 동종 업계 대비 10배 이상인 기업으로 성장했다.

▲ 책 '위대한 기업의 선택'
저자 짐 콜린스 · 모튼 한센

2011년 게임의 본고장 일본 증시에 상장하여 시가 총액 8조원의 기업으로 성장시킨 넥슨(Nexon)의 김정주 대표는 1994년 12월 26세 나이에 일찌감치 창업을 시작했다. 당시 PC통신에서 인기를 끌고 있던 온라인게임의 가능성을 일찌감치 알아봤지만 당시만 해도 '낮은 PC 사양' 에 '비싼 서버 비용', '복잡한 개발 과정'으로 인해 단기간에 실현하기에는 한계가 있었다. 그래서 인터넷 솔루션을 개발하는 일도 했으며, 기업체 내부의 인트라넷을 개발하는 용역 업무도 했다. 항공회사의 예약시스템을 개발하기도 했다. 하지만 김정주 대표는 이런 인트라넷 솔루션으로 계속 사업을 영위할 생각은 없었다. 외주 개발업무는 현금확보를 위한 일종의 수단이었다.

김 대표는 자신의 사업을 실현시키기 위해 버티기와 총탄 모으기를 한 것이다. 만약 그가 단기 수익 중심에 국한하여 사업을 영위했다면, 혹은 당시 성장 환경이 조성되지 않은 온라인게임에만 집중했다면, 2013년 기준 우리나라 3번째 자산가는 다른 사람이 되었을 것이다.

얼마 전 수업시간에 초청한 패스트트랙아시아 박지웅 대표의 말에서도 '창업초기의 버티기'의 중요성을 확인할 수 있다. 그는 '티켓몬스터', '엔써즈', '아블라', '배달의 민족' 등 대표적인 창업 기업에 투자했으며, 현재는 초기창업기업인 '헬로우네이처', '굿닷', '케이크위크" 등을 지원하고 육성하는 국내 대표적인 액셀러레이터의 대표이다. "패스트트랙아시아에는 1년에 400여개의 사업계획서가 날아옵니다. 그중 최종적으로 투자하는 회사의 수는 10개 내외입니다. 벤처캐피탈(VC)은 창업초기의 기업에는 지원하지 않습니다. 창업기업들의 성장 그래프를 보면 초반에는 수익에 비해 지출이 훨씬 크게 나타납니다. 이때를 '죽음의 계곡'이라고 부르는데, 대부분의 창업기업들이 이 계곡에서 벗어나지 못하고 사라지게 됩니다. 창업초기부터 지원하는 VC는 세상에 거의 없습니다. 대부분의 VC들은 죽음의 계곡에서 벗어난 창업기업에 투자합니다. 투자 결정시에도 생각보다 많은 시간이 소모됩니다. 먼저 ① 투자 대상업체를 발굴하고 → ② 경영진 미팅 및 1차 스크린 작업을 거친 뒤 → ③ 사업내용을 상세 검토한 뒤 → ④ 투자심의위원회를 거친 후 → ⑤ 최종 확인과 함께 계약 및 자금 집행이 이루어집니다. 거의 6개월이 소요되죠. 이렇게 힘들고 어려운 과정을 거쳐 투자를 받는 기업들의 성공확률은 매우 높아집니다. 2011년을 기준으로 국내 벤처기업의 IPO(Intial Public Offering) 수가 35개이며, 그중에서 VC로부터 투자받은 벤처기업의 IPO수는 30개에 이르고 있습니다. 전체 IPO의 86%가 VC의 지원을 받아 성공한 것이죠."

창업을 준비하는 사람들은 사업아이디어만 좋다면 언제나 엔젤투자자나 벤처캐피탈들이 돈을 들고 찾아올 것이라는 환상을 갖고 있다. 그러나 혹독한 겨울을 버티지 못해 '죽음의 계곡'에서 벗어나지 못한 창업가에게는 누구도 찾아가지 않는다. 멋진 사무실과 안락한 오피스환경의 환상에서 벗어나라. 사무실 없이 아이디어나 좋은 팀만 있어도 지하 골방이나 카페 구석에서 얼마든지 시작할 수 있다. 머리가 버티는 한, 다리는 얼마든지 견딜 수 있기 때문이다.

토의문제

- 창업과정에서 누구나 겪는 '죽음의 계곡'에서 성공적으로 벗어날 수 있는 방법은 무엇인지 생각해 보세요.
- 창업초기에 생존하여 성장할 수 있는 창업자금관리 방법에 대해 생각해 보세요.

I 창업자금의 중요성

창업을 준비할 때 구체적인 계획이 필요한 것이 자금조달이다. 성공적인 창업이 되기 위해서는 충분한 창업자금 확보가 선행되어야 한다. 대부분의 창업가는 그들이 창업하려는 분야에서 이미 전문가인 경우가 많다. 전문분야에서 오랫동안 종사한 경험이 있어 자신감을 가지고 성공할 것을 기대하며 창업을 하게 되지만, 현실에서는 **창업 후 5년이내 폐업율이 70%를 넘을 정도로 시장에 정착하기는 쉽지 않은 것이 현실이다. 이는 창업가의 준비부족과 시장진입의 실패 또는 급변하는 시장환경에 대처하지 못하는 등 여러 가지 이유가 있을 수 있겠지만, 사업을 지속하지 못하는 최대 원인은 자금의 부족이다. 따라서 창업의 지속성을 높이기 위해서는 충분한 자금의 확보가 선행되어야 하며 이는 곧 창업성공의 중요 요인이 된다.**

고객검증을 통한 아이템의 타당성을 평가하고, BM(Business Model)을 검토하여 구체적인 사업계획을 수립하게 되면 창업가는 사업추진에 요구되는 자금, 소위 종자돈(Seed Money)을 확보해야 한다. 스타트업의 특성상 고객층과 매출이 미비하거나, 사업성이 시장에서 급증된 이후가 아니라면 외부 투자자들로부터 자금을 조달하는 일은 매우 힘들다. 사업이 어느 정도 자리를 잡은 후 빠른 속도로 성장하는 기업의 확장을 위해 더욱 많은 자금이 요구된다. 따라서 창업가는 늘 자금 부족에 시달리게 된다.

우리나라 창업기업 10개 중 7개는 5년 이내에 문을 닫는다. 사업을 접는 창업가들은 막상 창업을 시작해보니 들어오는 돈은 예상보다 적고 나가는 돈은 예산보다 많았지만, 조금 지나면 괜찮을 거라고 생각하면서 여기저기서 돈을 융통해 버텨 보다가 적자가 심해져 결국 문을 닫게 된다. 이러한 이유로 창업하기 전에 정말 돈을 벌수 있는지 냉정히 파악해야 하며, 여기에 BM검증과 경제성분석의 중요성이 있다. **창업이후 매달 얼마만큼 수입이 들어올 것인가를 예측하고 고정적으로 나가야 하는 비용 등을 추정해야 한다. 창업 초기에는 수입보다 지출이 많기 때문에 부족한 자금을 어떻게 조달할 것이며, 이익이 발생하는 경우 이익을 어떻게 활용할 것인가에 대한 계획이 있어야 한다. 이러한 분석을 바탕으로 사업을 통해서 정말 돈을 벌 수 있는지 최종 판단을 해야 한다.**

그림 ⑥-1 기업의 성장에 따른 투자단계

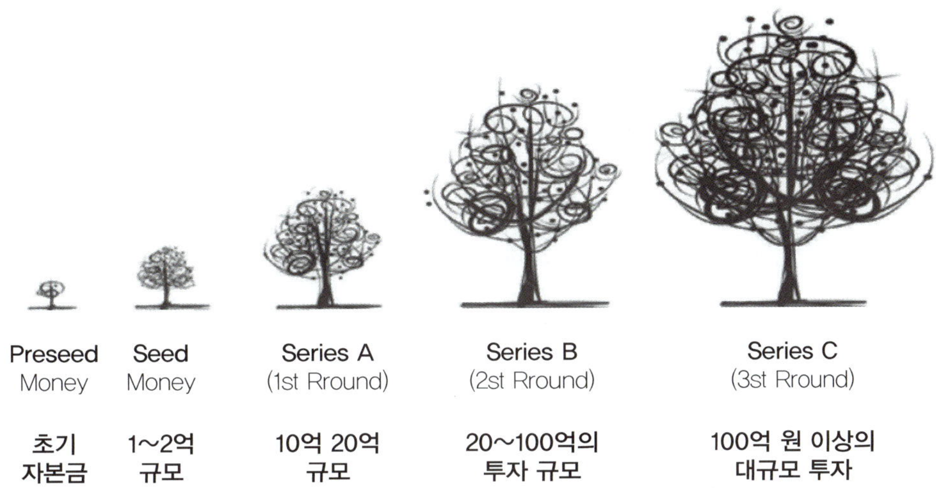

사례 1인용 화덕피자로 인도 진출…"제2의 맥도날드 꿈꿔요"

1인용 화덕피자로 인도 진출… "제2의 맥도날드 꿈꿔요"
VC통해 시리즈A로 40투자로 50억 매출 증가!!

고피자는 최근 40억원 규모의 시리즈 A 투자를 유치했다. 기존 투자사인 캡스톤 파트너스와 빅베이슨 캐피탈이 후속 투자했고 DSC 인베스트먼트가 새로 합류했다. 지난 해 9월 첫 투자 유치 이후 전국에 40개 넘는 매장을 출점했다. 인도에도 첫 해외 매장을 냈다. 지난해 15여억원이었던 매출액은 올해 매월 20%씩 증가해 올해는 50억원 이상을 무난히 달성할 것으로 보인다. 캡스톤파트너스 송은강 대표는 "기존 투자사들이 쉽지 않다고 생각하는 외식업 분야에서 전통 산업과 스타트업의 장점을 잘 결합한 고피자 팀의 실행력을 보고 후속 투자를 결정했다"고 말했다.

▲ 고피자 임재원 대표 "인도 뚫어야 승산" 방갈로르에 2호점 오픈도 앞둬 AI 활용 매장 매출 · 수익성 제고 오퍼레이션 어시스트 개발 예정

외식업은 투자의 불모지다. 자동화가 힘든 분야이다 보니 수익성이 떨어지고 관리도 쉽지 않아 투자금을 회수하기 요원하기 때문이다. 이론적으로 한 명으로 돌아갈 수 있는 매장의 경우에도 일대일 교육이 필수이고 결국 매장에는 2.5~3명이 필요하게 된다. 여기에 인건비 자체도 계속 오르기 때문에 감당이 어렵다는 것이다.

만약 출근 첫날인 사람도 메뉴얼만 보고 매장을 쉽게 운영할 수 있다면 얘기는 달라진다. 좁은 매장에 특화된 기계와 동선을 개발해 현재까지 누적 투자 50억원을 받은 외식업체가 있다. 더군다나 메뉴도 피자다. 투자자들에게 천대받던 분야에서 우리에게 가장 익숙한 음식으로 투자를 받을 수 있었던 이유는 무엇일까.

최근 만난 고피자 임재원 대표(사진)는 피자라는 메뉴가 해외로의 확장성이 있다는 점과 고피자의 팀워크, 그리고 기술력을 들었다. 고피자는 지난 2016년 설립된 1인용 화덕피자 기업이다.

임 대표는 우선 피자 자체가 핫한 아이템이라고 봤다. 그는 "세계 피자 시장 규모는 150조원으로 단일 음식으로는 가장 크다"고 소개하며 "특히 문화, 종교 제한 없이 모든 국가에서 소비하고 있다는 점이 특징"이라고 했다.

두 번째는 '맨파워'다. 싱가포르에서 대학을 졸업하고 카이스트에서 석사 학위를 받은 임 대표는 처음부터 해외 진출을 염두에 두고 영어가 되는 구성원으로 팀을 만들었다. 고피자(GOPIZZA)라는 직관적인 사명도 그래서 나왔다. 고피자를 맥도날드처럼 전 세계를 사로잡을 피자 패스트푸드 브랜드로 키우겠다는 것이다.

기술력과 관련해서 임 대표는 최대한 좁은 공간에서 최소한의 사람 수로 화덕 피자를 균일하게 만들어 내는데 초점을 뒀다. 임 대표는 "보급형 매장이 되기 위해서는 교육과 하드웨어를 최소화해도 효율적으로 돌아갈 수 있도록 하는 기술"이라고 소개했다.

푸드테크 기업의 기본인 '맛'을 위해서는 임 대표는 "메뉴개발팀과 소통하며 주 단위로 계속 개선해 나가고 있다"면서 "균일한 양과 질의 피자를 공급하기 위해 지난 2월 강원도 원주 소재 피자 도우 공장을 인수했다"고 설명했다.

고피자를 관통하는 또 다른 키워드는 '해외'다. 고피자의 첫 해외 매장은 인도다. 인도가 연간 6조원대의 큰 피자시장이기도 하지만 동남아 진출의 테스트베드로도 의미가 있다고 그는 봤다. 임 대표는 "공략하기가 까다로운 인도 외식시장을 뚫어야 승산이 있다고 생각했다"며 "현지 도우공장 설립부터 부동산 계약, 위생 관련 법인 설립 등을 직접 진행했다"고 말했다. 인도 방갈로르에 1호점을 낸 고피자는 2호점 오픈도 앞두고 있다.

「파이넨셜신문 2019.9.」

Ⅱ 창업기업의 재무전략

창업 기업이 적절한 재무 전략을 수립하는 데 있어서의 출발점은 무엇보다도 사업 기회이다. 적절한 사업 기회의 포착이 사업 전략을 수립하는 기반이 되는 것이고, 그러한 사업 전략의 바탕 위에 자금의 필요 수준, 자금의 원천, 거래 조건의 체결 등 전반적인 재무전략의 수립이 결정될 수 있다. 사업 기회와 사업 전략이 바탕이 되지 않는다면 아무리 정교한 재무 계획이라 할지라도 그것은 일개의 연습에 지나지 않는다.

적절한 사업 기회가 포착되고, 그것을 추구할 사업계획이 준비되면, 운영자금, 설비투자, R&D등에 요구되는 자산상의 필요자금을 세심하게 검토하고 계산해야 한다. 창업기업이 필요한 자금조달 계획과 그에 맞는 자금의 확보하기 위한 계획을 수립해야 하며, 그 방식에 따라 사업의 추진계획도 변화가 필요하다.

창업기업은 기존시장에 진입해 있는 기업에 비해 현금 흐름의 관리가 기업의 생존이 걸릴 정도로 중요하다. 창업가는 재무전략을 수립하고, 필요자금을 결정하는 데 있어서 소진율, 현금 잔여기간, 결제 기간 등의 핵심적인 현금 흐름 관리상의 개념을 이해할 필요가 있다. 소진율(Burn Rate)은 추정상 현재 소유하고 있는 현금이 단위 기간 당 어느 정도의 액수로 소모되는지를 파악하는 계수이다. 현금 잔여기간(Time to Out of Cash)은 현재 소유하고 있는 현금으로 기업 활동을 얼마 동안 지속할 수 있는가를 평가한 기간을 말한다. 소진율이 높을수록 현금 잔여기간이 짧아진다. 결제 기간(Time to Close)이란 대금으로 받은 어음 · 수표를 현금화할 수 있는 기간을 말한다. 결제 기간이 길어질수록 스타트업의 현금 부족 사태가 발생할 소지가 높아진다.

창업가는 특히 현금 잔여기간에 주목할 필요가 있다. 현금 잔여기간이 충분할수록 지분투자, 융자 등 각종 자금 원천에 대한 스타트업의 교섭력이 높아지게 된다. 따라서 창업가는 12개월 이상의 현금 잔여기간을 확보하도록 사전적으로 대비해야 한다. 그렇게 되면 투자자 등의 자금원에 대해서 계약 조건, 가격, 옵션 등을 스타트업에 보다 유리한 쪽으로 협상하기 쉽다. 역설적으로 말하자면 자금이 별로 필요하지 않을 때 자금조달을 준비하라는 것이다.

1. 창업소요 자금표

창업가는 창업자금이 어느 곳에 얼마만큼의 돈이 필요한가에 대해 '필요자금표'를 작성해야 한다. 창업에 필요한 세부적인 비용항목들을 열거한 후에 정확하게 추정하는 것이 중요하다. 필요자금표의 작성은 창업한 후에 자금문제의 고생과 시간을 많이 덜어줄 것이다.

필요자금표는 사업의 규모, 종류에 따라 그 형태나 비용항목들이 조금 다르다. 일반적으로 자금의 성격(용도)을 기준으로 하여 자산을 구매하는 자금(시설자금), 경비로 지출되는 자금(운전자금), 그리고 예비자금으로 구분한다.

표 ⑥-1 창업 필요 자금표

구분	비용항목	금액
시설자금	유 · 무형자산 및 기타자산 매입비, 회사설립비 등	
운전자금	인건비, 재료비 ,관리비, 경비	
예비자금	시설, 운전자금의 10% 정도 계산	
계		

표 ⑥-2 필요시설자금내역서

구분		금액	비고
시설자금	대지매입		세금포함(취득세, 등록세 각종 부담금)
	건물건축		인 · 허가비용, 설계비용 포함
	부대공사		전기, 통신, 상 · 하수도, 냉 · 난방, 구축물 포함
	(사업장매입)		세금 포함(취득세, 등록세)
	(임차보증금)		건물수선비용 포함
	생산설비		(생산설비내역서 기준)
	부대시설		전 · 후방 관련시설, 공 · 기구, 소모품 포함
	차량운반구		(견적서 기준)
	시무집기 비품		(세부내역서 기준)
	가맹비		(계약서 기준)
	실내장식비		(공사 내역서 기준)
	기술사용료		(계약서 기준)
	회사설립비		주식발행비, 동록세 등 세금포함
소계			

표 ⑥-3 필요운전자금내역서

구분		금액	비고
운전자금	• 인건비		기본급, 상여금, 수당 등
	• 재료비		초도 상속비, 원 · 부자재비 등
	• 경비		경영비, 사업운영비 등
	• 임차료		임대사업장인 경우
	• 관리비		전력비, 수도광열비 등
	• 외주가공비		하청업체 수수료
	• 운반비		포장하역비 포함
	• 교통비		차량유지비 포함
	• 세금과 공과		각종 공과금
	• 보험료		회사재산에 대한 보험료
	• 복리후생비		종업원 의료보험, 식대, 국민연금 등
	• 소모품피		공 · 기구, 집기비품
	• 기타경비		도서인쇄비, 연구개발비, 접대비 등
소계			

2. 창업자금 조달계획표

창업에 따른 필요자금표가 작성되면 이를 조달할 방안도 마련해야 한다. 창업자금의 조달은 자기 자금과 타인자금으로 구분할 수 있으며 현금이 아닌 현물이나 시설도 포함된다.

창업자금 조달계획표의 기본구성은 창업가 또는 동업자가 가지고 있는 자금(자기자금)과 외부에서 빌려오는 자금(타인자금)으로 구분하여 작성한다.

표 ⑥-4 창업자금 조달계획표

구분	비용항목	금액
자기자금	자본금, 동업자 출자금, 기타 투자자금 등	
타인자금	차입금, 금융기관, 대출금, 사채 등	
계		

표 ❻-5 자기자금 조달내역서

구분		금액	비고
	유가증권매각		주식, 채권
	부동산매각		주택, 토지, 기타 부동산
	동업자출자금		공동경영자가 투자한 현금, 현물
	주주출자금		주식인수자가 납입한 현금
	기관투자자금		창업투자회사 등 투자기관의 출자금
	후원금		친 · 인척 등 주변인의 후원금
	보유현물		사업장, 설비, 차량 등
소계			

표 ❻-6 타인자금 조달내역서

구분		금액	비고
타인자본	정책자금		창업지원 자금
	은행		시중은행, 지방은행
	신용금고		신용보증 기금, 기술보증기금
	리스회사		시설대여
	사채		친 · 인척 동료, 사(私)금융
	기타자금		
소계			

Ⅲ 창업프로젝트의 경제성 분석

경제성분석에 요구되는 지식은 회계학, 재무관리와 관련된 부분으로 전공자가 아니면 다소 어려운 부분이다. 많은 창업가들이 사업계획을 어느 정도 준비하고서도 숫자에 대한 두려움을 가지고 있는 경우가 많다. 자신이 하려는 사업에 대한 개념을 잘 잡고 사업모델에 대한 파악도 되어 있는데 추정 재무제표를 작성해보라거나 손익계산서를 읽어보라고 하면 당황스러워 한다.

재무제표를 작성한다거나 이해하는 것이 회계사를 고용하면 되기 때문에 중요하지 않다고 오해할 수도 있다. 회계사가 재무 업무에 있어 좋은 조언자인 것은 맞지만 **창업가라면 창업준비단계에서부터 숫자에 대해서 철저히 파악하고 있어야 한다. 투자자, 공급자, 소비자, 직원들에게 사업의 비전을 피력해야 하는 사람은 바로 창업가 자신이기 때문이다.** 만일 창업가가 사업의 수익성이나 비용에 관한 간단한 질문에도 머뭇거린다면 잠재적인 직원, 투자자. 소비자 등은 이 신생기업의 성공 가능성과 창업가의 역량에 의심을 갖게 될 것이다. 재무제표는 창업가의 사업 아이디어와 실제 금전 문제에 있어서의 간격을 이어주는 역할을 한다. 따라서 **어렵더라도 사업과 관련된 숫자에 대하여 공부해야 한다.** 이는 사업의 성공과 실패를 가를 수도 있다.

"회계와 재무제표를 모르고 어떻게 사업을 한다는 말인가? 회계장부를 모르는 경영자는 경영할 자격이 없다." 「이나모리 가즈오(교세라 창업주)」

"회계를 모르면 21세기 지식사회의 미아가 된다. 성공하기를 원한다면 회계 전문가가 되어라." 「워렌버핏(버크셔해서웨이 회장)」

TIP "초보 창업가들의 사업계획서를 검토하다 발견하게 되는 가장 흔한 실수"

전문 투자자들에게 물어본 스타트업의 생존과 성공을 의심하게 되는 위험신호를 다음 6가지로 요약하면 다음과 같다.

1. **매출 요인을 이해하지 못하고 있다.** 창업가들은 자신의 기업이 매출을 내는 중요 포인트가 무엇인지를 이해해야 한다. 좀 더 구체적으로 얼마나 많은 소비자들이 자사의 제품을 접하게 될 것이고, 접한 사람 중 얼마나 많은 이가 실제로 구매를 하고, 구매를 한다면 평균적으로 얼마만큼 구매할지를 알아야 한다. 모든 창업가들이 자신은 매출 예상에 보수적으로 접근한다고 말하지만 실제로는 대부분의 창업가들이 매출 전망에 대해 상당히 낙관적이다. "예상 매출을 보수적으로 잡았다"고 쉽게 말하지 말라. 노련한 투자자의 눈에는 어설퍼 보일 뿐이다.

2. **비용을 과소평가한다.** 일반적으로 초보 창업가들이 예상하는 매출과 비용추이를 그래프로 나타내면 매출은 하키채 모양으로 급격한 우상향을, 그리고 비용은 완만하게 우상향의 선이 그려진다. 예를 들어, 향후 5년 동안 매출은 1천 5백만 달러에 도달하고 비용은 6백만 달러 수준에 머무를 것이라는 식이다. 반면 5년 후 예상 직원 수는 5명이라고 답한다. 그렇다면 직원 일인당 매출 3백만 달러인데 이는 거의 불가능하다. 초보 창업가들은 그 정도의 매출을 내기 위해서 직원이나 물리적 자산 등에 얼마나 투자를 해야 하는지를 과소평가한다. 또한 소비자를 확보하고 유지하는 데 들어가는 마케팅 비용도 과소평가한다. 이런 식의 잘못된 예측은 심각한 자금난과 사업의 실패로 이어진다.

3. **매출 일으키는 데 걸리는 시간을 과소평가한다.** 대부분의 추정 재무제표를 보면 매출이 바로 발생하는 것으로 가정하는 경우가 많다. 대다수의 신생기업은 매출을 일으키기 전 최소 수개월 동안 비용만 지불한다. 레스토랑의 예를 들면 매출로 단돈 1달러를 벌기 전에 이미 임대료, 재료비, 인건비가 지출된다. 창업 첫 해에 기업이 제품이나 서비스에 대해 완전한 공급 능력을 갖출 것이라는 가정도 매우 비현실적이다.

4. **비교 대상 부족.** 투자자들은 신생 창업가가 가져온 비즈니스 개념을 유사한 사업모델에 대한 사전지식을 바탕으로 비교 판단하게 된다. 매출총이익이나 순이익률 등을 동종 업계 표준치나 몇몇 벤치마크 회사의 경우와 비교해 보는 것이다. 하지만 많은 경우 예비 창업가들은 동종 업계 표준보다 훨씬 높은 수익률을 예측하고 있고 이에 대해 질문 받으면 설명하지 못한다. 창업가는 자신의 비즈니스 모델을 해당 산업의 상황과 연관시켜 이해하고 현실과 자기 생각과의 차이에 대해서 설명할 수 있어야 한다.

5. **Top-down과 Bottom-up 예측.** 자신감 넘치는 창업가는 "우리 기업의 매출은 3년차에 전체 시장의 3%를 차지하게 될 것이다"라는 말을 쉽게 한다. 여기에는 3% 점유율을 얻는 것이 그리 어렵지 않다는 의미를 내포하는 경우도 있는데, 문제는 어떻게 해서 그 3%에 도달하느냐 하는 것이다. 투자자 입장에서는 기업이 소비자를 확보하고 유지하는 과정에 대한 확신이 가야 한다. 투자자들은 신생기업이 경쟁자의 견제나 방해 없이 무사히 3% 시장점유율을 달성할 것이라고 쉽게 믿지 않는다.

6. **자금조달에 걸리는 시간을 과소평가한다.** 많은 창업가들이 자금조달이 신속하게 이루어질 것이라고 가정하는 부분도 전문 투자자들이 거슬려 하는 부분이다. 필요한 자금이 2만 달러이든 1백만 달러든 무조건 한 달 안에 조달한다고 가정되어 있다. 하지만 실제로는 6개월 이상이 걸리는 경우가 다반사이다. 자금조달이 이루어질 것이라고 지나치게 낙관하면 현금흐름은 마이너스가 되고 이는 곧 파산으로 이어질 수 있다.

1. 경제성분석의 이해

경제성분석이란 창업계획에 따른 사업의 결과로서 얼마나 이익이 나는지, 회사의 재무상태가 어떻게 되는지, 언제부터 이익이 발생하는지, 투자에 대한 수익률이 얼마나 되는지 등을 분석하여 창업의 경제성 타당성을 분석하는 과정이다.

예를 들어, 기업교육 전문회사를 창업하고자 할 때, 예상되는 이익이 얼마나 되는지, 현금이 얼마나 창출되고 얼마나 지출되는지, 언제부터 이익이 발생하는지, 투자수익률은 얼마나 되는지를 분석할 수 있어야 창업하는 것이 올바른 결정인지를 알 수 있을 것이다.

만약 **경제성분석을 하여 창업의 경제성이 떨어지면 창업아이템을 변경하거나, 창업계획을 수정하거나 하는 등의 조정이 필요하다.** 그러므로 창업을 시작하기 전에 창업의 경제성을 분석하는 일은 매우 중요하다.

2. 경제성분석 수행방법

일반적으로 창업과정에서 경제성은 크게 다섯 가지 측면에서 분석해 볼 필요가 있다.

① 손익계산서 추정은 일정기간 동안 기업경영의 결과에 따른 수익의 창출 여부와 규모를 나타내는 경영성과표를 추정하는 것을 의미한다.

② 현금흐름표 추정은 일정기간 동안 현금이 얼마나, 어떤 이유로 들어오고 나갔는지를 보여주는 재무제표를 추정하는 것을 의미한다.

③ 재무상태표 추정은 일정시점의 기업의 자산, 부채, 자본에 관한 정보를 제공하는 회계 보고서를 추정하는 것을 의미한다.

④ 손익분기점분석은 총매출액과 총비용이 일치하여 이익이 '0'이 되는 시점을 분석하는 것을 의미한다.

⑤ 투자수익률분석은 창업투자액의 순현재가치(NPV)와 내부수익률(IRR)은 얼마인가를 분석하는 방법을 의미한다.

(1) 손익계산서 추정

손익계산서(Income Statement)란 일정기간 동안 기업의 경영성과를 수익과 비용의 형태로 요약해서 보여주는 재무제표를 의미한다. 예를 들어, 의료기기용 부품을 제조하는 창업기업은 판매활동을 통해 매출을 일으켜 수익을 창출하기도 하지만 제품의 생산에 들어가는 원가나 판매과정에서 발생하는 비용 및 각종 세금도 함께 발생한다. 이러한 수익과 비용의 구조를 분석하여 이익의 달성 여부와 규모를 파악할 수 있다.

그림 ❻-2 경제성분석의 방법

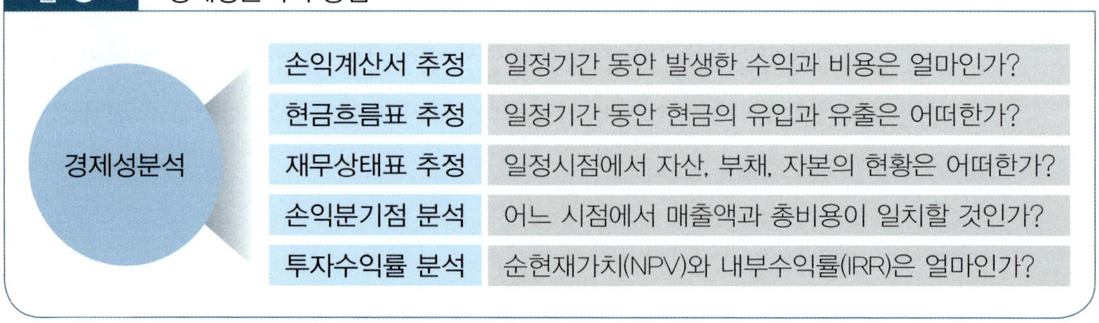

그림 6-3 손익계산서의 구조

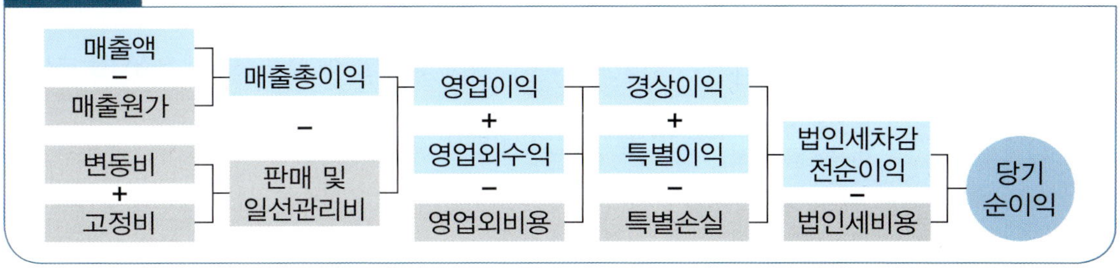

그림 6-4 영업이익 추정의 단계

1. 매출액 추정	제품의 가격과 판매량을 곱하여 매출액을 계산함
2. 매출원가 추정	판매된 제품의 생산에 들어간 제조원가로서 재료비, 노무비, 외주용역비 등을 추정함
3. 판매 및 일반관리비 추정	제품판매나 기업의 유지 및 관리에 필요한 비용으로 영업사원의 급여, 판촉비, 접대비, 연구개발비 등을 추정함
4. 영업이익 추정	매출총이익(매출액 – 매출원가)에서 판매 및 일반관리비를 차감하여 영업이익을 추정함

창업기업은 불확실성이 특히 높고 예상했던 이익이 창출되지 않을 경우 큰 어려움을 겪을 수 있다. 따라서 창업기업을 경영하기 전 단계에서 손익계산서의 항목을 이해하고 최소한 영업이익까지 추정해 봄으로써 경영활동의 결과에 대한 이익 발생 여부를 확인해 보아야 한다.

매출액 추정을 시작으로 매출원가, 판매 및 일반관리비를 추정하여 영업이익의 발생 여부를 확인한다.

(2) 현금흐름표 추정

현금흐름표(Statement of Cash Flow)란 일정기간 동안 기업의 현금흐름을 나타내는 재무보고서로서 영업활동, 투자활동, 재무활동으로 구분하여 기업의 실제적인 현금유입과 유출 현황을 파악할 수 있게 해주는 보고서이다. 예를 들어, 보안 컨설팅서비스를 제공하는 창업기업이 컨설팅서비스를 수행한 결과로서 매출이 발생하여 회사에 현금이 유입될 수 있고, 설비를 취득하거나 차입금을 상환하면서 현금이 유출되는 경우도 있다.

장부상으로는 순이익 10억원이 발생했다 할지라도 아직 받지 못한 매출채권이 10억원일

그림 ⑥-5 현금흐름표 산출

1. 영업활동으로 인한 현금흐름 분석	구매, 생산, 판매 등 영업활동에 따른 현금의 유출입을 분석함
2. 투자활동으로 인한 현금흐름 분석	투자자산의 처분 및 취득에 따른 현금의 유출입을 분석함
3. 재무활동으로 인한 현금흐름 분석	차입금의 차임/상환, 사채의 발행/상황, 유상증자/감자에 따른 현금의 유출입을 분석함
4. 기말현금계산	영업, 투자, 재무활동에 관한 현금흐름에 기초현금을 더해서 기말현금을 계산함

경우 실제적인 현금의 흐름은 0원인 것처럼 손익계산서상에 이익이 많이 발생한다 할지라도 현금흐름이 원활하지 못하다면 기업은 어려움에 빠질 수밖에 없다. 따라서 기업의 실제적인 현금의 유입과 유출을 파악하는 일은 매우 중요하다.

현금흐름표는 영업활동으로 인한 현금흐름, 투자활동으로 인한 현금흐름, 재무활동으로 인한 현금흐름을 계산하고, 여기에 기초의 현금을 더해서 기말의 현금을 산출한다.

(3) 재무상태표 추정

재무상태표(Statement of Financial Position)는 특정 시점의 기업의 재정상태를 알 수 있게 나타낸 재무제표로서 손익계산서 및 현금흐름표를 기반으로 만들어져 기업의 자산(assets), 부채(liabilities), 자본(owner's equity)의 상태를 보여준다. 예를 들어, 소형 통신부품을 생산하는 창업기업은 창업 당시 출자한 자본금과 원자재업체에게 지급해야 할 부채를 가지고 있고, 이들의 합인 자산을 현금이나 재고 형태로 가지고 있다.

창업기업이 재무상태를 신중하게 파악하지 않을 경우 과다한 부채나 자본잠식이 발생하게 되고 이는 기업의 신용에 매우 큰 영향을 미치기 때문에 자산과 부채의 현황을 분석하여 재무적 유동성과 위험 등을 평가해 보는 작업은 매우 중요하다. 그러므로 일정시점에서 기업이 현재 보유하고 있는 경제적 자원인 자본과 경제적 의무인 부채, 그리고 이들의 합인 자산에 대한 정보를 분석하여 소유하고 있는 재산의 운용상태와 자본조달상태를 확인해 보아야 한다.

자산의 총계를 먼저 구한 후 부채총계와 자본총계를 더한 값이 자산의 총계와 일치하는지

그림 ❻-6 재무상태표의 구성요소

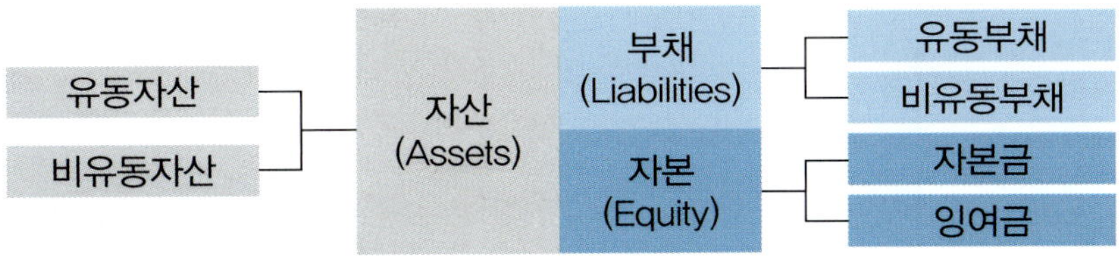

그림 ❻-7 재무상태표 분석

1. 자산총계분석	유동자산(당좌자산+재고자산)과 비유동자산(투자자산+유·무형자산)을 중심으로 자산의 합을 구함
2. 부채총계분석	유동부채와 고정부채를 중심으로 부채의 합을 구함
3. 자본총계분석	자본금과 잉여금을 중심으로 자본의 총계를 구함
4. 부채와 자본합산	부채와 자본을 합산한 금액이 자산의 총계와 일치하는지 확인함

를 확인한다.

(4) 손익분기점(BEP) 분석

① 손익분기점분석의 개념

손익분기점분석(Break Even Point Analysis)이란 **매출액과 총비용이 일치하는 점, 즉 이익이 '0'이 되는 기점을 찾아서 매출액, 비용, 이익 간의 관계를 분석하는 것으로서 매출액이 손익분기점 이하인 경우에는 기업의 손실을, 그 이상인 경우에는 이익을 의미한다.** 예를 들어, 이러닝 콘텐츠 개발 기업이 투자한 비용이 1억원일 때, 몇 명 정도의 수강생을 확보해야 투자비용을 넘어 수익이 발생하는지를 찾아내는 경우이다.

제품생산 및 판매에 들어가는 비용과 매출액의 관계를 알지 못한 상태에서는 수익달성 시점이 적절한지, 가격전략이 타당한지, 비용구조가 합리적인지 등을 알 수 없고 손익분기점의 위치에 따라 수익성의 정도가 평가되기 때문에 손익분기의 달성시점을 찾아내는 것은 매우 중요하다. 그러므로 제품생산 및 판매에 드는 고정비와 변동비를 통해 총비용을 계산하

그림 ⑥-8 손익분기점분석(1)

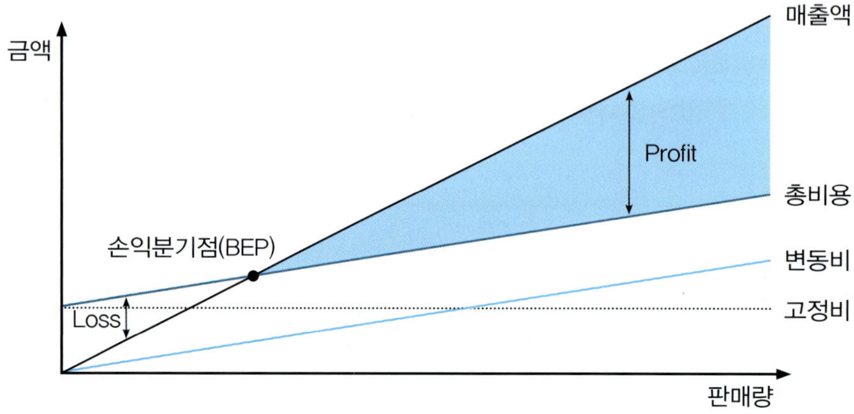

고 가격과 판매량에 따른 매출액의 변화를 분석하여 어느 시점에 손익분기점을 통과하는지를 확인해 보아야 한다.

② 손익분기점분석 방법

제품과 서비스의 가격과 판매량에 따른 매출액에서 고정비와 변동비의 합인 총 비용을 뺀 값으로 이익을 구한 후, 이익이 0이 되는 지점을 찾아서 손익분기점을 찾아낸다.

- 매출액(Total Revenue) = 가격(Price) × 판매량(Quantity) = P×Q
- 비용(Total Cost) = 고정비(Fixed Cost) + 변동비(Variable Cost)
  = 고정비 + 단위당 변동비(Variable Cost) × 판매량 = FC + V×Q
- 이익(Profit) = 매출액(Total Revenue) – 총비용(Total Cost)
  = TR – TC = P×Q – (FC + V×Q)
- 손익분기점=이익이 0이 되는 점 = FC/(P – V)

그림 ❻-9 손익분기점분석(2)

1. 매출액분석	제품의 가격과 판매량 변화에 따른 매출액의 변화를 분석함
2. 비용분석	제품의 생산 및 판매에 들어가는 고정비와 변동비를 더하여 총 비용을 계산함
3. 이익분석	매출액에서 비용을 뺀 금액을 계산하여 제품판매에 따른 이익을 구함
4. 손익분기점분석	이익이 0이 되는 지점을 찾아서 손익분기점을 찾아내고 손익분기의 적정성을 진단함

TIP 음식점에서는 음식 몇 개를 팔아야 이윤이 남을까?

과연 음식 몇 개를 팔아야 이윤이 남을까? 아래는 이해를 돕기 위한 예시를 작성하였다.

항목	금액(원)	참고
음식가격	18,000	
음식재료 + 포장원가	5,400	음식가격의 30%
배달비	4,000	배달기사 수수료
배달의 민족 중개수수료	1,148	음식가격의 6.38%(부가세 포함)
외부 결제 수수료	594	어플 바로 결제 시 3.3% 수수료
순수 이익금	6,858	음식가격에서 나머지 비용들을 뺀 금액
이익율	38.10%	

물론 위 수치는 가정된 금액으로 산출하였다. 음식가격을 18,000원으로 가정했을 때 순수 이익금은 6,858원으로 나타났으며 이익률은 38.10%로 나타났다. 그럼 이제 고정비를 빼서 손익분기점을 계산해보자.

고정비 항목	금액
인건비	5,000,000
임대료	1,000,000
수도광열비	500,000
배달대행 월회비	300,000
렌탈 이용료(포스/정수기)	50,000
통신요금	50,000
기타비용	100,000
고정비 합계	7,000,000
추정월매출	18,373,775

고정비도 몇가지 항목은 가정하여 계산하였다.

1건의 음식비용을 18,000원으로 계산하였을 때 월 고정비 700만원을 채우기 위해서는 고정비(7,000,000) ÷ 순수 이익금(6,858) = 1,020으로 나타난다. 즉, 1,020건의 음식을 팔아야 하며 이를 원금액으로 환산하면 음식가격(18,000) × 주문건수(1,020) = 18,360,000원으로 총 매출액이 발생되어야 손익분기점을 넘길 수 있다. 이처럼 손익분기점을 계산하기 위해서는 총 매출액에서 고정비와 변동비를 나가는 지출을 제하여야 순수이익금을 추정할 수 있다.

Ⅳ 자금조달의 원천

창업을 위한 첫 번째 자금원은 창업가 자신과 그의 사업파트너로부터 나온다. 창업생태계 국가비교 연구인 GEM 보고서에 의하면 미국에서의 평균 창업자금 규모는 15만 달러이고 이 중 70%는 창업가 스스로가 준비하는 자금이다. 현금 외에도 소프트웨어나 특허 같은 지적자산과 컴퓨터 장비 같은 물적 자산도 투자하게 될 것이다. 사업을 시작하면서 직장에서 통상 받는 것보다 훨씬 적은 급여를 받으며 긴 시간 일한다. 창업 단계에 주7일, 매일 12시간씩 일하는 것이 드문 일이 아니다.

2018년 벤처중소기업부의 창업기업 실태조사에 따르면, **창업의 장애요인으로 '창업자금 확보에 어려움(66.3.%)이 가장 높게 나타났고, 창업실패의 두려움(28%), 창업에 대한 지식부족 등으로 자급확보의 어려움**이 월등히 높게 나타났다.

우리나라의 경우, 창업기업에 대한 엔젤 및 민간투자가 활성화되지 않은 상황에서 정부의 창업자금 지원에 의존율이 매우 높다. 세계 어느 나라보다도 많은 창업자금 지원체계를 갖고 있지만, 많은 창업가들이 아직도 자금조달에 어려움을 겪고 있는 것도 사실이다. 예비창

그림 ❻-10 창업의 장애요인(복수답변)

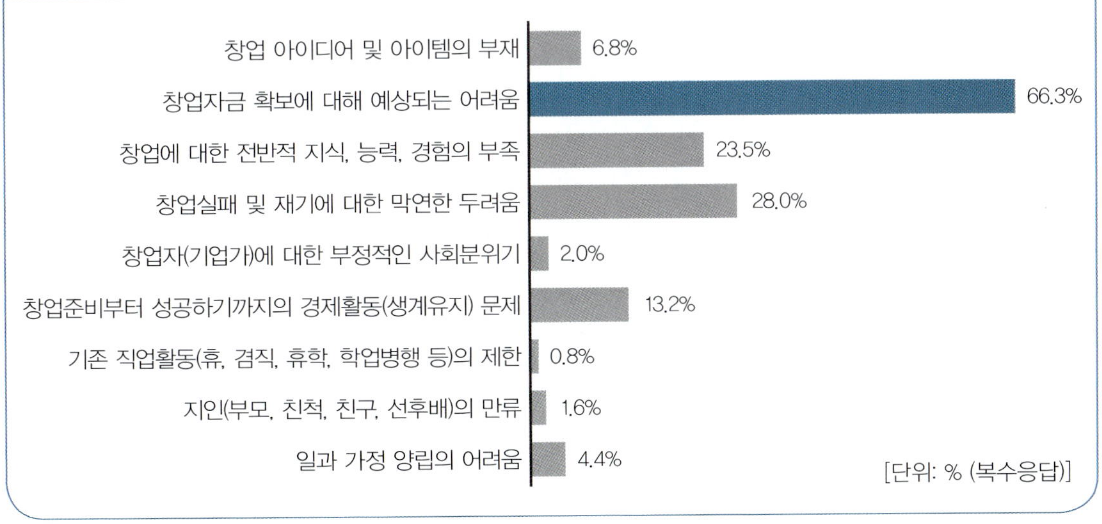

표 ❻-7 창업가를 위한 지원(투자) 방식

	정부지원	융자	투자
주체	중앙정부, 지자체, 창업지원기관(창업넷 활용)	은행, 신용보증기금, 기술보증기금, 신용보증재단, 중소기업진행공단	VC, 엔젤투자, 전략적 투자자
방식	연구개발비,시설자금, 인건비, 마케팅비등의 지원(일정 요건 충족 시)	신용대출, 담보대출, 보증부대출	지분투자, 전환사채 등
상환여부	상환 의무없으나 사용전/후 감사. 문제시 지원자금이 회수될 수 있음.	상환	투자는 상환의무가 없으나 최근에 많이 투자되는 방식인 RCPS(상환전환우선주)는 일정조건의 상황조건이 있을 수 있음. 투자자에 따라 별도의 특별 상황권(PUT OPTION)을 둘 수 있음.

업가 및 창업가들은 자금을 조달하는 다양한 방법을 숙지함으로써 창업의 길에서 나타나는 재무적 위험을 최소화 시켜야 할 것이다.

1. 비공식 투자자 활용하기

최근 창업과 관련된 정부지원제도가 활성화되면서 자기 돈을 투자해서 창업하는 것은 바보라고 생각하는 사람도 생겼다. 그러나 창업가가 적정 수준의 자기 돈을 투자하는 것은 중요하다. 창업가가 자신의 돈을 투자했기 때문에 최선의 노력을 투입할 것이고, 투자자들 역시 자기자본을 투자하지 않은 창업가는 진정성, 자신감, 헌신이 없다고 의심하기 때문이다.

창업자금은 본인의 돈을 중심으로 마련하는 것이 가장 바람직하지만, 누구나 갖고 있는 개인의 재무적 한계 때문에 이제는 투자자들을 찾아봐야 한다. **초기창업단계에서 창업가 본인 이외에 큰 창업자금원이 바로 비공식 투자자들이다. 비공식투자자의 대표적인 유형은 엔젤투자자이다.** 엔젤투자자들은 3F(가족 Family, 친구 Friend, 바보 Fool)로 부르는 경우가 있는데 그만큼 초기기업의 지인들이 엔젤투자자 역할을 많이 하는 것이 사실이다. 최근의 엔젤투자자들은 성공 경험이 있는 경영자 출신이나 전문 투자자사 임직원 출신들이 많고, 정부의 엔젤투자자 육성 정책인 엔젤매칭펀드를 통해 엔젤투자의 전문성이 향상되고 있다.

미국에서는 투자자들이 연간 1천억 달러 이상의 자금을 신생기업들에 투자하고 있다. 이들 중 50%는 가족 구성원, 28.5%는 친구나 이웃, 6.1%는 직장 동료, 9.4%는 제3자이다.

투자자들의 절반가량은 2년 이내에 자신의 투자금을 회수하기를 희망한다고 한다. 이는 투자에 대해 장기적인 지분투자의 개념보다는 단기 대출의 개념으로 접근한다는 것을 의미한다. 대출이든 투자든 사업이 실패하면 모든 돈을 잃는다는 점에서 손실에 대한 리스크는 마찬가지이다. 투자자들에 대하여 이러한 리스크에 대하여 사전에 정확히 알리는 것은 매우 중요한 문제이다. 사전에 사업계획서도 읽어보게 해야 한다. 이들이 사업계획서를 제대로 읽지 않을 것을 감안하여 리스크에 대해서 충분한 이야기를 나누어야 한다. 가족이나 친구의 돈을 투자 받을 때는 투자금이 전부 사라진다고 해도 이들이 생계유지에 크게 영향을 받지 않을 것인지를 분명하게 확인해야 한다. 은행대출에 비해 조건도 엄격하지 않기 때문에 가족이나 친구의 돈을 빌리는 것을 편하게 생각할 수도 있지만 일이 잘 안 풀릴 경우 이들과의 관계가 심각하게 틀어질 수 있음에 주의해야 한다.

부모 형제와 같은 가까운 직계가족으로부터 비교적 적은 금액의 돈을 받았다면 정식 대출약정서는 필요하지 않을 수도 있다. 하지만 최소한의 기록은 남겨야 한다. 후일 엔젤투자자나 벤처캐피탈 등과 대출 거래협상을 하기 위해서라도 문서로 된 대출약정서를 작성해보는 것은 좋은 연습이 될 수 있다.

2. 정부지원 활용하기

정부는 성공적인 창업과 창업기업들의 지속적인「중소기업창업지원법」제 5조에 따라 정부 창업지원사업을 진행하고 있다. 매년 예산이 증가하고 있으며 2020년에는 전년대비 29%가 늘어난 1조 4,517원의 창업지원을 위한 사업으로 투입되고 있다.

정책자금은 크게 두 가지가 있다. 하나는 순수한 자금 지원방식이고, 다른 하나는 이자가 낮은 저리 대출 방식이다. 두 방식의 가장 큰 차이는 나중에 돈을 갚아야 하느냐, 갚지 않아도 되느냐 하는 점이다.

순수한 자금지원은 단계에 따라 평가를 거쳐 지원하는 방식이다. 상시로 진행되지 않고 심사도 병행되기 때문에 지원금을 받기가 쉽지는 않다. 하지만 순수 창업지원 자금이기 때문에 자신의 사업과 연관이 있다면 도전해 볼 필요가 있다. 이런 자금을 받을 수 있다면 초기 사업 진행에 큰 도움이 될 것이다. 특히 기술창업과 관련된 자금지원은 중소벤처기업부와 지방자치단체에서도 다양한 지원사업을 시행하고 하고 있다.

가장 대표적인 사업으로 예비창업가를 위한 예비창업패키지, 창업 후 3년 미만 창업가를 위한 초기창업패키지, 창업 후 3년 이상 7년 이내 창업가를 위한 창업도약패키지로 구분할 수 있으며, 창업넷(www.k-startup.go.kr)을 방문하면 많은 정보를 얻을 수 있다.

예비창업패키지의 경우 기존에 사업자가 있어도 사업 공고일 이전에 패업을 하고 당해년에 신청하고자 하는 아이템이 기존 사업자와 다를 때(사업자 코드가 다른 경우) 신청이 가능하다. 매년 사업의 진행 방향과 선발 규정은 변동이 있기 때문에 신청전에 확인을 해야한다. 매년 정부 업부개시일 첫날 중소벤처기업부는 당해연도 사업에 대한 안내를 공고하고 있다.

표 ⑥-8 스타트업 성장 단계별 지원(사업)

성장단계별 지원사업			
대상	창업을 준비하는 예비창업자	창업 후 3년 미만	창업 후 3년 이상 7년 이내
과제명	예비창업패키지	초기창업패키지	창업도약패키지
내용	혁신적인 기술창업 소재가 있는 예비 창업자의 원활한 창업사업화를 위해 자금, 교육, 멘토링 지원	사업화 자금과 아이템 실증 검정등으로 구성된 특화프로그램을 통해 기업의 안정화 성장을 지원	죽음의 계곡 극복 및 스케일업지원을 통해 사업 고도화, 성장 가속화 지원
규모	청년 660명	1,075억 원, 980개사 내외	1,275억원, 1,350개사 내외
신청접수	K-startup을 통해 온라인 신청		
지원기간	8개월('20.4~'21.2)	9개월('20.5~21.1)	'20.5월부터 차례대로 공고
지원내용	• (사업화자금) 최대 1억이내 • (이자부담) 10%현금+20%현물 • (지원내용) 역량 강화, 심화교육	• (사업화자금) 최대 1억이내 • (자부담) 10%현금+20%현물 • (지원내용) 사업화 자금 및 특화 프로그램	사업화 지원 스케일업, 혁신성장 글로벌 기업연계 구글, 아마존, 엔디비아 연계 수출, 상장, 유통 등 성장촉진프로그램지원
운영절차	온라인 신청 및 접수 → 요건검토 → 서면평가 → 발표평가 → 최종선정 → 협약체결자부담, 사전교육수료		
비고	거주지, 창업예정지 상관없이 1개 주관기관에 한해 신청 가능	주관기관별 권역내 창업자 70%이상 선발	-

그림 ⑥-11 창업넷

3. 금융투자를 통해 자금 조달하기

금융투자자는 은행, 증권, 자산운용사 등을 다 포함하지만, **주로 벤처기업에 투자를 하는 벤처캐피탈(VC)를 지칭한다.** 우리나라에서 활동하는 벤처캐피탈은 2020년 6월말 기준으로 154개 사가 운용중에 있으며 7678건에 47조3830억원이 투자되어 운영되고 있다.

20년 신규투자 내용을 분석하면 코로나19로 이한 펜더믹 상황에 편승한 바이오/의료가

그림 ⑥-12 스타트업 총 투자금액

[thevc 홈페이지, 2020. 10. 기준]

그림 ⑥-13 연도별 벤처(VC)투자 현황

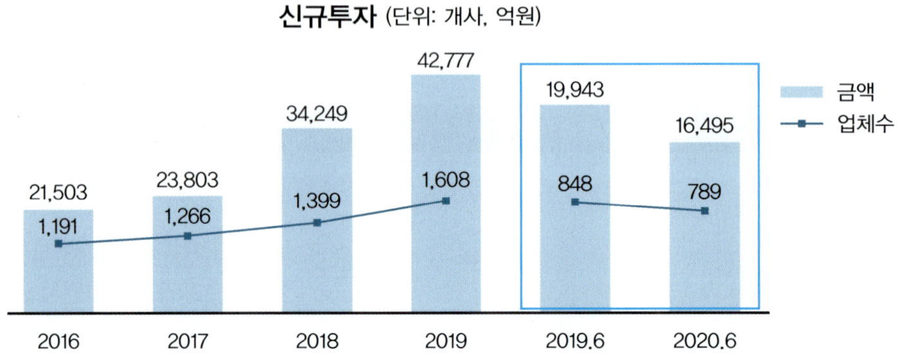

[한국벤처캐피탈협회, 2020년 6월 기준]

'20년 6월말 기준 789개사에 1조 6,495억 원이 투자되어
투자금액 기준 전년동기(848개사, 1조 9,943억 원) 대비 17.3% 감소

25.8%로 가장 높은 비중을 차지했고 뒤를 이어 ICT서비스가 25.4%를 차지했다. 뒤를 이어 유통서비스 게임등의 순으로 현 시장의 현황이 반영된 투자가 이루어 졌다.

보유하고 있는 펀드의 종류, 투자여력이 남아있는 펀드 보유 여부, 투자실적, 근무하고 있

표 ⑥-9 업종별 신규투자 금액 [단위: 억원]

구분	2016	2017	2018	2019	2020.6
ICT 제조	959	1,566	1,489	1,493	819
ICT 서비스	4,062	5,159	7,468	10,446	4,189
전기/기계/장비	2,125	2,407	2,990	2,036	1,494
화학/소재	1,502	1,270	1,351	1,211	774
바이오/의료	4,686	3,788	8,417	11,033	4,256
영상/공연/음반	2,678	2,874	3,321	3,703	921
게임	1,427	1,269	1,411	1,192	402
유통/서비스	2,494	4,187	5,726	8,145	2,569
기타	1,570	1,283	2,077	3,518	1,071
합계	21,503	23,803	34,249	42,777	16,495

표 ❻-10 투자자의 분류

구 분	엔 젤	엑셀러레이터	금융투자자 (Financial Investor)	전략적 투자자 (Strategic Investor)
투자목적	아이디어의 사업화	보육 / 투자	투자 수익	본 사업의 성장/확장
투자시기	초기(설립 시 ~ 기관투자 전)	초기(설립 시 ~ 3년 이하)	중기 (사업본격화 ~ IPO)	- (설립 시 ~ M&A)
투자금의 주요출처	개인자금	투자조합, 모태펀드 등	투자조합, 모태펀드 등	회사 자금
투자리스크/수익율	상대적으로 리스크↑ 상대적으로 수익률↑	상대적으로 리스크↑ 상대적으로 수익률↑	상대적으로 리스크↓ 상대적으로 수익률↓	상대적으로 리스크↓ 상대적으로 수익률↓
주주권리의 보호	낮음	높음	높음	높음
사후기업관리 방안	제한적	다양함	다양함	다양함
EXIT 방안	다양함	다양함	IPO, M&A	IPO, M&A, 계열사 편입
주요 투자자	엔젤투자자(적격, 전문 엔젤투자자포함), 엔젤클럽	엑셀러레이터 전문기관	벤처캐피탈(VC), 은행, 증권사	삼성, 구글, SKT, 네이버 등

는 전문 투자자 등을 참고하여 나에게 맞는 벤처캐피탈을 찾아 만나는 것이 중요하다. 벤처캐피탈은 돈이 되는 기업에는 다 투자할 수 있다고 얘기하지만 실제는 그렇지 않은 경우가 많기 때문이다. 또한 투자자에 특성에 맞는 IR을 작성하고, DEMO-DAY 등에 적극 참여하여 기업의 업황 및 투자 현황을 알려야한다.

최근에 또 **중요하게 등장한 투자자로 액셀러레이터 업체를 주목해야 한다.** 액셀러레이터는 2020년 9월 현재 260개 사가 운용 중에 있으며, 엔젤 수준의 자금 투자와 다양한 제도적 지원을 한다는 점에서 엔젤투자자와 벤처캐피탈의 중간 정도의 위치에 있다. 3년 미만의 초기 기업에 투자해야 하며, 신생기업에 100분의 50이상을 투자해야 하는 등의 규정이 있어 신생 스타트업에 지원하기 위한 기관으로서 신규 기업에 많은 투자를 이루고 있다. 최근 많은 대기업에서 액셀러러이터를 만들고 초기 기업 발굴과 투자에 관심을 가지고 있으며, 롯데액셀러레이터, 포스코인베스트먼스, 드마라 플러스, 캡스톤파트너스, 와이앤아처 등이 대표적이다.

◎ 크라우드펀딩 : 기존의 공모제도와 비슷하나, 금융당국에 신고 서류들을 간소화, 생략함으로써 기업들이 일반인들에게 사업자금을 모집하기 쉬워졌다는 측면에서 활성화 되고 있다. 넓은 의미에서 크라우드펀딩은 개인간 대출인 P2P대출을 포함한다고 볼 수 있어

향후 자본 조달 시장의 많은 변화가 예상된다. 크라우드펀딩은 후원형, 지분투자형, 대출형으로 다시 나눌 수 있다.

◎ 지분투자형 : 투자 후 실제 지분을 받는 것으로 기존 공모제도와 유사한 측면이 있다. 그러나 투자금의 제한이나 투자리스크, 주식거래 등에서 공모제도와 차이가 많기 때문에 크라우드펀딩을 하는 기업이나 참여하는 투자자나 주의해서 진행해야 할 필요가 있다. 특히 스타트업에게 주주의 수가 많은 것은 부담이 될 수도 있다.

◎ TIPS : 혁신적인 기술 아이템을 보유한 창업팀을 민간주도로 선발하여 엔젤투자에 정부지원을 매칭하여 집중적으로 육성하는 프로그램이다. 2020년 7월 기준으로 총 1,042개의 창업팀이 선정되었으며 자금지원 외에도 보육, 공간 지원 및 멘토링까지 제공받을 수 있다는 특징이 있다. 매년 TIPS 운영사가 확대되고 있어 다양한 창업팀의 참여가 확대될 것으로 예상된다. TIPS는 창업기업을 성장단계별로 Pre-TIPS, TIPS, Post-TIPS로 나눌 수 있다.

표 ❻-11 TIPS 프로그램

구 분	Pre-TIPS	TIPS	Post-TIPS
규모	('20년)30억 원, 30개 팀 내외	('20년)1,777억 원, 300개 팀 내외	('20년)144억 원, 40개 팀 내
대상	자사로부터 1천만 원 이상 투자를 받은 3년 미만 초기 창업 기업	7년 미만 창업기업	7년 미만 창업 기업
내용	사업 아이템 구체화를 위한 사업화 자금 지원 •1년간 최대 1억 지원	팀당 R&D, 사업화, 해외마케팅 등 패키지 지원 • 엔젤투자(1~2억원 내외)+R&D(최대 5억 원)+연계(사업화, 해외마케팅 각 최대 1억 원)+추가연계(엔젤투자매칭 펀드 최대 2억 원 선택)	제품·서비스의 상용화(사업화) 또는 국내외 마케팅(판로확대 등)등 사업 고도화를 위한 자금 지원 • 2년간 최대 5억 원 지원(팁스 최종 평가 결과 "성공" 판정받은 기업 중 후속민간투자 10억 원 이상을 유치한 졸업기업)
신청·접수	K-Startup 홈페이지를 통한 온라인 신청·접수	www.jointips.or.kr에서 신청하거나 운영사에 직접 신청	K-Startup 홈페이지를 통한 온라인 신청·접수

표 ❻-12 투자 형태별 특성

구 분	주요 특징
주식형 (Stock)	–종류 : 보통주, (전환, 상환전환)우선주 –방식 : 액면가 또는 기업의 영업실적에 따라 가격을 할증하여 인수
채권형 (Bond)	–**전환사채**(CB:Convertible Bond) : 일정기간 경과 후 주식으로 전환권이 부여된 사채 (주식 전환 시 채권으로서 성격 소멸) –**신주인수권부사채**(BW:Bond with Warrants) : 일정기간 경과 후 당해 기업이 증자를 실시 할 경우 신주를 인수할 수 있는 권리가 부여된 사채 –이 밖에 교환사채(Exchangeable Bond),Convertible Note 등의 새로운 방식도 활용 * 채권이율 : 시중 실세금리 감안 결정 * 보유기간 : 2년~5년 * 담보여부 : 무담보
프로젝트형 (Project Financing)	–특정사업의 수행을 위하여 계약을 통해 소요자금을 지원하고, 수익을 분배하는 방식 –대상 : 영화, 영상 및 음반물, 게임 제작 등
조건부지분인수계약 (SAFE : Simple Agreement for Future Equity)	–투자자가 기업가치를 정하지 않고 투자금만 집행하는 대신 미래에 해당 기업의 가치가 산정이 될 때 일정 할인을 적용하여 주식으로 전환하는 방식

생각해보기 2

"차세대 교통 시스템의 선두주자 될래요" 대학생 창업에 도전하여 스타트업으로 성장 중인 알트에이 이태우 대표

최근 넘쳐나는 스타트업계에서 투자자들의 눈에 띄기는 그리 쉬운 일이 아니다. 그럼에도 한 번도 어려운 투자 유치를 몇번이나 성공시킨 기업이 있다. 대학교를 중퇴하고 20대에 당차게 창업 후 기업을 성장시키고 있는 이태우 대표가 그 주인공이다.

㈜알트에이는 사유지에 도입할 수 있는 스마트 시설물을 통해 안전뿐 아니라 다가올 V2X시대에 가장 많은 사유지 내 교통데이터를 수집하고, 그것을 유관 기업에게 제공하는 기업으로, 성장하고 있는 교통시스템 선도 벤처기업이다. 현재는 2020년 9월에 서울 금천구 · 강서구, 11월에 충북 진천군에 시범 설치 수주를 받으면서 인프라를 확장해 나가며 지속적으로 성장하고 있다.

하지만 알트에이가 처음부터 승승장구했던 것은 아니였다. 스타트업 창업을 결심하던 당시 이태우 대표는 대학생 신분이였으며, 가지고 있었던 돈은 아르바이트를 해서 모은 100만원 뿐이였다.

"초기자본이 없다는 점이 창업을 주저하게 만드는 가장 큰 걸림돌이였습니다. 하지만 여기서 중요한 것은 그럼에도 불구하고 저는 창업을 시작했다는 점입니다. 시작하기로 마음을 먹으면 방법은 찾을 수 있습니다."

이후 그는 자신의 아이디어를 실현시키고 자본금을 확보하기 위해 교내 창업 대회를 시작으로, 참여할 수 있는 공모전은 무차별적으로 참여했다. 단국대의 창업 공모전에 참여하여 프로토타입을 개발하고, 2016년 글로벌 액셀러레이터 스파크랩에서 사업성을 인정받아 1억 원을 투자받았다. 같은 해 10월에는 TIPS 프로그램에 선정이 되어 10억 원의 투자를 받았다. 그리고 현재는 다양한 정부지원 사업과 자체 매출, 외부투자를 통해 자금을 확보하였고, 현재는 series A 투자 유치를 진행 중에 있다.

"창업 초기 시제품 제작을 만드는 과정에서 자금 확보에 어려움이 있었으나, 아르바이트 및 공모전 수상을 통해 사업화 초기자금을 충당 할 수 있었습니다. 시제품 개발 이후에는 투자자들이 먼저 찾아와 투자를 하겠다고 하여 굉장히 뜻 깊었습니다. - ㈜알트에이 이태우 대표 인터뷰 中"

토의문제

- 여러분이 생각하는 스타트업의 투자유치 전략은 어떤 것이 있을지 생각해보세요.
- 창업 초기에 자기자본금 없이 정책자금을 활용하는 것이 바람직한지 생각해보세요.

Q15. 올바른 창업자금 운용전략은 어떻게 해야 하나요?

첫째로, 총 투자비용은 자기자금으로 조달하는 것이 원칙입니다. 자기자금이란 당장 그 돈이 없어도 당장 먹고 사는데 지장이 없는 여유 돈을 말합니다. 처음부터 거주주택이나 전세자금을 담보로 무리하게 대출을 받거나 사채 또는 친인척의 자본으로 창업하면 실패할 가능성이 매우 높아지게되며, 너무 과다한 대출이나 빚은 창업 후에도 독이 되어 정상적인 경영을 운영할 수 없게 될 수 있습니다.

둘째로, 창업자금 운용기준을 명확히 정해야 합니다. 업종에 따라서 창업자금 운용기준은 다르기에 점포관련 비용, 인테리어 등 시설관련 비용 등 고정비에 너무 많은 자금이 투입되지 않도록 유의해야 합니다.

셋째 초기에 너무 많은 자금을 투자하지 않도록 해야 합니다. 창업을 한다고 모두 성공하는 것은 아닙니다. 체면과 지위 때문에 무경험자가 큰 돈을 끌어들였으나 결국 실패하여 창업자 본인과 가족/친지 등 주위사람들 모두에게 큰 고통을 주게 되는 경우는 여러분도 자주 접해 보셨을 겁니다. 그러므로 처음부터 너무 욕심내서 크게 창업하는 것 보다 본인자금 규모에 알맞게 창업하는 것이 좋습니다.

Q16. 스타트업 설립하고 싶어도 자금이 부담됩니다. 크게 도움 받을 수 있는 정부지원제도는?

미국과 달리 국내 창업 환경은 정부 주도형으로 정부지원제도가 체계적으로 잘 되어 있으며 스타트업의 필요한 마케팅, R&D, 수출, 고용, 투자 등 다방면으로 지원하고 있습니다.

창업넷(www.k-starup.go.kr)은 '예비창업패키지' 또는 '초기창업패키지' 등의 창업지원을 받을 수 있으며, 기업마당(www.bizinfo.go.kr)에서는 창업지원 공고를 확인하여 신청 후 지원을 받을 수 있도록 하고 있습니다. 중소기업진흥공단의 정책자금 융자 상품 중 창업기업지원자금은 창업 스타트업에 적합합니다. 기술보증기금, 신용보증기금은 융자를 받을 수 있도록 지원하고 있으며, 그 외 R&D에 대한 지원은 국가 R&D 사업관리(rndgate.ntis.go.kr), 중소기업기술정보원(www.smtech.go.kr)에서 확인해볼 수 있습니다.

Q17. 외부 투자를 꼭 받아야 하나요? 만약 투자를 받고자 한다면 어떻게 하면 될까요?

창업에 정답은 없습니다. 예를 들어 두 명의 창업자가 있습니다. 두 사람 모두에서 동일한 투자자를 소개시켜 줬습니다. 첫 번째 창업자는 투자자와의 첫 만남후 자신의 아이템에 대한 문제제기와 비판이 싫어서인지 두 번 다시 투자자를 찾지 않게 되었습니다. 두 번째 창업자에 대한 투자자의 부정적인 시선은 동일했습니다. 그러나 두 번째 창업자는 그 투자자에게 다른 투자자를 소개시켜달라고 부탁했습니다. 그리고 또 다른 투자자를 만나러 다녔습니다. 국내 벤처캐피털 사이트에서 투자자 리스트를 찾아서 메일을 보내고 전화를 걸었으며, 그들에게 자신의 아이템의 성장과정을 지속적으로 공개했습니다. 각종 IR행사를 찾아다니면서 투자자를 만나고 네트워크를 넓혔습니다. 결국 그는 400억을 투자받고, 유니콘 기업으로 성장시킨 창업자가 되었습니다. 첫 번째 창업자는 투자를 받지 못했지만, 차근차근 회사를 성장시켜 재무구조가 튼튼한 작지만 강한 기업으로 성장시켰습니다.

창업자가 꼭 봐야할 동영상

스타트업 성공의 가장 중요한 요소
- 빌 그로스(Bill Gross) -

"회사의 성공과 실패를 좌우하는 다섯 가지 요소는 아이디어, 팀, 실행력, 적응력, 타이밍이다. 그 중 가장 중요한 요소는 타이밍이다. 제공하려는 서비스를 소비자가 받아들일 준비가 돼 있는지 파악하는 게 중요하다. 다른 요소가 모두 준비돼 있더라도 적당한 타이밍에 사업을 시작해야 성공할 수 있다."

* 유튜브(www.youtube.com)에서 'TED 빌 그로스'를 검색하시면 빌 그로스가 말하는 스타트업의 성공전략을 볼 수 있습니다.

Ask Yourself

"자신의 창업 아이디어의 타이밍을 객관적으로 검토했는가?"
"발생할 수 있는 문제에 대해 대처할 수 있는 실행력과 적응력을 갖춘 팀을 보유하고 있는가?"

메이커 사례 및 인식조사를 통한 메이커 활성화 및 성공요인 분석(요약)

홍혜영, 남정민

예술인문사회융합멀티미디어, 9(8), 2019

본 연구는 국내·외 메이커 운동[1]을 분석하고 메이커 당사자들의 인식조사, 메이커 교육, 문화, 인프라, 정부지원방안 등 영역별 발전방향을 제시하고 단계별 세부실행계획을 수립하였다. 메이커 활동에 대한 인식조사는 692명을 대상으로 스타트업 대표의 인터뷰 및 전국의 부산, 광주, 대전, 경기, 서울 5개 지역으로 실시하였다. 분석결과를 살펴보면, 메이커 활동 동기는 관심단계에서는 '재미', 활동단계에서는 '성취감', 창업단계에서는 '아이디어 표현 가능성'이 높게 나타났으며, 메이커 활동의 장애요소로는 '창업자금 조달의 어려움', '기술확보의 어려움' 등이 높게 나타났다. 메이커스페이스 활동경험에 대한 만족도에서는 활동단계가 가장 높았다.

이를 종합하면 메이커 문화 활성화를 위해서는 청소년 시기부터 기업가정신을 함양하기 위한 메이커 활동기반의 수업이 진행되어야 하며, 메이커 스페이스 활성화를 구현하기 위한 1단계(Zero to Maker), 2단계(Maker to Maker), 3단계(Maker to Market) 등의 메이커 활동을 지원하기 위한 토대를 마련해야 한다. 아울러 메이커 교육 및 정보의 공유 활성화, 교육 플랫폼 강화와 메이커 분야별, 단계별 전문 멘토링 시스템을 도입하고 메이커 초기단계에서 벗어나 성장단계별 메이커 지원시스템의 구축의 필요성이 더욱 증대된다.

〈표 1〉 집단별 문항 분석

문항	구분	집단구분			전체
		메이커 관심단계	메이커 활동단계	메이커 창업단계	
메이커 활동 관심 이유	재미있을 것 같다	25.6%	12.1%	14.6%	17.2%
	스트레스를 해소할 수 있을 것 같다	8.9%	8.3%	4.5%	8.2%
	성취감을 느낄 수 있을 것 같다	16.6%	20.4%	11.2%	18.1%
	나만의 생각/아이디어를 표현할 수 있을 것 같다	18.8%	18.9%	22.5%	19.2%
	새로운 것을 배울 수 있을 것 같다	12.5%	14.0%	12.4%	13.3%
	내 일이나 학업과 관련이 있는 것 같다	2.2%	2.9%	2.2%	2.6%
	메이커 활동을 통해서 사람들과 친해질 수 있을 것 같다	3.8%	7.0%	1.1%	5.2%
	돈을 아낄 수 있을 것 같다	1.6%	4.2%	2.2%	3.0%
	수익을 올릴 수 있을 것 같다	3.5%	4.2%	12.4%	4.8%
	사회적인 인정을 받을 수 있을 것 같다	0.3%	1.3%	1.1%	0.9%
	나의 전문영역을 키울 수 있을 것 같다	4.5%	4.6%	9.0%	5.0%
	나의 적성에 맞는 것 같다	1.6%	2.0%	5.6%	2.2%
	기타	0.0%	0.2%	1.1%	0.2%
메이커 활동 주된 목적	일상 필요 목적	23.3%	16.4%	8.1%	17.9%
	취미 생활 목적	62.5%	63.0%	13.5%	57.5%
	학업 활동 목적	4.2%	7.4%	8.1%	6.4%
	구직 활동 목적	0.8%	3.7%	2.7%	2.6%
	부업 활동 목적(비상근, part-time)	6.7%	6.9%	16.2%	7.8%
	전업 활동 목적(상근, full-time)	2.5%	2.6%	51.4%	7.8%

정부는 메이커 초기단계 중심의 지원정책에서 벗어나, 메이커 분야 및 단계별 멘토링 시스템을 구축하고, 인적 및 물적 인프라 지원, 상호 협력 및 고객 중심의 메이커 인프라로 전환해야 한다.

---

1) 메이커 운동: 정보통신 기술의 발전을 바탕으로 일어나고 있는 4차 산업 혁명 시대의 사회·문화 운동으로서, 온라인 커뮤니티의 활성화를 통한 공유와 오픈소스 운동, 3D 프린터로 대표되는 새로운 창작도구의 개발, 크라우드 펀딩이라는 새로운 형태의 자금 조달을 통해 개인적·사회적으로 의미있는 제품을 스스로 설계·제작하고, 공유하는 현상을 뜻한다(Anderson, 2012; Dougherty, 2012).

학습목표

1. 지식재산권의 종류를 살펴보고, 자신에게 필요한 지식재산권에 대해 생각해보자.
2. 창업 아이템의 지식재산권을 보호하기 위해 필요한 특허절차는 무엇인지 알아보자.
3. 지식재산권을 활용한 창업전략을 생각해보고, 특허를 활용할 수 있는 방법을 알아보자.

'아름드리 큰 나무도 터럭 끝만 한 씨앗에서 싹이 트고,
아홉층 높은 집도 낮은 바탕이 있은 다음에 세워지며, 천리 길도 한 걸음부터 시작된다.'
「노자(老子)의 도덕경(道德經)」

제7장

창업을 위한 지식재산 전략

Ⅰ 지식재산권이란

Ⅱ 특허의 이해

Ⅲ 특허정보조사 및 선행기술 조사

Ⅳ 지식재산 창업전략

생각해보기 1

디테일로 승부하라.

▲ 매킨토시

애써 쌓은 공든 탑을 한 번에 무너뜨리는 것은 작은 설계오류가 될 수 있듯이, 반대로 디테일한 관심 하나가 소비자 만족도를 크게 높일 수 있다.

'디테일'에 대해 논할 때 스티브 잡스를 빼 놓으면 그가 매우 섭섭하게 생각할 것이다. 잡스가 그의 대표적인 작품 중에 하나인 맥킨토시(Macintosh) 컴퓨터를 만드는 과정이었다. 잡스는 칩과 다른 부품 들을 부착하고 매킨토시 내부 깊숙한 곳에 들어갈 회로기판을 철저하게 검사하였다. 어떠한 소비자도 회로기판의 모양을 세심하게 볼 일이 없었다. 하지만 잡스는 회로 기판을 심미학적인 토대로 비평하기 시작했다. "저 부분 정말 예쁘네. 하지만 메모리칩들을 좀 봐. 너무 추하잖아. 선들이 너무 달라붙었어."

새로 들어온 엔지니어 한명이 끼어들어 그게 무슨 상관이냐고 물었다. "중요한 건 그게 얼마나 잘 작동하느냐 하는 겁니다. PC 회로 기판을 들여다볼 소비자가 어디에 있겠습니까."

잡스는 전형적인 반응을 보였다. "최대한 아름답게 만들어야 해. 박스 안에 들어 있다 하더라도 말이야. 훌륭한 목수는 아무도 보지 않는다고 장롱 뒤쪽에 저급한 나무를 쓰지 않아."

몇 년 후 맥킨토시가 출시되고 나서 한 어느 인터뷰에서, 그는 아버지에게서 배운 '디테일'의 중요성을 다시 한 번 언급했다. "아름다운 서랍장을 만드는 목수는 서랍장 뒤쪽이 벽을 향한다고, 그래서 아무도 보지 못한다고 싸구려 합판을 사용하지 않아요. 목수 자신은 알기 때문에 뒤쪽에도 아름다운 나무를 써야 하지요. 밤에 잠을 제대로 자려면 아름다움과 품위를 끝까지 추구해야 합니다."[1)]

세계적인 의료업체 Polo의 업무매뉴얼에는 '바느질할 때 1인치에 반드시 여덟 땀을 떠야 한다'는 아주 디테일한 규정이 있다. 세계적인 패스트푸드업체 맥도날드는 '구워진 지 20분이 지난 고기는 햄버거에 사용할 수 없다'는 디테일한 시스템 덕분에 세계 최대의 프랜차이즈 기업으로 성장하였다. 천길 제방도 아주 작은 구멍으로 인하여 무너지듯이 대부분의 위기는 큰 것에서 오지 않으며, 대부분의 성공 또한 작은 차이에서 시작되는 것이다. 아름드리 큰 나무도 작은 씨앗에서 싹이 트이듯이 승부는 작은 차이에서 시작된다.

토의문제

- 창업 및 기업 운영 시 디테일(detail)의 중요성에 대해 생각해 보세요.
- 창업 기업 운영 및 기술개발 과정 및 결과를 지적재산으로 보호받을 수 있는 방안에 대해 논의해 보세요.

1) 스티브잡스, 월터 아이작슨

I 지식재산권이란

특허나 발명이라고 하면 뭔가 아주 기발하고 새로운 아이디어나 기술에 관한 것으로 생각하고 자신과는 거리가 먼 일이라고 생각하는 경향이 있다. 그러나 특허나 발명은 우리에게 아주 친근한 것이고 우리에게 아주 가까운 곳에 있을 뿐 아니라 곧 자신의 일이 될 수도 있다. 창업가나 기업은 운영하는 경영자가 좋은 아이디어나 기술을 가지고도 이를 적절히 보호하지 못함으로 불이익을 당하는 경우를 흔히 볼 수 있다. 아이디어나 기술과 같은 지식재산은 지식재산권으로 보호받을 수 있으며, 이와 같은 지식재산권은 그 내용에 따라 여러 가지로 분류될 수 있다.

왜 지식재산권을 확보해야 하는가?

사업화 과정에 있어서 지식재산권을 확보해야 하는 이유는 다음과 같다.

- 경쟁기술 및 제품을 보유하거나 입찰, 판매, 납품 등을 진행할 때 경쟁사를 견제할 수 있는 강력한 보호방법으로 사용될 수 있다.
- 시장에서 기업에 대한 이미지와 신뢰도를 높이고 기업 간의 협력을 통한 동반성장을 용이하게 할 수 있다.
- 지식재산권을 통한 로열티 수입으로 기업의 새로운 이익창출 수단으로 활용할 수도 있다.
- 특히, 초기 창업기업에게는 지식재산권의 보유여부가 투자를 유치여부를 결정하는 중요한 의사결정 사안으로 투자금액의 단위가 달라지는데 결정적인 역할을 할 수 있다.

「출처: 성창수 외, 꼭 알아야 할 기술사업화 바이블, 2016.」

1. 지식재산권의 종류

새로운 아이디어, 신기술 개발 등을 보호하는 제도로서 지적 재산권의 보호제도인 특허, 실용신안, 의장, 상표, 저작권 등의 방법으로 보호받는 것이 바람직하다. 사실 특허는 지식재산권이라고 부르는 무형 재산권의 일부일 뿐이다. 일반적으로 지식재산권은 창작보호 여부, 법 목적, 규제형식 등 여러 가지 기준에 의해 다양하게 분류해 볼 수 있으며, 〈표 7-1〉과 같이 크게 전통적 지식재산권과 신지식재산권으로 구분되고, 전통적 지식재산권은 다시 산업재산권과 저작권으로 구분된다.

(1) 산업재산권

산업재산권은 산업경제와 관계가 깊은 지식재산권으로서 **특허권, 실용신안권, 디자인권, 상표권을 말한다.** 이 4가지의 산업재산권은 각자 보호대상이 다르다. 또한 특허권, 실용신안법, 디자인보호법 및 상표법 등 서로 다른 법률에 의하여 각각의 권리를 규율한다.

① 특허권

먼저 **특허권은 자연원칙을 이용한 기술적 사상의 창작으로서 발명수준이 고도한 발명에 대하여 부여되는 권리**이다(특허법 제2조 제1호). 특허권의 권리는 〈그림7-2〉에 나타난 바와

그림 7-1 지식재산권의 종류

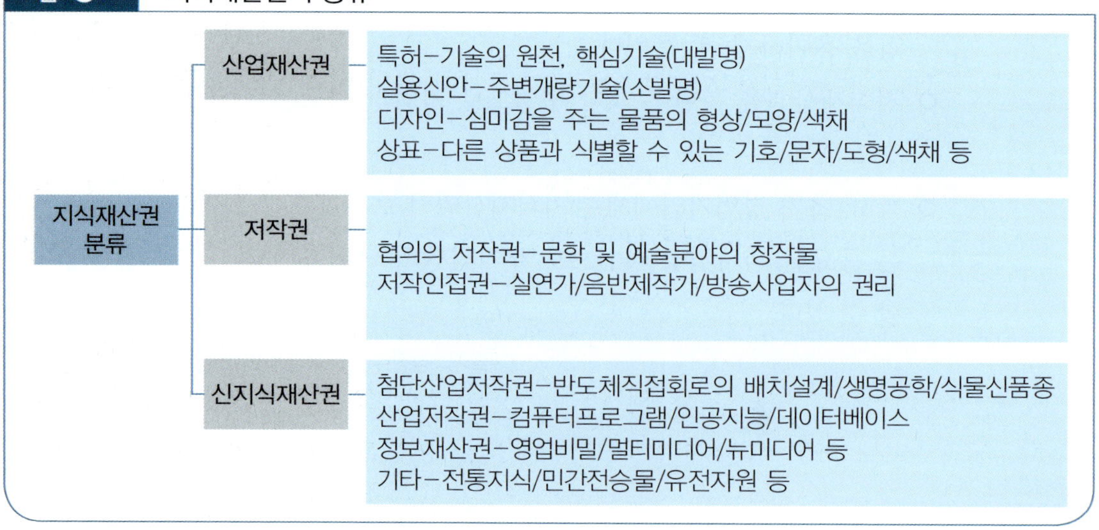

그림 ⑦-2 특허권의 존속기간

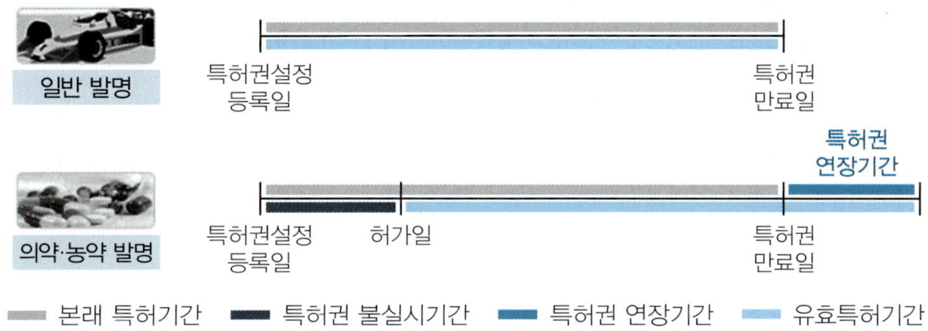

구분 및 관련법	특허권	실용신안권	디자인권	상표권
존속기간	출원일로부터 20년	출원일로부터 10년	출원일로부터 20년	등록일로부터 10년 (10년마다 갱신 가능)

[출처: 특허청 홈페이지]

같이 등록일(특허청 심사를 통과하여 특허결정서를 받은 후 특허권을 받기 위해 등록료를 납부한 날)로부터 발생하여 출원일로부터 20년까지 존속된다. 예를 들어, 2019년 7월 1일에 특허출원하여 2021년 3월 2일에 특허 등록한 경우, 특허권은 일반적으로 최대 2039년 7월 1일까지 유지될 수 있다.

② 실용신안권

실용신안권은 물품의 형상, 구조, 조합에 관한 고안(창작의 고도성 정도에 비추어 고안을 '소발명'이라고도 함)에 대하여 부여되는 권리이다. 실용신안권의 권리는 등록일로부터 발생하여, 출원일 후 10년까지 존속된다. 실용신안권은 **특허권과 마찬가지로 기술에 관한 아이디어를 보호하는 권리이지만, 특허와는 달리 기술과 관련된 아이디어 중에서도 물품의 형상, 구조 및 조합에 관한 고안만을 보호대상**으로 한다. 따라서 방법이나 소프트웨어, 물질 등과 관련된 기술은 실용신안권으로 보호받을 수 없으며, 특허권을 통해서만 보호를 받을 수 있다. 또한, 실용신안은 등록 요건이 특허권과 거의 비슷하나, 특허요건 중 진보성의 조건에 대하여 특허에 비해 다소 낮은 차이점이 있다.

③ 디자인권

디자인권은 **물품의 외관 디자인에 대한 아이디어를 보호하는 권리**이다. 즉, 디자인권은 독특한 형상, 모향, 색채가 있는 물품의 외관에 부여되는 권리로서 등록 후 20년까지 존속된다(디자인보호법 제2조). 예를 들어, 2009년 7월 1일에 디자인 출원하여 2012년 3월 2일에 디자인 등록한 경우, 디자인권은 최대 2027년 3월 2일까지 유지될 수 있다.

④ 상표권

상표권은 **식별력 있는 상표 또는 서비스표에 부여되는 권리**이다. 상표란 타인의 상품과 식별되도록 유형의 상품에 사용하는 표장으로 기호·문자·도형·입체적형상·색채·홀로그램·동작 또는 이들의 결합을 말하며, 서비스표는 무형의 서비스에 사용하는 표장을 말한다. 상표권은 등록 후 10년까지 존속되지만 다른 산업재산권과 달리 갱신 절차를 거쳐 10년씩 존속기간을 계속적으로 연장할 수 있다.

⑤ 산업재산권의 비교

〈그림 7-3〉은 산업재산권의 보호대상을 쉽게 이해하기 위한 예시도이다. 자동차 엔진제어 시스템, 변속기 시스템 등과 같이 발명수준이 고도한 '발명'은 특허권으로 주로 보호되며, 백미러 및 컵홀더 등과 같이 창작수준이 낮은 '고안'은 실용신안으로 보호될 수 있다. 그러나 '발명'과 '고안'의 구분이 명확하지 않으며 또한 권리의 존속기간은 특허권이 실용신안

그림 7-3 산업재산권의 예시도

특허 원천, 핵심기술	실용신안 주변 개량 기술	디자인 물품의 외관	상표 상품의 명칭
엔진제어 시스템 ABS 브레이크 시스템 지능형 현가 시스템 변속기 시스템	백미러 컵홀더 자동차도어 의자높낮이 조절장치	차체형상 의자 형상 전방 램프 형상 리어 스포일러 형상	자동차 명칭 (제네시스, 그렌져 등) 제작자 명칭 (현대, 도요타 등)

권보다 길기 때문에, 대부분 특허권으로 권리를 획득하려고 하는 경향이 강하다. 한편 자체의 형상 및 알루미늄 휠과 같이 물품의 외관은 디자인권으로 보호될 수 있으며, '제네시스', '그랜저'와 같은 자동차 명칭이나 '현대', 'SM', 'GM"과 같은 제작사 명칭은 상표권으로 보호될 수 있다.

(2) 저작권

저작권은 인간의 지적능력을 발휘하여 달성한 미술, 음악 등의 예술분야와 시, 소설 등과 같은 문학 분야의 창작물에 대한 독점권이 인정되는 권리이다. 저작자의 권리는 산업재산권과 달리, 별도의 출원 및 등록에 의하여 권리가 발생하는 것이 아니라, 저작권 등록과 무관하게 저작물을 창작한 시점에 발생한다.

저작권은 저작자가 저작물에 대해 갖는 인격적 권리인 저작인격권과 저작물을 일정한 방식으로 이용하는 것으로부터 발생하는 경제적인 이익을 보호하기 위한 권리인 저작재산권을 포함한다. 한편, 저작인격권은 다시 저작물을 발표할 권리인 공표권, 이름을 표시할 권리인 성명표시권과 저작물의 내용과 형식의 동일성을 유지하도록 요구할 수 있는 동일성 유지권을 포함한다. 또한 저작재산권은 복제권, 공연권, 공중송신권, 전시권, 배포권, 대여권, 2차적 저작물 작성권 등을 포함한다. 저작권을 양도하는 경우 계약서에 2차적 저작물 작성권에 대한 내용을 포함 또는 불포함할지 확인할 필요가 있다.

(3) 신지식재산권

① 신지식재산권이란?

과학의 발달과 함께 새롭게 그 보호의 필요성이 대두된 **컴퓨터 프로그램, 반도체 직접회로의 배치설계, 영업발명, 영업비밀, 생명공학, 데이터베이스, 뉴미디어 등이 이른바 신지식재산권의 분야에 속한다.** 기존의 지식재산권이라는 표현 앞에 따로 '신(新)'을 붙이게 된 것은, 가령 컴퓨터 프로그램을 보호하려고 할 경우 특허법으로 보호하자니 이것이 꼭 자연법칙을 이용한 것도 아니고 어느 경우는 기술적 사상의 창작도 아니기 때문에 발명의 정의와 어긋나기 때문이다. 그렇다고 이를 저작권법으로 보호하자니 저작권은 사후(死後) 50년간 보호하기로 되어 있는데 수도 없이 만들어지는 컴퓨터 프로그램을 그렇게 오랫동안 보호하다 보면 오히려 산업발전에 도움이 되지 않는 등 기존의 지식재산권 보호체계로는 합리적인 규율이 곤란한 경우가 발생하므로, 이를 신지식재산권으로 분류해 보호하게 된다.

② 신지식재산권의 유형

가. 컴퓨터 소프트웨어

컴퓨터가 등장한 초기에는 하드웨어 제조업자들이 주도하였으나, 시장이 커지면서 마이크로소프트(MS)사와 같은 전문적인 소프트웨어 업체가 등장하였다. MS사만 보더라도 천문학적인 돈을 연구개발비로 투자하고 있으나, 소프트웨어는 비용을 들이지 않고 무한히 복제할 수 있는 특성이 있다. 이들은 초기에 저작권을 보호받았으나, 소프트웨어의 기술적인 부분까지 보호받기에는 한계가 있었다. 그 결과, 1981년 미국대법원은 Diamond v. Diehr사건에서 수학 공식을 계산하는 프로그램이 개입된 특허를 인정하면서 소프트웨어 특허시대를 열었다. 한편, 컴퓨터 프로그램의 복제에 대해서는 저작권법으로 보호하고 있다.

나. 반도체 직접회로의 배치 설계권

반도체 직접회로는 기술의 혁신결과 고집적화가 급속하게 이루어져 현재는 모든 전자, 전기기기에 필수적인 구성요소가 되었다. 이러한 반도체 직접회로의 개발에는 막대한 비용을 투자해야 하지만 기존 법제하에서 만족스런 보호를 받을 수 없었다. 따라서 선진국에서는 새로운 특별법을 만들어 이를 보호하고 우리나라에서도 1993년 9월 1일부터 반도체 직접회로의 배치설계에 관한 법률을 제정하여 시행하고 있다.

다. 영업방법(비즈니스 모델)

인터넷의 발달로 비즈니스 영역에서 전자상거래 기술이 등장하였다. 이와 관련하여 1988년 미국의 특허전문 고등법원인 CAFC는 State Street Bank & Trust Co. v. Signature Financial Group Inc.사건에서 뮤추얼펀드의 투자관리 시스템을 특허로 인정하는 판결을 내렸으며, 이 판결을 계기로 이른바 비즈니스모델(BM)에 관한 특허출원이 미국뿐만 아니라 전 세계적으로 붐을 이루게 되었다.

라. 생명공학발명

그동안 생명공학 분야는 생명의 존엄성이라는 윤리적인 문제와 생명체는 신의 창조물이지 인간의 발명이 아니라는 이유로 특허대상에서 제외시켜 왔다. 그러나 1980년 미 대법원은 Diamond v. Chakrabarty사건에서 원유를 분해할 수 있는 인공미생물에 대한 특허권을 인정하기에 이르렀고 이와 함께 태양 아래 인간이 만든 모든 것은 다 특허 받을 수 있다고 판결하였다. 그 결과 유전공학기술과 결부된 미생물은 물론 동물에 이르기까지 광범위하게 특허를 인정하게 되었다. 한편, 2011년 9월에 개전된 미국특허법에서는 인체조직에 관한 발명은 불특허 사유로 규정하고 있다.

마. 영업비밀(know-how, 노하우)

영업비밀은 특허보다 보호 범위가 넓다. 영업비밀은 사업 활동에 있어 경쟁사에 대하여 경쟁우위를 가지기 위한 비밀로 유지되는 사업 및 기술적 지식을 지칭한다. 고객명단, 희귀 원재료의 공급처, 빠른 배송처, 낮은 가격을 제공하는 공급처 등에 대한 정보, 독특한 공정, 요리법, 기술 및 제조 노하우, 광고 및 마케팅 계획, 사업계획 등이 모두 영업비밀로 보호될 수 있다. 영업비밀은 특허와는 달리 보호대상에 대한 어떤 기준이나 요구 조건이 없다. 만일 대상이 새롭고 해당 산업 분야에서 비밀로 유지된 것이라면 영업 비밀로 보호될 수 있다. 영업 비밀의 보호권리를 취득하기 위한 별도의 공식 절차 같은 것은 없다. 비밀로 유지되는 내용의 성질과 비밀로 유지하려는 노력 여부만 있으면 보호는 성립한다.

영업비밀의 단점은 우발적 공개, 제3자의 독립적 발명, 역설계 등의 정당한 방법으로 해당 정보가 공개되면 보호할 수 없다는 것이다. 레이저나 비행기 등 많은 주요 발명들이 여러 사람들에 의해 거의 동시 다발적으로 이루어졌다. 이 때 영업 비밀은 특허처럼 최초의 발명자에게 특별한 보호를 제공하는 것은 아니다. 그러나 영업비밀은 환산할 수 없는 가치를 가지기도 한다.

사 례 **코카콜라(Coca -cola)의 제조비법**

코카콜라(Coca -cola)의 제조비법은 전 세계에서 가장 잘 감춰져 온 영업 비밀 중 하나이다. “Merchandise 7X”로 알려진 이 제조법은 100여 년 전에 처음 발명되었을 때부터 지금까지 철저한 보안이 유지되고 있다. 코카콜라 회사 내에서도 이 제조법의 내용을 아는 사람은 단 두 사람이고 제조법이 담긴 문서는 애틀랜타 선트러스트 은행의 안전금고에 보관되어 있다. 회사는 제조법을 알고 있는 이들의 신분 공개도 거부하고 있고 이 두 사람은 같은 비행기에 동시에 탑승하는 것도 금지된다. 코카콜라의 제조법을 둘러 싼 이러한 신비주의와 이야깃거리들이 일종의 마케팅 전략일 수도 있지만 코카콜라의 영업 비밀이 엄격하게 보호되고 있고 엄청난 가치를 가진 것은 틀림없는 사실이다. 코카콜라 브랜드 가치는 2018년 기준으로 6백66억 달러이며 애플, 구글, 아마존, 마이크로소프트에 이어 세계 5위이다.

Ⅱ 특허의 이해

특허와 접목된 발명을 위해서는 몇 가지 염두에 두어야 할 사항이 존재한다. **첫째, 자신이 생각하고 있는 아이디어는 누군가가 이미 발명하여 특허출원을 했을 가능성이 90% 이상이다.** 둘째, 자신이 생각한 아이디어에 관련된 발명이 이미 특허출원이 되어 있다고 결코 실망하고 포기하지 말아야 한다. **모든 선행된 발명은 반드시 문제점을 가지고 있는 것이 일반적이다. 그 문제점을 찾아 해결하는 것이 진정한 발명**이므로 앞서 발명한 자에게 고마움을 느끼란 의미이다. **셋째, 발명을 위한 또는 발명 특허를 위한 특허는 지양해야 한다.** 자신이 이 아이디어를 왜 발명으로 완성시키고 특허출원을 하는지 그 목적이 뚜렷해야 한다. 특허를 획득하는 과정과 획득한 후에 그것을 유지하는 비용이 만만치 않기 때문이다. 이와 같은 원칙 아래에서 발명을 해야 양질의 발명, 특허를 받을 수 있는 발명, 돈이 되는 발명을 할 수 있다. 이러한 특허는 출원일로부터 20년의 기간을 보호받을 수 있는데, 등록요건과 등록절차상의 특징을 구체적으로 살펴보고자 한다.

사 례　기술에 대한 특허보호를 하지 않아 사업에 실패한 사례

◇ 통신 분야에서 국내 유망한 중소기업인 A사

A사는 통신 분야에서 국내 유망한 중소기업으로 획기적 상품을 만들 좋은 아이디어를 가지고 있었다. 10년 동안 한 기술 분야만을 연구해 이 분야에서만 그 어떤 기업에도 뒤지지 않는 최고 기술력을 가지고 있다. 이 회사 성장을 기대하게 됐다. 그러나 모든 중소기업이 그렇듯 중소기업 특성상 자금력이 충분치 않아 우선적으로 연구개발(R&D)에 대부분 비용을 투자해 제품개발을 하는 것에 주력할 수밖에 없었다. 상대적으로 특허출원에 의한 특허권 획득으로 자신 기술을 보호하는 것은 미흡했다. 상담 할 때 A사의 대표는 자신 기술은 시장에 1조 원 이상의 가치가 있다고 말했다. 그 정도는 아니더라도 상당한 가치가 있었다. 그러나 그는 1조 원 자산을 지키기 위해 단 2건 특허만을 등록받아 놓았다. 특허 2건 등록받는 비용

은 약 500만 원 안팎이다. 정말로 자신이 1조 원의 재산을 가지고 있는데 이를 지키기 위해 500만 원 만을 지출한다는 것이 적절한 금액인지 생각을 해 봐야 한다.

◇ 제품 출시 후 경쟁업체 모방

수년 후, A사는 결국 모든 통신 기계에 들어가는 획기적인 통신 부품 상품을 만들어 냈다. 이 상품은 시장에서 엄청난 인기를 끌어 많은 통신 업체들이 이 상품을 구매해 자신 통신 사업에 사용하게 됐다. 그러자 곧 통신 분야에 많은 경쟁업체들이 모방품을 만들어 냈을 뿐만 아니라, 그들이 가지고 있는 특허권을 가지고 A사를 공격해 왔다. A사는 특허에 대해 잘 알지도 못했으며, 방어할 만한 특허를 가지고 있지도 않았다. 그리고 가지고 있던 2건의 특허도 경쟁업체 특허무효심판청구에 의해 모두 진보성 흠결로 무효가 됐다.

◇ A사의 몰락

결국 A사는 특허출원 비용과는 비교도 되지 않는 특허소송 비용을 지출하게 됐다. 이를 감당하기 어려워 자신 기술을 경쟁업체에게 팔고 사업을 그만두려고 했으나, 경쟁업체는 A사 기술을 모방해서 자유롭게 사용하고 있는 상황에서 이 또한 쉽지 않았다. 즉, 경쟁업체들은 더 이상 A사 기술을 살 이유가 없었다. 오히려 A사는 지금까지 자신들이 제조한 상품을 구매한 회사들에게 A/S 등 사후관리를 제대로 할 수 없어 이들로부터 많은 비난과 민·형사 소송을 겪게 됐다. 결국 A사는 견디다 못해 결국 자신 상품을 구매한 회사들에게 A/S 등 사후관리를 해주는 조건으로 경쟁업체에게 10억 원이 넘는 돈을 주고서야 사업을 접을 수 있었다.

◇ 시사점

A사는 상품의 연구 개발에 급급해 기술 보호를 위한 특허에 대한 투자를 소홀히 했다. 이 사례는 특허관리를 제대로 하지 않아 큰 어려움에 처하게 된 대표적 일화다. 만약 A사가 제품 출시 전에 특허에 대한 중요성을 인식해 자신의 기술을 보호할 수 있는 강한 특허권을 보유하고 있었다면 A사는 특허권 바탕으로 자신 기술을 지켜 사업에서 큰 성공을 거둘 수 있었다. 특허권에 대한 경각심을 가지고 개발과 동시에 특허출원 전략을 수립하고 실행하지 않으면 자신의 연구가 무의미해질 수 있다는 점을 유념하여야 한다.

「출처 : http://www.ciobiz.co.kr/news/article.html?id=20170718120033」

1. 특허출원의 기본원칙 및 요건

(1) 특허법의 기본 원칙

① 선출원주의

동일한 발명(고안)에 대하여 누구에게 특허(실용신안)을 줄 것인가를 판단하는 기준이 한국을 비롯한 대다수 국가가 포함되어 있다. 시기적 판단 기준의 경우, 서로 다른 날짜에 출원한 것은 먼저 출원한 자가 특허를 받을 수 있고, 같은 날짜에 출원하면 협의를 통해 출원할 수 있으나 협의 불성립 시 쌍방 모두 특허를 받을 수 없도록 하고 있다.(특허법 제 36조 2항)

② 도달주의

특허청에 서류를 제출하는 경우 언제 그 효력이 발생하는 것으로 보는가에 관해 도달주의와 발신주가 있다. 우리나라 특허법은 도달주의를 원칙으로 하고 (특허법 제28조 1항) 예외적으로 국내출원의 경우, 우편물의 발신일이 분명한 경우와 수령증으로 발신한 날이 증명될 경우 우편으로 서류를 제출하는 때에는 우체국에 제출한 때에 특허청에 도달한 것으로 보는 발신주의를 취하고 있다(특허법 제 28조 2 항).

TIP

■ 발명의 선후원 판단

발명의 선후원(선출원과 후출원)을 판단할 때는 청구항을 기준으로 판단하고, 동일한 발명에 대하여 다른 날에 2건 이상의 특허출원이 있을 때에는 먼저 특허출원한 자만이 특허를 받을 수 있다. 만약, 선출원이 공개되지 않았다면, 후출원은 선출원이 공개 또는 공고될 때까지 심사가 보류된다. 동일발명이라는 이유로 후출원을 거절 결정할 경우에는 선출원의 청구범위가 확정되어야 한다. 선출원(실용신안등록출원 포함)이 공개되기 전에 무효·취하·포기·거절결정 등이 확정되었을 때는 그 선출원은 선출원의 지위를 갖지 못하므로 후출원은 특허받을 수 있게 된다.

■ 동일발명 경합출원

동일한 발명에 대하여 같은 날에 2건 이상의 특허출원이 있을 때에는 특허출원인의 협의에 의하여 정하여진 하나의 특허출원인만이 그 발명에 대하여 특허를 받을 수 있다. 협의가 성립하지 아니하거나 협의를 할 수 없는 때에는 어느 특허출원인도 그 발명에 대하여 특허를 받을 수 없다.

③ 속지주의

1국 1특허의 원칙에 따라 각국의 특허는 서로 독립적으로 효력이 발생하므로 특허권 등을 획득하고자 하는 나라에 출원을 하여 그 나라에서 특허권 등을 취득하여야만 해당 국가에서 독점 배타적 권리를 활보할 수 있다.

(2) 특허출원의 요건

① 산업상 이용가능성

발명특허를 받을 수 있기 위해서 실질적인 목적에 적용될 수 있는 것이어야 한다. 다시 말해서 순수한 이론이 아니라 산업적으로 기술적 수단에 의해 이용될 수 있는 발명인 경우에만 특허를 받을 수 있다. 산업적으로 이용할 수 없는 발명에는 의료행위, 현실적으로 실시될 수 없는 발명, 실험 및 학술적으로 이용만 가능한 것 등이 있다.

② 신규성

특허를 출원하기 전에 국내외 일반인에게 알려지거나 알려질 수 있는 상태의 발명이 아니어야 한다. 또한 국내외의 간행물에 게재되었거나 인터넷, 메일 등 전기통신 회선을 통하여 대중이 이용가능하게 된 발명이 아니어야 한다.

③ 진보성

진보성은 선행기술에 공개된 기술로 과는 다른 점만으로는 부족하고 해결하고자 하는 과제와 이 과제의 해결책 및 해결책에 의한 효과를 종합적으로 비교 판단하여 한층 뛰어난 기술이어야 특허를 받을 수 있다는 의미이다. 일반적으로 발명의 진보성 판단은 목적, 구성 및 효과의 3요소 중 발명의 구성 및 효과에 중점을 두면서 목적, 구성 및 효과를 종합적으로 대비하여 판단한다.

가. 목적의 특이성 : 발명의 목적은 발명이 해결하고자 하는 기술적 과제를 말한다. 당해 발명의 목적이 출원 당시의 기술수준으로부터 용이하게 예측할 수 있는지 여부에 따라 목적의 특이성을 판단한다.

나. 구성의 곤란성 : 구성의 곤란성이란 당해 출원 발명의 구성에 있어 그 구성요소를 제외하고, 구성요소 상호 간의 결합이 당업자가 종래 기술로부터 용이하게 도출할 수 있는 범위 내의 기술수단인지 여부를 판단하는 것이다.

다. 효과의 현저성 : 효과의 현저성이란 당해 발명의 구성으로부터 얻어지는 특유의 효과가

표 ⑦-1 진보성 판단의 주요내용

판단기준	내용
시간	특허출원 시
판단주체	발명이 속하는 기술 분야에서 통상의 지식을 가진 자(당업자)
지역	전 세계(국내외)
판단범위	특허출원 된 발명(특허 청구범위에 기재된 발명)이 공개된 발명(신규성 상실 사유와 동일)으로부터 용이하게 발명할 수 있는지 여부의 판단

출원 당시의 기술수준으로부터 예측할 수 있는 것인지에 대한 판단기준이다. 이와 같은 목적, 구성 및 효과에 기초한 판단방법 이외에 ① 상업적 성공에 의한 모방품의 발생, ② 장기간 미해결 과제 해결 등의 경우에는 진보성 판단에 참고할 수 있다.

2. 특허출원의 절차

특허출원이란 특허를 받고자 하는 자가 국가에 대하여 특허출원서류를 제출하면서 특허권의 부여를 요구하는 행위를 말하며, 그 행위를 하는 자를 특허출원인이라 한다.

특허출원을 하려면, 특허출원서류를 특허청에 온라인 또는 오프라인을 통해 제출해야 한다. 특허출원에 앞서 설명된 명세서와 출원인에 대한 정보가 기재된다. 특허청 홈페이지에 접속하여 "특허로"사이트에서 특허출원서식을 다운 받을 수 있다. 특허청에서 심사가 진행되며, 특허출원을 하려면 1회에 한하여 특허출원인을 식별할 수 있는 출원인코드를 신청하여 부여받아야 한다. 이후의 모든 절차는 출원인코드에 의해서 진행된다.

(1) 등록절차 상의 특징

① **우선심사제도** : 특허출원은 원칙적으로 심사청구 순위로 실시하지만 다음의 경우에는 먼저 심사를 받을 수 있다. 첫째, 출원공개 후 제3자가 출원된 발명을 실시하고 있는 것으로 인정되는 경우, 둘째, 방위산업, 녹색기술, 수출촉진, 국가 또는 지자체 직무, 벤처기업, 전자거래, 조약우선권 등에 관련된 특허출원으로서 긴급처리가 필요하다고 인정되는 경우이다.

② **특허청구범위 제출 유예제도** : 명세서의 특허청구범위 제출은 출원일부터 1년 6개월이 되는 날까지(출원심사청구의 취지를 통지받은 경우에는 통지받은 날부터 3개월까지) 유예할 수 있다. 제출기한 내에 특허청구범위를 제출하지 않으면 출원을 취소하는 것으로 간주된다.

③ **분할출원** : 출원인은 두 개 이상의 발명을 하나의 특허로 신청한 경우 하나 이상의 특허로 분할할 수 있다.

④ **변경출원** : 출원인은 출원 후 설정등록 또는 거절결정 확정되기 전에 자신이 유리한 쪽으로 특허에서 실용신안(또는 실용신안에서 특허)으로 출원을 변경할 수 있다.

(2) 특허 출원 전 준비사항

① **선행기술 조사** : 출원인은 유사한 발명이 등록되었는지 또는 출원 중인지를 확인하여야 한다. **특허정보검색을 한국특허정보원이 제공하는 키프리스(www.kipris.or.kr)를 통해 검색할 수 있다.**

② **사용자 등록** : 특허청에 특허출원을 하는 출원인은 특허청에 출원인코드 부여 신청을 통해 출원인 코드를 받아야 한다. 그리고 전자문서 이용을 신고하고 특허청 인증서를 발급받거나 공인인증서를 등록해야 한다.

③ **명세서/서식 작성** : 출원서류는 특허출원서, 명세서, 요약서, 도면을 요구한다. 명세서에는 발명의 상세한 설명, 청구범위를 작성한다. **청구범위는 특허발명의 보호범위를 작성하는데 이 부분은 특허 보호범위의 기준이 되기 때문에 특별한 주의가 필요하므로 전문가의 의견을 통해 작성하는 것이 좋다.** 도면의 경우 기술구성을 도식화하여 발명을 명확하게 나타내기 위해 작성한다. 요약서는 기술정보로 활용하기 위해 발명에 대해 간략하게 정리하여 작성한다.

④ **수수료 납부** : 출원서류를 제출하고 나면 특허청에서 요청하는 특허출원 관련 수수료를 납부한다.

(3) 특허 출원 후 심사 절차

① **방식심사** : 출원서나 명세서 등의 출원서류가 특허법에서 정하고 있는 절차적, 형식적 요건을 구비하고 있는지 여부를 심사하는 것을 말한다.

② **출원공개** : 출원일로부터 1년 6개월이 지나면 「공개특허공보」에 특허출원의 내용이 공

개되며, 각종 검색사이트를 통해 그 내용을 검색할 수 있다. 다시 말하면 **각종 검색사이트를 통하여 확인할 수 있는 특허내용들은 모두 현 시점으로부터 적어도 1년 6개월 이전에 특허출원 된 내용이라는 것이다.** 출원공개를 시킴으로써 제3자가 동일하거나 유사한 기술에 대해 중복하여 연구하거나 개발하는 것을 방지하여 중복투자로 인한 사회적인 비용을 절감할 수 있다. 출원공개 후, 제3자가 공개된 기술내용을 실시하는 경우 출원인은 그 발명이 특허출원된 발명임을 서면으로 경고할 수 있으며, 경고일로부터 특허권 설정등록일까지의 실시에 대한 보상금을 특허권 획득 후 청구할 수 있다.

③ 조기공개제도 : 특허출원일로부터 1년 6개월이 경과하기 전이라도 출원인의 신청이 있으면 그 특허출원내용을 특허공보에 게재하여 공개하는 제도이다. 출원일로부터 일반적인 공개 시점인 1년 6개월 사이에 **제3자가 출원발명에 대한 기술을 모방할 경우 조기공개를 신청하여 침해자에게 경고장을 발송하게 함으로써 출원인을 보호**할 수 있다.

④ 실체심사 : 심사청구 된 출원이 특허청 심사관에 의해서 특허등록여부를 결정하는 특허요건(산업상이용가능성, 신규성, 진보성)을 만족하는지 여부를 심사하는 것이다. 출원일로부터 5년 이내에「출원심사청구서」를 제출하고, 심사 청구료를 납부함으로써 비로소 특허청 심사관에 의한 실체심사가 시작된다. 정해진 기간 내에 심사청구를 하지 않는 경우에는 특허출원이 취하 간주 된다.

⑤ 우선심사제도 : 특허출원은 심사청구 순서에 따라 심사하는 것이 일반적이지만, 일정한 요건을 만족하는 출원에 대해서 심사청구 순서와 관계없이 우선적으로 심사하여 결과를 출원인에게 알려주는 제도이다. 우선심사 신청을 하면 보통 출원일로부터 약 4-5개월 정도 이내에 심사결과를 알 수 있다.

⑥ 특허결정 : 실체심사는 심사관의 결정에 의해 종료한다. 심사관에 의한 최종 처분은 특허를 부여하는「특허결정」과 특허권이 부여되지 않는「거절결정」2종류가 있다. 심사관이 심사한 결과, 거절 이유를 발견할 수 없거나 출원인의 의견서 또는 보정서에 의해 거절이유가 해소된 경우 심사관은 그 특허출원에 대하여 특허를 허여한다는 취지의 결정을 한다. 특허등록결정이 있으면 등록결정일로부터 **3개월 이내에 1~3년차를 등록료를 납부하고 3년 이후에는 해마다 연차료를 납부해야 등록특허가 유지된다.**

⑦ 설정등록과 등록공고 : 특허권 설정을 등록하면 특허에 대한 권리가 발생한다. 특허청은 해당 특허출원에 대한 등록공고를 발행하여 일반인에게 공표한다.

그림 7-4 특허출원 후 심사 흐름도

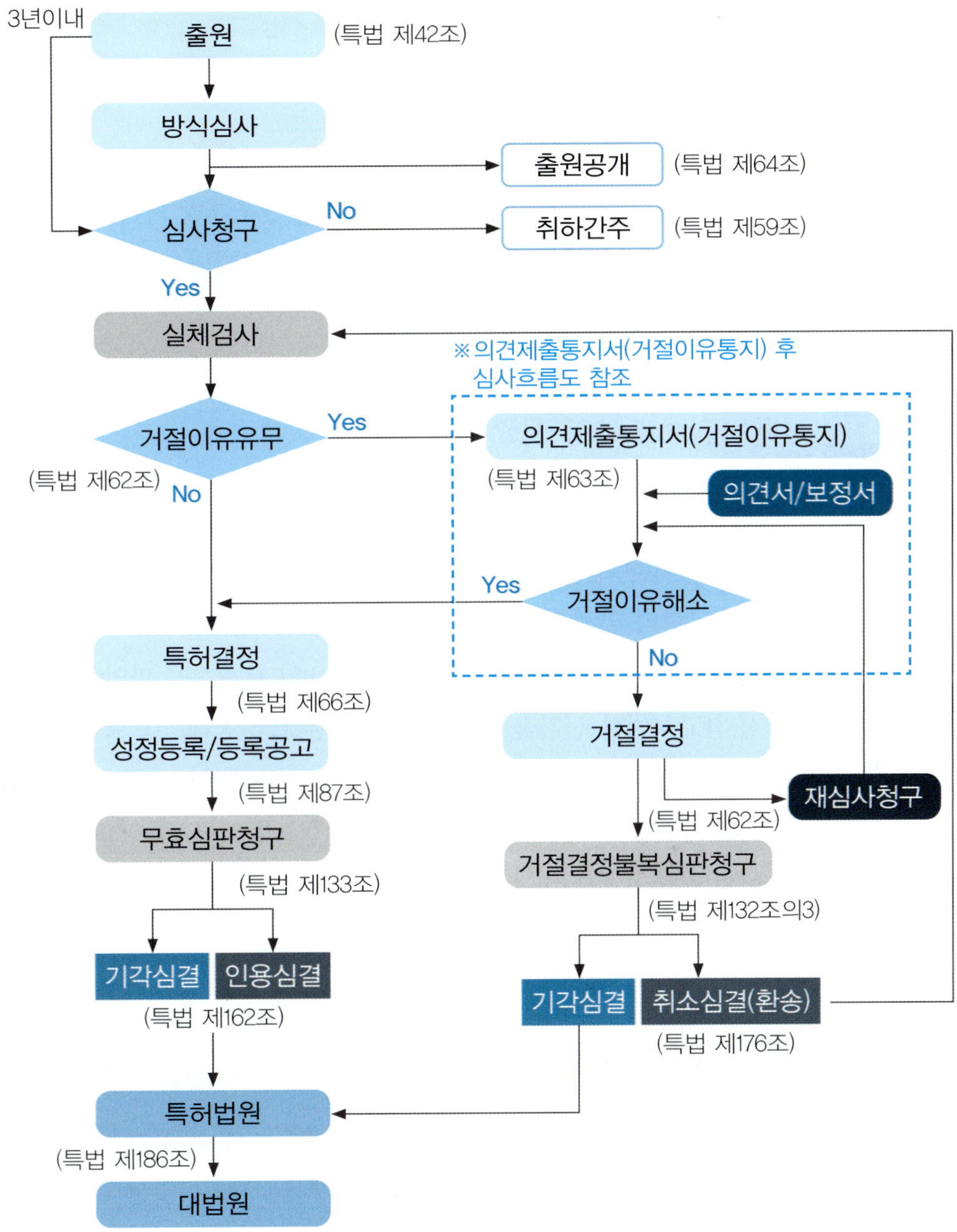

「출처: 특허청 홈페이지」

Ⅲ 특허정보조사 및 선행기술 조사

통계적으로 25% 정도의 연구개발내용이 이미 공개된 발명내용과 동일하여 그 연구개발의 성과가 무용지물인 것으로 보고되고 있다. 따라서 연구개발 기획 시 사전에 동일한 발명이 존재하지 않은지 여부에 대하여 미리 조사한 후에 연구개발을 진행할 필요가 있다.

1. 특허정보조사의 필요성

광의의 특허정보조사는 연구개발(R&D) 효율성 제고, R&D 기획, 특허 침해 리스크 검증 등을 위해 행해지는 경우가 많지만, 협의로는 간단하게 원하는 특허를 조사하여 그 내용과 서지사항 등을 파악하기 위해 행해지는 조사를 말한다.

한편 출원 전에 특허정보조사를 통하여 출원 내용의 특허성을 파악하여 거절되지 않도록 명세서 작성 시 참고하거나 신기술 개발을 위해 또는 특허침해소송 등을 당하는 경우, 그 대항수단으로서 권원이 되는 특허를 무효화하기 위한 특허정보조사 등이 행해지고 있다. 또한 출원결과를 빨리 확인할 수 있도록 우선심사 신청 시에 선행기술 결과를 함께 제출하도록 하고 있다(특허법 시행령 제9조).

2. 특허정보조사의 유형

특허정보조사는 그 목적에 따라 신기술 개발을 위한 조사, 특허권 존재 여부 조사, 특허등록 가능성 조사, 무효자료 조사로 나눌 수 있다. 이하에서는 전술한 네 가지 유형의 특허정보조사에 대하여 상세하게 설명하고자 한다.

(1) 신기술 개발을 위한 조사

특정기술조사는 개발대상 신기술이 있는 경우, 이에 대한 특허정보를 취득하기 위하여 이루어진다. 만약 개발대상 신기술에 대한 특허가 이미 존재한다면 이미 이것은 신기술이 아닌 공지된 기술이므로, 연구대상으로서의 가치가 없다. 또한 개발대상 신기술에 대한 특허가 존재하지 않았더라도 이와 유사한 특허가 존재하는 경우, 이로부터 개발대상 신기술에 대한 로드맵 등을 확보할 수 있으므로 특허정보 취득이 필요하다.

(2) 특허권 존재 여부 조사

특허권 존재 여부 조사는 시장 출시가 예정된 제품이 있는 경우, 제품을 출시하기 전에 특허 침해 가능성이 있는 특허를 검색하여 사전에 특허분쟁을 방지하려는 목적에서 실시한다. 출시예정제품이 있는 경우 이에 대한 유효특허가 있는지 여부를 청구항(claim)을 중심으로 조사하여 특허권 조촉 여부를 검토한다. 따라서 포기, 무효, 취하, 거절, 소멸 등의 특허는 조사대상에서 제외되며 출원 중이거나 등록된 특허만이 서치 대상이 된다.

출시예정제품이 해당 특허에 저촉되는 경우, 출시예정제품을 회피설계하여 출시예정제품이 해당 특허에 저촉되지 않도록 한다. 이를 위해서는 특허청구범위 해석 등에 있어서 변리사 등 전문가들의 의견을 청취할 필요가 있다. 또한 회피설계가 불가능한 경우에는 정보제출(출원 중인 특허인 경우)을 통하여 등록을 차단하거나 무효심판(등록특허인 경우)을 통하여 해당 특허를 무효화시키는 방법도 있다.

(3) 특허등록 가능성 조사

특허등록 가능성 조사는 특허조사 결과를 바탕으로 해당기술이 과연 특허를 받을 수 있는 기술이지 여부를 판단한다. 즉, 조사대상 기술이 특허등록을 위한 가장 중요한 판단기준인 신규성 및 진보성 등의 특허요건을 구비하고 있는지 여부를 선행기술조사를 통하여 예비적으로 판단할 수 있다. 출원된 발명은 방식심사 및 실체심사를 통과해야 등록될 수 있다. 따라서 출원 전에 선행기술조사를 통하여 해당 기술의 특허등록 가능성이 낮다고 판단되는 경우, 특허등록 가능성을 높일 수 있는 방안을 집중적으로 부각시켜 명세서에 기재한다. 이러한 절차를 거쳐서 특허출원하는 경우 특허등록 가능성이 높아지는 이점이 있고, 그 결과 특허출원이 거절되어 출원 비용이 낭비되는 폐단도 사전에 방지할 수 있다.

(4) 무효자료 조사

특허권 침해 발생시, 특허권자는 특허권 침해자에 대해 침해금지청구권 및 손해배상청구권을 행사할 수 있다. 이 경우 특허권 침해자, 즉 특허권의 대항을 받는 자는 이에 대한 반대급부로 선행기술조사를 통하여 등록특허에 대한 무효심판을 청구할 수 있다. 이 경우 선행기술조사를 통해 채택된 선행문헌의 명세서 전문(全文)을 조사하여 무효자료로써 사용한다. 명세서 내용 중에 포함된 일부 내용이라도 무효자료로 사용할 수 있기 때문에 명세서 전문 검색이 바람직하다.

3. 특허정보조사 방법

특허정보조사 방법은 그 유형에 따라 문헌번호조사, 선행기술조사 및 특허맵(PM · Patent Map) 등으로 나눌 수 있다. 문헌번호조사 → 선행기술조사 → 특허맵으로 갈수록 조사된 데이터의 범위는 점점 커진다.

(1) 문헌번호 조사

문헌번호 조사는 특정 타겟에 초점을 맞춘 간단한 조사를 의미한다. 주로 간단한 특허정보를 얻기 위하여 필드서치를 통하여 관련 특허정보를 조사한다. 예를 들면, 특정 출원인 또는 발명자에 대한 간단한 검색이 가능하다. 또한 출원번호, 공개번호, 등록번호 등의 특허문헌번호를 이용하여 해당 특허문헌을 검색한 후 명세서를 입수할 수 있다. 그리고 해당 특허문헌의 각국별 법적 상태 또는 타국의 대응출원 등을 조사할 수 있다.

(2) 선행기술조사

선행기술조사는 해당 기술에 대하여 10~20건 정도의 관련 특허문헌들을 조사하는 협의의 특허조사를 의미한다. 이 경우 특허문헌조사 및 보고서 작성에 시간이 소요되므로, 일반적으로 10일 정도의 기한이 주어진다. 해당 기술과 가장 밀접하게 관련된 특허문헌들만 조사하여 보고서를 작성하므로, 해당 기술의 특허등록 가능성을 쉽게 판단할 수 있다. 특히 조사대상 기술이 명확히 특정되어야 선행기술조사를 하기에 적합하다.

선행기술조사는 검색 조건을 설정한 후에 관련 선행문헌들을 추출함으로써 이루어진다.

따라서 선행기술조사를 통하여 관련 선행문헌들을 추출한 후에 해당기술의 등록가능성, 등록가능성을 높이기 위한 방안, 특허침해 가능성 판단 및 회피설계 방안, 조사대상 기술과 주요 선행문헌의 대비표 그리고 참고참증 리스트 등의 내용을 기재한다.

(3) 특허맵(PM, Patent Map)

특허맵은 조사대상 기술에 대하여 200~6000건 정도의 관련 특허문헌들을 조사하는 광의의 특허조사를 의미한다. 필요에 따라 논문도 조사대상에 포함될 수 있다. 이 경우 특허문헌 조사, 정량분석, 정성분석 및 결론 도출에 약 2개월 내지 6개월의 시간이 소요되는 광범위한 조사가 이루어진다. 특허맵을 통해 해당 기술의 발전동향, 경쟁업체의 기술개발 동향, 경쟁업체의 특허구축현황 및 공백기술 분석 등 다각적인 면에서 분석이 이루어진다.

TIP **대표적인 특허 검색 사이트**

DB명	운영기관	주요정보	URL	비용
KIPRIS	한국특허정보원	한국특허	www.kipris.or.kr	무료
WIPS	㈜윕스	한국 및 세계특허	www.wipson.com	유료
USPTO	미국특허상표청	미국특허	www.uspto.gov	무료
DELPHION	IBM	미국 및 세계특허	www.delphion.com	유료
EPO	유럽특허청	세계특허	worldwide.espacenet.com	무료
JPO	일본특허청	일본특허	www.j-platpat.inpit.go.jp/web/all/top/BTmTopPage(일문)	무료
CIPO	중국특허청	중국특허	www.sipo.gov.cn	무료
WIPO	세계지적재산기구	PCT 출원	www.wipo.int/pctdb/en/	무료

Ⅳ 지식재산 창업전략

1. 지식재산을 활용한 창업전략

중소기업이 지식재산을 활용하여 창업 및 사업화자금을 확보하기에는 지식재산 생태계가 미성숙하다는 의견이 지배적이다. 그러나 근본적인 문제는 지식재산 경영전략이 부족하여 신생 기업 성장을 제한한다는 점이다.

우리나라 한 벤처기업이 mp3플레이어 원천기술을 개발하고도 특허에 대한 인식 부족과 금융 등 시장 인프라 부족으로 결국 부도처리 된 반면에, 비슷한 시기에 CDMA기술을 확보한 미국의 퀄컴은 1,200여건에 이르는 특허망을 구축하여 시장을 선점하고 독점함으로써 크게 성공하였다. 창의적 아이디어와 원천기술이 기업 경쟁력으로 제대로 역할을 하려면 지식재산을 매우 중요한 요소이다.

기업 활동의 궁극적인 목표는 '좋은 상품을 개발하여 많이 팔고, 수익을 극화대하는 것'이라고 할 수 있다. 일반적으로 좋은 상품을 결정하는 데에는 기술, 디자인, 브랜드의 세 가지 요소가 있다. 그런데 이 세 가지 요소는 권리적인 측면에서 지식재산권의 특허, 디자인, 상표권과 그대로 일치하고 있다.

(1) 기술과 특허

좋은 상품의 개념을 품질이 좋으면서도 가격 경쟁력을 가지는 제품이라고 한다면, 기업 활동에 있어 고품질 및 원가절감의 기술 개발이 불가피할 것이고, 그러한 **기술들은 특허로 보호된다는 점에서 상품의 경쟁력과 특허는 불가분 관계**에 있다. 따라서 기업이 개발한 좋은 품질과 원가 절감 기술이 특허로서 보호 받을 때 그 상품의 경쟁력은 강력하게 될 것이다. 그러나 이러한 **기술 개발에 뒤질 경우에는 상품의 경쟁력을 잃거나, 선발 기업으로부터 특허료를 지불하면서 관련 기술을 도입하게 되어 제품의 원가가 상승하게 되며, 또한 선발 기업이 특허 기술의 실시를 허락하지 않는 경우에는 관련 기술의 사용을 포기하여야 하기 때문에 다른 방식으로 제품 개발을 할 수밖에 없어 경쟁력을 잃게 된다.**

(2) 디자인과 권리

상품 경쟁력은 디자인에 의해서도 크게 좌우된다는 것은 이미 잘 알려져 있는 사실이다. 그런데 문제는 유사한 디자인들이 출현되어 자사 디자인 경쟁력을 잠식하는 것이며, 따라서 이를 규제함으로써 자사 디자인을 보호하고 상품 디자인 경쟁력 확보를 위해서는 디자인의 등록 및 관리가 필요하다.

(3) 브랜드와 상표권

상품 선택은 소비자 입장에서는 브랜드로 각인된다는 점이다. 상품과 브랜드가 매칭되어 그 광고 선전효과는 배가될 것이며, 여기서 이에 편승하려는 유사 상표들이 출현될 수 있다. 한편으로는 새로운 브랜드의 상품을 출시하였는데 타인 등록 상표를 침해하는 경우가 발생된다면 기업에게는 큰 타격이 될 수 있다. 그러므로 자사 브랜드를 지속적으로 관리하는 것은 상품 경쟁력 확보의 중요한 요소가 된다. 특허, 디자인, 상표권 등의 지식재산권은 기업 활동의 목표인 '좋은 상품의 개발'과 직접적인 연계를 가지게 되어 상품의 경쟁력을 좌우하며, 이러한 지식재산권을 바탕으로 형성된 상품의 신뢰와 고객 흡입력은 기업의 무형 재산으로 축적되어 기업 활동의 활성화를 촉진하게 된다.

2. 특허 활용하기

(1) 지식재산권 분쟁의 예방

기업의 지식재산권을 타사에서 침해한다는 것은 결국 기업의 재산을 침해하는 것이고, 이는 기업의 경영, 시장 확보뿐만 아니라 기업의 존립과 미래에 큰 영향을 미친다. 따라서 **기업의 지식재산권이 침해하거나 침해할 우려가 없는지 여부를 항상 검토**해야 한다. 지식재산권의 침해와 분쟁을 예방하기 위해서 다음과 같은 사항을 검토할 필요가 있다.

① 철저한 선행기술조사 수행

기업에서는 **신규 사업아이템을 사업화하기 전, 또는 기술개발을 시작하기 전에 반드시 특허뿐만 아니라 디자인, 상표 등의 선행 지식재산권의 존재에 대한 선행 지식재산권조사를 수행**해야 한다. 만일 타 기업의 기존 특허권에 저촉될 경우 제품의 설계변경을 고려하는 등 특허분쟁의 소지를 미리 제거하는 방법을 마련해야 한다. 특허맵을 활용하면 경쟁회사의 기술개발 동향을 파악하거나, 반대로 필요한 기술을 가진 경쟁회사들을 파악할 수 있다.

② 업계동향을 항상 주시

업계의 기술개발 동향뿐만 아니라 특허소송을 많이 제기하는 국내 또는 해외기업의 특허소송 제기 상황을 계속 관찰하여 분쟁가능성을 줄이도록 해야 한다.

③ 특허권 매입과 M&A도 전략

보유기술에 대한 특허권을 확보하고 있지 못한 상태라면 관련 특허권을 보유한 회사로부터 특허권을 매입하여 특허권을 확보하거나, 특허 보유업체를 인수함으로써 분쟁위험을 회피하는 것도 분쟁예방을 위해 효과적이다.

④ 제품출시보다 특허출원이 우선

새로 개발한 기술을 특허출원 전에 광고하거나 외부로 공개하면 신규성 상실로 특허를 받을 수 없다. 따라서 제품이나 기술이 외부로 공개되기 전에 반드시 특허출원을 먼저 해야만 한다.

⑤ 계약서 작성 시 지식재산권 조항 삽입

공동 기술개발계약이나 제품 생산 계약 체결 시, 기술개발의 결과물로 나온 특허권은 누구에게 귀속시킬 것인지, 결과물을 토대로 추가 개발을 한 경우 특허권은 누구에게 속할 것인지 등, 발생 가능한 지식재산권 분쟁 상황을 고려하여 계약서에 반영시킨다.

(2) 타사가 자사의 지식재산권을 침해한 경우

특허침해란 타인의 특허권 또는 전용실시권으로 되어있는 발명을 제3자가 정당한 권한 없이 업으로 실시하는 경우를 의미한다. **타사가 자사의 특허권, 디자인권 또는 상표권 등 지식재산권을 침해하고 있다고 의심되는 경우에는 침해대상이 되는 물품 등을 확보해야 하며, 실제로 침해에 해당하는 지를 변리사와 검토해야 한다.** 특허권자는 자신의 권리범위를 넓게 해석하는 경향이 있기 때문에, 법률적으로는 침해에 해당하지 않아도 침해라고 판단하여 바로 경고장을 보냄으로써 추후에 오히려 문제가 발생되는 경우가 있기 때문이다. 따라서 침해의 증거를 화보한 후에는 변리사와 침해여부에 대해서 명확하게 판단하여 대응전략을 마련하는 것이 중요하다. 특허침해에 대한 대응전략은 다음과 같다.

TIP **특허침해의 유형**

특허침해가 인정되기 위해서는

▶유효한 특허권 또는 전용실시권의 존재

▶발명의 동일성 - 특허발명(특허 청구범위에 기재된 발명)과 실시발명이 서로 동일 또는 유사해야 할 것

▶업으로서의 실시 - 제3자가 사업적으로 실시하여야 한다는 의미이다.

▶실시의 위법성 - 제3자는 정당한 권한 없이 실시해야 한다.

▶특허법상 실시의 정의에 해당 - 특허법상 "실시"란 물건의 발명인 경우, 그 물건을 생산, 사용, 양도, 대여 또는 수입하거나 그 물건의 양도 또는 대여의 청약(양도 또는 대여를 위한 전시를 포함)을 하는 행위를 말한다.

① 침해 증거 확보

특허가 침해당했다는 사실을 알게 된 경우에는 즉시, 침해임을 입증할 수 있는 증거들을 확보해야 한다. 침해증거가 물품이라면 물품을 구매하고 영수증 등을 반드시 보관해놓아야 하며, 침해품을 설명하는 타사의 카탈로그 확보, 침해품이 설명된 타사의 홈페이지 화면 캡쳐, 침해품의 생산방법 확인, 침해품의 유통경로 확인, 침해품의 판매량, 판매개시 시기 등 관련된 자료는 모두 수집해놓는다. 추후 침해소송으로 발전될 경우 상대방 측에서 증거를 인멸하고 비 침해주장을 할 가능성이 있기 때문이다.

② 침해여부 검토

침해증거를 확보한 후에는 변리사에게 침해가 맞는지 여부를 검토한다. 변리사는 침해대상물을 특정하고 특허권의 권리분석을 통하여 침해여부에 대한 감정을 진행한다. 감정의견이 침해가 아니거나 침해가능성이 낮은 것으로 확인될 경우도 있으므로 성급하게 침해자를 접촉하는 일은 피해야 한다.

③ 대응전략 마련

침해가능성이 높다고 판단된 경우, 경고장을 먼저 송부할지, 바로 법원에 특허침해관련 소송을 제기할지, 특허심판원에 권리범위확인심판을 제기하여 특허침해임을 명확히 확인할지 여부를 변리사와 상담하여 결정해야 한다. 경고를 했을 경우 상대방의 대응태도에 따

라 그 후의 대응방법을 여러 가지 경우를 고려하여 전체적인 대응 전략을 마련한 후 순서대로 진행해야 한다.

④ 경고

경고는 보통 서면으로 행하며, 특허권리자, 및 특허번호, 침해상대방, 침해자의 침해행위, 침해물품을 특정하고 회신기한 등을 표시하여 내용증명우편으로 상대방에게 발송한다. 경고를 하면, 상대방은 경고장을 수령한 때로부터 "악의(특허침해가능성을 알고서도 침해행위를 수행하는 것)"로 간주된다.

⑤ 심판 및 소송

경고장을 상대방에게 송부하였음에도 상대방이 무응답으로 대응 한다던가 침해행위를 계속하는 경우에는, 민사법원에 특허침해금지가처분, 특허침해금지 및 손해배상소송을 제기할 수 있다. 또한 민사법원에 소를 제기하는 것이 비용과 시간적인 측면에서 부담된다면, 특허심판원에 권리법위확인심판을 청구함으로써 상대방이 실제로 특허침해행위를 하고 있음을 객관적으로 인정받은 후 민사법원에 침해금지에 대한 소송을 제기할 수도 있다. 또한, 침해죄로서 형사고소를 제기할 수도 있다.

(3) 타사의 지식재산권을 침해하고 있다고 경고 받은 경우

자사에서 의도한 바는 아니었으나, 자사도 모르는 사이에 타사(경쟁사)의 지식재산권(특허권, 디자인권, 상표권 등)을 침해하게 되는 경우가 있다. 침해로 인하여 경고장을 수령한 경우 대응방법에 대해서 알아본다. 물론, 이러한 일이 발생하지 않도록 하기 위하여 선행기술조사를 미리 수행하여야 함은 당연하다.

세계 최대 지식재산 강국인 미국에서는 사업의 영위하는 중에 발생하는 타사특허권의 침해로 인한 손해배상액이 천문학적인 금액이어서 손해배상액을 마련하지 못한 회사가 어쩔 수없이 회사를 특허권자 회사에 팔게 되는 경우도 많다. 즉, 특허권자에게는 지식재산권이 경쟁회사를 M&A하는 수단으로도 이용되고 있다는 것이다. 지식재산권의 중요도가 날로 커지고 있는 대한민국에서도 마찬가지이다. 따라서 **신규 기술로 사업을 시작하거나 새로운 개발 아이템이 있을 경우에는 반드시 선행기술조사를 통하여 향후 있을지 모르는 특허분쟁을 미연에 방지**해야 하며, 많은 조심을 하였음에도 특허침해의 경고를 받게 되는 경우에는 전략적으로 대응해야 한다. 특허침해의 대응전략은 다음과 같다.

① 경고장 내용이 사실인지를 확인

경고장에 기재된 특허번호를 확인하여 특허가 현재 유효하게 유지되고 있는지, 경고장을 보낸 자가 특허권자 또는 경고를 할 수 있는 자인지, 자사에서 실시하고 있다고 주장하는 내용이 명확한지, 침해의 증거가 명시되어 있는지, 상대가 원하는 것이 무엇인지 등을 명확하게 확인해야 한다. 회신기한이 짧다면 상대방에게 전화를 걸어 검토할 시간이 필요하니 회신기한을 늘려줄 것을 요청해도 되며, 만일 경고장의 내용에 침해의 이유가 명확히 설명되지 않은 경우에는 침해라고 주장하는 이유를 명확하게 해줄 것을 요구할 수 있다. 즉, 경고장을 받았다고 걱정하거나 당황할 필요도 없으며, 반대로 경고장을 그대로 무시해서도 안 된다는 것이다.

② 변리사와 상담하기

상대방은 침해라고 주장하고 있으나, 법률적으로 침해인지 여부는 전문가인 변리사에게 의뢰하여 분명하게 침해인지 여부를 확인해야 한다. 특허권자는 침해라고 주장하나 실제로 법률적으로 판단 할 때 침해가 아닌 경우도 많기 때문이다. 이러한 침해여부를 당사자 스스로 판단하여 행동에 나서면 큰 낭패를 보기 쉬우므로 전문가인 변리사와 상의해야 한다.

③ 대응전략 마련

변리사의 검토결과 특허침해 가능성이 매우 낮거나 침해가 아니라고 판단되면, 침해가 아닌 이유를 기재하여 정중하게 회신을 하되, 추후 재 경고를 방지하기 위해서 단호하게 침해가 아님을 설명해야 한다. 아울러, 침해가 아님에도 불구하고 침해라는 주장을 업계에 퍼뜨리거나 하는 경우에는 영업방해 행위에 해당하여 법률적 조치를 취할 수 있음도 밝혀둘 필요가 있다. 만일 침해가능성이 높다고 판단되면, 일단 ① 침해행위를 중단해야 한다. 그리고 침해행위에 해당하는 사업을 계속해서 진행할 것이라면 권리권자에게 실시권의 설정을 요구하는 등 합의를 위한 노력을 해야 할 것이다. 또 다른 방법으로는, ② 권리자의 특허권을 무효화시킴으로써 침해문제에서 벗어나는 방법이 있다. 상대방에게 특허무효심판을 청구하여 특허를 무효 시키거나, 또는 소극적 권리법위 확인심판(제품의 생산, 판매, 양도 등 자사의 행위가 특허권의 권리범위에 속하지 않는다는 것을 확인해달라는 취지의 심판)을 특허심판원에 청구하여 그 결과를 확인할 수도 있다.

생각해보기 2

특허의 힘 - 스티브 잡스 -

2007년 1월 신제품 '아이폰'의 발표를 앞두고 회의실에 모인 애플사의 직원들. 이날 스티브잡스가 내린 특명이 있었다. '아이폰에 관련한 모든 기술은 물론, 엔지니어가 꿈에서 생각한 아이디어까지 모든 것을 특허화 하라!'

창조와 혁신의 CEO 스티브잡스 그의 놀라운 아이디어는 세상을 바꿔놓았다. 2001년 10월 23일 스티브 잡스는 신개념 휴대용 음악 플레이어, IPOD을 공개한다. 출시 이후 날개 돋친 듯 팔려나간 아이팟은 음악 부문의 세계점유율을 76%로 압도하게 된다(2010년 기준). 그러나 2006년, 크리에이티브 테크놀로지 사의 특허침해 소송으로 인해 무려 1억 달러의 특허침해 배상금을 지불하게 되고 그 이후 스티브잡스는 똑같은 실수를 반복하지 않기 위해 특명을 내린다. '모든 것을 특허화하라!' 변호사와 엔지니어가 모두 소집된 특허 회의를 매달 실시하고 회의를 통해 나온 내용을 모조리 특허신청하게 되는데 그동안 애플사가 확보한 특허는 총 4,000여 개에 달한다. 그리고 특허권을 지키기 위한 소송의 횟수도 급증하게 된다.

'애플사는 특허 소송비용으로 지난 2년간, 총 200억 달러를 썼는데 이것은 화성에 탐사로봇을 8번 보낼 수 있는 액수다!' – 뉴욕타임즈 2012년 10월 –

놀라운 아이디어를 떠올리는 스티브잡스여도 특허를 통해 권리를 보호받지 못했다면 성공할 수 없었을 것이다. 하지만 아무리 사소한 아이디어라도 특허와 연계해 권리화 한다면 특허가 주는 혜택을 누릴 수 있다. 최근 미국 500대 기업의 시장가치 중 무형자산의 비중은 80% 이상. 이 중 지식재산의 비중도 40% 이상으로 늘어가고 있다. 스티브잡스가 특명을 통해 누리려했던 특허의 힘. 당신도 누릴 수 있다. 지식이 곧 재산이다.

「지식재산 스토리센터, 2015.09.01」

예비 창업자가 궁금해 하는 Q&A

Q18. 아이디어를 기반으로 사업계획서를 작성하고자 합니다. 작성 전 유의해야할 사항이 있나요?

번뜩이는 아이디어가 떠오르면 사업계획서를 작성하기 전에 한 시간만이라도 인터넷 검색을 해보기 바랍니다. 사업계획서를 작성하고 회사를 설립해 직원을 채용하고 제품을 개발해 마케팅을 시작한 후에야 이미 같은 제품을 다른 회사가 선점하고 있다는 것을 알게 되는 경우가 종종 발생합니다. 그 때면 이미 돈과 시간과 노력은 날아가 버린 후가 됩니다. 따라서 사업을 구상할 때 가장 먼저

해야할 일은 유사 경쟁 상품의 검색과 조사입니다. 유사 경쟁 상품들을 깊이 있게 연구하면, 처음에는 같아 보였던 여러 제품들이 같은 제품이 아니라 조금씩 다르다는 것을 발견하게 될 것입니다. 기존 제품을 잘 조사하면 그 시장과 고객의 특성에 대한 깊은 이해를 얻을 수 있으며, 그 틈새에서 자사 제품을 어떻게 차별화하고 어떤 틈새시장에 진입해야 할지 발견할 수 있게 될 것입니다.

Q19. 프랜차이즈 창업을 고려하고 있습니다. 어디서 정보를 얻을 수 있을까요?

※ 프랜차이즈 정보 공개서

프랜차이즈 가맹점 창업 시에는 정보 공개서를 반드시 확인해야 합니다. 정보 공개서에는 가맹본부의 사업현황, 임원 경력, 가맹점 사업자의 부담, 영업 활동의 조건, 가맹점 사업자에 대한 교육 · 지도, 가맹계약의 해제 · 갱신, 기타 해당 가맹 사업에 대한 전반적인 내용이 들어 있으며 현행 가맹 사업법에서는 프랜차이즈 창업 희망자에게 정보 공개서 제공을 의무화하고 있습니다. 따라서 창업을 희망하는 브랜드에 대한 정보 공개서가 없는 경우에는 상당한 주의를 기울여야 합니다.

※ 정보 공개서 내용 및 확인 방법

정보 공개서를 통하여 가맹본부 등록사항(상호, 대표자, 영업표지 등), 가맹본부 일반현황, 최근 3년간 재무 상황, 임직원 수, 가맹사업 개시일, 최근 3년간 가맹점 및 직영점 수, 최근 3년간 가맹점 수 변동, 가맹점 사업자의 지역별 평균 매출액, 광고 · 판촉비 지출 내역, 가맹금 예치제, 최근 3년간 법 위반 사실, 가맹점 사업자의 부담금, 영업 활동에 관한 조건 및 제한, 영업 개시 소요기간 및 교육 훈련, 브랜드 소개 등을 확인할 수 있습니다.

Q20. 제품에 많은 기능을 넣으면 고객들도 좋아하지 않을까요?

사업은 본질에 집중해야 합니다. 예를 들어 사탕을 사 먹는데 포인트를 준다고 맛 없는 사탕을 사지 않을 것입니다. 사탕 자체가 맛있어야 잘 팔리지 이벤트나 경품을 준다고 잘 팔리지는 않습니다. 기능이 많으면 고객이 좋아할 것으로 기대하지만 정작 고객은 불편해 하며, 고객이 제품이나 서비스를 사용하는 이유는 핵심 기능 때문에 그 제품을 사용합니다.

많은 고객을 확보하는 것이 중요하지만 일차적 목표가 되어서는 안됩니다. 고객이 많으면 사업이 잘 되는 것이 아니라, 고객이 원하는 것을 충족해야 사업이 잘 된다는 것을 잊지 마세요. 본질을 통해 성장하시기 바랍니다.

창업자가 꼭 봐야할 동영상

좋은 아이디어 구상하는 세 가지 방법
- Paul Graham, Y combinator 설립자 -

"스타트업 아이디어를 생각하려고 노력하는 것 보다는 무의식적으로 아이디어를 떠올리도록 생각을 전환하는 것이 필요합니다. 스타트업 아이디어가 아니라고 생각될 정도로 무의식적으로 떠올려야 합니다. 이런 아이디어들은 처음엔 사업 아이디어로는 좋게 보이지 않을 수 있지만 야후(Yahoo), 구글(Google), 페이스북(Facebook), 애플(Apple) 모두 이런 방법으로 시작했습니다."

* 유튜브(www.youtube.com)에서 '좋은 아이디어 구상하는 법'를 검색하시면 폴 그래이엄이 말하는 좋은 아이디어를 구상하는 방법을 볼 수 있습니다.

Ask Yourself
"좋은 아이디어를 구상하는 세 가지 방법에 대해 생각해보세요."

아시아 주요 국가별 창업자들의 창업환경에 대한 인식과 창업태도에 대한 연구(요약)

- 중국, 일본, 한국, 싱가폴 비교분석 -

남정민, 이환수

기업가정신과 벤처연구, 22(3), 2019

본 연구는 아시아 주요 4개국(한국, 중국, 일본, 싱가폴)의 창업자들이 지각하는 창업환경에 대한 인식과 태도에 미치는 인과관계를 검증하였다. 글로벌 기업가정신 트렌드리포트의 데이터를 활용하였으며, '창업경험이 있거나 창업을 진행 중인 자'를 대상으로 한국 425명, 중국 580명, 싱가폴 454명, 일본 155명을 실증분석 하였다. 우리나라 창업환경에 대한 창업자들의 인식은 4개국 중 하위수준으로 '창업기업의 세금적절성', '투자수혜용이성', '투자회수용이성', '정부자금조달용이성', '국가사회안정장치수준', '창업지원인력수준' 등이 가장 낮게 나타났다.

창업환경인식이 창업태도에 미치는 영향을 검증하는 단계에서는 '창업용이성', '세금적절성', '정부창업지원효과성' 등의 독립변수가 종속변수인 '재창업의지', '창업만족도', '기회형 창업정도'에 통계적으로 유의한 정(+)의 영향을 미치고 있음을 확인하였다. 이러한 분석결과는 창업환경인식이 창업태도 및 의도에 중요한 영향을 미치고 있으며 이를 개선하기 위해서는 실패에 대한 두려움을 제거할 수 있는 환경 조성과 제도적인 장치 등 창업환경을 개선하기 위한 노력이 필요함을 시사한다.

〈표 1〉 국가별 창업자들의 창업환경에 대한 인식

국가	창업 용이성	세금 적절성	정부 창업 지원 효과성	창업 후 생존 용이성	독과점 담합 규제 효과	해외 진출 용이성	정부 해외 진출 프로그램 도움 정도	투자 수혜 용이성	투자 회수 용이성	정부 자금 조달 용이성	창업 센터 입주 용이	창업 센터 도움 정도	기술 이전 용이	국가 사회 안전 장치 수준	창업 지원 인력 수준
중국	2.97	3.88	4.44	3.29	3.99	3.46	4.72	3.35	3.75	3.49	4.43	5.10	4.14	3.82	3.91
한국	3.86	3.65	3.90	3.41	3.37	3.48	3.72	3.15	3.13	3.19	4.23	4.88	4.04	3.30	3.18
일본	4.26	3.8	3.74	3.52	3.23	3.69	3.84	3.49	3.55	3.43	4.15	4.45	3.95	3.68	3.21
싱가폴	3.53	4.28	4.56	3.54	4.36	3.78	4.4	3.41	3.49	3.69	4.29	4.96	4.46	4.39	4.26
전체	3.49	3.92	4.27	3.41	3.86	3.63	4.38	3.33	3.49	3.46	4.34	5	4.25	3.83	3.75
F값	45.61	18.45	29.84	3.05	60.04	1.89	12.26	3.50	15.48	9.16	0.75	2.34	3.38	45.15	55.02
유의확률	.000	.000	.000	.027	.000	.129	.000	.015	.000	.000	.520	.072	.018	.000	.000

〈그림 1〉 창업환경 인식에 대한 국가별 비교

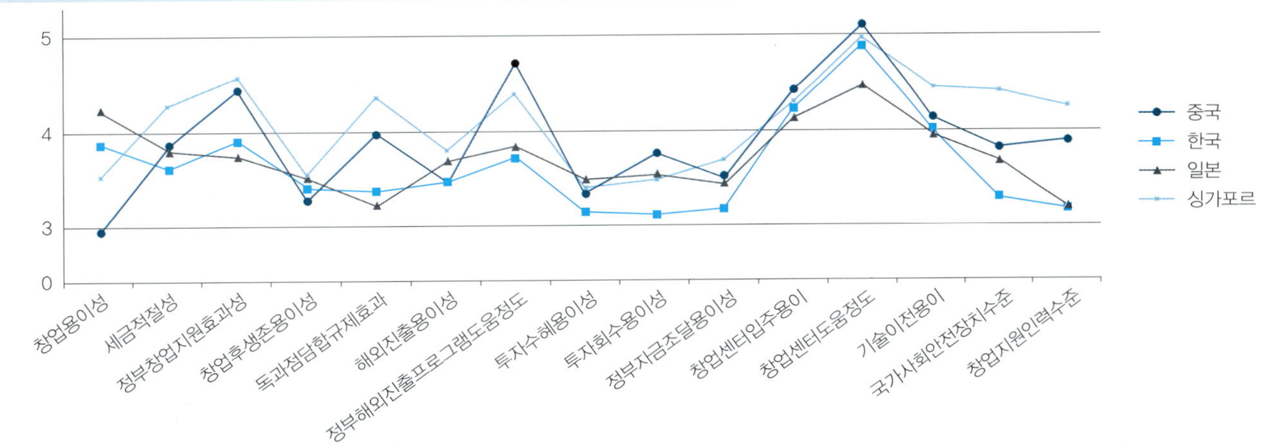

창업환경은 창업자의 창업만족도 및 재창업의지, 기회형창업 수준에 영향을 준다. 창업환경에 대한 불만족은 창업자의 창업의지 및 창업태도에 부정적인 영향을 미치기 때문의 정부의 창업환경 조성이 무엇보다도 중요하다.

학습목표

1. 창업조직에서 인적자원이 중요한 이유를 이해하고, 어떻게 인적자원관리를 해야하는지 생각해보자.
2. 성공적인 창업을 위해 필요한 팀 구성원은 누구이며, 그 이유는 무엇인지 토론해보자.
3. 적절한 보상제도가 왜 중요하며, 효과적인 보상제도에는 어떤 것이 있는지 알아보자.

가장 훌륭한 경영자는 뛰어난 감각으로 훌륭한 인재를 뽑아서,
경영자 자신이 원하는 일을 시키고, 그들이 그 일을 하는 동안에
불필요한 간섭을 하지 않도록 스스로를 절제할 수 있는 사람이다.
「시어도어 루스벨트」

제8장

창업기업의 인적자원관리 전략

Ⅰ 창업조직 인적자원관리

Ⅱ 벤처조직의 형성

Ⅲ 보상제도

생각해보기 1

권한위임의 리더십

IBM 연구소는 64개국 1,700여명의 경영진을 대상으로 한 연구에서 탁월한 기업성과를 위한 3 대 필수요소 중 하나로 '직원들에 대한 권한위임(Empowering employees)'을 제시하였다. 권한위임은 개인 또는 그룹(팀)에게 권한 또는 지위를 부여하는 것으로 사전적으로 정의된다. '문제' 보다는 '문제해결'을 강조하는 개념으로 '시간을 알려주는 것'이 아닌 '시계를 만들도록 하는 것'이다. 과거의 경영기법은 직원들을 감독하고 통제해야 할 존재로 간주했다. 권한위임을 기반을 둔 새로운 경영기법은 구성원을 신뢰하고 자율성을 부여할 존재로 인식하는 것이다.

미국의 경영전문지인 '포춘지'에 1998년 이후 '가장 일하고 싶은 100대 기업'으로 연속으로 선 정된(2011년은 24위, 2012년은 32위) 홀푸드마켓(Whole Foods Market)은 미국인의 사랑을 한 몸에 받고 있다.

27세 존 맥키(John Mackey)가 설립한 이곳은 1991년 매장 10개 매출액 9천 2백만 달러에서 2011년 매장 300개 매출액 90억 달러로 연평균 27%라는 놀라운 성장률을 유지하고 있다. 이 회사는 기존 마켓의 저가 위주 시장전략에서 탈피하여 소비자의 건강을 위한 신선하고 영양이 많은 유기농 중심의 차별화된 시장전략을 유지하고 있다. 덕분에 '홀페이첵'(Whole Paycheck) 라는 신조어를 만들 정도로 고객들이 홀푸어마켓에 가면 많은 돈을 쓰게 된다고 알려졌지만, '사회적 책임을 다하는 회사', '친환경을 실천하는 회사', '일하기 좋은 회사'로 미국인에게 많은 사랑과 존경을 받고 있다. 이 회사가 '놀라운 성장률의 회사'와 '가장 일하기 좋은 회사'라는 두 마리 토끼를 모두 잡는 방법은 무엇에 있을까.

주로 이민자와 소수 민족으로 구성된 홀푸드마켓의 직원들은 다른 기업의 직원들에 비해 다양하고 높은 수준의 권한을 위임받고 있다. 매장을 오픈하기 전 팀별로 모여 그날 할 일을 스스로 점검하고, 각자에게 역할을 부여하며, 항상 고객에게 조금이라도 더 다가가기 위해 애를 쓴다. 좀 더 효과적인 성과를 위해 팀원들 간에 활발한 커뮤니케이션이 이루어지도록 노력한다. 잘되면 잘되는 대로 정보와 경험을 공유해 전체로 확대하고, 안되면 안되는 대로 정보와 경험을 공유해 재발을 막는다.

매장에 어떤 '제품을 들여놓을지' '어떻게 홍보할건지' '얼마에 판매 할 것인지'뿐만 아니라 '어떤 팀원을 채용할건지'까지 팀 단위에서 팀원들이 스스로 결정한다. 성과에 대한 평가는 각 팀 단위로 노동시간당 이윤을 기준으로 측정하며 성과가 좋아 이익이 많이 남으면 인센티브를 많이 가져가고 적게 나오면 적게 가져간다. 즉, 철저히 팀(원)단위에게 권한을 부여함과 동시에 권한위임에 따른 성과책임도 그들에게 부여하는 시스템을 갖고 있다.

성과 중심의 보상체계로 인해 조직 내 위화감이나 지나친 경쟁관계를 염려할 필요가 없다. 일반적인 미국 대기업의 경우 스톡옵션의 70% 정도를 임원들이 보유하지만, 홀푸드마켓의 경우 스톡옵션의 93%는 직원들이 몫이다. 직원들에게 권한을 위임하여 자율성을 높이고 이에 따른 책임을 부여하는 동시에 기업의 이익을 직원들과 공유함으로써 기업의 성장과 개인의 성장을 함께 추구하는 전략을 유지하는 것이다.

권한위임은 리더의 권한 중 일부를 떼어 부하 직원에게 주는 '분배'의 개념이 아니라 직원 개개인과 리더가 권한을 함께 갖는 '공유'의 개념이다. 한쪽이 권한을 주고 한쪽이 권한을 받는 제로섬(zero sum) 게임이 아니라 권한을 위임할수록 리더와 직원의 권한이 모두 확장하는 것이다.

권한위임(임파워먼트 : empowerment)은 1980년대 중반부터 기업 내 만연한 무력감을 해소하고 조직의 성과를 높이기 위해 대단히 중요한 경영이념으로 대두되었다. 특히 오늘날과 같이 급변하는 글로벌 비즈니스 환경에서는 기업의 성공을 위해 모든 구성원들의 창조성, 열정, 지식은 무엇보다도 중요한 기업의 경쟁력이기 때문에, 전 세계 최고의 기업들은 직원 개개인에게 효과적으로 권한을 위임하는 방법을 찾는데 노력하고 있다.

권한위임은 믿고 맡긴다는 명목 하에 그냥 내버려두는 것은 아니다. 리더는 권한위임이라고 해서 모든 일을 구성원들에게 맡기고 내버려두었다가 문제가 생겼을 때에야 질책하는 것은 올바른 태도가 아니다. 진정한 권한위임이란 권리자가 구성원들을 믿고 일을 맡기는 동시에, 일의 진행상황을 파악하면서 적절한 때에 필요한 도움을 주는 것이다. 즉, 경영자의 오랜 경험과 지식을 바탕으로, 일이 잘못되기 전에 제대로 된 방향을 알려주고 바로잡아 줌으로써 성과를 높이고 구성원들이 발전할 수 있도록 도와주는 것이다.

스티브 잡스가 실리콘벨리에 한 허름한 창고에서 애플 컴퓨터를 창업했을 때 필요했던 기업가정신은 애플의 성장과 함께 변화해야 했다. 그러나 애플의 폭발적으로 성장하는 상황임에도 불구하고 잡스는 독단적인 경영 스타일을 버리지 못하고 권한을 양손에 꼭 쥐고 있었다. 자신이 창업한 애플컴퓨터에서 쫓겨나 12년 동안 방랑길에 올랐던 이유는 자신의 권한을 위임할 수 있는 가장 중요한 전제인 인간에 대한 신뢰가 당시 그에게는 없었기 때문일 것이다.

세계적인 리더십 전문가이자 베스트셀러 작가인 존 맥스웰(John C. Maxwell)은 리더십의 원칙 중 권한위임의 법칙(The Law of Empowerment)을 강조하면서 다음과 같은 말을 남겼다.

"최고의 직원을 고용하고 그들을 최선을 다해서 계발하고 그 다음에는 그들에게서 손을 떼라."

토의문제

- 홀푸드마켓과 과거 포드가 직원을 바라보는 관점에 대해 논의하시오.
- 당신이 창업가(예비창업가)로서 직원관리를 어떻게 할 것인지 생각해 보세요.

I 창업조직의 인적자원관리

인적자원관리는 조직을 구성하고 있는 사람에 대한 관리이다. 조직의 성과를 이끌어내기 위해서는 여러 가지 자원이 투여된다. 그 중에서도 사람은 조직의 성과를 좌우하는 가장 중요한 자원이다. 같은 일이라도 누가 하느냐에 따라 결과가 달라진다. 유능하고 성실하고 동기 부여된 사람을 선발했을 경우와 무능하고 게으르고 눈치만 보는 사람을 선발했을 경우에 조직의 성과가 같을 수 없다. 또 유능한 사람을 선발했다 하더라도 그 사람의 재능을 살리지 못하는 일을 맞기고 적절한 동기부여와 훈련을 하지 않는다면 조직의 자산이었던 인재가 조직의 부채로 전락하게 된다.

경영의 핵심은 사람이다. 특히 창업조직에 있어 성과를 올릴 수 있는 자원의 부족은 피할 수 없는 장벽이며, 이러한 장벽을 돌파하기 위한 유일한 수단은 창업가 및 동료, 아울러 직원 등 인적자원이다. 아울러 창업기업은 대기업과 차별화된 조직구조 및 특성을 지녀야 한다. 〈표 8-1〉은 대기업과 창업기업간의 조직관리 내 이슈별 차이점을 설명하고 있다.

표 8-1 진보성 판단의 주요내용

	전통적 대기업	창업기업
조직구조	• 피라미드식 위계적 조직구조 • 내부지향적 정형화된 조직	• 중간계층이 없는 얇은 조직 • 위계보다 전문성과 능력 중시 • 네트워크를 중시 개방적 조직
업무처리의사결정	• 절차·규정 중시, 수동적 • 상호합의·협의중시, 하향식	• 자율적, 자발적 업무추진 • 공감·가치중시, 쌍방향식
정보공유	• 제한적 공개, 상의하달 • 집합, 회의, 문서·매체활용	• 공개·투명성·토론중시 • 인터넷 게시판·토론방 활용
상사·임원역할	• 의사결정 평가자 • 직무와 권한의 부여자	• 업무와 아이디어 도출의 지원자·촉진자·업무동료
교육훈련	• 집합 연수교육 중시	• 자발적, 시뮬레이션식 교육
근무형태	• 같은 시간에 출근해서 근무 • 물리적 공간에서 업무수행 • 복장, 업무방식의 제한	• 스스로 일하는 시간 결정 • 가상·열린 공간을 적극 활용 • 최소한의 제한사항만 규제

일반적으로 대기업은 위계적인 계층구조에서 정형화된 조직구조를 사용하지만 창업기업은 중간계층이 없는 얇은 조직형태를 띄고 있으며 개인의 자율성을 보장하는 조직구조의 모습을 보이고 있다. 이러한 조직특성은 업무처리 및 의사결정, 정보공유방식, 상사의 역할 등 전체 조직문화에서 차이점을 나타내고 있다. 업무처리에서 대기업은 절차와 규정 중시, 상명하달의 특성을 보이고 벤처기업은 자율적이고 자발적인 업무추진과 함께 가치 중시의 특성을 보인다.

대기업은 정보의 공유에 소극적이기 때문에 정보가 위에서 아래로 흐르지만 창업기업은 정보의 공유와 투명성을 중시하여 게시판과 토론방이 발달해 있다. 창업기업에서 상사나 임원은 업무나 아이디어 도출의 지원자(assistant), 촉진자(catalyst), 동료로서 역할이지만, 대기업은 의사결정자이고 직무와 권한의 부여자로서 상하관계를 중시한다. 근무의 형태도 대기업은 동일시간, 동일공간, 유사한 복장이라는 통일성을 중시하지만 창업기업은 자율성에 바탕을 둔 열린 공간을 지향한다.

Ⅱ 벤처조직의 형성

1. 창업 팀의 구성

벤처창업 시 가장 중요한 요소는 창업 팀의 구성이다. 창업 팀은 벤처의 성공과 실패에 영향을 미치고, 조직의 형태를 만들어 가는 데에도 지대한 영향을 미치게 된다. 일반적인 창업의 경우 초기에는 경영 팀을 가질만한 여유가 없기 때문에 단독으로 창업하는 경우가 많다. 그러나 벤처창업의 경우는 보완적 자원과 역량을 가진 창업팀의 구성이 매우 중요하기 때문에 창업단계에서부터 팀 구성을 중시한다. 단독으로 창업을 한 경우라도 사업성장에 따라 경영활동이 점점 더 복잡해지고 혼자서 감당할 수 없는 때가 되면 창업가는 자신을 도와줄 만한 인재를 찾게 된다. 대다수의 벤처창업가들이 기술력을 갖춘 공학도인 경우가 많기 때문에 전문적인 경영활동(인사, 재무, 법률 등)을 보좌해줄 수 있는 경영 팀을 구성한다.

벤처캐피탈리스트나 투자자의 입장에서도 창업가 혼자서 운영하는 회사보다 창업팀을 제대로 형성하고 있는지를 중요하게 본다. 창업가 혼자서 감당할 수 없는 일들이 존재하기 때문에 창업가와 창업팀의 구성을 기준으로 투자여부를 판단하는 경우가 많다. 창업 팀과 관련된 많은 이론들도 벤처기업의 성공과 창업팀의 형성과 매우 밀접한 관계가 있음을 밝히고 있다. **성공한 벤처기업을 대상으로 하는 조사7)에서 보면 70%의 창업 기업이 창업 팀을 가지고 있는 것으로 나타났다. 전체에서 38%의 기업은 3인 이상의 창업가를 가지고 있고, 17%는 4인 이상의 창업가를, 9%는 5인 이상의 창업가가 존재하는 것으로 나타났다.**

우수한 창업 팀을 만드는 일은 결코 쉽지 않다. 창업팀에 합류하기 위해서는 창업가의 미래 목표와 비전에 전적으로 동의해야 하며 창업가를 믿고 절대적인 신뢰를 보낼 수 있는 충성심과 일에 대한 몰입도가 높아야 한다. 또한 창업팀에서 각 구성원의 역할과 지위를 정해야 하며 기업의 소유권은 누구에게로 돌아가는지, 누구에게 더 많은 지분이 돌아갈 것인지 등 복잡한 의사결정을 내려야한다.

티몬스(Timmons) 교수는 창업팀이 성공적이기 위해서는 다음과 같은 조건을 제시하고 있다.

- **응집력** : 응집력이 높은 창업팀은 개인의 성공과 기업의 성공을 동일시하며 모두 동일한 목적을 위해 함께 일하고 있다는 데 만족감을 가지고 있다.
- **팀워크** : 혼자서 독불장군처럼 일하는 것이 아니라 다른 사람의 일을 쉽게 도와주며 파트너와 핵심인물의 성공을 축하함으로써 서로에게 동기를 부여한다.
- **통합성** : 개인적인 욕심이나 부서단위의 이기심으로 판단하기보다는 회사나 고객을 중심으로 판단한다.
- **높은 수준의 몰입** : 창업팀의 구성원이 자신의 일이 오래 걸릴 것으로 알고 있으며 벤처라는 것이 당장 벼락부자로 만드는 것이 아님을 알고 있다. 벤처는 오랜 기다림 끝에 찾아오는 만족지연의 게임임을 알고 있다.
- **회수에 대한 마음가짐** : 개인의 성공이 나중에 IPO시의 자본증대로 측정되는 것이지 당장 월급의 크기나 사무실의 위치나 크기, 특정한 자동차 같은 것으로 평가되는 것이 아니다.
- **가치창조** : 팀 구성원들 모두 고객가치를 늘리고 공급자와 상생관계를 유지하고 구성원 자신과 주주들 모두 돈을 벌 수 있게 해주는 목적으로 전체적인 파이를 키우는 일에 헌신한다.
- **동등한 불평등** : 창업구성원에 대한 보상과 주식 소유권은 장시간에 걸친 기여, 업무 수행, 성과에 기초한다는 사실을 구성원 모두 인정하는 것이 중요하다. 특히 소유권에 관해서는 불평등이 당연하다는 인식을 심어야 한다. 소유권 차별화에 실패하면 기여도에 따른 분배공정성 문제가 발생하게 되어 벤처기업의 성장성에 심각한 타격을 받게 된다.
- **공정성** : 팀으로 사업을 진행하게 되면 불만은 항상 나타나게 된다. 결과의 공정성뿐만 아니라 과정의 공정성도 개인이 조직을 평가하는 중요한 기준이 된다.
- **결과의 공유** : 성공적인 창업가는 벤처기업의 성과가 거두어지는 시점에서 윤리적 의무가 없는 상황에서도 공평성과 공정성의 원칙을 적용하여 자신에게 돌아오는 몫의 일부를 종업원에게 나누어 준다.

결국 좋은 창업팀이란 동일한 목표에 대해 높은 이해가 우선 요구된다. 또한 사업에 대한 높은 몰입도와 끊임없는 의사소통으로 서로 공유하는 태도를 견지해야 한다.

동업은 형제지간이라도 하지 말라는 말이 있지만, 자금이 부족하거나 기타 이유로 많은 경우 가족 및 지인과 동업을 하게 된다. 마이크로소프트, 애플, 구글 등 세상을 바꾼 혁신적인

사례 공동창업가(마이크로소프트, 애플, 구글)

마이크로소프트의 빌 게이츠와 폴 앨런

"우리는 혼자였을 때보다 함께였을 때가 더 성공적이었다. 나는 시장경쟁에 대한 빌의 놀라운 집중력, 내가 실현 가능한 것에서 너무 떨어지지 않도록 견제하며 내 아이디어를 실행에 옮기던 그의 능력이 그리웠다."

애플의 스티브 잡스와 스티브 워즈니악

많은 사람들은 잡스와 워즈니악의 갈등을 기억한다. 그러나 잡스가 사업적 관점에서 독단을 가졌다면, 워즈니악은 순순한 개발자로 컴퓨터 만들기에만 몰두했다. 워즈니악은 전자기기를 설계하고 이를 제작하는 일을 중시했고, 잡스는 이를 상품화하고 사업화하는 수완이 좋았던 인물이다. 각자 애플을 통해 이루려는 바는 달랐지만 이런 대조적인 성격 덕분에 오늘날의 애플이 있었다.

구글의 래리 페이지와 세르게이 브린

래리 페이지는 회사의 미래 방향을 생각하고 사람들을 뽑는데 중요한 역할을 했고, 세르게이 브린은 수학 천재로 구글의 기술력을 높이는 데 주력하였다. 이들은 에릭 슈미츠를 CEO로 영입하여 창업가 간에 생길 수 있는 갈등을 구조적으로 피할 수 있었다.

기업들에겐 똑같은 출생의 비밀이 있다. 바로 공동 창업이다. 빌 게이츠 마이크로소프트 이사회 의장은 폴 앨런을, 애플의 최고경영자였던 스티브 잡스는 스티브 워즈니악을, 래리 페이지 구글CEO는 세르게이 브린이란 동업자를 만나 자신들의 제국을 세우는 데 성공했다. 물론 이들의 만남이 반드시 해피엔딩으로 끝난 것은 아니지만 성공으로 이끈 것은 분명하다.

2. 벤처 조직의 인적자원관리

벤처창업에 있어 **핵심인재의 확보 및 유지는 무엇보다 중요한 경쟁요소**이다. 기술창업의 경우 핵심인재를 통해 아이디어를 창출하고 제품을 개발하며 시장에서 시제품을 선보인다.

더 알아보기 여러분은 주는 사람(Giver)인가요, 받는 사람(Taker)인가요?

조직심리학자인 아담 그랜트(Adam Grant)는 관계에 있어 자기 이익만을 챙기는 사람을 '받는 사람(taker)'라고 하고, 반대로 남을 챙기는 사람을 '주는 사람(giver)'라고 표현한다. 또한 이들 중간에 걸쳐있는 사람을 '맞추는 사람'이라고 부르는데 대부분의 사람들이 이에 속한다.

그는 그동안 수많은 기업들과 사람들을 연구했다. 그 중에는 엔지니어들의 생산성도 있었고 의대 학생들의 성적도 있었으며, 영업 사원들의 수익도 있었다. 예상과는 달리 각 상황에서 성과가 가장 안 좋은 사람은 모두 '주는 사람(Giver)'들이었다. 다른 사람들을 도와주느라 너무 바빠서 정작 자기 일을 할 시간과 에너지가 모자랐던 것이다. 하지만 실제로는 여기서 반전이 있다. 주는 사람은 보통 자신을 희생함으로 그들이 속한 조직을 향상시킨 것이다. 많은 연구에서 팀이나 기업 내에 존재하는 주는 행동의 빈도를 조사했더니 사람들이 더 자주 돕거나 지식을 나눠주는 멘토링을 제공할수록 그 기업은 모든 수치에서 더 좋은 결과를 보였다. 이윤, 고객만족도, 고용유지율도 더 높았다. 이렇듯 주는 사람은 그 과정에서 고통 받지만 다른 사람을 돕고 팀을 개선하는데 시간을 많이 쓴다.

주는 사람이 최악의 직원이라면 최고의 직원은 누구인가? 다행히 받는 사람(Taker)은 아니다. 받는 사람은 대부분 직종에서 성공은 빨라도 빨리 망하는 경향이 있다. 그가 연구한 모든 기업과 직종에서 최고의 성과를 낸 건 역시 주는 사람(Giver)이었다. 주는 사람의 성과는 양 극단이었다. 대부분은 최저의 성과를 내지만 역시 최고의 성과를 내기도 한다. 주는 사람은 밑바닥과 꼭대기에 지나치게 많이 몰려있다.

그렇다면 어떻게 하면 주는 사람이 성공하는 세상을 만들 수 있을까? 첫 번째로 그는 우리가 주는 사람들을 지켜주어야 한다고 말한다.

두 번째로 주는 사람이 성공하는 문화를 만들려고 한다면 사람들이 도움을 청하는 것이 일반적인 문화가 되어야한다고 말한다. 도움을 청하는 것은 더 많은 사람들이 주는 사람(Giver)처럼 실행하게 만든다. 데이터를 보면 기업에서 주는 사람의 75~90%가 이런 요청에서부터 시작된다는 것을 알 수 있다.

마지막으로 주는 사람이 성공하는 문화를 만들려면 팀에 누구를 들일지 심사숙고해야 한다고 말한다. 생산적인 관대함이 있는 문화를 만들려면 주는 사람을 많이 고용해야 한다고 생각하기 쉽지만 그렇지 않다. 어떤 문화에서는 받는 사람이 미치는 부정적인 영향은 주는 사람의 긍정적인 영향의 두 배, 세 배가 된다. 예를 들면 썩은 사과 한 개가 한 통을 망칠 수 있다. 팀에 받는 사람 한 명을 넣으면 주는 사람들도 도와주기를 중단할 것이다. 반면 주는 사람 한명을 팀에 넣는다고 해서 관대함이 넘쳐나진 않을 것이다. 그래서 효과적인 고용의 방법은 주는 사람을 들이는 것이 아니라 받는 사람을 솎아 내는 것이다. 이것을 잘하게 되면 주는 사람과 맞추는 사람만이 남게 되고 주는 사람은 더욱 관대해지게 된다.

면접과정에서 이런 사람들을 포착하는 방법은 자신의 경력을 근본적으로 향상시킨 네 분의 이름을 말해달라고 질문하는 것이다. 받는 사람은 자신보다 훨씬 더 영향력 있는 사람들의 이름을 댈 것이고, 주는 사람은 자신보다 서열에서 더 아래에 있는 사람들의 이름을 댈 것이다. 식당종업원이나 우버 운전사를 어떻게 대하는지 지켜보면 그 사람의 성격을 알 수 있다는 것이다. 우리 모두가 이렇게 받는 사람을 잘 솎아낼 수 있다면 안전하게 도움을 청할 수 있고 주는 사람(Giver)들의 탈진을 막을 수 있으며, 주는 사람들로 하여금 야망을 갖고 다른 사람들을 도우면서 목표를 추구할 수 있다면 성공의 방식을 바꿀 수 있을 것이다.

그렇기 때문에 무엇보다 미리 인력계획의 틀을 잡고 고용계획을 세워야 한다.

제품 제작에 필요한 인력은 비교적 고용시기가 앞당겨질 수도 있다. 영업 사원은 시장에 제품을 정식으로 출시하기 전까지는 필요치 않을 수도 있다. 인력 고용에 대한 정확한 타이밍을 잡아서 회사 현금사용 계획을 잡고 들어올 직원에게도 준비할 시간을 주는 것이 바람직하다. **인력 확보는 서두르지 말고 철저한 계획 하에 진행해야 한다.** 초기의 잘못한 만남은 되돌릴 수 없는 상호간의 상처로 남는다. 핵심인력을 고용하는데 많은 시간과 노력이 필요하다. 우수한 창업팀 영입후보자들은 현재 자신의 일에 매우 집중하고 있을 것이다. 시간차를 두고 영입할 경우에는 먼저 들어와서 일하고 있던 사람들의 입장에서는 나중에 참여한 사람들이 무임승차 하는 것처럼 느껴질 수도 있다. 이런 갈등이 최소화되도록 잘 조율하는 것도 창업가의 역할이다. 또 기다리는 동안 오기로 했던 사람이 마음이 바뀌어 오지 않을 수도 있다. 이런 모든 어려움을 이해하고 대비해야 창업팀을 잘 꾸려갈 수도 있고, 소중한 현금의 낭비도 막을 수 있다.

(1) 고용계약 준비하기

고용계약은 당사자 양측에 모두 공정해야 하고 모든 직원들이 서명하는 것이 원칙이다. 또한 효과적인 집행을 위해서는 이해하기 쉽고 간결해야 한다. 고용계약은 다른 모든 계약과 마찬가지로 양측 모두에 대한 보상이 있어야 한다. “을”이 3천만 원을 받고 “갑”의 집에 페인트칠 해주기로 했다면 “갑”의 보상은 “페인트칠”이고 “을”의 보상은 3천만 원이다. 고용계약서 상에서 회사가 직원으로부터 받는 보상에는 해당 직원이 회사의 모든 아이디어와 발명 등에 대해 기밀을 유지하는 약속이 포함된다. 이에 대해서 직원이 회사로부터 얻는 보상은 고용되는 것이다. 이 개념에 대해 서로가 확실히 인식한 후에 고용관계가 시작되어야 한다.

(2) 직원 권리의 회사로 이전

고용계약에서 가장 중요한 조항 중 하나는 직원이 고용기간 중 만들어 낸 창조물에 대한 권리와 소유권이 회사로 이전되는 것이다. 이는 직원이 만들어 낸 모든 생각, 혁신, 디자인, 개발, 발명, 발견, 개선, 영업비밀, 저술, 소프트웨어, 데이터베이스 등이 해당된다. 이는 특허나 저작권 적용여부와 상관없이 이전된다. 또한 특정직원 한 사람의 노력이든 팀원으로서의 노력이든, 근무 시간 중이든 아니든, 회사 구내이든 밖이든 상관없이 적용된다.

단, 이 조항은 회사의 사업과 관계없는 직원의 생산물에는 적용되지 않는다. 예를 들어 앱 개발회사가 게임어플리케이션앱의 설계를 위해 기술자를 고용했는데 이 기술자가 취미로 말굽을 개발하거나 장애물 경마의 역사에 관한 책을 썼다고 가정해보자. 이런 경우에는 이 직원의 창조물은 회사업무와 무관한 것이므로 그 소유권과 권리의 이전을 강요할 수 없다. 마찬가지로 고용기간이 시작되기 전이나 끝난 후에 직원이 창조한 것에 대해서도 회사는 소유권을 주장할 수 없다. 직원은 회사업무와 관련된 해당 창조물에 만들어진 즉시 회사에 알릴 의무가 있다. 또한 직원은 해당 창조물에 대해 다음의 조치를 취할 의무가 있다.

TIP **공동창업가의 지분배정**

직원 채용 시 고용계약 체결도 중요하지만 공동창업에 대한 지분을 획정하는 것도 매우 중요하다. ‘우린 절친이니깐 우리는 서로 배신하지 않을 거야’, ‘자본금도 얼마되지 않는데 무슨 지분배정이야’ 등으로 창업을 시작하면서부터 지분 배정 없이 시작하는 경우가 있다. 창업초기라도 역할, 업무, 자본금 구성비율 등을 감안하여 지분을 획정하는게 중요하며, 이를 계약으로 남겨야 한다. 가까운 관계일수록 명확한 약속과 계약이 중요하다.

- 특허출원 및 저작권 등록 신청
- 획득한 특허와 등록된 저작권의 이전
- 회사의 소유권을 인정하는 기타 문서작업

이런 업무들이 직원이 퇴사한 후에 요청된다 해도 해당 직원은 여전히 이 업무들을 수행해야 할 의무가 있다. 단, 업무수행에 소요된 시간과 비용에 대해서는 보상 받을 수 있다.

(3) 비경쟁조항

비경쟁조항은 직원이 퇴사하여 일정기간 동안 회사와의 경쟁 활동에 참여하지 못하게 하는 조치이다. 회사입장에서는 핵심영업사원, 임원, 매니저, 마케팅 부장, 기술부장 등이 자사의 고객, 신제품 출시계획, 제조기술, 마케팅전략 등에 대한 정보를 가지고 경쟁사로 이직한다면 큰 문제가 될 것이다. 하지만 해당 직원의 생계문제도 걸려 있기 때문에 이는 간단한 문제가 아니다.

회사 내에서 중요한 지위에 있을수록 해당 직원의 고용계약서에는 이러한 비경쟁조항이 강력하게 명시되어 있을 가능성이 높다. 하지만 금지되는 경쟁의 범위는 시간과 지역적인 요소에 있어서 합리적이고 정당해야 한다. 상황에 따라 다르지만 퇴사하는 직원이 동종업계에 종사하지 못하는 기간은 보통 수개월에서 2년 정도까지이다. 지역적인 제한 역시 사안에 따라 그 적용범위가 달라진다. 예를 들어, 식당이라면 경쟁제한범위가 몇 킬로미터일 수 있고, 국제 화물수송용 비행기라면 전 세계가 될 수도 있을 것이다. 법정에서는 이러한 비경쟁계약에 대하여 면밀한 검토 후 합리적이고 정당한 수준 이상으로 정의된 경쟁제한범위를 무효화하는 판결을 내리기도 한다.

직원이 퇴사 후 경쟁하는 것을 방지하는 한 가지 방법은 해당 직원을 정해진 기간 동안 특정서비스를 제공하는 컨설턴트 조건으로 고용하는 것이다. 이 경우 해당 직원의 회사정보에 대한 접근성은 점진적으로 약해지게 되고 계약기간이 끝날 때쯤에는 리스크가 현저하게 감소될 것이다.

(4) 직원 유출 방지

회사와 직원 간에 갈등의 소지가 있는 또 하나의 민감한 분야는 퇴사한 직원이 전 직장의 직원들을 빼내어 가는 것이다. 회사 입장에서는 특히 퇴사한 직원이 기존 직원들 사이에서 덕망이 높고 신뢰를 받았다면 더욱 문제가 될 수 있다. 사업에 필수적인 전문성을 보유한 직원이

나가게 되거나 혹은 한꺼번에 많은 직원들이 유출되면 회사는 큰 타격을 받게 될 것이다. 또한 직원들이 유출되어 경쟁사로 넘어가게 되면 회사의 영업비밀이나 노하우가 노출될 수 있기에 심각한 문제 상황이 발생할 수 있다. 때문에 고용계약서에 직원이 근무 기간 중 그리고 퇴사 후 일정기간 동안 동료직원을 경쟁사로 데려가는 것을 금지하는 조항을 포함할 수 있다.

(5) 우수한 팀으로 유지하기

모든 팀이 유기적으로 잘 작동하는 것은 아니다. 어느 스포츠 팀에 스타플레이어들이 모였다고 해서 성적이 꼭 좋은 것은 아닌 것과 마찬가지이다.

왜 그럴까? 상식적으로는 인재가 많은 팀이 항상 이겨야 하는데 팀이 제대로 기능을 못하면 실패한다. 중요한 것은 팀워크이다. 전체가 개개인 능력의 합보다 나은 결과를 내는 경우가 많다.

성공적인 팀을 구축하고 성장시키는 것의 핵심은 기업 문화를 만들고 팀원들이 그 문화에 빠지도록 하는 것이다. 기업 문화는 창업 첫 날부터 형성되기 시작하여 창업가들을 스스로, 그리고 창업 멤버들과 상호작용하는 과정을 통해 진화한다. 기업에 직원이 새로 들어오면 환경에 빠르게 동화되거나 금방 떠나거나 둘 중 하나이다.

문화는 일단 형성되면 바뀌기가 매우 어렵다. **어떤 문화를 원하는지를 청하고 그런 문화를 창조하기 위해 노력해야 한다.** 기업문화는 위에서부터 내려오기 때문에 대표와 다른 리더들의 가치관이나 성향이 반영된다. **만일 개방적이고 신뢰성 있는 문화를 원한다면 직원들을 대할 때부터 개방적이고 신뢰성 있는 언행을 하여야 한다. 지향하는 기업문화의 모습을 잘 그려보고 날마다 정착을 위해 노력해야 한다.** 성공적인 기업 문화에는 그 기업의 핵심가치, 믿음, 사명, 비전 등이 잘 녹아들어 있다.

모든 사람들이 그 기업의 문화에 잘 들어맞는 것은 아니다. 사람에 따라 공식적이고 보수적인 업무 분위기를 좋아하기도 하고 편안하고 자유로운 분위기를 좋아하기도 한다. 가장 바람직한 문화란 따로 정해져 있는 것이 아니다. 창업가 자신이 원하는 문화를 만들어 가며 거기에 맞을 만한 사람들을 찾으면 된다.

기업이 성장함에 따라 기업문화도 진화한다. 기업문화의 어떤 부분은 그대로 남기도 하고 어떤 부분은 변화하기도 한다. 이런 변화에 대해서는 신중하고 장기적인 접근이 필요하다. 기업문화가 정착되어도 내부 갈등이나 문제의 소지가 발생 할 수 있다. 최선의 치료는 예방이듯 미리 이러한 함정을 알고 피할 수 있다면 최선일 것이다.

생각해보기2

학습하지 않으면 성장할 수 없다.

스스로 배울 생각이 있는 한, 천지 만물 중 하나도 스승이 아닌 것은 없다.
사람에게는 세 가지 스승이 있다. 하나는 대자연, 둘째는 인간, 셋째는 사물이다.
- 루소(Rousseau) -

▲ 세계최대 온라인 대학 강좌 사이트 코세라(Coursera)의 창업자 앤드류 응(Andrew ng)

40평 공간에 42명이 근무하는 코세라(Coursera)의 사무실 벽엔 다양한 아이디어가 적힌 알록달록한 메모지들이 붙어 있다. 창업가인 앤드루 응 교수는 중국계 영국인으로 유복한 집안에서 자라 카네기멜론대와 MIT를 졸업하고 2002년부터 스탠퍼드대 교수로 일했다. 그는 모험과는 거리가 먼 인생이다. 그러나 2008년 어느 날 “유레카(Eureka, 바로 이거야)”를 외치며 창업을 결심했다. “제 강의 하나를 유튜브와 아이튠스 유니버시티, 스탠퍼드대 사이트에 올려놨어요. 매우 단순한 포맷이었요. 1~2시간짜리 강의를 녹화해 웹으로 옮겨 놓은 것이었죠. 그런데 길거리에서 실리콘 밸리 사람들이 저를 알아보는 겁니다. ‘혹시 당신이 앤드루 교수인가요? 기계학습(machine learning) 수업 잘보고 있어요’ 라고요. 그때 ‘아! 온라인 교육에 어마어마한 가치가 있구나’란 생각이 번뜩 들더군요.”

창업가 앤드루 응은 ‘창업한 이유가 무엇이냐?’라는 질문에 이렇게 대답했다. “저는 스탠퍼드대에서 지난 10년간 1년 평균 400명을 가르쳤어요. 그런데 온라인으로 오픈하니 10만 명이 등록했어요. 10만 명을 가르치려면 몇 년이 걸리는지 아세요? 250년이에요. 250년간 가르칠 학생을 단 한 강의에서 가르친다고 생각해보세요.” 대학의 담장이 허물어지고 있다. 전 세계 유수대학의 온라인 강의가 무료로 공개되면서 미래의 교육을 송두리째 바꿔 놓고 있다. 이제는 마음만 먹으면 하버드 대학에서 인문학을 배울 수 있고, MIT에서 프로그래밍, 스탠퍼드 대학에서 인공지능을 배울 수 있다. 기존의 교육은 소수의 특권층을 위한 높은 울타리를 제공 했다면, 현재와 미래의 교육은 모든 세계인에게 당연히 주어지는 개방된 생태계를 제공해 준다. 사회에 나가면 대개 사람들은 두 종류로 나뉜다. 예전에는 ‘가진 자와 못가진 자’로 나누었다면 이제는 ‘가질 수 있는 자와 가질 수 없는 자’로 나눌 수 있다. ‘가질 수 있는 자’는 ‘계속 학습하는 사람’을 의미한다. 반면에 ‘가질 수 없는 자’는 ‘학습을 멈춘 사람’이다. 일류대학을 나왔다거나, 전문자격증을 땄다거나, 고시를 합격했다는 것은 많은 사람들에게 ‘더 이상 공부는 필요가 없다’라는 메시지를 던진다. 그래서 순간 의 성공에 취한 사람들은 지금 갖고 있는 알량한 지식으로 평생을 살려고 한다. 반면에 창업은 학습의 과정이다. 성공한 창업가들 중 ‘배움을 멈춘 사람’은 찾아보기 힘들다. 바쁜 와중에 서도 시간을 쪼개어 책을 보고 줄을 긋는다. 언제, 어디에서든지 누구로부터든지 배우겠다는 자세를 갖고 있다. 그들은 학습 없이는 지금의 성공을 유지할 수 없으며 자신의 기업을 발전시킬 수 없다는 것을 본능적으로 아니 경험적으로 알고 있다.

현재 우리가 보유하고 있는 지식이 현재와 미래의 환경변화에 대처할 수 있을까? 인간이 보유한 지식은 시간이 경과함에 따라 자연적으로 감소하는 '지식의 반감기(半減期)' 현상이 나타난다. 예를 들어 초등학교에서 획득한 지식은 대개 20년이 지나면 그 양의 50%가 망각된다. 대학에서 얻은 지식의 반감기는 10년, 기업에서 교육훈련을 통해 획득한 지식의 반감기는 5년이며 심지어 컴퓨터관련 지식의 반감기는 1년에 그치는 실정이다. 창업가의 입장에서 지속적인 학습이 필요한 이유도, 학습문화를 조성해야 하는 것이 창업기업의 중요한 역할인 이유도, 학습은 생존을 위한 선택이 아닌 필수이기 때문이다.

1993년에 창업하여 국내 1위의 네트워크 통신장비회사인 다산네트웍스를 성장시켰으며, 과거 벤처기업협회 회장까지 역임했던 남민우 회장은 카이스트 벤처특강에서 '기업가정신은 곧 학습'이라고 말한다. "여러분들이 지금까지 교과서에서 배우고 강의실에서 배운 것들은 배워야 할 것 가운데 10% 정도에 불과 합니다. 본인이 학습하는 자세를 갖지 않으면 생존은 쉽지 않습니다. 그래서 학습능력을 강조하고 싶습니다. 훈련된 학습능력이 뛰어난 이들이 시장에 나가서 훨씬 더 잘할 수 있는 것입니다. 여러분들은 사업하는 사람들에 대한 어떤 이미지를 갖고 있습니까? 혹시 술 잘 먹고 너스레 잘 떨고 사람 관계 잘하는 사람이 사업을 잘할 것이다, 이런 생각을 갖고 있지 않습니까? 정말 그럴까요? 성공한 사업가인 NHN의 이해진이 그런 부류의 사람일까요? 그 분은 굉장히 차분하고 수줍음도 많아 사람 관계가 많지도 않고, 놀면 진짜 재미없는 그런 부류의 사람입니다. 하지만 지금도 책 읽고 고민하고 끊임없이 발전하는 모습을 보이고 있습니다. 넥슨의 김정주, NC의 김택진 같은 분들 모두 마찬가지입니다. 벤처시대에 성공한 사람들의 여러 가지 공통점이 있겠지만 핵심은 끊임없이 학습하는 사람들이라는 겁니다."

"혁신적인 아이디어는 순간에 떠오르는 것이 아니다. 학습이 지속되면서 조금씩 나타나는 것이다. 학습이 멈추는 순간 혁신은 멈추거나 사라지기 시작한다."

토의문제

- 창업가가 끊임없이 학습해야하는 이유에 대해 생각해 보세요.

Ⅲ 보상제도

1. 보상제도의 필요성

B.C 54년 줄리어스 시저는 가장 강한 군대를 만들기 위하여 부대의 보상 제도를 혁신적으로 바꾸었다. 그는 뛰어난 병력을 확보하기 위해 봉급을 기존수준의 3배로 올렸다고 한다. 그리고 3년 후에는 지금의 보너스 제도와 같이 성공적으로 전투를 수행한 경우 전과에 상응하는 상금을 지급했다. 그 후 각 나라의 왕이나 장군 등 통치자들은 효과적인 통치를 위하여 나름대로의 보상 제도를 개발해 왔다. 이제 현대에 이르러, 기업, 정부를 포함한 모든 조직에서는 좀 더 효과적인 성과를 내기 위하여 적절한 보상시스템을 만들기 위해 노력하고 있다.

보상의 정의에는 다양한 의견이 있다. 포트(L. W. Porter)는 종업원의 직무만족 요인을 설명함에 있어서 급여, 승진 등은 외재적 보상으로, 성취감, 인정, 도전, 자아실현 등을 내재적 보상으로 구분하여 경제적 대가 이외의 요소들을 보상의 개념에 포함시켰고, 벨헤르(D.W.Belcher)는 "보상이란 고용계약에 있어서 조직과 개인 간의 거래를 나타내며, 경제적 보상뿐만 아니라 심리적, 사회적, 정치적, 그리고 윤리적 보상도 포함된다." 라고 설명하기도 했다. 일반적으로 보상은 개인이 조직체에서 수행한 일에 대한 모든 대가로 나타낸다고 할 수 있겠다.

2. 보상이론 및 여러 가지 보상제도

(1) 보상이론 및 원칙

보상은 일반적으로 계약의 한 당사자가 다른 당사자에게 제공한 노력, 시간, 기술 등에 대해 여러 가지 형태의 반대급부를 지급하는 것이다. 기업과 종업원의 관계에서 보면 일정기간 동안에 종업원이 제공한 투입(input)에 의해 기업의 수익을 창출할 수 있는 산출(output)

이 생산되었기 때문에 이에 대한 보상을 하는 것이다 보상이론은 크게 심리학에 근거를 둔 이론(Psychological Theories)과 경제적인 인간관에 근거를 둔 경제학적 이론(Economic Theories)으로 구분할 수 있다.

① 심리학적 이론

심리학적 이론(Psychological Theories)에는 Vroom(1964)에 의해 개발된 기대이론과 Skinner에 의해 정립된 강화이론, Adams에 의해 개발된 공정성이론, Locke에 의한 목표설정이론 등이 있다.

가. 기대이론(Expectancy theory)

어떤 행동을 할 때, 개인은 자신의 노력의 정도에 따른 결과를 기대하게 되며 그 기대를 실현하기 위하여 어떤 행동을 결정한다는 동기이론이다. 브룸(Victor H. Vroom)은 종래의 내용이론이 동기의 복합적인 과정을 설명하기에는 부적절하다고 생각하고 그 대안으로 기대이론을 제안하였다. 기대이론에서 개인은 행동의 결과로 나타날 수 있는 성과에 관한 기대를 가지고 있으며, 사람마다 성과에 대한 선호는 다른 것으로 가정한다.

브롬에 의하면 모티베이션(motivation)은 유의성(valence), 수단(instrumentality), 기대(expectancy)의 3요소에 의해 영향을 받는다. 유의성은 특정 보상에 대해 갖는 선호의 강도이고, 수단은 어떤 특정한 수준의 성과를 달성하면 바람직한 보상이 주어지리라고 믿는 정도를 말한다. 또 기대는 어떤 활동이 특정 결과를 가져오리라고 믿는 가능성을 말하는 것으로, '모티베이션의 강도 = 유의성×기대×수단'으로 나타낼 수 있다.

그림 ⑧-1 기대이론

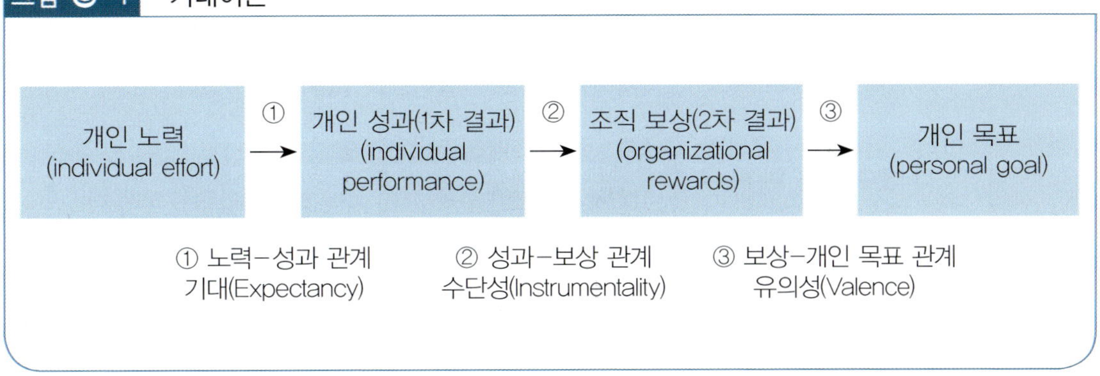

이때 개인은 자신이 바라는 목표에 도달할 수 있다고 믿을 때 비로소 성과지향적 행동에 옮기게 되며, 유의성이나 기대에 충분히 만족하지 않을 때는 동기유발은 일어나지 않게 된다. 또한 성과지향적 행동은 직무만족에 대한 기대감에 의하여 조성되고, 직무만족은 높은 성과에 따른 직무내재적 보상(인정 · 승진 등)이나 직무외재적 보상(임금 · 작업조건 등)에 의하여 가능하게 된다고 하였다.

그러나 기대이론은 개인에 대한 동기유발만을 다루어 집단에 대한 동일화(同一化)나 단결심이라는 집단의 동기유발 측면은 배제하였다는 비판을 받고 있다.

나. 강화이론(Reinforcement Theory)

인간행동의 원인을 선행적 자극과 행동의 외적 결과로 규정하면서, ① 행동에 선행하는 환경적 자극, ② 그러한 환경적 자극에 반응하는 행동, ③ 행동에 결부되는 결과로서의 강화요인 등 세 변수의 연쇄적인 관계를 설명하고 바람직한 행동을 학습시킬 수 있는 강화요인의 활용전략을 처방하는 심리학 이론을 말한다. 여기서 행동의 결과란 반응행동에 결부되어 제공되는 환경적 사건으로, 이것은 다음에 이어지는 행동의 강화요인으로서의 역할을 수행하게 된다. 강화요인은 긍정적 강화(positive reinforcement) · 부정적 강화(negative reinforcement) · 소거(extinction) · 처벌(punishment)의 네 가지 범주로 구분된다. 긍정적 강화는 칭찬 · 보상 · 승진 등과 같이 바람직한 행동에 대해 바람직한 결과를 제공

그림 8-2 강화이론

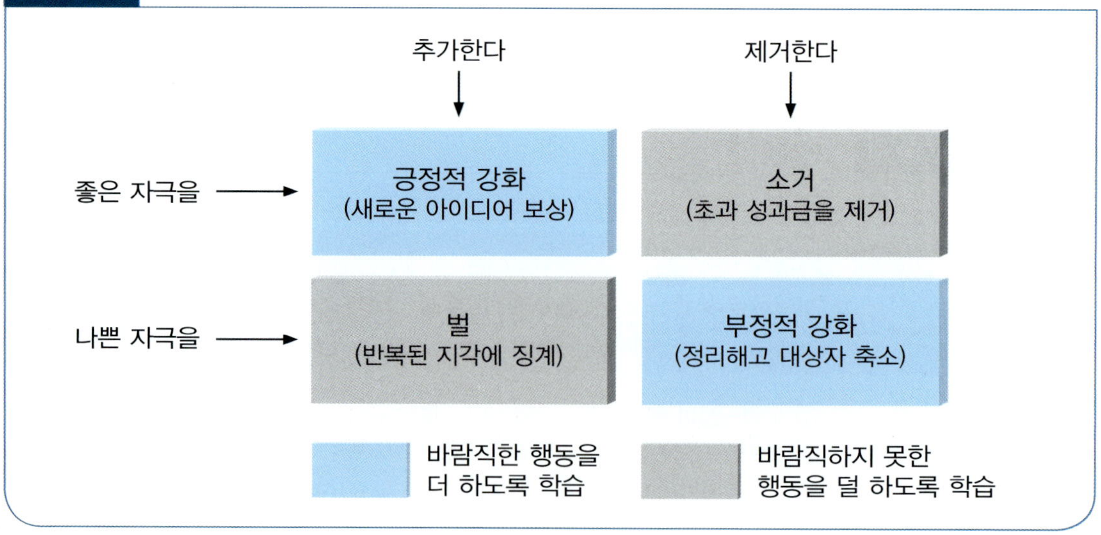

함으로써 행동의 빈도를 높이는 것을 말한다. 회피는 바람직하지 않은 결과를 회피시켜 줌으로써 바람직한 행동의 빈도를 늘리는 것으로, 부정적 강화(negative reinforcement)라고도 한다. 소거는 이전에는 보상을 받아 강화된 행동이지만 그 정도가 지나쳐 이제 바람직하지 않게 된 행동에 대해 바람직한 결과를 소거시킴으로써 행동의 빈도를 줄이는 것을 말한다. 처벌은 바람직하지 않은 행동에 대해 바람직하지 않은 결과를 제시함으로써 그 행동이 야기될 확률을 낮추는 강화요인을 말한다.

다. 공정성이론(Equity Theory)

이 이론에 따르면 임직원들은 자신들의 보상만을 고려하는 것이 아니고 다른 사람들의 보상과 비교를 한다는 점에 초점을 둔다.

개인이 조직의 목표를 달성하기 위해 투입하는 것은 직무수행과 관련된 노력·업적·기술·교육·경험 등이며, 조직으로부터 주어지는 보상은 임금·후생복지·승진·지위·권력·인관관계 등을 포함한다. **개인은 자기가 조직에 투입한 것과 조직으로부터 받는 보상을 인식하고 비교하며, 자신의 보상/투입의 비율과 타인의 보상/투입의 비율을 비교하여 두 비율이 같으면 공정성이 지각되고 비율이 서로 다르면 불공정성을 지각하게 된다.**

이러한 불공정성에 대하여 개인은 심리적인 긴장을 느끼고 긴장을 해소하는 방향으로 적응행동을 하게 된다. 따라서 개인은 자신의 노력과 그 결과로 얻어지는 보상과의 관계

그림 8-3 공정성이론

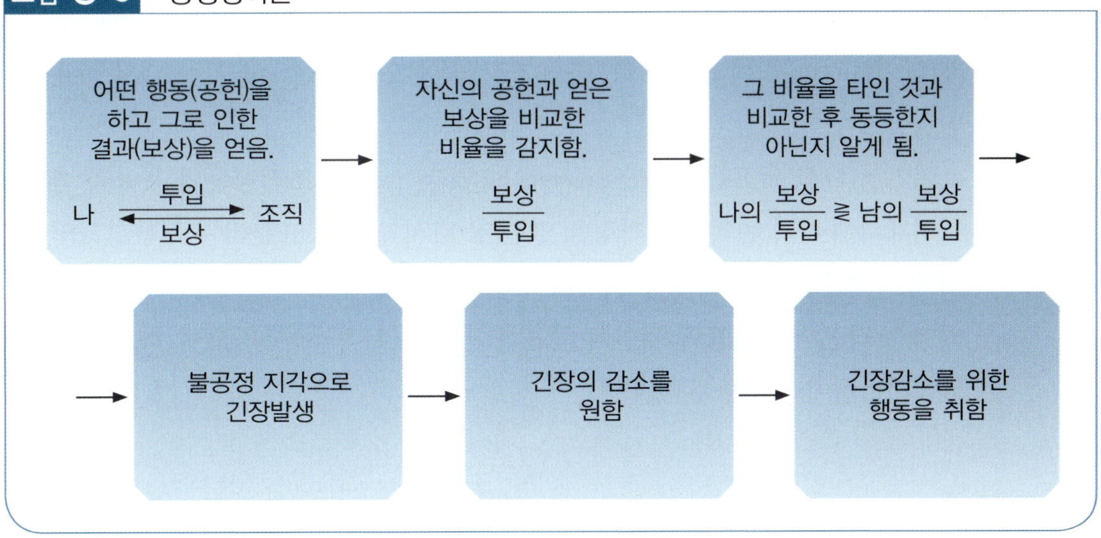

를 다른 사람과 비교하여 자신이 느끼는 공정성에 따라서 행동동기가 영향을 받는다. 즉, 공정성 이론은 개인의 행동에 있어서 동기를 자극하는 욕구나 유인 등의 중요한 요인들이 단순히 절대적인 가치에 의하여 그 강도가 작용하는 것이 아니라 산출과 투입의 상대적 비율, 그리고 다른 사람과의 상대적인 관계에서 동기요인들이 작용한다는 것을 강조하고 있다.

라. 목표설정이론(Goal-Setting Theory)

로크(Loche)에 의해 시작된 목표설정이론은 인간행동이 본능과 욕구에 따라 가장 쾌락적인 방향으로 동기화된다는 기존이론들을 비판하면서 시작되었다. 로크(1968)는 인간 행동이 목표 혹은 의도(intention)에 의해 결정된다고 주장했다. 목표는 어떤 개인이 장래에 달성하려고 시도하는 것으로, 인간행동의 목적 또는 계획, 의도와 유사하다. 목표는 행동의 방향을 결정짓는 기능을 수행하여 동기의 기초를 제공하고, 행동의 지표가 된다. 즉, 설정된 목표는 개인이 목표를 이루기 위해 노력을 기울여야 하는 정도와 지향성을 갖게 하고, 노력을 지속하게 함으로써 행동을 직접적으로 조절한다. 그리고 목표는 조직이나 개인 업적을 평가하는 기준이 되며, 더 어려운 목표를 달성했을 때 더 높은 평가를 받게 된다. 또한 설정된 목표는 이를 달성하기 위한 적절한 전략을 강구하고 실행할 수 있도록 돕는다. 1950년대에는 미국에서 처음으로 목표관리(management by objectives; MBO)를 도입했고, 드러커(Drucker) 등을 통해 이에 관한 실무적 측면에서 다양한 연구가 진행되었다. 1960년대에 목표관리와 목표설정에 관한 논의가 학문적인 인기를 끌면서, 로크가 중심이 되어 목표설정이론을 정리했다. 목표설정이론은 로크(1968)에 의해 제시된 이후 현재에 이르기까지 여러 동기이론 중 가장 많이 연구되었으며 가장 타당성이 있는 것으로 인정받고 있다.

여기서 말한 목표관리(management by objectives)는 조직공동의 목표와 개인의 목표를 관리계획에 따라 관리하는 과정을 말한다. 다시 말해 목표관리는 직무성과의 향상과 개인의 능력개발을 위해 목표를 설정하고 달성과정을 통제하며 성취결과를 평가하는 과정에 있어 조직전체의 목표와 개인의 목표를 관련시켜 적극적인 공헌활동을 유발하는 참여적 관리시스템이라고 할 수 있다.

② 경제학적 이론

경제학적 이론으로는 클라크(Clark)로부터 시작한 한계생산성이론과 사로프(Salop)에 의해 개발된 효율적 임금이론 등이 대표적이다.

가. 한계생산성이론(Marginal Productivity Theory)

임금이 최종 고용노동자의 생산액(한계생산력)과 같게 된다는 이론이다. 이 이론은 경영자 측면에서 바라보는 임금결정이론이다. 자본량이 일정할 때 그것과 결합되는 노동량을 한 단위씩 점차 증가시켜 나가면 노동량 1단위를 증가시킬 때마다 증대하는 생산물의 수량증가분(노동의 한계생산량)은 수확체감(收穫遞減)의 법칙에 따라 점차 감소하므로, **일정노동량의 최종 단위의 한계생산력이 임금수준을 결정**하게 된다는 것이다.

경쟁적인 시장에서 기업이 생존하기 위해서는 비용을 최소화하여야 하는데, 그러기 위해서는 기업은 피고용자가 기여한 부분에 해당하는 보상을 지급하여야 한다는 것이다. 즉, 보상액은 한계생산성과 같아야 한다는 것이다.

나. 효율적 임금이론(Efficiency Wage Theory)

근로자의 임금의 크기가 생산성을 결정하는 요인이 된다는 이론이다. 근로자의 임금은 근로자의 생산성에 따라 결정된다는 설명하는 전통적인 임금이론에 비해, 효율성 임금이론은 이를 정반대로 설명하고 있다. **근로자의 한계생산성보다 더 높은 실질 임금을 지불함으로써 노동자들이 최선을 다해 성실하게 일하도록 유도할 수 있다는 것이다.** 노동자의 노동생산성보다 더 높은 실질임금을 지불하는 상황에서는 노동자가 게을리 일하다 적발되었을 때 입을 손실이 크므로 성실하게 일하게 될 것이고 다른 직장보다 더 높은 임금을 지급한다면 이 직장에서 인정받고 있다는 만족감에서 더 열심히 일하게 될 것이다. 이와 같은 이유에서 **노동생산성보다 더 높은 임금을 지불하는 제도를 효율임금제도**(efficiency wage system)라 한다.

(2) 보상제도의 유형

① 직접보상제도

가. 단기보상제도

단기보상제도는 기업의 장기적인 전략이나 투자활동보다는 일상적이고 단기적인 성과

(통상 1년 이내)에 대해 보상의 초점을 맞춘다. 단기보상제도에는 봉급과 보너스 등이 있다. 봉급 혹은 임금(salary)은 고용자와 피고용자 간의 가시적 또는 묵시적 계약에 의해 노동에 대한 대가로 받는 현금을 말한다. 지급액수는 미리 정해지며, 근무경력, 외부경쟁력 조건, 물가, 성과 등에 의해 정기적으로 조정된다. 보너스(bonus)는 기업과 직원과의 계약에 의해 어떠한 단기성과를 달성했을 때 지급되는 현금으로 변동급의 일종이며 통상 일정 기간의 성과에 근거하여 일시에 지급된다.

나. 장기보상제도

장기보상제도는 기업의 장기적이고 전략적인 측면의 성과에 중점을 둔 보상제도이며 따라서 성과측정이 1년 이상의 기간에 걸치는 것이 보통이다. 이에 해당되는 제도로는 스톡옵션이나 제한주식, 장부가치 등이 있다.

- **스톡옵션**(stock option grants) : **주식을 지급하는 것이 아니고 주식을 취득할 수 있는 권리를 제공하는 것이다.** 스톡옵션의 경우 최근 들어 많은 관심을 끌며 우리나라의 많은 기업들이 도입하고 있는 제도이다.
- **제한주식**(restricted common stock award) : 매매나 양도에 대한 제한이 가해진 보통주를 증여하는 제도로, 종업원들은 원칙적으로 일정기간 이전에는 주식이 소유권을 이전하거나 매각할 수 없다. 즉, 수혜자는 제한기간 동안 조건부 소유권을 가지게 된다. 그러나 제한기간 동안이라도 의결권을 행사할 수 있고, 배당을 받으며, 주식증서를 소유할 수 있다. 배당은 현금으로 지급되거나 또는 이에 상당하는 액수가 수혜자의 계정에 계상된다.
- **장부가치단위**(book-value units)**제도** : 주식의 시장가치에 의해 보상을 하는 경우 기업의 성과와는 관계없는 시장전체의 움직임에 의해 주가가 결정될 수도 있다는 단점을 보완하기 위해 주식의 장부가치에 의해 보상을 하는 것이다. 주식의 장부가치는 총자산에서 부채를 뺀 후 발행주식수를 나누어 계산한다. 주식의 시장가치가 기업의 성과뿐만 아니라 거시 경제상황에 의해서도 변화하여 등락 폭이 심한데 비해 주식의 장부가치는 변화가 적고 부드러운 상승세를 보이며 증가하는 것이 보통이다. 보상기간 말에 종업원은 기업의 주식을 시장가치가 아닌 장부가치에 근거하여 구매하거나 또는 기업으로부터 무상으로 주식을 받는다.

TIP 직원에게 어떻게 보상하는 것이 바람직한가?

신생기업은 자원이 부족한 만큼 창업가 자신과 창업팀원들에게 어떤 보상을 해야 하는 지에 대한 고민이 생길 수밖에 없다. 보상은 언젠가는 반드시 이루어져야 한다. 연봉이든 주식이든 팀 구성원이 유능할수록 보상에 대한 기대도 클 것이다. 직원들을 무엇으로 어떻게 보상하는 것이 좋은가? 월급, 보너스, 주식 또는 이들의 적절한 조합을 어떻게 해야 하는가?

■ 주식

신생 벤처기업이 몇몇 핵심 직원들에게 주식을 배분하는 데에는 그럴만한 이유가 있다. 신생기업은 제대로 급여를 지급할 형편이 안 되는 경우가 대부분이다. 주식 제공을 통해 핵심 멤버들이 시세보다 낮은 급여에도 불구하고 미래 보상에 대한 기대를 가지고 일할 수 있다. 또한, 회사 지분을 제공함으로써 주인의식과 사기를 높일 수 있다. 창업 초기의 힘든 시기를 헤쳐 나가기 위해서는 이러한 주인의식과 동지애가 필요하다. 하지만 주식을 직원에게 제공함으로써 창업가와 투자자의 지분은 그만큼 희석된다는 것을 감안해야 한다. 직원에게 주식을 주는 전략을 쓸 때 직원의 주인의식과 사기진작, 기업의 현금 보전, 경영 지분율 유지 등의 요소 간 균형을 잘 맞추어 결정하여야 할 것이다.

회사의 지분을 누구에게 얼마나 주어야 하는 것은 어려운 문제이다. 지분이 나누어지면 훗날 주식의 평가 차익을 실현하는 데 있어 크게 영향을 받게 되고, 특히 향후 외부투자가 필요한 경우에는 더욱 신중해야 한다. 투자자들은 창업가들이 당장 급여를 많이 가져가기 보다는 회사 지분을 보유하며 미래의 성공을 위해 열심히 하는 것을 선호한다.

공동 창업가들 사이에 지분 분배는 중요한 문제이다. 많은 초보 창업가들이 지분을 동등하게 나누는 실수를 자주 저지른다. 창업가가 4명인 경우 각자에게 25%를 나누어 주는 식이다. 동일한 비율로 배분하는 것은 여러모로 문제의 소지가 많다. 우선 지분율이 같으면 의견 일치의 문제 때문에 의사결정하기가 힘들 수 있다. CEO가 한 사람으로 정해졌다 하더라도 같은 비율의 지분을 가진 공동 창업가들이 자기의 의견을 강하게 내세우면 갈등이 생길 수밖에 없다. 이 경우 의사결정의 시기를 놓치거나 최악의 경우 행동을 필요한 결정 자체를 내릴 수 없을 수도 있다. 또 서로간의 기여도와 보상수준을 비교하며 불만을 가질 수도 있다.

창업 초기에 지분배분시 다음 사항은 염두에 두어야 한다. 우선 과거에 투입된 시간과 기여에 대하여 인정해주어야 한다. 즉, 최초의 아이디어를 낸 사람, 발품을 많이 판 사람, 핵심 인력의 영입을 주도한 사람 등 그 업적에 대한 인정과 보상이 따라야 한다. 특히, 회사 내에서 CEO 등 중요한 역할을 계속 수행해야 한다면 해당 창업가 스스로도 미래 보상에 대한 기대가 클 것이다. 보통 CEO 역할을 맡은 창업가가 가장 큰 비율, 최대 50% 이상의 창업가 지분을 가져간다. 특허나 발명 등 지적자산을 가져오는 창업가는 20%에서 30% 정도의 창업가 지분을 주는 것이 보통이다. 하지만 이러한 배분 비율에 정해진 원칙이 있다기 보다는 상황과 서로 간에 어떻게 협상하느냐에 달려 있다. 각 창업 멤버의 이제까지의 업적과 향후 기대역할에 대하여 기술해보고 서로 간의 논의를 나누어야 한다. 이 분야에 경험이 있는 변호사를 활용하는 것도 좋은 방법이다.

■ 스톡옵션

창업가 지분의 희석을 최소화하면서 회사 내 다른 핵심 인재들에 대한 지분 보상을 하는 또 다른 방법은 스톡옵션이다. 이를 위해서는 훗날 배분할 지분을 미리 옵션의 형태로 준비해 놓아야 한다. 스톡옵션은 기본적으로 주식을 훗날 일정 시점의 시세보다 낮은 가격에 매입할 수 있는 권리이다. 옵션 가격은 주로 해당 직원이 고용된 날의 시세를 기준으로 한다. 비상장사의 경우에는 마지막으로 외부 투자가 이루어졌을 당시의 산정 주가를 기준으로 한다.

창업가의 지분에 대한 기준이 스톡옵션에도 적용된다. 스톡옵션은 창업가의 지분율을 희석하긴 하지만 창업지분을 받는 사람 수를 늘리는 것보다 그 정도가 훨씬 덜하다. 옵션을 주면 직원들도 회사의 소유권을 갖기 때문에 회사의 운명에 이해관계가 생기게 된다. 또 회사는 해당 직원이 옵션권리를 행사하면, 많지 않지만 다소간의 현금도 확보할 수 있다.

지분을 다른 사람에게 준다는 것은 회사 소유권의 일부를 희생하는 것이므로 창업가들은 이러한 동기부여 도구를 현명하게 사용해야 한다. 최악의 경우 창업가들이 대부분의 지분을 포기하고 나중에 아무런 보상을 받지 못하는 상황이 될 수도 있다. 일반 직원들은 자신들이 어떻게 회사에 기여하고 있는지를 잘 이해하지 못한다. 모든 직원들에게 각자의 가치를 일깨워주고 어떻게 주주의 가치를 높일 수 있는지를 가르치는 것이 중요하다.

② 간접보상제도

기업의 보상시스템에 대한 시간 및 돈의 막대한 투자에도 불구하고 바람직한 동기부여 효과가 제대로 나타나지 않는 경우가 많다. 그 이유에 대해 경영전문가들은 눈에 보이는 물질적, 금전적 보상들에 대한 지나친 강조를 문제점으로 제시하고 해결방안으로 복리후생에 대해 강조하고 있다. 복리후생이란 종업원의 생활수준 향상을 위하여 시행하는 임금 이외의 간접적인 여러 급부를 말한다. 원래 기업에 있어서 종업원에 대한 복리후생제도는 온정적 · 은혜적인 의미였으나, 산업사회의 발전과 특히 노사관계의 변화로 말미암아 오늘날에 있어서는 국가의 입법에 의하여 강제되는 법정제도로서의 성격도 함께 가지게 되었다. **복리후생의 유형으로는 대표적으로 국민건강보험이나 의료보험, 각종 공제 및 대부, 급식, 사택, 오락시설, 연금과 재해보험 등이 있다.**

가. 전통적 복리후생제도

가장 보편적으로 시행되고 있는 복리후생 제도이다. 과거 대가족 형태의 가정환경이 많았던 시기에는 40대 남성인 가장을 기준으로 복리후생을 설계하였다. 기업의 복리후생은 근로자뿐 아니라 가족들도 지원 대상으로 포함시킴으로써 가족 구성원을 보호하는 의미도 가졌으며 근로자와 가족을 대상으로 시행하는 복지제도가 일반적으로 사용되었다. 대표적으로 콘도지원, 학자금지원, 종합건강검진, 의료비지원 등이 있다.

나. 선택적 복리후생제도

선택적 기업복지제도는 마치 카페테리아에서 자신이 원하는 음식을 선택하듯이, 기업이 제공하는 복리후생 항목 중 일정금액 한도 내에서 노동자가 자신의 필요에 맞춰 복리후생 항목을 선택할 수 있게 한 제도이다. 전통적인 복리후생제도가 모든 노동자에게 일률적으로 똑같은 복리후생제도를 적용하는 것이라면, 카페테리아 플랜의 기본적인 골격

표 8-2 전통적 복리후생 제도와 카페테리아식 복리후생 제도 비교

	전통적 복리후생 제도	카페테리아식 복리후생 제도
개별성 (individual)	집단적으로(collective)으로 종업원 전체를 기준으로 산출하여 집행하는 방식	구성원 개개인의 욕구와 이해관계를 중시하는 개별적 제도
유연성 (flexible)	구성원의 의사와 관계없이 획일적(inflexible)으로 제공되는 제도	구성원에게 다양한 상품과 서비스 가운데 선택권을 부여하는 제도
참여성 (participative)	인사부서에서 기업의 필요에 따라 설계하는 비참여적인 방식	제도의 설계 및 집행 단계에서 근로자의 참여
효과성 (effective)	기업의 성과를 달성하기보다는 비용이나 관리의 효율성만을 강조	조직의 목표에 달성하는지 여부에 관심을 가지며, 비용대비 효과를 중시함

그림 ⑧-4 만족도 낮은 복지제도, 그 이유는?

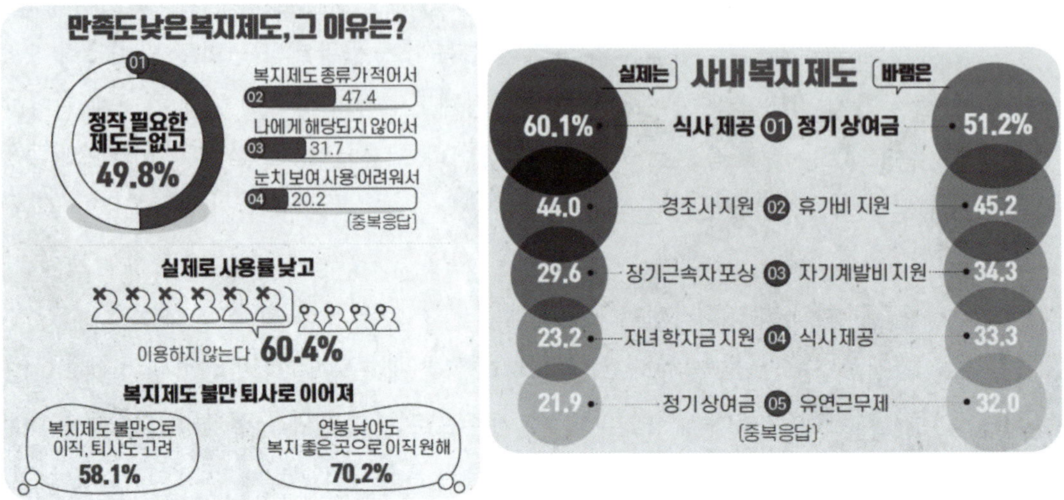

「중앙일보(2019) https://news.joins.com/article/23535203」

은 다양한 복리후생제도의 종류 가운데 노동자가 원하는 것을 선택할 수 있도록 하는 것이라고 할 수 있다.

기업의 측면에서는 노동자의 개인별 복리 후생 한도를 결정함으로써 기업의 총 복리후생 비용을 예측하고 효과적으로 운영할 수 있다는 장점이 있고, 노동자들은 자신들의 필요성을 충분히 반영해 복지제도를 선택할 수 있다는 장점이 있다.

몇 년 전부터 등장한 '워라밸'이라는 단어는 '일과 삶의 균형'(Work-Life Balance)이라는 뜻을 줄인 신조어다. 4차 산업혁명 이후 언제, 어디서나 일을 할 수 있는 인프라와 기업의 글로벌화가 확산되면서 근로자 개개인이 가진 삶의 가치와 가치관을 변화시켰고 워라밸을 중요시하게 여기는 사람들이 늘어났다. 이러한 새로운 패러다임의 변화는 다양한 근로자의 기호에 맞춘 복리후생제도가 등장하게 만들었다. 우수한 인적자원의 확보와 이직을 방지하기 위해 기업들은 개개인의 기호에 맞춘 다양한 복리후생 제도를 도입하게 되었고 기업문화의 새로운 트렌드로 자리 잡게 되었다.

생각해보기3

인적자원을 통해 성장하라.

사람들을 하나의 인격체로 대우하라. 그들을 파트너로 대접하고, 존경심을 갖고 대하라.
필요에 의해 소모되는 자본이 아닌 향상을 위한 주요한 자원으로 대우하라.
이것이 바로 초우량 기업에 대한 연구에서 얻을 수 있는 핵심적인 교훈이다.
- 톰 피터슨(Thomas J. Peters) -

좋은 기업에서 위대한 기업으로 전환(Good to Great)시킨 경영자들의 공통점은 있다. 그들은 버스의 목적지를 정하고 나서 사람들을 태우지 않는다. 반대로 버스에다 적합한 사람들을 먼저 태우고(때론 부족한 사람들을 버스에서 내리게 하고), 그 후 버스를 어디로 몰고 갈지 생각한다. 짐콜린스 〈좋은 기업에서 위대한 기업〉에서 위대한 기업으로 도약시킨 리더들이 알고 있는 몇 가지 단순 한 진리를 제시하고 있다. **첫 번째 진리는, '해야 할 일'보다 '함께 할 사람'을 우선한다는 것이다.** 이런 경우 변화하는 세계에 보다 쉽게 적응할 수 있다. 함께 하는 동료들이 처음부터 버스가 어디로 가는지 그 방향을 보고 탄다면, 만일 도로위에서 10마일 정도를 달리다가 방향을 바꿀 필요가 생길 경우에는 문제가 생길 수 있다. 그러나 사람들이 누가 함께 가는지를 알고 난 뒤에 버스를 탄다면 가는 도중에 방향을 훨씬 쉽게 바꿀 수 있다. **둘째, 조직에 적합한 사람들을 버스에 태운다면 사람들에게 어떻게 동기를 부여하고 사람들을 어떻게 관리할 것인가 하는 문제가 대부분 사라진다. 조직에 적합한 사람들은 빡빡하게 관리할 필요도 없으며 조직 내에서 스스로 동기부여하여 일하기 때문에 해고할 필요도 없다.** 그는 시장, 기술, 전략, 상품 모두 창업성공의 동력이 될 수 있지만, 궁극적인 것은 아님을 강조한다. "다른 모든 것 위에 한 가지가 있다. 그것은 조직에 적합한 사람들을 충분히 확보하고 붙들어 두는 능력이다."

매년 연속 포춘 리스트에 등장하는 얼티밋 소프트웨어가 모범적 사례이다. 얼티밋의 CEO 스콧 셰어는 직원들의 이름을 모두 기억할 정도로 직원들과 친밀감을 유지하는 것으로 유명하다.

"사람이 우선이다. 우리 회사 로고에도 새겨 넣은 말이다. 최고경영자(CEO)가 직원을 챙기면 직원도 고객을 더욱 신경 쓰게 된다. 사람을 위한 제품을 만들면 고객도 알아보게 마련이다." 스콧 셰어는 얼티밋에는 직원은 없고 주인만 있다고 말한다. 주인의식을 높이기 위해 스콧은 네 가지 제도를 실시하고 있다.

첫째, 얼티밋의 직원들은 지위고하를 막론하고 입사하면 100% 모두 스톡옵션(Stock Option)을 받는다. 둘째, 매해 12월 엠브이피(MVP)를 선정한다. MVP로 선정된 직원은 미국, 알래스카, 멕시코 안에서 어디든지 갈 수 있는 1등석 비행기표 2장과 500달러 현금을 부상으로 받는다. 주인의식이 있는 얼티밋 직원이면 누구든지 MVP가 될 수 있다. 셋째, 스콧은 늘 직원들에게 손수 적은 감사편지를 전한다. 얼티밋에서 3년 이상 일한 직원들은 한 번 이상 스콧에게 감사편지와 선물을 받았다. 넷째, 근무와 관련된 교육시간은 연 80시간으로 직원들이 대학으로 돌아가서 학위를 받는 것에 호의적이다. 매년 최대 5,280달러까지 교육비를 상환해 주면서 학교에 가서 공부를 할 수 있도록 편의를 제공한다.

직원들을 위해 하는 일은 이외에도 많다. 남는 공간을 농구장으로 활용하자는 직원들의 건의를 적극 받아들여 농구장을 만들어 근무가 끝나면 직원들과 함께 모여 농구를 하며 팀워크를 다진다. 또한 플로리다 마린스의 야구 경기에 음료와 음식이 비치된 개인관람석 공짜티켓을 주는가 하면, 달마다 직원 생일 파티를

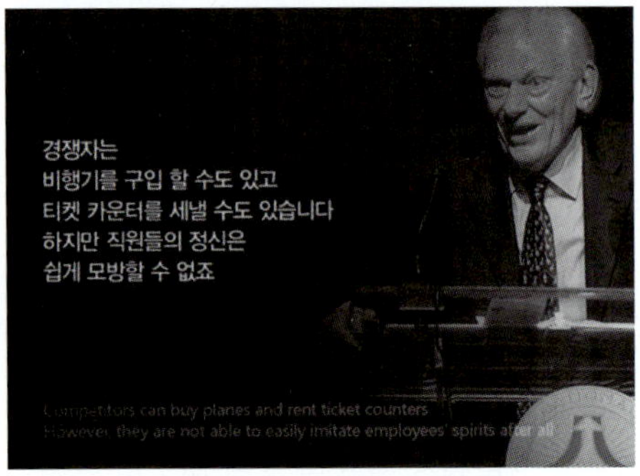

한다. 일하는 동안 아이스크림 트럭이 와서 공짜 아이스크림을 나눠주는 깜짝 이벤트를 벌이기도 한다. 직원들은 스콧 셰어에 대해 한결 같이 "느긋하고, 잘난 체 하지 않고, 온화한" 인물이라며 친근하게 "스콧"이라 부른다. 매년 엄청난 성장률을 기록하는 얼티밋 소프트웨어에 이직자가 3% 밖에 되지 않는다. "우리 조직에는 서로를 사랑하는 마음이 충만하다." 한 직원의 말이다. 직원들은 얼티밋에서 근무하는 것을 큰 행운이자 자랑으로 여기고 있다.

사우스웨스트항공의 경쟁력의 핵심은 '차별화를 꾀하기 어려운 항공 산업의 후발업체로서 생존하고 발전 할 수 있는 길은 오로지 직원들에게 달려 있다'이다. 창업가 캘러허 회장의 '직원 중시'의 경영철학은 다음 말에 바탕을 두고 있다. **"고객 1명을 만족시키기보다 고객 1000명을 만족시키는 직원 1명을 만족시키는 것이 우리의 핵심 경쟁력입니다"**, "우리에게는 고객이 첫 번째가 아닙니다. 두 번째입니다. 직원이 첫 번째죠" 캘러허 회장은 고객을 잃는 한이 있더라도 직원이 먼저라는 것을 언제나 분명히 한다. "고객이 늘 옳지는 않습니다. 만약 그렇게 생각한다면 그것은 사장이 직원들을 크게 배신한 겁니다. 고객은 때때로 잘못된 일 을 합니다. 우리는 그런 고객을 수송하고 싶은 생각은 없습니다. 우리는 그런 고객에게는 이런 편지를 보냅니다. '다른 항공편을 이용하십시오. 우리 직원들을 괴롭히지 마세요'라고" 사우스웨스트항공의 직원 최우선 경영전략으로 인해 고객서비스는 엉망이었을까? 결론부터 말하면, 아니다. 사우스웨스트항공은 「미국에서 가장 서비스가 좋은 기업」과 「미국에서 가장 일하기 좋은 100대 기업」에 지속적으로 동시에 선정되었다. 기존기업과 달리 고객 최우선을 목표로 한 경영전략이 아닌 직원 최우선 전략을 통해, 직원들의 마음과 영혼에서 고객에 대한 자신감과 자발적인 고객서비스 솟아나게 만든 것이다.

토의문제

- 자신의 창업기업의 인적자원관리 방향성에 대해 생각해 보세요.

예비 창업자가 궁금해 하는 Q&A

Q21. 스타트업은 어떤 방식과 기준으로 채용해야 할까요?

인력채용에 대한 기준을 명확히 수립하는 것이 중요합니다. 이후에는 다양한 채널을 확보하여 채용하는 방식으로 진행하는 것이 좋습니다. 스타트업은 소규모 핵심인력으로 성과를 달성하는 회사이며 사업의 방향과 목적에 맞는 핵심역량을 보유한 인재를 뽑아야 하는 것은 당연합니다. 하지만 여러 스타트업이 그때그때 필요에 의해 급하게 사람을 채용하는 일이 빈번하며, 경력이 좋은 사람이 일도 잘

할 것이라 믿고 채용 후 후회하는 경우나, 일은 잘하지만 조직과 맞지 않은 사람을 뽑아 난감한 일이 자주 발생하기도 합니다.

창업가는 자신의 회사에 대한 비전, 조직문화, 인재상에 대한 기준을 명확히 확립하고 유지하고자 노력해야 합니다. 또한 인재 채용은 많은 시간과 비용을 소비하더라도 다양한 채널과 방식을 통해 많은 구직자를 만나는 방식으로 전개되어야 합니다. 실제 구직자는 회사의 정보, 홈페이지, 회사가 운영하는 SNS 등을 통해 정보를 수집하게 되며, 이 과정에서 구직자는 당신의 기업을 판단하게 됩니다. 가장 효율적인 방법은 프로젝트나 단기 과제를 협업하는 방식으로 신규 인력과 조직의 결합을 테스트하는 것입니다.

Q22. 스타트업 설립 시 개인사업자와 법인사업자 둘 중에 시작하기 좋은 것은 무엇인가요?

개인사업자의 경우 절차가 복잡하지 않고 사업자 등록을 하면 바로 사업을 시작할 수 있어 창업 비용이 적게 드는 장점을 들 수 있습니다. 하지만 사업이 커지고 확장을 고려해야 한다면 법인사업자가 더 유리할 것입니다. 하지만 개인사업자로 시작해도 매출이 발생하고 사업이 커지면 충분히 법인 전환을 할 수 있습니다. 물론 이때에는 번거롭고 절차가 복잡합니다. 하지만 법인은 자금조달이나 파트너를 구하기 용이하고 기업의 신뢰성을 확보할 수 있으며 엔젤투자 및 벤처의 투자를 받기에 용이하다는 장점이 있습니다.

개인사업자의 소득은 온전히 대표자의 것이 되지만 법인사업자의 소득은 대표자의 것이 아닌 법인 자체의 소득이 됩니다. 따라서 법인사업자의 대표가 회사통장의 돈을 인출하여 사적으로 사용한다면, 횡령으로 간주될 수 있습니다. 스타트업 창업을 시작하기에 앞서 어느 것이 자신의 사업을 시작하기에 유리한지 고민해 보시기 바랍니다.

Q23. IT 분야 스타트업입니다. 외부과제나 용역을 통해 회사를 유지해야 하는지, 바로 회사의 아이템에 집중해야 하는지 궁금합니다.

많은 사람들이 용역 때문에 자신들의 제품에 집중하지 못하여 회사가 실패했다는 이야기를 자주 듣습니다. 용역에 한번 발을 들이면 계속 끌려들어가 벗어날 수 없는 개미지옥이라고도 합니다. 하지만 회사를 유지하기 위해 용역을 해야 하는가의 질문은 '가장이 가족의 생계를 위해 직장에 나가야 하는가?'와 같습니다. 회사가 직접 만든 제품이나 서비스로 매출을 내지 못한다면 용역을 통해서라도 돈을 벌어야 합니다. 여기서 중요한 것은 회사의 제품이 자신들의 비전이라는 사실을 잊지 말아야 한다는 것입니다. 낮에 용역 업무를 통해 회사를 유지하고 있다면 밤에는 우리 제품을 완성하기 위해 고민하고 개발하세요. 결국 우리 제품이 있어야 용역의 사슬을 끊을 수 있습니다.

창업자가 꼭 봐야할 동영상

여러분은 주는 사람(Giver)인가요, 받는 사람(Taker)인가요?
- 아담그랜트(Adam Grant) -

조직 심리학자 아담그랜트는 자기 이익만을 챙기는 사람을 'taker'라고 하고, 반대로 남을 챙기는 사람을 'giver'라고 표현한다. 또한 이들 중간에 걸쳐있는 사람을 '맞추는 사람'이라고 부르는데 대부분의 사람들이 이에 속한다. 조직의 발전을 위해서는 어떤 유형의 사람들이 필요한지 알아보자.

* 유튜브(www.youtube.com)에서 'giver or taker'를 검색하세요.

Ask Yourself

"여러분은 Giver인가요, Taker인가요?"

"조직 내에서 어떤 유형의 사람들이 다수를 이루어야 하는지, 어떠한 조직문화가 구축되어야 하는지에 대해 생각해 보세요"

AER사례를 통한 스타트업기업의 성공요인 분석(요약)

이상조, 남정민

벤처창업연구, 13(2), 2018

창업팀의 성공요인은 역량있는 창업팀의 구성, 효과적인 시장진입전략, 초기비용 최소화, 경쟁우위의 지속화, 균형감각, 직원에 대한 동기부여, 외부자원의 전략적 활용으로 보면서, 벤처기업의 경영성과는 ERIS모델 즉 기업가(Entrepreneur), 조직의 자원과 역량(Resources & Capability), 산업환경(Industry Environment), 경영전략(Strategy) 요인에 의해서 결정된다고 보고 있다.

본 연구는 아산나눔재산의 AER사례를 중심으로 스타트업의 성공요인을 ERIS모델을 기반으로 창업단계, 상업화단계, 정착단계로 구분하여 분석하고 결과를 도출하였다. 이를 위해 국내 대표적인 스타트업 사례기업인 데브시스터즈(모바일게임), 딜라이트(보청기), 로우로우(가방), 이지팜(스마트팜), 컴퍼니원헌드레드(게임), 씨엔티테크(외식중개플랫폼), 울랄라랩(스마트팩토리) 등 7개 기업을 대상으로 연구하였다.

사례분석 결과, 스타트업의 ERIS모델별 성공요인으로 창업단계에는 창업가의 창업 이력 및 경력, 분야경험 및 전문지식, 신속한 판단력과 문제해결, 구성원의 역량 및 팀워크, 네트워크, 정부의 창업지원 등이다. 상업화단계에는 사업화 및 투자자금 확보, 타이밍, 차별화전략, 해외진출, 고객의견 수용 등이며, 성장(성숙)단계에는 신제품 출시 및 다각화, 조직문화의 수립 등이었다.

〈그림 1〉 ERIS모델

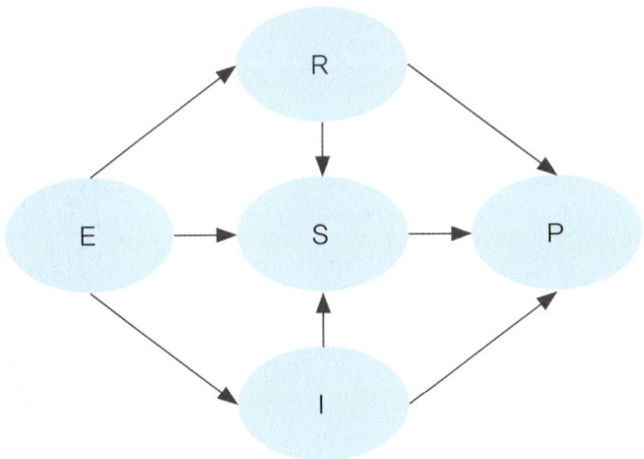

〈표 1〉 창업단계별 성공요인

Entrepreneur	〈창업단계〉 • 창업 이력 및 경력 : ⅰ, ⅱ, ⅲ, ⅳ • 관련 경험 및 지식(글로벌, 전문지식) : ⅳ, ⅴ, ⅵ, ⅶ 〈상업화단계〉 • 신속한 판단력과 문제해결 : ⅰ, ⅲ, ⅶ
Resource& Capability	〈창업단계〉 • 구성원의 역량, 팀웍 : ⅲ, ⅴ, ⅶ • 네트워크 : ⅰ, ⅱ, ⅴ 〈상업화단계〉 • 조직내 믿음과 신뢰 : ⅲ, ⅶ • 사업화 및 투자자금 확보 : ⅳ, ⅶ
Industry Environment	〈창업단계〉 • 정부의 창업지원 : ⅰ, ⅳ 〈상업화단계〉 • 타이밍 : ⅳ, ⅴ, ⅶ
Strategy	〈창업단계〉 • 차별화전략(세분화) : ⅲ, ⅴ, ⅵ • 해외진출전략 : ⅰ, ⅴ, ⅵ • 고객의견 수용 및 서비스만족전략 : ⅰ, ⅳ, ⅴ, ⅵ 〈상업화단계〉 • 신제품출시 및 다각화 : ⅰ, ⅳ, ⅴ • 조직문화의 수립 : ⅴ, ⅵ, ⅶ
참조 : 데브시스터즈(ⅰ), 딜라이트(ⅱ), 로우로우(ⅲ), 이지팜(ⅳ), 컴퍼니원헌드레드(ⅴ), 씨엔티테크(ⅵ), 울랄라랩(ⅶ)	

창업의 성공요인은 성장단계별로 다르게 나타난다. 창업단계에는 창업팀의 역량과 팀워크이며, 상업화단계에는 자금 확보와 차별화전략, 성장단계에서는 제품 다각화와 바람직한 조직문화 구축이 요구된다.

학습목표

1. 마케팅 관리 방법이 왜 중요하며, 어떤 방법이 있는지 알아보자.
2. 마케팅 종류를 살펴보고, 스타트업 상황(초지, 중기, 후기)에 따른 마케팅 방법에 대해 알아보자.
3. 첨단시장 마케팅은 무엇이며, 어떻게 대처해야 하는지 알아보자.

원하는 방향으로 바람이 불도록 할 수는 없지만,
바람에 따라 배의 방향을 조정할 수 있다.
「버사 캘로웨이(Bertha Calloway)」

제9장

창업기업의 마케팅 전략

Ⅰ 벤처경영과 마케팅

Ⅱ 마케팅 관리

Ⅲ 마케팅의 종류

Ⅳ 첨단시장 마케팅

생각해보기 1

마케팅으로 대성공, 페브리즈

P&G는 프링글스, 질레트 면도기, 듀라셀 건전지, 섬유유연제 등 수십 가지 세계 1위 브랜드를 소유한 세계에서 가장 큰 소비재 회사이다. P&G는 세계에서 어떤 기업보다 많은 정보를 수집하고, 복잡한 통계분석을 활용해서 마케팅 계획을 세운다.

하지만 P&G에서 가장 기대하던 신상품인 페브리즈의 마케팅은 실패를 눈앞에 두고 있었다. 1996년 P&G는 거의 모든 섬유에서 악취를 제거할 수 있는 탈취제를 개발하는데 이미 수백만 달러를 투자했다. 그 탈취제는 미국항공우주국(NASA)이 우주에서 귀환한 우주왕복선의 실내를 청소하는데 사용할 만큼 최첨단 과학이 활용되었다. 그 탈취제의 장점은 제작비가 싸고 얼룩이 남지 않는다는 것이다. 또 고약한 냄새를 풍기는 소파, 낡은 재킷, 자동차 실내 등 어떤 곳이라도 순식간에 냄새를 없앤다는 것도 큰 장점이었다.

페브리즈 마케팅팀은 제품의 핵심기능인 악취 제거 기능을 중심으로 제품 포지셔닝(소비자의 마음속에 자사 제품이나 기업을 가장 유리한 위치에 있도록 노력하는 과정)과 마케팅 계획을 수립했고 대대적인 제품 판촉에 들어갔다. 그러나 2달이 지날수록 판매액은 보잘 것 없었다. 게다가 시간이 지날수록 줄어들었다. 페브리즈 마케팅팀은 그들의 마케팅 전략과 포지션닝이 잘못되었다는 것을 실적으로 알게 되었다. 그들은 새로운 전략을 수립하기 위해 다시 처음부터 소비자를 인터뷰하고 관찰하기 시작했다. 그들은 수년 동안 수집한 집을 청소하는 모습을 담은 비디오테이프들을 보면서 시간을 보냈으며, 이미 페브리즈를 사용하는 사람들을 일일이 찾아가서 인터뷰를 했다.

그러던 어느 날 아침, 한 연구원이 페브리즈 팀원들에게 회의실에 모이라고 했다. 그가 비디오테이프를 틀면서 세 아이를 둔 스물여섯 살의 주부가 침대를 정리하는 모습을 보여줬다. 그녀는 침대 시트를 정리하고 베개를 가지런히 놓았다. 그리고 흐뭇한 미소를 띠면서 방을 나갔다. 또 다른 장면에서는 운동복을 입은 여자가 부엌을 청소하는 모습이었다. 고리대까지 씻은 후에 몸을 쭉 펴며 기지개를 켰다.

한 연구원은 다음과 같이 말했다. "모두가 청소를 끝낸 후에는 긴장을 풀고 행복하다는 듯한 반응을 보입니다. 여기에서 시작하면 어떨까요? 그러니까 페브리즈가 깨끗이 하는 작업의 시작이 아니라, 그런 작업을 마무리 짓는 것이라고 하면 어떻습니까?"

페브리즈는 1998년 여름 다시 론칭되었다. 페브리즈는 더러운 옷에 밴 냄새를 없애는 제품이 아니라 '이미 깨끗하게 정리한 것을 마무리하는데 사용하는 방향제'로 마케팅 전략을 전환하였다. 두 달 만에 판매량이 두 배로 증가했다. 1년이 지나지 않아 소비자들이 페브리즈에 쓴 돈은 2억3000만 달러를 넘었다.[1)]

P&G는 페브리즈라는 새로운 제품을 시장에 성공적으로 내놓기 위해 수많은 인터뷰와 데이터를 활용했

---

1) 습관의 힘. 찰스 두히드

다. 최초 제품을 시장에 출범할 때에는 악취 제거라는 제품의 고유 목적을 토대로 제품을 홍보했으나, 소비자의 반응을 재분석하여 홍보 및 마케팅 전략을 전면 수정하였다. 만약 P&G가 페브리즈에 대한 고객의 반응에서 제품의 주요전략을 수정하지 못했다면 어떻게 되었을까? P&G의 대표상품으로 한국의 TV 광고에서 볼 수 있었을까?

토의문제

- 창업기업이 고객의 니즈(Needs)를 파악하고 충족시킬 방안에 대해 구체적으로 생각해보세요.
- 창업기업의 효과적인 마케팅 전략에 대해 생각해보세요.

I 벤처경영과 마케팅

최근 인터넷의 발전은 기업의 마케팅 또한 벤처기업의 마케팅에 큰 영향을 미치고 있다. 코틀러(P. Kotler)는 정보 디지털 혁명에 의해서 기존 마케팅 개념을 넘어서 전체론적 마케팅 개념(holistic marketing concept)을 제시하였다. 전체론적 마케팅 개념은 기업과 고객, 협력자간에 전자적 연결 및 상호작용으로부터 도출되는 역동적인 개념으로 가치 창출 활동을 통합시키는 것이다. 인터넷 및 온라인 산업은 벤처기업의 새로운 기회로 자리매김하고 있다. 따라서 벤처기업도 마케팅 전략의 새로운 대안으로서 온라인과 인터넷을 적극적으로 활용해야 하는 시대가 되었다.

신생 벤처기업에 있어서 마케팅 계획을 수립하고 마케팅 역량을 키우는 것은 매우 중요하며, 이러한 마케팅 전략이 없이 투자자를 또는 관련된 이해관계자들을 설득할 수 없다. **벤처 창업가는 아이디어를 사업화시키는 것도 중요하지만, 이와 더불어 제품 또는 서비스를 시장에 수용되도록 하는 능력이 필요하다.** 2000년 중반 이후 한국 벤처 거품이 꺼지면서 실적, 특히 매출 및 이익을 중심으로 벤처기업의 가치를 평가하는 경향이 나타나게 되었다. 벤처기업들도 단순히 사업아이디어나 미래 전망보다 실제로 그 아이디어가 사업화되어 시장을 통해서 수익을 이루었는가가 중요한 요소가 되었다. 따라서 벤처기업의 마케팅 역량의 강화는 그 어느 때보다 중요하게 되었다.

마케팅 활동과 기업가 활동은 여러 측면에서 비슷한 접점을 가지고 있다. **첫째, 고객의 니즈에 관심을 가져야 한다는 점이다.** 마케터는 고객에 대한 심리적 분석을 통해 구매자의 행동패턴을 파악하는데 중심을 둔다. 반면, 기업가는 시장에서의 기회를 탐색하고, 현재 기업이 제공할 수 있는 것과 고객의 욕구와 차이를 발견하고 이러한 차이를 기회로써 활용한다. 둘째, 새로운 제품이나 서비스에 대한 아이디어를 평가한다. 마케터는 제품과 관련된 데이터를 수집하여 여러 가지 테스트를 하나, 기업가는 벤처기업이 가진 자원을 조합하여 아이디어를 구체화시켜 기업가 활동을 수행한다. 따라서 벤처 기업가와 마케팅 전문가는 제품과 서비스의 확산과정과 채택 프로세스를 이해할 필요가 있다. 셋째, 기업이 처한 환경을 탐색하고, 정보를 평가하여 마케팅 활동을 활성화하기 위해 외부 관계자와 관계를 구축하여야 한다. 넷째, 사업의 범위를 확장하고자 하는 성장 지향성인 특성을 보인다. 판매를 높이고, 새로운 고객을 개발하고, 고객의 욕구를 충족시키기 위해서 부가적인 제품과 서비스를 확장하려고 한다는 특징이 있다.

이와 같이 마케팅 활동과 벤처창업은 공통된 특징을 가지고 있으나, 한편으로 벤처 기업가는 여러 가지 함정에 빠질 위험이 있다. **첫째, 가격이 높아져도 제품 구매를 지속할 수 있는 구매층은 계속 증가할 것으로 생각한다. 둘째, 자신이 보유한 제품과 서비스는 경쟁 대체재가 없으며, 독특하고 최고의 품질을 제공할 것으로 생각한다. 셋째, 경험곡선[2]의 효과에 대해서 변화지 않는 확신을 가지고 있다. 넷째, 제품 자체에만 몰입하는 경우가 있다.** 특히 마케팅의 브랜드 매니저나 기술/발명 창업가의 경우에 시장에서의 고객 요구, 고객의 니즈보다는 제품 중심으로 생각하는 경향이 있다.

따라서 시장에서 활동하는 **벤처창업가는 자신의 아이디어와 기술력만 중시하는 것이 아니라 고객니즈를 파악하면서 부가가치를 창출할 수 있는 전체적인 마케팅 활동을 중시**해야 한다. 우선 마케팅 활동을 벤처기업 활동의 전 분야에 광범위하게 적용해야 한다. 즉 상품개발 아이디어를 착안하는 순간부터 마케팅 기법을 고려해야 한다. 마케팅 조사를 통해서 고객의 니즈를 파악하고, 시장 상황을 파악하는 등 벤처사업의 전개 과정에서 발생할 수 있는 실패의 요인을 정확히 파악하고, 세부 전략을 수립해야 한다. 또한, 제품에 대한 맹신으로 마케팅에 대한 충분한 투자 없이 판매가 증가할 것이라 섣불리 확신하면 안 된다.

1. 마케팅 개념

많은 사람이 마케팅하면 판매와 광고를 주로 떠올린다. 일상적으로 TV 광고, 직접우편광고, 판매원 방문, 인터넷광고의 홍수 속에 사는 우리가 마케팅에 대해 그렇게 생각하는 것인 당연해 보인다. 그러나 판매와 광고는 마케팅의 빙산의 일각일 뿐이다.

마케팅 개념이란 마케팅 목표를 설정하고, 어떻게 고객과의 거래를 관리할 것인가를 정하는 것이다. 즉 고객의 잠재적 욕구와 현재의 니즈를 파악하고, 그러한 욕구를 충족시키기

2) 경험곡선(experience curve)은 생산량이 증가하면서 경험 및 학습효과에 의해서 생산 단위당 비용이 감소하는 것을 말한다.

위한 비용을 함께 고려함으로써 마케팅 활동을 수행하는 것을 말한다. 마케팅은 '판매를 하는 행위'라는 오래된 개념에서 벗어나 고객욕구를 충족시키는 과정이라는 새로운 관점에서 이해되어야 한다. 마케터가 고객욕구를 이해하고, 탁월한 고객가치를 제공하는 제품과 서비스를 개발하고, 효과적인 가격정책, 유통정책, 그리고 촉진정책을 개발한다면, 제품의 판매는 매우 쉬워질 것이다. 경영학 분야의 석학인 Peter Drucker는 "마케팅의 목적은 판매노력을 불필요하게 만드는 것이다"라고 제안했다. 판매와 광고는 '마케팅믹스' 중 일부일 뿐인데, 여기서 마케팅믹스란 고객욕구를 충족시키고 고객관계를 구축하기 위해 사용되는 마케팅 도구들의 집합을 말한다.

넓은 의미에서 마케팅은 개인과 조직들이 자신들이 원하는 것을 가치창출 및 거래 상대방과의 가치교환을 통해 이루어지는 사회적/관리적 과정을 말한다. 기업과 관련시켜 상대적으로 좁은 의미에서 본다면 마케팅은 수익성과 가치를 발생시키는 고객과의 교환관계를 구축하는 과정이다.

마케팅은 고객에서 시작하여 고객으로 끝나는 고객 중심의 과정이다. 〈그림 9-1〉은 마케팅의 과정을 간략하게 보여준다. 벤처마케팅은 창업기업의 마케팅, 그 중에서도 새로운 기술, 새로운 비즈니스 모델, 새로운 아이디어를 사업화하는 데 초점을 맞추고 있다. 따라서 벤처창업가는 아이디어를 사업화하고 시장에 진입하기 위해서 우선 마케팅 개념에서부터 시작해야 한다. 고객만족(customer satisfaction)은 사용자 중심의 품질과 가치를 제공함으로써 얻어지는 것이다.

그림 9-1 마케팅 과정

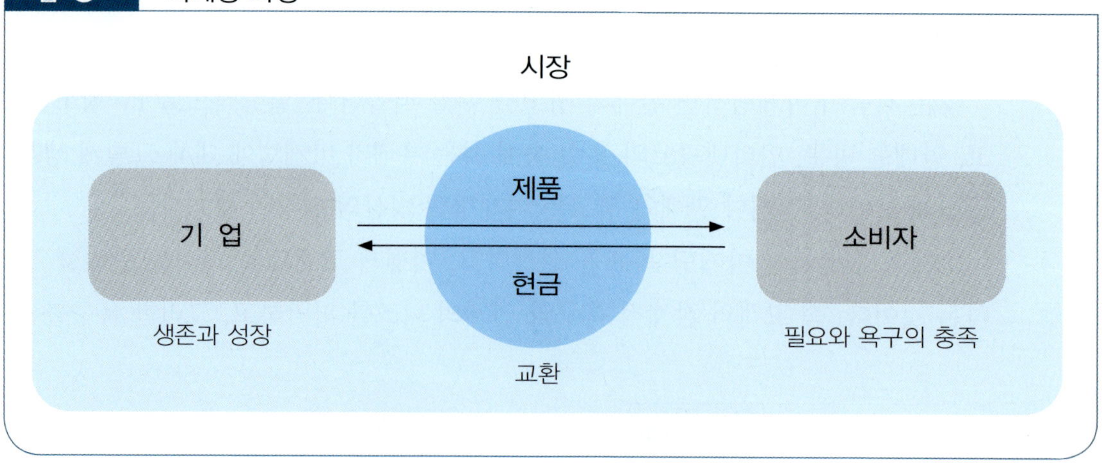

Ⅱ 마케팅 관리

1. 마케팅 환경

마케팅 환경에 있어 고객과 기업은 성공적인 관례를 구축하고 유지하는 환경입니다. 미시환경(micro-environment)은 기업이 고객을 대하는 능력에 영향을 미치는 내적 환경요인들(경쟁자, 고객, 기업자신의 핵심역량, 공중 및 이해관계자, 협력자 등)로 구성된다. 거시환경(macro environment)은 미시환경에 영향을 미치기보다는 큰 사회적 환경요인들(인구통계적 환경, 경제적 환경, 자연적 환경, 기술적 환경, 문화적 환경, 정치적 환경 등)로 구성된다.

표 ⑨-1 거시환경 분석 STEEP

사회적 요인	변화하는 연령구조(베이비 붐 세대, X세대, 밀레니얼 세대, Z세대), 출산율에 따른 인구 감소, 다양한 형태의 가족의 등장, 인구의 지역적 이동 등을 포함한다.
기술적 요인	기술적 요인으로는 우리의 생활방식을 형성하는 가장 극적인 요인이다. 항생물질, 로봇을 이용한 수술, 소형의 전자제품, 인터넷, 스마트폰과 같은 혁신적인 것을 나타낸다.
경제적 요인	경제적 요인으로는 소비자의 구매력과 소비패턴에 영향을 미치는 요소를 포함한다. 소비자 소비패턴의 변화, 소득분포의 변화, 금리, 대출패턴과 같은 경제 변수들이 해당된다.
환경적 요인	환경적 지속가능성에 대한 관심은 지난 30여 년간 지속해서 증가해왔다. 지구온난화나 미세먼지와 같은 위험요소 또는 환경오염이 우리 제품에 미치는 영향을 분석한다.
정치적 요인	정치적 환경은 그 사회에서 다양한 기관과 개인들에게 영향을 미치거나 이들을 제한하는 법, 정부기관, 압력단체 등을 포함한다.

Social	Technological	Economic	Ecological	Political
• 고령사회 진입 • 출산율 감소 • 1인가구 증가 • 신기술의 도입 • 세계화 • 라이프 스타일의 변화	• 4차 산업혁명 • 무인 결제 • 인공 지능 • 자율 주행차 • IOT • 스마트폰 대중화	• 물가 상승 • 환율의 변동 • 미, 중 무역전쟁 • 청년 실업률 상승	• 지구온난화 • 엘니뇨 • 기후, 농산물 • 지하자원 • 미세먼지	• 시장의 규제 • 무역 협정 • 세율의 변동 • 남북 화해

표 ⑨-2 3C 분석

Company	지사에서 제공하는 제품과 서비스는 사회 규범에 부합하는지, 인적 기술적 자원은 풍부한지에 대한 분석을 진행합니다. 이 단계에서 도출한 정보는 SWOT분석으로 활용되어 자사가 경쟁사들과의 경쟁을 어떻게 이겨낼지, 시장에서 얼만큼의 규모를 차지할지에 대한 결론을 도출하는 요소가 됩니다.
Customer	고객 또는 시장으로 해석될 수 있습니다. 자사의 제품과 서비스가 현 시장에서 차지하는 규모를 분석하고, 성장 가능성, 각 시장별 잠재수요 등을 분석합니다.
Competitor	기업의 제품과 서비스에 대한 현 시장의 경쟁사의 장점과 약점, 선두주자에 대한 벤치마킹이 포함됩니다. 이 때 나의 제품과 서비스의 유사성을 갖춘 경쟁사는 물론이고, 나의 제품과 서비스의 카테고리가 겹치지 않는 잠재적 경쟁사도 고려해야 합니다. 예를 들어 내가 맥주회사라고 가정하면, 수입 맥주도 나의 경쟁사가 되지만 맥주 시장을 공격하는 막걸리 회사도 나의 경쟁사가 될 수 있습니다.

거시적 분석을 통해 시장 진입의 긍정적인 결론을 도출한 뒤 진행하는 미시적 분석 방법을 진행한다. **3C 분석**은 자사(company), 고객(customer), 경쟁사(competitor)를 분석하는 방법이다. 이러한 미시적 분석 프레임워크로는 **SWOT, STP** 등 다양한 방법을 활용할 수 있다.

2. 문제점 및 기회의 발견 SWOT 분석

외부 환경분석과 내부 요인들에 대한 분석이 끝나면 체계적으로 정리하고 활용방안을 모색하는 것이 바람직하다. 3C와 STEEP에서 도출된 항목들을 강점(strength), 약점(weakness), 기회(opportunity), 위협(threat)의 4가지 상황별, 요인별로 재배열하고 이를 분석하여 마케팅 전략을 도출할 수 있다.

앞서 5장에서도 설명했듯이 SWOT 분석은 전략적인 분석 수단으로서 외부환경의 기회요인(opportunity factor)과 위협요인(threat factor), 그리고 기업 내부의 강점(strength)과 약점(weakness) 간의 적합한 연결을 통해 외부환경 분석에서 도출되는 기회요인과 위협요인 및 내부분석에서 도출되는 강점과 약점을 하나의 틀 속에 결합함으로써 기업의 전체 상황을 평가하고, 효과적인 전략을 수립하는 데 도움을 주는 분석기법이다.

그림 ⑨-2 SWOT 분석

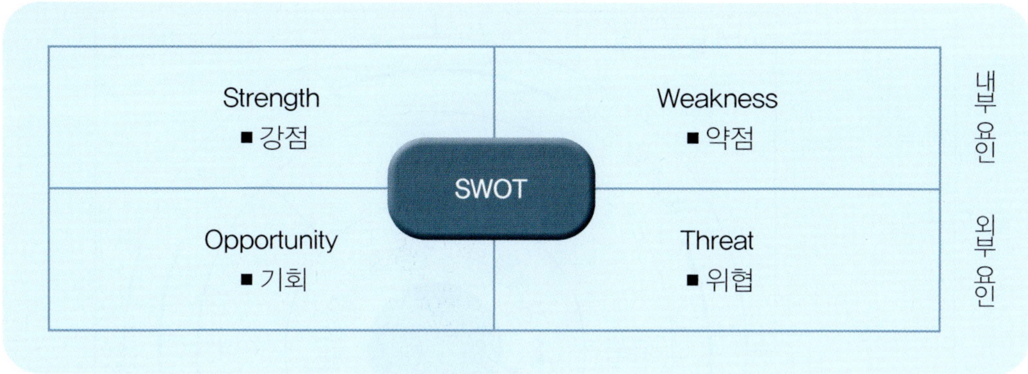

3. 마케팅 전략과 마케팅 믹스

마케팅 전략계획은 기업의 전반적 사명과 목표의 결정을 포함한다. 마케팅의 역할과 마케팅 활동은 〈그림 9-3〉에 나타나 있는데, 이는 고객지향적 마케팅 전략과 마케팅믹스를 관리하기 위해 수행하는 주요활동들을 요약한 것이다.

고객은 마케팅 활동에 중심에 있다. 마케팅의 목표는 고객가치를 창출하고, 수익성 있으면서 강력한 고객관계를 구축하는 것이다. 창업가는 이러한 목표를 달성하기 위해 마케팅 전략을 수립하게 되는데, 마케팅 전략(marketing strategy)은 고객가치 창출과 수익성 있는 고객관계 구축을 위해 마케팅활동의 기본방향을 정하는 것인데, 구체적으로 어떤 고객을 대상으로(시장세분화와 목표시장의 선택) 어떻게 차별화된 마케팅 제공물을 개발할 것인가(차별화와 포지셔닝)을 결정하는 것이다. **창업가는 전체시장 범위를 파악하고, 그 시장을 유사한 특성을 가진 세부시장들로 나눈 후 가장 매력적인 세부시장을 선택하고, 그 세부시장 내 고객들을 경쟁사보다 더 만족시킬 수 있는 방안을 강구한다.**

창업가는 마케팅 전략에 근거하여 통합적 마케팅믹스 프로그램을 설계하는데, 마케팅믹스는 창업가가 통제할 수 있는 수단들인 제품, 가격, 유통, 촉진들로 구성된다. 최적의 마케팅 전략과 마케팅믹스를 개발하기 위해 창업가는 마케팅 관리기능을 잘 수행해야 하는데, 주요 마케팅 관리기능은 마케팅분석, 마케팅 계획 수립, 마케팅실행, 마케팅 통제로 구성된

그림 ⑨-3 마케팅 전략과 마케팅 믹스의 관리

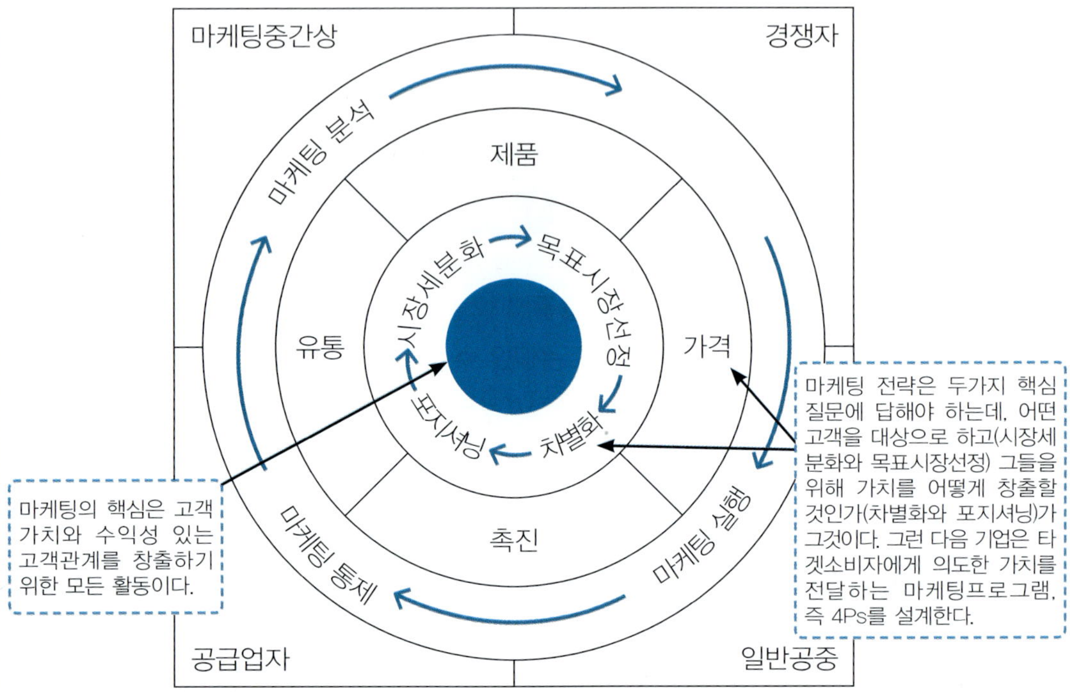

다. 이러한 일련의 마케팅 활동을 통해 기업은 주요한 마케팅환경요인들의 변화와 추세를 탐색하고 이에 적응한다.

4. 고객지향적 마케팅 전략

치열한 시장경쟁에서 성공을 거두기 위해 기업들은 고객 중심적이어야 한다. 즉, 경쟁사들로부터 고객을 획득하고, 이들에게 더 많은 가치를 제공함으로써 이들을 유지, 육성시켜야 한다. 그러나 고객을 만족시키기 위한 **마케팅 노력을 기울이기에 앞서, 창업가는 먼저 고객의 욕구를 이해해야 한다.** 훌륭한 마케팅은 신중한 고객분석이 필요하다.

창업가는 주어진 시장의 모든 소비자를 대상을 마케팅 활동을 수행하여 이익을 실현할 수 없다. 즉 너무 많은 특성과 욕구를 가진 소비자들이 시장에 존재하므로 대부분 창업가는 특정 세부시장의 고객욕구를 다른 세부시장보다 더 잘 충족시킬 수 있음을 인식한다. 따라서 전체시장을 세분화한 다음 자사에게 가장 유리한 세부시장들을 선택하고 그 시장의 고객들을 만족시켜 이익을 창출하는 전략을 개발해야 한다. 마케팅 전략수립에서 의사결정이 이루어져야 할 핵심적 요소는 시장세분화, 목표시장마케팅, 차별화, 시장 포지셔닝이다.

(1) 시장세분화

시장은 여러 유형의 고객과 제품, 욕구들로 구성된다. 따라서 **창업가는 어떤 세부시장에서 가장 좋은 기회를 제공하는지를 파악해야 한다.** 소비자들은 다양한 집단으로 세분화될 수 있는데, 소비자들을 세분화하는 데 이용할 수 있는 기준에는 지리적 변수, 인구통계적 변수, 심리적 변수, 행위적(behavioral) 변수들이 있다. 전체시장을 욕구, 특성, 구매 행동 등에서 유사한 구매자집단들로 나누는 과정을 시장세분화(market segmentation)라고 하는데, 기업은 각 구매자집단(세부시장)에 대해 차별화된 마케팅프로그램이 필요하다.

시장을 여러 세부시장으로 구분하면서 마케터는 마케팅프로그램개발에 유용한 시장세분화 기준을 선택해야 한다. 가령, 타이레놀 구매자들을 고소득 진통제 사용자와 저소득 진통제 사용자로 나누었는데 각 세부시장이 마케팅 활동에 동일한 반응을 보인다면, 소득수준에 근거한 시장세분화는 효과적인 마케팅프로그램개발에 별 도움이 되지 않는다. 세분시장(marketing segment)은 기업의 마케팅노력에 대해 유사한 반응을 보이는 고객집단을 말한다. 가령, 승용차 시장에서 가격에 상관없이 가장 크고 편안한 승용차를 원하는 소비자집단이 하나의 세분화 시장이 될 수 있고, 저가격과 낮은 유지비용을 선호하는 소비자집단은 다른 세분화 시장이 될 수 있다. 왜냐하면, 하나의 승용차모델로 두 세분화 시장이 원하는 것을 동시에 충족시키기 어려울 것이기 때문이다. 기업들은 각 세분화 시장의 상이한 욕구를 충족시키도록 마케팅 노력을 기울이는 것이 현명하다.

(2) 시장표적화(목표시장 선정)

전체시장을 복수의 세분화 시장으로 나눈 후, 기업은 이들 중 하나 혹은 그 이상의 세분화 시장을 선택할 수 있다. 시장표적화(market targeting)는 각 세분화 시장의 매력도를 평가하고 하나 혹은 그 이상의 목표 세분화 시장을 선택하는 과정이다. **기업은 이익을 실현하는 수준에서 가장 큰 고객가치를 창출하고 이를 계속 유지할 수 있는 세분화 시장을 목표시장**으로 삼아야 한다.

창업초기 기업뿐만 아니라 거대기업도 자원의 한정도 동일하다. 기업은 한정된 자원을 가졌기 때문에 하나 혹은 소수의 세분화 시장 혹은 틈새시장(market niches)만을 대상으로 삼을 수 있다. 예를 들어, Ferrari 자동차는 매년 미국 내에서 최고의 고성능 승용차 시장을 대상으로 1,500대 정도만의 승용차를 생산하여 엄청나게 고가격으로 판매하는데, 22만9,500달러의 컨버터블 모델에서 2백만 달러 이상의 가격대에 형성된 FXX 슈퍼스포츠카에 이르기까지 승용차의 판매가격은 매우 비싸다.

대부분의 기업은 한 세분화 시장을 목표로 하여 제품시장에 진입한다. 만약 그 시장에서 성공을 거두면, 점차 수를 늘려가며, 결국 전체시장을 겨냥하게 된다. 가령, Nike는 열성적 달리기 선수를 위해 혁신적인 운동화를 판매하는 것으로 시작했다. 이제 Nike는 어떤 수준에 있는 운동선수인지 상관없이 '자신의 역량을 발휘할 수 있도록 돕는 것'을 목표로 모든 운동선수를 대상으로 넓은 범위의 스포츠용품을 판매한다. 이 회사는 각 세분화 시장의 특정 욕구를 충족시키기 위해 설계된 서로 다른 제품들을 개발한다.

(3) 시장 차별화와 시장 포지셔닝

기업은 목표 세분 시장들을 결정한 다음 각 **시장에 제공되는 시장제공물을 어떻게 차별화하고 그 시장 내에서 차지하기를 원하는 경쟁적 포지션이 무엇인지를 결정**해야 한다. 제품포지션(product position)은 소비자 마음속에서 경쟁사들과 비교하여 자사 제품이 차지하는 위치를 말한다. 마케터들은 자사 제품에 대해 독특한 시장포지션을 개발하고 싶어 한다. 만약 자사 제품이 시장 내 다른 경쟁제품들과 차이가 없는 것으로 지각된다면, 소비자는 자사 제품을 구매해야 할 이유가 없을 것이다.

포지셔닝(positioning)이란 목표 소비자의 마음속에 경쟁제품들과 비교하여 명확하고, 차별화되고, 바람직한 위치에 자사 제품이 자리 잡도록 하려는 노력을 말한다. 한 포지셔닝 전문가의 말을 빌리면 "포지셔닝은 자신의 제품 혹은 회사를 차별화시키는 방법, 즉 왜 소비자가 당신 회사 브랜드에 좀 더 많은 가격을 지출해야 하는지에 대한 이유를 개발하는 것이다. 따라서 마케터들은 자사 제품을 경쟁브랜드들과 차별화시키고 목표시장 내에서 최대의 우위를 제공하는 위치를 계획한다.

BMW은 '이 시대 최고의 승용차(the ultimate driving machine)'를, Ford Escape는 '매우 재미있으면서 연료비가 적게 드는 승용차(So much fun, so little Fuel)'를 약속한다. Youtube는 "당신 자신을 방송하라(Broadcast Yourself)"고 제안한다. McDonald's는 "난 진짜 맥도날드

를 사랑해(I'm lovin' it)"라고 말하며, Burger King은 "당신이 원하는 방식으로 드세요(Have it your way)"라고 말한다. 이러한 간단명료한 서술문은 제품의 마케팅 전략을 개발하는 토대가 된다.

제품을 포지셔닝함에 있어 기업은 우선 경쟁우위를 제공할 고객가치 차별점들에는 어떤 것이 있는지를 규명해야 하는데, 이는 제품 포지션의 근간이 된다. 기업은 경쟁사보다 더 낮은 가격을 책정하거나 혹은 더 비싼 가격에 더 많은 혜택을 제공함으로써 더 높은 고객가치를 제공할 수 있다. 그러나 기업이 더 많은 가치를 제공하겠다고 약속한다면, 반드시 이를 전달해야 한다. 따라서 효과적 포지셔닝은 차별화에서 시작하는데, 차별화(differentiation)는 고객들에게 더 많은 가치를 줄 수 있도록 실제로 기업의 시장제공물을 경쟁사와 차이가 나도록 하는 것이다. 성취하기를 원하는 포지션을 선택하면, 기업은 목표 소비자들에게 그 포지션을 실제로 전달하고 이에 대해 커뮤니케이션하는 조치들을 취해야 한다. 즉 기업의 마케팅프로그램이 선택된 포지셔닝 전략을 지원해야 한다.

5. 통합적 마케팅믹스의 개발

전반적 마케팅 전략이 결정되면, 기업은 마케팅믹스를 구체적으로 계획하는 단계로 들어간다. 마케팅믹스(marketing mix)는 기업이 목표시장의 고객들부터 기대하는 반응을 창출하기 위해 사용하는 통제 가능하고 전술적인 마케팅 도구들의 집합이다. 마케팅믹스는 기업이 제품에 대한 수요에 영향을 미치기 위해 수행하는 모든 것들을 포함하지만, 대체로 제품(product), 가격(price), 유통(place), 촉진(promotion)으로 구성되는 4Ps로 분류될 수 있다. 〈그림 9-4〉은 각 P에 속하는 구체적 마케팅 도구들의 예를 보여준다.

(1) 제품

기업이 목표시장에 제공하는 재화 및 서비스의 묶음을 의미한다. Ford자동차의 Escape 승용차는 나사, 점화플러그, 헤드라이트 등 수천 가지 부품으로 구성되며, 몇 가지 유형의 Escape모델들과 수십 가지 옵션들을 제공한다. 뿐만 아니라 승용차는 완벽한 구매 후 서비스와 보증을 제공하는데, 이들도 제품의 구성요소에 포함된다.

(2) 가격

제품을 획득한 대가로 지불해야 할 금액이다. Ford자동차는 딜러가 각 Escape모델에 책정할 권장소매가격을 산정한다. 그러나 Ford딜러들은 권장소매가격 그대로 받기보다는 가격할인, 보상판매, 신용공여 등의 제공을 통해 각 고객과 가격협상을 벌인다. 이러한 조치를 통해 현재의 경쟁상황을 고려한 가격을 책정함으로써 구매자의 지각된 승용차가치에 맞추려고 한다.

(3) 유통

목표소비자들이 제품을 쉽게 이용할 수 있도록 하는 기업 활동을 말한다. Ford자동차는 많은 수의 독립딜러들을 통해 다양한 승용차 모델들을 판매한다. Ford자동차는 신중하게 딜러를 선정하고 이들에게 강력한 지원을 제공한다. 딜러들은 Ford승용차들을 재고로 보유하고, 홍보하고, 가격을 협상하고, 판매를 종결하고, 판매 후 서비스를 제공한다.

(4) 촉진

제품의 장점을 알리고 목표고객들이 자사제품을 구매하도록 설득하는 활동들을 말한다.

그림 ⑨-4 마케팅믹스의 4Ps

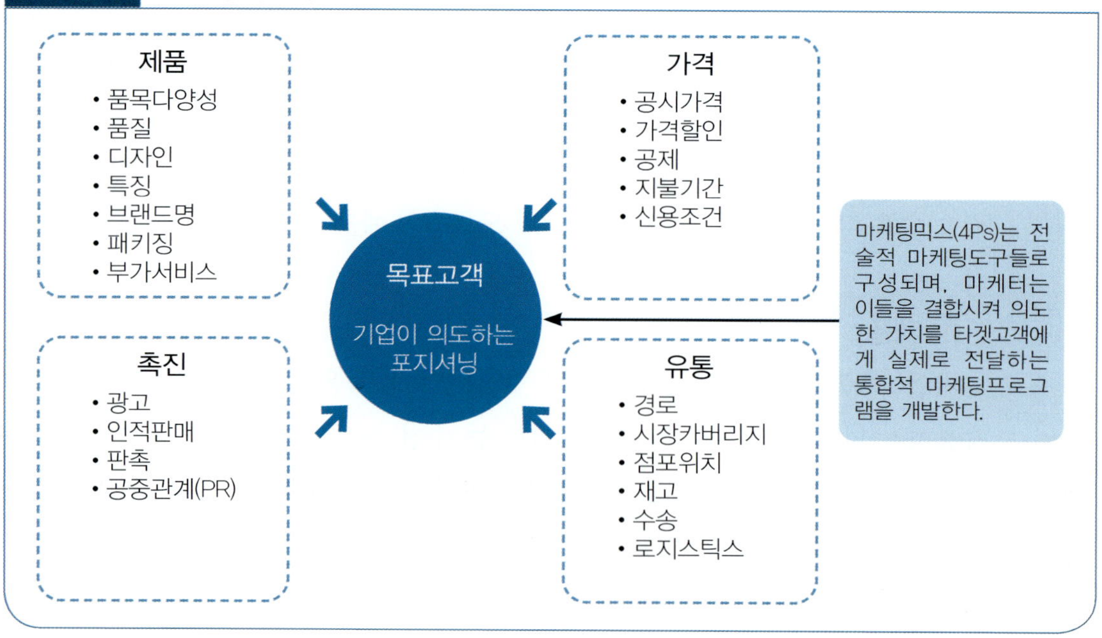

Ford자동차는 회사 및 많은 승용차모델들에 대한 정보를 소비자들에게 제공하기 위해 매년 15억 달러 정도의 광고비를 지출한다. 또한 각 딜러의 영업사원들은 잠재구매자들의 의사결정을 지원하고 Ford승용차가 가장 우수하다고 그들을 설득한다. Ford자동차와 딜러들은 세일, 현금 리베이트, 저이자율의 신용공여 등과 같은 구매유발 인센티브를 추가적으로 제공한다.

효과적 마케팅프로그램은 모든 마케팅믹스 구성요소를 잘 경합한 통합적 마케팅프로그램의 개발을 통해 고객가치를 전달함으로써 마케팅 목표를 실현하는 것이다. 마케팅믹스는 목표시장 내에 강력한 포지션을 구축하는 데 활용되는 전술적 도구들이다.

일부 비판자들은 4Ps를 지나치게 강조하는 것이 기업 내 일부 주요 마케팅 활동들의 중요성을 간과한다고 지적한다. 예를 들어, "서비스는 4Ps 중 어디에 해당하는가?"라는 의문을 제기한다. 그러나 마케팅믹스요소의 명칭이 P로 시작되지 않는다고 해서 그들을 마케팅프로그램에서 제외해야 하는 것은 아니다. 은행, 항공, 소매 서비스 등의 서비스들도 제품이기 때문에 그들을 서비스제품으로 부를 수 있을 것이다. 그러면 "패키징(packaging)은 어디에 해당하는가?"라는 의문이 제기될 수 있다. 판매담당자는 이에 대해 패키징을 많은 제품 의사결정 영역 중 하나에 포함시킬 수 있다고 답할 수 있다. 그러나 4Ps에 대한 타당성 있는 비판도 있는데, 이는 4PS 개념이 시장을 구매자의 관점이 아니라 판매자의 관점에서 본다는 주장이다. 오늘날과 같은 고객 관계시대에서, 4Ps는 구매자의 관점에서 4Cs로 표현될 수 있다.

따라서 **기업의 입장에서 보면 제품을 판매하는 것이지만, 고객 입장에서 보면 가치를 구매하거나 혹은 당면한 문제의 해결책을 구매하는 것**이다. 마찬가지로 고객은 단순히 가격 그 자체에만 관심이 있는 것이 아니라 제품을 획득, 사용, 처분하는 데 드는 총비용에 관심

표 9-3 4P vs 4C

4Ps	4Cs
제품(Product)	고객문제 해결(Customer solution)
가격(Price)	고객비용(Customer cost)
유통(Place)	편의성(Convenience)
촉진(Promotion)	커뮤니케이션(Communication)

을 둔다. 또한, 고객들은 가능한 한 편리하게 구입할 수 있는 제품과 서비스를 원하며, 쌍방향의 커뮤니케이션을 원한다. 마케터들은 4Cs의 관점에서 먼저 생각한 다음 이에 상응한 4Ps를 개발하는 것이 바람직하다.

6. 마케팅 기능의 관리

마케팅 관리를 잘한다는 것은 마케팅도 잘해야 하지만 관리도 잘해야 하는 것도 포함된다. 마케팅 과정을 관리함에 있어 기업은 4가지 마케팅 관리기능이 필요한데, 이에는 분석(analysis), 계획수립(planning), 실행(implementation), 통제(control)가 포함된다.

기업은 먼저 기업 전반의 전략계획을 개발한 다음 이를 각 사업부서, 제품, 그리고 브랜드별 마케팅기획 및 기타 기능별 계획으로 전환시킨다. 기업의 마케팅 계획은 실행을 통해 실제적 행동으로 전환된다. 수립된 계획과 실행 간의 일관성은 통제를 통해 유지되는데, 통제는 마케팅 활동의 결과를 측정/평가하고 필요한 수정조치를 취하는 것이다. 마케팅 계획의 실행과정에서 많은 예상치 않은 일들이 발생하기 때문에, 지속적인 마케팅 통제를 시행해야 한다.

그림 ⑨-4 마케팅믹스의 4Ps

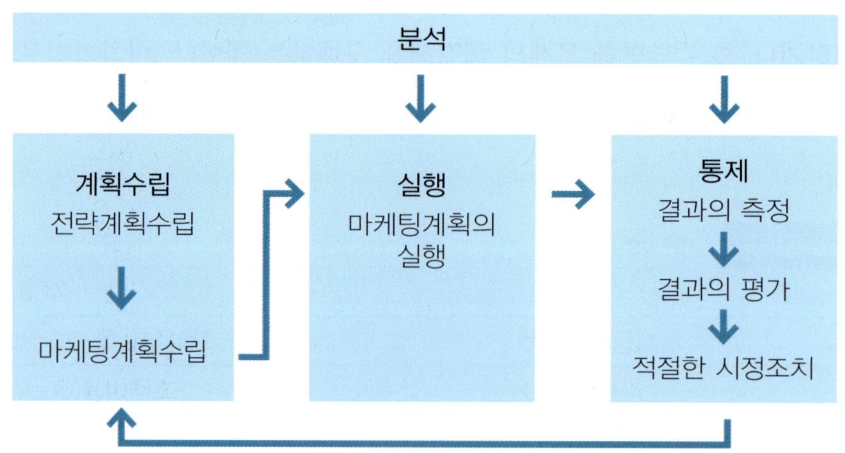

마케팅통제(Marketing control)는 마케팅 전략 및 계획의 실행 결과를 평가하고, 마케팅목표가 성취될 수 있도록 시정조치를 취하는 것이다. 마케팅통제는 4단계로 구성된다.

관리자는 먼저 구체적인 마케팅 세부목표들을 설정한다. 두 번째와 세 번째 단계는 실제의 마케팅 성과를 측정하고 기대성과와 실제성과 간의 차이가 발생한 원인을 평가하는 것이다. 마지막으로 관리자는 마케팅 목표와 실제성과 간의 차이를 해소시킬 시정조치를 취한다.

사 례 **고객지향적 마케팅 사례**

■ 레드불 Red Bull

마케팅에 관심이 있는 사람이라면 아마 레드불에 대해 한두 번쯤은 들어봤을 거다. 레드불의 콘텐츠는 시시하게 자사 제품에 대해서만 떠들지 않는다. 자극적이고 충격적인 뉴스를 만든다. 우주에서 지구로 발사된 낙하산 프로젝트 따위를 후원하고 이에 대해 아주 재미있는 기사를 쓰는 형식이다. 각종 익스트림 스포츠 이벤트와 선수들을 후원하고 유튜브 채널을 통해 새로운 소식을 중계한다.

레드불을 마시는 모든 사람이 익스트림 스포츠를 직접 즐기진 않겠지만, 상당수가 익스트림 스포츠를 관람한다는 고객의 심리를 잘 이해하고 있기 때문에 가능한 마케팅이다. 레드불의 광고는 항상 이런 식이다. 그들의 콘텐츠 마케팅을 잘 살펴보면 자사 제품을 직접적으로 광고하는 내용은 좀처럼 찾기 어렵다. 레드불은 할 수 있는 모든 미디어를 동원해(동영상, 소셜 미디어, 블로그, 이미지, 잡지, TV 등) 고객의 관심사를 콘텐츠로 제작해 제공한다. 자사 제품이 아닌 진정으로 고객을 생각하는 노력이 보이는 대담하면서도 천재적인 방법이다. 그리고 이런 대단한 콘텐츠를 위해 레드불은 마케팅 부서뿐 아니라 전 직원을 동원한다.

콘텐츠 마케팅을 회사의 좌우명으로 삼았다고 해도 과언이 아니다. 레드불은 고객뿐만 아니라 임직원의 열정적인 참여를 유도해 최고의 콘텐츠를 만들어내고 있다.

■ 인텔리젠시아 커피 Intelligentsia Coffee

인텔리젠시아 커피는 시카고의 조그마한 커피숍에서 커피 열매를 직접 로스팅하기 위해 시작되었다. 오늘날 인텔리젠시아는 시카고, LA, 뉴욕에 진출해 커피를 만들고 커피빈 도매도 하고 있으며 온라인 쇼핑몰까지 운영하고 있다. 인텔리젠시아의 성공을 견인한 콘텐츠 마케팅 비결은? 아주 고전적이면서 심플하게도, 답은 바로 블로그다. 인텔리젠시아 커피는 블로그에 맛있는 커피를 만드는 온갖 노하우를 제공한다.

집에 프렌치 프레스가 있는가? 인텔리젠시아는 이 기계를 어떻게 사용해야 최상의 커피를 뽑을 수 있는지 알고 있고 친절히 이 정보를 공유한다. 심지어 완벽한 온도의 스팀 우유를 만드는 방법까지 상세히 알려준다. 인텔리젠시아 커피의 콘텐츠 마케팅은 교과서라고 해도 좋을 만큼 정공법이다. 독자가 원하는 정보를 블로그에 깔끔하게 올리는 것. 간단하지만 이런 인텔리젠시아의 마케팅이 사랑받는 이유는 이 간단한 해결책조차 실행하지 못하는 곳이 너무 많기 때문이다.

당신의 고객이 무엇을 궁금해하고 무엇을 알고 싶어 하는지 진지하게 고민해보길 추천한다. 만약 뜨개용 털실을 판다면 뜨개질 패턴과 뜨개 방법을 깔끔하게 정리해서 올려보면 된다. drops design이라는 회사가 이 방법을 잘 사용하고 있다.

Ⅲ 마케팅의 종류

세상은 매일같이 변화되고 있다. 기업들은 소비트랜드에 따라가기 위해 최선을 다하고 있으며, 경쟁사와의 차별화를 위해 다양한 마케팅을 시도하고 있다. 최근에 마케팅현장에서 일어나는 다양한 마케팅 방법을 소개하고자 한다.

1. 바이럴 마케팅(viral marketing)

네티즌이 이메일이나 다른 매체를 통해 자발적으로 어떤 기업이나 기업의 제품을 홍보하기 위해 널리 퍼뜨리는 마케팅 기법이다. 흔히 바이러스처럼 확산된다고 해서 바이럴 마케팅이라 불린다. 바이럴마케팅은 구전 마케팅의 인터넷 버전이다. 바이럴마케팅은 웹사이트 구축, 영상, 전자메일, 휴대전화 메시지 광고, 다른 마케팅 이벤트를 포함하는데, 매우 전염성이 강해서 고객으로 하여금 친구에게 이것을 전해주길 원하게 만든다. 고객이 메시지나 프로모션을 다른 사람에게 전해주기 때문에 바이럴마케팅은 매우 저렴할 수 있다. 그리고 이러한 정보가 친구에게서 오면 받은 사람은 그것을 열어서 읽을 가능성이 매우 크다.

바이럴 마케팅은 2000년 말부터 확산되었고 새로운 인터넷 광고 기법으로 주목받으면서 기업이 직접 홍보를 하지 않고 소비자의 자발적인 소통을 통해 전해지는 광고라는 점에서 기존 광고와 차이가 있다.

2. 블라인드 마케팅(blind marketing)

블라인드 마케팅이란 호기심과 재미를 더하는 마케팅 기법이다. 궁금증, 신비감을 통해 주위를 집중하게 하고 생각을 많이 하게 만들기에 그만큼 소비자의 머릿속에 브랜드가 오랫동안 기억될 수 있다. 즉 존재를 감추려 하면 소비자의 궁금증은 커지게 되고, 소비자가 알아보려는 노력을 하다 보면 인지적 노력이 가해지면서 그만큼 기억에 오래 남게 되었다. 또 호기심을 해소하려는 행동이 생겨나면서 자연스럽게 타인으로의 구전이 일어나면서 이차적 확산 효과가 발생할 수 있다. 다만 블라인드 마케팅을 할 때 지나치게 감추거나 오랫동안 감추다 보면 부정적 감정을 유발할 수 있다. 따라서 언제까지, 어느 정도 수준까지 감출 것인가에 대한 전략적인 고민과 설계가 있어야 한다.

3. 소셜미디어 마케팅

소셜미디어는 사람들이 의견, 경험, 견해를 공유하기 위해 사용하는 온라인 플랫폼을 의미한다. 소셜미디어는 위키피디아, 페이스북, 미투데이, 트위터, 판도라TV, 유튜브, 다음뷰, 디그, 플리커, 미니클립 등이 있으며, 웹 2.0시대의 대표적인 서비스로 나타난 소셜미디어의 특징은 다음과 같다.

(1) 공유(sharing)

소셜미디어는 누구나 콘텐츠를 쉽게 제작할 수 있고 서비스를 제공할 수 있다. 자신이 만들어낸 콘텐츠를 자신이 속한 소셜그룹 내에서 공유할 수 있다.

(2) 상호작용(interactive)

특유의 양방향성을 활용하여 정보나 의견을 교환하고 이를 활용하여 콘텐츠를 수정하거나 발전적으로 보완할 수 있다.

(3) 실시간성(real time)

상호 간에 실시간으로 연결할 수 있기 때문에 전통적인 매스미디어보다 빠르게 확산될 수 있다.

(4) 집단지성(collective intelligence)

정보를 공유하기 위해 소셜 미디어 그룹이 조직되고 이는 집단지성으로 발전된다. 서로 간에 협력 또는 경쟁을 통해 지식을 축적하고 발전시킴으로써 거대한 집단지성을 이룰 수 있다.

사례 바이럴 마케팅: '인플루언서의 시대'

◀ 출처 : 서울경제

인플루언서 마케팅 시장: 소셜네트워크서비스(SNS) 스타를 활용한 '인플루언서 마케팅'은 때때로 톱스타를 기용한 광고 이상의 파급 효과를 일으킨다. 인플루언서 마케팅의 시장 규모는 2016년 10억 달러(약 1조1300억원)에서 2019년 20억 달러로 성장할 전망이다. 업계 관계자는 4일 "모바일 기반 디지털 매체를 사용하는 콘텐츠 소비가 증가하면서 소비자들이 SNS 채널에서 쉽게 접할 수 있는 일상 콘텐츠에 열광하는 것"이라고 분석했다.

항공업계도 인플루언서를 동원한 마케팅에 나서고 있다. 에미레이트항공은 유튜브 스타인 '케이시 네이스탯'에게 자사의 퍼스트클래스 항공권을 무료로 제공했다. 네이스탯이 에미레이트항공 여객기를 이용하는 모습을 그의 유튜브에 공유하는 조건이었다. 네이스탯의 유튜브 구독자는 800만 명이 넘는다. 네이스탯은 퍼스트클래스의 기내식을 즐기고 샤워 시설을 이용하는 모습을 영상으로 촬영해 유튜브 채널에 두 차례 게재했고 해당 영상은 조회 수 5,200만 회를 돌파했다.

업계는 네이스탯의 영상이 할리우드 유명 배우를 기용한 일반적인 영상의 9배에 달하는 광고 효과를 낸 것으로 평가하고 있다. 지난해 에미레이트항공은 할리우드 배우 제니퍼 애니스톤을 광고 모델로 발탁하고 당시 500만 달러에 달하는 비용을 지급한 것으로 알려졌지만 광고 영상의 조회 수는 600만 정도에 그쳤다.

에미레이트항공이 인플루언서를 활용한 마케팅 방식은 유명 배우(제니퍼 애니스톤)를 기용한 광고 영상에 비해 9배에 달하는 광고 효과를 낸 것이다.

위의 사례와 같이 소자본 고효율의 바이럴 마케팅 효과가 검증되자 정부는 중소기업도 인플루언서 마케팅을 도입할 수 있도록 지원에 나서고 있다. 중소벤처기업부와 중소기업진흥공단은 온라인 마케팅사업 참여 기업 100개사를 최근까지 모집했다. 중소기업의 글로벌 전자상거래 시장 진출을 돕겠다는 취지이다.

「국민일보, 2017.12.05.」

Ⅳ 첨단시장 마케팅

1. 첨단시장 마케팅

첨단 제품시장은 새로운 기술, 새로운 비즈니스 모델과 아이디어로 출시된 제품이나 서비스로 출시되므로 초기 고객 확보가 어려운 시장을 말한다. 특히 새로운 아이디어와 신기술을 가지고 첨단 제품시장에 뛰어드는 벤처기업들도 많이 있다. 그로 인해 성능 좋고, 품질이 우수한 제품을 보유한 벤처기업들은 자신들의 제품이 왜 시장에서 성공적으로 성장하지 못하는지를 이해하지 못해 실패하는 경우가 생긴다.

이러한 **신기술 제품은 본질적으로 소비자의 행동 및 태도의 변화와 기존 산업 인프라의 변화를 요구하는 불연속적 혁신을 근간으로 하고 있다.** 즉 소비자가 신기술 제품에 적응하기 위해서는 전환비용(switching cost)을 지불해야 하며, 전체 산업이 신기술 제품의 혁신을 받아들이느냐에 따라서 그 제품의 운명이 결정된다. 따라서 **첨단 제품시장은 시장에서 기술이 수용될 수 있는 주기에 따라 다양한 집단의 고객 특징을 파악하여 더 구체화된 마케팅으로 접근해야 한다.**

첨단 제품시장에서 창업초기 기업은 생존확률이 낮고 기업의 규모가 작아 고객의 신뢰를 받기가 어렵다. 또한, **우수한 제품을 개발하고도 사업에 성공하지 못하는 이유는 첨단시장의 특성에 부합하는 마케팅 능력의 부족 때문이다.** 즉 이들 기업은 창업기업의 마케팅 중요성을 인지하지 못하고 있는 점, 기술 우선의 조직문화, 우선순위에 밀려 마케팅 전문가 활용 능력 부족 등이 그렇다. 하이테크 산업의 마케팅은 완전완비제품(whole product)과 기술수용주기이론을 중심으로 파악해야 한다. 완전완비제품은 하버드 비즈니스 스쿨의 레빗(T. Levitt) 교수가 처음 사용하였고, 대이비드(B. Davidow)가 「첨단 기술 마케팅(marketing high technology)」(1986)에 사용하면서 미국의 실리콘 밸리에 알려지게 되었다. 기술수용주기이론이 등장하기 전에 실리콘 밸리의 하이테크 분야의 마케팅 담당자들은 브랜드 인지도 제고를 위한 광고 촉진 활동을 중심으로 전통적인 소비자 마케팅 전략을 수행했으나 만족할 만한 성과를 얻지 못했다. 신기술 기반 신생창업기업의 하이테크 마케팅은 기술수용주기이론과 캐즘 극복 전략을 중심으로 진행하여야 한다.

2. 기술수용주기이론과 단계별 고객 특성

기술수용주기이론은 첨단 제품시장은 크게 3개 시장에 5가지 유형의 고객으로 구성되어 있다. 기술 수명주기에 따라서 우선 초기시장, 주류 시장, 말기 시장으로 구분되고, 초기시장에서는 혁신수용자(innovators), 선각 수용자(early adopters)로 구성되고, 주류 시장은 전기 다수(early majority)와 후기 다수(later majority)로 구성되며, 말기 시장은 첨단 제품에 대해 지각수용자(laggards)로 구성되어 있다. 이러한 각 고객은 제품수용에 대한 태도와 사고방식에 있어서 차이가 있다.

(1) 초기시장

① 혁신수용자: 기술애호가(technology enthusiasts)

기술애호가들은 초기시장의 중심으로서 신제품의 구조를 빨리 이해하고 첨단 제품이 기존 제품들보다 경쟁력 있는 이유를 먼저 인식하는 고객이다. 신기술을 배우는데 관심이 높고, 모든 사람으로부터 유능한 초기 평가자라는 인정을 받고 있다. 기술애호가들은 구매집단으로서 또는 회사의 구매 결정에 큰 영향력을 행사하는 사람으로서 역할을 한다.

초기 혁신자 시장을 공략하는 경우에는 신기술 제품의 가격을 낮게 책정해야 하며, 회사나 조직의 예산에서 지출된다면 그들로 하여금 가격에는 신경을 쓰지 못할 정도의 매력적인 가격을 제시해야 한다. 또한, 이미지 광고는 배제하고, 기술에 대해서 사용 욕구를 불러일으키는 방식을 취해야 한다.

초기시장에서 기술애호가들은 첨단 제품을 출시하는 벤처기업에게 매우 중요하다. 즉 이들의 구매 및 사용을 통해서 시장 내에서 참조 원천이 될 수 있기 때문에 이들과의 관계를 유지하는 것이 중요하다.

② 선각 수용자

선각 수용자 집단은 부상하는 신기술을 전략적인 기회로 연결시킬 수 있는 통찰력을 가진 집단으로서 초기에 기술 제품을 수용하는 집단이다. 선각 수용자 집단은 생산성 향상과 자

그림 ⑨-5 기술수용주기 모델

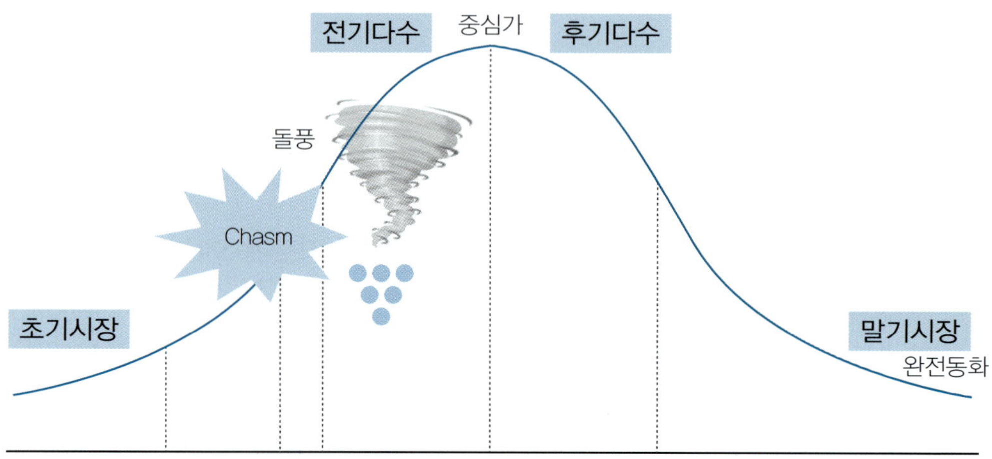

혁신자	선각수용자	실용주의자	지각수용자	회의론자
• 기술애호가 • 신기술에 대한 애착 • 높은 평가 • 사용욕구	• 이익선호 • 자신의 직관과 상상력 선호 • 특정세분시장 창출의 역할	• 위험 회피 • 점진적 혁신 추구 • 완전제품선호 • 시장주도자 선호	• 가격 • 사용편리성 • 시스템안정성 선호	• 첨단기술에 대한 부정적 시각

사의 고객에 대한 서비스를 획기적으로 개선하기 위해서 당시에 충분히 검증되지 않은 기술적 혁신(breakthrough)을 과감하게 채택함으로써 위험을 수용하고, 그것을 통한 가치 창출에 초점을 두는 성향을 가진다. 초기 수용자들의 주요 특징은 가격에 민감하지 않고, 전략적 우위를 지키기 위해 상당한 금액을 투자할 여력이 있다. 벤처기업은 이들의 구매를 통해서 초기의 기본적인 자본을 얻을 수 있다. **벤처기업은 초기시장의 기술 수용자들이 기대치를 관리하고 지속적으로 확신을 심어줄 수 있는 영업 인력이 필요하다.**

(2) 주류 시장

① 전기 다수: 실용주의자(pragmatists)

전기 다수인 실용주의자들은 시장의 주류를 이루는 집단으로서 단계적이고 측정할 수 있는 예측 가능한 진보 즉 점진적인 발전을 목표로 하고 있다.

무엇보다도 다른 사용자를 참조하여, 확신을 갖길 원하며, 위험 부담을 하지 않는 경향이 있다. **이들은 일단 한번 사로잡으면 중요한 고객이 되지만, 그 전에 먼저 신뢰를 얻어야 한다.** 실용주의자들은 제품 구매 시에 제조 회사, 품질, 보조 제품의 다양성, 시스템 인터페이스, 애프터서비스 내용 등을 면밀히 검토하는 특성을 보인다. 또한, 실용주의자들은 제품 가격에 상당히 민감하며, 유통 관계를 최소한으로 유지하여 자신들의 구매력을 지속적으로 유지하고, 문제 발생 시 통제할 수 있는 핵심 사항을 찾아내고자 하는 특성을 가진다.

② 후기 다수: 지각 수용자

후기 다수인 보수주의자들은 불연속적 혁신에 반대하는 경향을 보이며, 첨단 기술에 대해서 두려움을 가지고 있는 매우 보수적인 특성을 보인다. 사용에 필요한 모든 것이 함께 제공되며, 이미 조립된 완전한 제품을 대폭 할인된 값에 사기를 좋아한다. 보수주의자들 집단의 후기시장은 큰 기회로서 저렴한 가격에 약간 뒤처진 안전한 기술을 중심으로 그들의 사업 필요성에 맞추어 단일 기능의 시스템으로 재포장하는 것이 유리하다. 다시 말하면, 이들을 공략하기 위해서 벤처기업은 완전완비제품을 준비하고, 가장 효과적으로 배포할 수 있는 유통망을 확보하는 것이 중요하다.

(3) 말기 시장

① 지각수용자: 회의론자(skeptics)

첨단 기술 시장의 마지막 6분의 1을 구성하는 지각수용자들은 첨단 기술 시장에 거의 참가하지 않는다. 따라서 이들의 영향력을 최소화하거나 무력화시키는 것이 중요하다. 한편으로 이들의 주장에 대해서 장점은 수용할 필요가 있다.

첨단 기술 제품은 업무 처리의 능률을 향상시켜 결과적으로 각 개인의 시간을 절감시켜 준다. 하지만 각 개인이 절약한 시간만큼 일을 더 해서 회사에 득이 되도록 하지는 않는다. 또 엄청난 비용을 들여 그 기능을 배우려 하지 않기 때문이다. 또한, 첨단 제품을 쓸 수 있도록 하기 위한 설비와 교육에 투자된 시간 이상의 경제적 효과를 내는 사람들도 있지만, 그렇게 할 수 없는 사람들도 그만큼은 된다는 사실이다. 다시 말하면, 교육받느라 허비된 시간과 비용 그리고 그들을 지원하기 위해 구매된 시스템의 비용, 또 그 시스템을 효과적으로 이용할 수 없음으로 해서 발생하는 손실은 매우 크다. 따라서 **벤처기업은 회의론자들의 욕구를**

만족시키기 위해서는 완전 제품 해결책을 통해서 이들을 설득하고, 이들의 비판을 수용하여 제품을 향상시킬 필요가 있다.

3. 벤처기업의 캐즘 극복 전략

(1) 캐즘(Chasm)의 특징

첨단 기술 시장에서는 각 시장에서 새로운 단위 시장으로 이동할 때, 참조 사례가 될 만한 고객 기반이 부족하다는 매우 중요한 특성을 보이고 있다.

초기 수용자와 전기 다수 사이에 크게 벌어진 대단절, 즉 캐즘이 존재한다. 캐즘에서 가장 위험한 점은 새로운 고객이 부족하다는 것이다. 신기술의 채택에 적극적이고, 전략적인 초기 수용자 집단이 주도하여 생성된 기회의 초기시장은 포화상태에 이르게 되고, 주류 시장의 고객들이 구매 욕구를 느낄만한 수준에 이르지 못했기 때문에 영업 매출이 급격히 감소하고, 자금 흐름이 악화되기 시작한다. 게다가 새로운 경쟁자에 대해서 반응을 하지 않던 주류 시장의 기존 경쟁자들이 한두 건의 중요한 경쟁에서 패한 다음에 갑자기 신규 경쟁자를 의식하고 영업력을 가동해서 반격에 나선다는 사실이다.

이 경우 투자 자금이 부족해지고, 기존 투자자들도 의심을 가진 채로 시간을 보내게 되며, 악질적 투자자들은 캐즘 기간에 현재의 경영진을 불신임하여 퇴진시키기 위한 수단으로 활용하려고 한다. 따라서 이러한 캐즘을 극복하기 위해서는 전략적인 노력이 필요하다.

(2) 캐즘 극복의 노력

캐즘 극복의 가장 중대한 목표는 초기시장의 한계를 극복하고 주류 시장으로 진입하는 것이다. 이러한 주류 시장으로의 진입은 하나의 공격행위로서 시장 진입 시에 기존의 경쟁자들이 거세게 대응하면서 기업의 진입을 막으려고 한다. 캐즘에 빠진 신생 벤처기업은 경쟁자들로부터 주류 시장을 탈환하기 위해서는 먼저 다른 제품과 회사들로 구성된 공격 결사대를 결성해야 한다. 일단 목표틈새시장으로 진입한 뒤에 주류 시장의 전략적 목표 세부시장으로 옮겨가는 것이다. 벤처기업은 일단 목표 틈새시장으로부터 경쟁자들을 몰아내고, 추가적인 세분 시장들을 확보하면서 전체시장을 지배하기 위해 계속 이동해야 한다.

캐즘을 극복하려는 신생 벤처기업은 목표 틈새시장 공략에 집중해야 한다. 이러한 전략의

TIP 캐즘 극복의 노력 - 배달의민족, 업계 최초 'AI 스피커 음성 주문' 시작

이제 스마트폰 화면을 터치하지도 않고 음성으로 음식 주문을 할 수 있게 됐다.

배달의 민족은 네이버의 인공지능 AI 스피커 '클로바'와의 연계를 통해 배달 음식을 목소리만으로 주문할 수 있도록 하는 '음성 주문 서비스'를 출시했다. 브랜드에 국한되지 않고, 배달 앱 등록 업체라면 누구나 AI 스피커를 통해 음성으로 배달이 가능하게 된 것은 배달 앱 최초 사례이다. 이번 '음성 주문' 기능은 배달의민족이 네이버의 인공지능 엔진 '클로바' 앱의 확장 서비스로 탑재되면서 가능해졌다. 이용자는 네이버 클로바 앱에서 배달의민족을 연동한 다음, 음식 카테고리별로 단골 가게와 선호 메뉴만 등록해두면 클로바 프렌즈 스피커로 '손 하나 까닥하지 않고' 오로지 말로만 음식을 주문할 수 있게 된다.

예를 들어 "치킨 시켜줘"라고 말하면 미리 등록해 놓은 업소의 치킨 메뉴가 네이버 클로바의 인공지능 시스템을 통해 바로 주문되는 것. 같은 방식으로 "분식 시켜줘", "야식 시켜줘"와 같은 명령도 가능해 집집마다 평소 자주 즐기는 메뉴를 주문할 때 특히 편리할 것으로 보인다. 배달의민족 데이터에 따르면 실제로 적지 않은 배달 앱 이용자가 단골 업소에서 특정 메뉴를 자주 주문하고 있는 것으로 나타나 향후 AI 스피커의 확산과 함께 활용도가 더욱 커질 것으로 예상된다.

우아한형제들은 제4차 산업혁명 시대 '푸드테크(food-tech)' 영역에서의 혁신을 선도하고자 지난해부터 인공지능 프로젝트 및 자율주행 음식배달 로봇 개발 프로젝트를 가동해 오고 있다. 특히 AI 분야에서는 '배민데이빗'이라는 이름으로 1차로만 100억 원을 투자해 우수 인재를 확보하며 자체 역량을 키워 왔다.

「출처: 플래텀, 2018.01.19」

효과는 다음과 같다. 첫째, 쉽게 성취할 수 있다. 둘째, 장기적 성공의 지렛대 효과를 얻을 수 있는 실행 가능한 구체적인 목표에 기업의 역량을 집중시킴으로써 벤처기업에 활력을 불어넣어 줄 수 있다. 그러나 상당수의 기업은 주류 시장이 보여주는 엄청난 가능성에 현혹되어 집중력을 잃고 그 모든 기회를 쫓아다니다가, 실용주의적 구매자들이 인정할 만한 상품을 개발하지 못해 결국 캐즘을 뛰어넘는 데 실패하게 된다.

따라서 신생 벤처기업이 캐즘을 뛰어넘기 위한 유일한 목표는 주류 시장에 전진 기지를 확보하는 것으로 해야 하며, 이를 위한 세 가지 방안을 실천해야 한다. **첫째, 고객들이 원하는 모든 서비스 등이 결합한 제품 즉 완전제품을 제공해야 한다. 둘째, 구매자들 사이에서**

제품에 대한 좋은 평판이 구전되게 하는 강력한 전파력을 확보하는 것이다. 셋째, 틈새시장에서 초기에 50% 이상을 점유함으로써 시장 선도력을 확보해야 한다.

실용주의자들이 주류 시장에서 신생 벤처기업을 선도자로 인정하게 되면, 그다음부터 계속 선두 자리를 지키도록 만들어 준다. 한편으로 주류 시장의 고객들은 제품의 기능 부족에 불평하고, 경쟁제품과 비슷하거나 이상의 품질을 요구한다. 벤처기업은 고객들의 구매 결정을 단순화시키고, 품질을 향상시키며, 고객들이 완전제품을 구입하는데 드는 비용을 낮추며, 제품 공급자가 옆에 있다는 안정감을 제공해야 한다.

생각해보기2

유니콘 기업, 무신사

무신사는 '무지하게 신발 사진이 많은 곳'이라는 프리첼 커뮤니티로 시작해, 여러 번의 성장 끝에 우리나라 최대 온라인 패션 플랫폼으로 성장하였다. 현재 패션 유통업체 무신사는 세계적인 벤처투자자본인 세콰이어캐피탈로부터 2,000억 원 규모의 투자 유치를 논의 중이며, 세콰이어캐피탈이 평가한 무신사의 기업가치는 무려 2.3조 원에 달한다.

▶ 쇼핑과 콘텐츠의 융화

① 콘텐츠의 연결

무신사는 유명인이 아닌 일반인을 대상으로 사진을 찍었으며, 길에서 흔히 볼 수 있는 사람 중에 옷을 잘 입고 감각적인 스타일링을 한 사람을 선별해 커뮤니티에 업로드했다. 이러한 데이터가 축적되어 무신사는 2005년 온라인 패션 웹진 '무신사 매거진'을 발행으로 이어졌다. 차별화된 자체 룩북과 사진을 제공을 통해 2009년 커뮤니티에 커머스 기능을 더해 온라인 패션 스토어 무신사 스토어를 열어 본격적인 인터넷 패션 스토어로 자리매김했다.

② 무신사 자체 PB 상품으로 콘텐츠 기획력

무신사는 패션 트렌드를 주도하는 플롯폼으로써 무신사만의 차별화된 패션 감각을 내세워 많은 브랜드를 입점시켰다. 무신사가 주도하는 패션 트렌드를 자체 PB제품에 반영해 제작하여 고품질의 가성비 좋은 제품을 판매하겠다는 전략을 내세웠다.

③ 출근룩, 스타일링 정보 담은 패션 채널 무신사 TV

유튜브 채널 '무신사 TV'를 개국했으며, 현재 구독자는 18.7만 명을 돌파하는 등 패션 정보 발신 채널로의 역량을 보여주고 있다. 패션업계 종사자들의 출근 패션을 보여주는 출근룩, 센러브리티들의 옷장 공개 등 풍성한 패션 콘텐츠로 호평을 받고 있다.

④ 패션 특화 공유 오피스 무신사 스튜디오

무신사는 패션과 크리에이티브 비즈니스 사업자를 위한 '무신사 스튜디오'를 열었다. 패션 크리에이터와 패션 브랜드, 커머스 기업들에게 효율적인 업무 시설을 지원한다. 또한, 무신사는 패션 · 문화 · 디자인 등 트렌드 흐름을 제시하는 오프라인 편십숍 '무신사 테라스'를 선보였다.

「출처:korea business review, 2019.12.16」

예비 창업자가 궁금해 하는 Q&A

Q24. 시제품을 먼저 만들어야 하나요?

시제품을 만드는 이유는 제품에 대한 시장성을 확인하기 위함입니다. 대표적으로 MVP를 제작하여 크라우드 펀딩으로 연계되는 사례가 있습니다. 실제 제품 개발에는 많은 비용과 노력이 필요하기에 투자하기 전에 시제품을 만들어 보는 것이 중요하며 시장과 소비자의 반응을 통해 제품의 사업성과 개선점을 파악할 수 있습니다. 최근에는 지자체, 대학 등을 통해 다양한 프로그램의 지원을 받아 어렵지 않게 시제품을 만들어 볼 수 있기에 이를 적극적으로 활용해보시기 바랍니다.

Q25. IR 피칭 시에 주의 할 점은 무엇인가요?

IR 피치는 투자자의 관점에서 생각해야 합니다. 자신의 아이템에 대해 스스로 고민해 보셨나요? 만약 자신이 투자자라면 그 아이템에 자신있게 투자하겠다고 말할 수 있나요? 만약 그렇지 않다면 본인 스스로 투자를 할 수 있는 사업계획서로 다시 고민해봐야 합니다.

투자자의 성향을 파악하는 것도 매우 중요합니다. 비즈니스 아이템, 자금 규모 등이 맞지 않는다면 아무리 피칭을 잘해도 원하는 결과를 얻을 수 없습니다. 피칭에 앞서 투자를 받고자 하는 VC나 투자기관의 특성을 먼저 파악하고 접근하는 것이 좋습니다.

실제 투자자들은 창업기업에 투자할 경우 회수확률을 10% 이내로 봅니다. 즉, 자신이 투자한 기업이 10%의 확률로 성공하여 실패한 90% 기업의 손실을 보전하고도 충분히 이익이 발생한다는 판단하에 투자를 결정하게 됩니다. 만약 은행권 수익률이 2%라면 자신이 투자한 기업이 연간 20%이상(2%*10) 되어야지 투자할만한 기업이라고 판단할 수 있을 것 입니다. 자신의 창업팀이 연간 20%이상 복리로 투자대비 회수가 될 수 있을 것인지, 그 근거는 무엇인지를 설득할 수 있다면 투자자의 마음을 잡는 것이 어렵지 않을 것 입니다.

Q26. 고객에게 가치를 제공하라는 말이 어렵습니다. 어떻게 가치를 담아야 할까요?

가치 있는 것은 무엇이라 생각하나요? 환경 보존, 공정무역, 가난한 사람 돕기, 공유 경제 등도 분명히 가치 있는 것들입니다. 하지만 이들만이 가치 있다고 생각하거나 다른 것보다 우월하다고 생각한다면 협소한 관점입니다. 이웃의 작은 시간, 편리함, 즐거움, 평안, 기쁨, 만족 등도 역시 가치 있는 것들이고 창업가가 주목하고 창조해야하는 가치 입니다.

창업가는 제품의 가격을 낮춰 고객에게 없었던 돈을 창조해 제공하고, 시간을 절약하는 제품과 서비스를 만들어 시간을 창조해 고객에게 선물하고, 편리함을 제공함으로써 고객에게 정신적 여유를 제공합니다. 고객의 가치를 찾는 가장 확실한 방법은 고객의 세상 속에 직접 들어가서 생활하는 것입니다. 고객의 가치는 그들의 불안과 니즈 속에 있습니다.

창업자가 꼭 봐야할 동영상

초기 고객 찾는 법
- Teespring 창업자, Walker Williams -

그는 어떤 방법을 사용하든 초기 고객들을 끌어모으는 것은 창업가로서의 여러분의 책임이라고 말했다. 모든 회사마다 다르겠지만 어쨌든 창업가들은 자신의 시간과 노력을 많이 들여 초기 고객을 하나하나 데려올 수 있어야 한다.

* 유튜브(www.youtube.com)에서 '초기 고객 찾는 법'를 검색하여 동영상을 시청하세요.

Ask Yourself
"초기 고객을 모을 때 어떤 특효약이 있는지 생각해보세요"

전통시장 청년몰 청년상인의 기업가정신 및 정부지원 프로그램이 창업성과에 미치는 영향(요약)

– 창업준비성, 상인과의 협력의 매개효과를 중심으로 –

김재현, 남정민

벤처창업연구, 15(5), 2020

본 연구는 전통시장 청년몰 청년상인의 창업성과에 영향을 미치는 요인에 관해 선행연구를 기반으로 도출된 주요 변수들의 관계를 증명하고, 결과를 바탕으로 주요 요인들 간의 관계를 실증적으로 분석하는 데 목적이 있다. 전통시장 청년몰 창업성과에 미치는 요인을 정부지원 프로그램, 기업가정신으로 구분하고 정부지원 프로그램과 창업성과 및 기업가정신과 창업성과 간의 영향력을 매개하는 변수로 창업준비성과 상인과의 협력을 설정하였다.

분석결과 기업가정신은 창업준비성에 통계적으로 유의한 정(+)의 영향을 미치는 것으로 나타났으며, 정부지원 프로그램, 기업가정신, 창업준비성은 창업성과에 유의한 정(+)의 영향을 미치는 것으로 나타났다. 또한, 연구모형의 매개효과를 검증한 결과, 기업가정신이 창업 준비성을 매개하여 창업성과에 미치는 간접효과가 유의한 것으로 검증되었다. 본 연구를 통하여 정부지원 프로그램이 현재의 일관적인 지원이 아닌 청년 상인의 특성을 고려하여 지원해야 함을 시사하며, 청년상인 모집과 선발, 육성단계에서 철저한 검증 및 기업가정신 및 창업준비성이 높은 청년상인을 선발해야 함을 의미한다.

〈표 1〉 연구모형의 경로분석 결과

경로			B	S.E.	β	C.R.	*p*
정부지원 프로그램	→	창업준비성	0.084	0.098	.053	0.857	.391
기업가정신	→	창업준비성	0.937	0.109	.627	8.584***	<.001
청년몰 입점 업력	→	창업준비성	0.013	0.033	.022	0.400	.689
정부지원 프로그램	→	상인과의 협력	0.246	0.076	.197	3.224**	.001
기업가정신	→	상인과의 협력	0.634	0.081	.550	7.891***	<.001
청년몰 입점 업력	→	상인과의 협력	−0.004	0.024	−.009	−0.171	.864
정부지원 프로그램	→	창업성과	0.229	0.070	.192	3.265**	.001
기업가정신	→	창업성과	0.569	0.107	.510	5.328***	<.001
창업준비성	→	창업성과	0.200	0.058	.268	3.454***	<.001
상인과의 협력	→	창업성과	−0.052	0.067	−.054	−0.780	.435
청년몰 입점 업력	→	창업성과	0.062	0.022	.139	2.842**	.004

X2(p)=279.671(p<.001), CFI=.948, TLI=.936, IFI=.949, GFI=.908, RMSEA=.060, **p<.01 ***p<.001

〈그림 1〉 연구의 모형

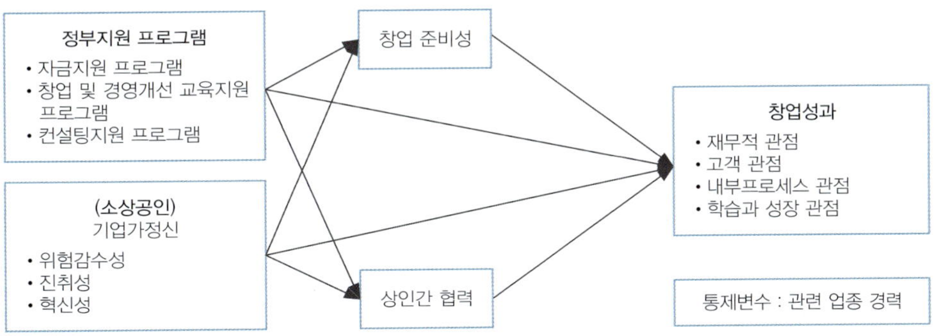

청년 창업자의 기업가정신은 창업성과의 중요한 영향요인이 되며, 창업자들의 철저한 창업 준비는 창업성공의 핵심요인이 된다.

학습목표

1. 창업기업이 성장관리에 실패하는 이유를 이해하고, 지속적인 성장관리를 위한 조직역량과 운영방법은 무엇인지 생각해보자.
2. 다양한 성장전략의 방법과 요소에 대해 파악한다.
3. 기업문화가 왜 중요하며, 창업가는 기업문화를 만들기 위해 어떠한 노력을 해야 하는지 알아보자.
4. 우리나라의 출구전략은 어떠하며, 스타트업 생태계에 출구전략이 중요한 이유를 이해한다.

내가 팔아야 할 것은 햄버거가 아니라 맥도날드의 시스템이다.

「레이 크록(Raymond Albert Kroc) - 맥도날드 창립자」

제10장

창업에서 수성으로

Ⅰ 창업기업의 성장

Ⅱ 창업기업의 성장전략

Ⅲ 합리적·창의적 기업문화 조성

Ⅳ 창업기업의 출구전략

생각해보기 1

시스템으로 돌파하기

1952년, 52세의 한 밀크쉐이크 기계 외판원 레이 크록(Raymond Albert Kroc)은 캘리포니아주 샌버나디노에서 햄버거 가게를 운영하는 두 형제를 우연히 만났다. 외판원이 본 것은 기적 같은 것이었다.

가게는 정말 스위스제 시계처럼 잘 돌아갔다. 햄버거가 그렇게 빠르게, 효율적으로, 저렴하게, 똑같은 모양으로 만들어지는 것을 처음 보았다. 무엇보다도 마음에 드는 것은 누구나 그 일을 할 수 있다는 것이었다. 고등학생 또래의 아이들이 햄버거를 사기 위해 줄서 있는 손님들을 기쁘게 맞으며 자신들이 할 일을 척척 해내고 있었다. 그가 보기에 맥도날드 형제가 만들어 낸 것은 그냥 햄버거 가게가 아니었다. 돈 버는 기계였다.

레이크록은 곧바로 그 형제에게 그 방법을 프랜차이즈할 수 있게 해 달라고 설득했다. 12년 후, 수백만 개의 햄버거를 팔아치운 레이크록은 아예 맥도날드를 완전히 인수해 버렸고 세계에서 가장 큰 즉석 요리 소매유통 시스템을 만들었다.[1)]

맥도날드는 창업한지 50년 만에 전 세계적으로 매출액 380억 달러에 25,000개 이상의 매장을 가지고 미국의 외식업 분야 매출의 6%를 차지하고 있다. 맥도날드의 대표적 상품인 햄버거 빅맥은 전 세계 어느 매장에서나 살 수 있고, 크기와 값이 비슷하기 때문에 각국에서 팔리는 빅맥의 값을 통해 물가를 예측할 수 있으며, 이는 환율보다 더 현실적인 지표가 될 정도가 되었다.

하지만 맥도날드의 대단한 점은 매장의 수를 늘리는데 목적이 아니었다는 데 있다. 맥도날드는 기존 프랜차이즈 방식인 상표권 프랜차이즈(사업권을 일정 지역 및 기간 내 주는 방식)가 아닌 자신의 상표를 사용할 수 있는 권리 외에 사업을 행하는 모든 시스템까지도 제공해주는 '사업방식 프랜차이즈'를 최초로 시도했다. 즉, 프랜차이즈의 목적을 '제품 판매'가 아니라 '제품 파는 방식'으로 변환시킨 것이다. 레이크록은 맥도날드에서 자신이 팔아야 할 것은 햄버거가 아니라 맥도날드의 시스템이라는 것을 알았다. 그리고 그것이 가장 중요한 점이라 믿었다.

그는 누가 맥도날드 가맹점이 되더라도 실패할 수 없는, 쉽게 운영할 수 있는 사업을 만드는데 최우선 목표로 삼았다. 사람에 의존하는 것이 아니라 사업 시스템 자체에 의존하는 사업. 특정한 사람이 없이도 잘 돌아가는 사업 말이다.

레이크록의 맥도날드 역시 사업규모를 본격적으로 키우기 전에 사업 시스템의 모든 가능한 사항들을 최초의 모형을 통해 평가했다. 그리고 미진한 사항들은 누가 운영하느냐에 따라 사업의 결과가 달라지지 않도록 조정되었다.

---

1) 내 회사 차리는법, 마이클 E. 거버.

프렌치프라이는 눅눅하지 않도록 7분 동안만 보온한다. 바삭바삭하지 않은 프렌치프라이는 맥도날드의 것이 아니다. 햄버거는 적당한 촉촉함을 유지하기 위해 10분이 지나면 보온기에서 꺼낸다. 모든 음식은 60초 내 조리되어 손님에게 제공된다. 맥도널드의 슬로건은 원칙과 표준화와 질서이다. 언제든지 고객의 기대를 만족시켜 줄 시스템, 즉 아주 사소한 것에까지 신경을 쓰는 사업은 맥도날드 이전에는 없었다.

맥도날드 가맹자들은 맥도날드 대학에서 엄격한 교육을 통해 사업 운영 방식을 배우고 난 후에야 사업을 운영할 수 있는 권리를 인정받는다. 그곳에서 가맹자들은 햄버거 만드는 것을 배우는 것이 아니라 햄버거를 만드는 시스템을 운영하는 법을 배운다. 이 시스템을 통해 그들은 손님들이 원하는 것을 항상 똑같이 제공하는데, 이 시스템이 맥도날드의 놀라운 성공의 토대가 된 것이다.

마이클 E. 거버는 '거버 비즈니스 개발'의 설립자이다. 그의 도움을 받은 사업자의 수는 1만명이 넘으며, '개인 사업가들의 구루'라는 평가를 받고 있다. 미국 500대 기업 CEO들이 최고로 뽑은 그의 저서 〈내 회사 차리는 법〉에는 성공 창업을 위한 핵심가치로 '시스템'을 두고 있다.

'사업은 사람이 아닌 시스템에 의해 운영되는 것이다. 사람은 그 시스템을 관리만 해주면 된다. 어떻게 하면 유능한 사람 없이도 시스템에 의해 훌륭하게 운영되는 사업을 만들 수 있을까를 계속 자신에게 물어보아야 한다. 사람들이 가지고 있는 평범한 능력과 사업이 요구되는 훌륭한 업무 수행능력의 차이는 시스템에 의해 채워져야 한다. 그래야 지속적인 결과를 낼 수 있다.' 그는 시스템으로 인해 인적자원의 중요성이 줄어들기 보다는 '가치 있는 것이나 하고 싶은 것을 수행하도록 자유롭게 만든다'고 말한다. 시스템은 인간을 구속하기 보다는 인간이 더욱 가치 있는 일을 수행할 수 있도록 '반복적이거나 불필요한 것'을 줄이는 역할을 하기 때문이다.

'세계적인 의류업체인 'H&M'과 '자라'는 창의력을 발휘할 시간을 확보하기 위해 일상 업무 즉 제조나 물류와 관련된 부문을 자동화한다. 자동화하고 남은 시간을 절약해서 창의력을 발휘에 쓰는 것을 습관화(시스템)한 것이다.

개인의 작은 습관 하나가 오늘 하루를 바꿀 수는 없지만 인생을 바꿀 수 있듯, 조직의 작은 시스템 하나가 조직의 미래를 바꿀 수 있다.

토의문제

- 지속가능한 기업으로 만들기 위해 조직시스템 구축의 필요성에 대해 생각해 보세요.
- 창업초기에서 벗어나 지속성장기업으로 전환하기 위한 핵심자원에 대해 생각해 보세요.

I 창업기업의 성장

기업가 활동은 사업기회를 포착하면서 시작되지만 지속적인 성장을 이루어 가기 위해서는 이 기회를 실행할 수 있는 사업조직의 뒷받침이 있어야 한다. 판매와 소비자가 늘어남에 따라 성장관리를 제대로 해내지 못하면 실패로 이어진다.

왜 **창업가들은 성장을 관리하는데 실패하나? 이들은 조직을 구축하는 데 시간과 자원이 부족하다.** 이들은 사업 활동의 일상에서 끊임없이 발생하는 급한 일들을 처리해야 하고 제대로 계획을 세울 새도 없이 한꺼번에 너무 많은 기회를 쫓기도 한다. 또한 조직관리나 사업수행능력이 있는 인력을 고용하기에 앞서 영업사원이나 기술자를 먼저 고용하는 것이 보통이다. 이러다 보면 단순한 매출 성장이 조직의 운영 능력을 넘어서게 되어 문제가 발생한다. **기업이 생존하고 성장을 이어 나가기 위해서는 성장의 단계에 맞는 계획과 준비가 필요한 것이다.**

보통 사업가적 역량과 관리적 역량은 상호 배타적이고 회사의 성장 단계에 따라 각기 다른 시기에 작용한다고 여겨진다. 즉, **창업 초창기에는 사업가적 역량이 중요하고 회사가 성장해감에 따라 관리적 역량의 중요성은 커져 간다.**

그림 ⑩-1 국가별 기업생존율 비교

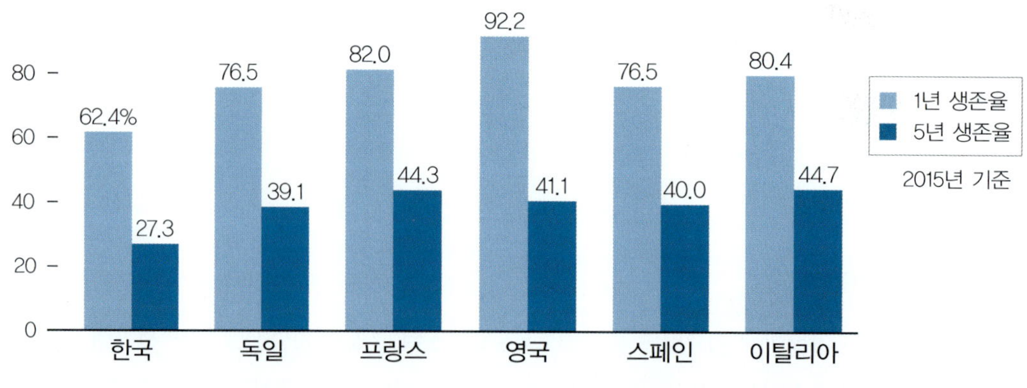

「자료 : 한국무역협회 국제무역연구원」

그림 ⑩-2 창업기업별 연차별 생존율

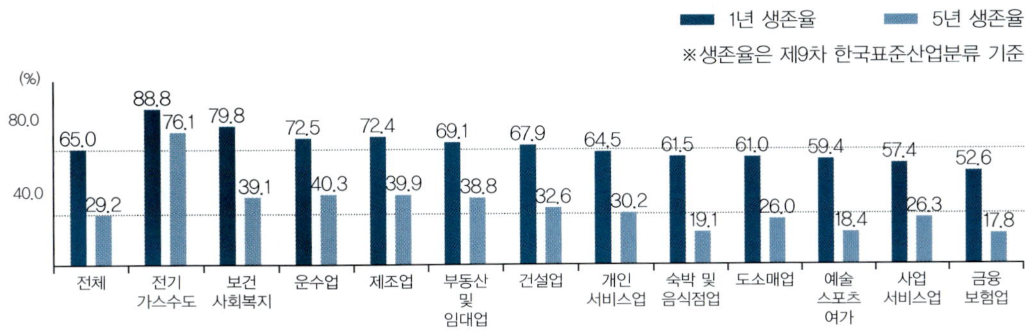

「출처 : 통계청, 기업생멸행정통계, 2019」

하지만 **기업이 성장하더라도 기업가정신은 유지되어야 한다.** 회사는 현재까지 이룩한 것을 잘 관리만 해서는 오래 갈 수 없다. 소비자의 니즈는 필연적으로 바뀌게 된다. 경쟁자들도 더 나은 제품과 서비스를 끊임없이 내놓는다.

국내 기업의 창업 후 생존률은 1년차 65.0% 이며 점차 줄어들어 5년차에는 29.2%만 생존하게 된다.

오늘 시작한 사업의 70% 이상이 5년 후에는 없어진다는 것은 놀라운 일이 아니다. 3개 중 1개 회사만이 성장하고 수익을 낸다. 이들 소수 업체들이 무엇이 다르기에 생존하고 성장하는가? 바로 **조직의 혁신역량을 유지하며 효율적인 운영조직을 구축**하는 것이다.

창업 초기에는 포착된 사업기회가 어느 정도 모양을 갖추기 시작하지만 아직 이렇다 할 판매는 없을 것이다. 대부분의 경우 창업가 자신이 모든 일에 관여하게 된다. 시간이 흘러 사업이 성숙단계에 이르면 구축된 조직이 사업 활동을 하며 직면하는 많은 문제를 처리해야 한다. 시스템과 구조는 확립되고, 고착화된 문화는 새로운 성장의 방해요인이 될 수도 있다. 초기 성장단계를 거쳐 가면서 기업은 성장 기조를 유지하며 관리할 수 있는 조직과 운영 노하우를 구축하고 혁신적 기업가정신을 유지하며 성장을 이어나갈 수 있는 역량을 키워가야 한다.

창업가가 창업이후 사업에 대해 선택할 수 있는 옵션은 다양하다. 창업가는 사업을 성공시킨 후 매각하여 자본이익을 거둘 수 있다. 다른 직장을 찾거나 다른 사업을 시작할 수도 있다. 창업가는 자본이익을 거두기 위해 경영권을 매각하더라도 수년 동안 조직에 남아 일을 계속하기도 한다. 창업기업이 생존 문제를 떠나 지속 성장을 위한 전략을 수립해야 하는 이유이다. 성장단계에서 창업기업은 다양한 성장전략과 출구전략을 통해 장기 계획을 구축해야 한다.

Ⅱ 창업기업의 성장전략

창업과정에서는 창업가, 기회, 자원의 3가지 요소가 균형을 맞아야 하고 성장 단계에서는 리더십, 기회의 확장, 조직적 역량과 지원이 필요하다. **창업단계에서는 사업계획이 중요한 역할을 하지만 성장 단계에서는 실행이 핵심이다.** 이들 요소는 서로 균형을 이루며 성장하는 동안 꾸준하게 유지되어야 한다.

창업과 성장 모두 환경적 요인과 불확실성에 영향을 받는다. 창업 단계이든 성장 단계이든 회사는 경쟁사의 등장이나 소비자의 반응 등을 정확하게 예측하기는 어렵다. 또한 경기 상황, 규제환경, 기술변화 등 외부요인도 기업의 생존과 성공 여부에 영향을 준다. 회사가 통제하기 힘든 이런 요인들 사이에서 성장의 원동력이 되는 요소들을 잘 갖추어 균형을 이루어 나가야 한다.

〈그림10-4〉에 나온 성장모델은 실행이 핵심이다. 실행은 리더십, 기회범위, 조직 역량과 자원 등 성장동력 모델 안의 다른 구성요소들에 있지만 기업의 수익창출에 있어 가장 직접적인 관계가 있다. 창업한지 얼마 안 된 회사는 보통 조직 운영에 대한 통제, 성과에 대한 평

그림 ⑩-3 성장의 원동력

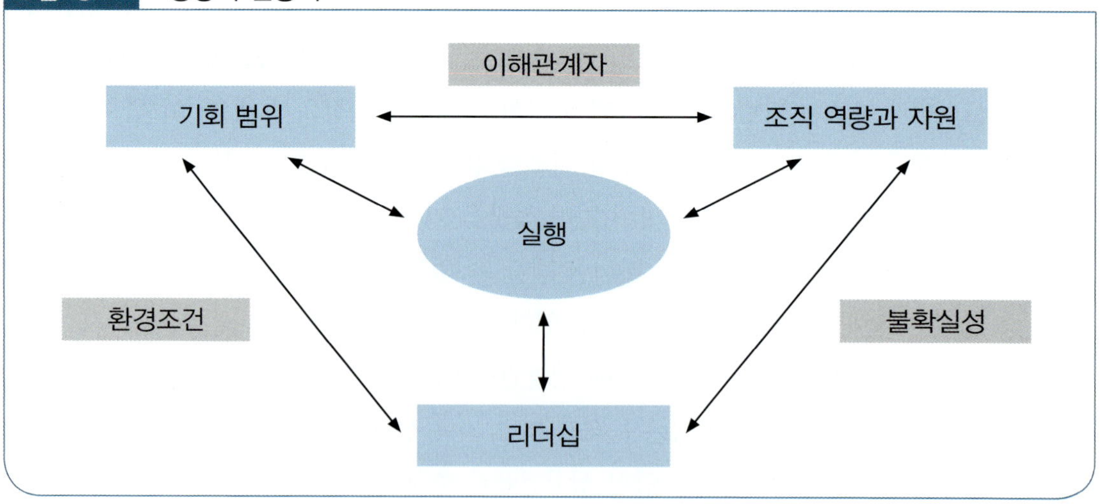

가, 결과에 대한 책임소재 등에 관한 관리가 느슨하다. 이보다는 고객확보와 매출증대에 모든 포커스가 맞추어지는 경향이 강하다. 회사는 곧 성장 속도가 운영 능력을 넘어서게 되어 재고 맞추기에 급급해지고, 수금 기한이 지나거나 현금 흐름이 감소하는 등 여러 가지 운영에 대한 문제가 발생하고 조직 내 협업 능력이 떨어지게 된다.

적절한 운영 통제 시스템이 갖추지 않으면 회사는 자원을 낭비하게 되고 최적화된 경영 판단을 내릴 수 없게 된다.

기업이 지속적으로 생존하고 성장하는 데에는 효율적인 통제와 관리 기능이 필수적이다. 이를 위해서는 창업 초기 단계부터 효율적인 운영시스템을 하나씩 갖추어 나가야 한다. 물론 조직이 관료화되어 혁신성이 떨어지는 것과의 균형점을 찾아 맞추는 노력이 동반되어야 한다. 현금 흐름을 잘 관리하고, 성과를 측정하고, 조직 전체에 대한 통제력이 미칠 수 있는 효과적인 운영 시스템이 구축되어야 미래 지향적인 혁신도 실현될 수 있다.

1. 가치사슬 확인하기

회사가 제품 및 서비스를 제공할 수 있도록 협업하는 모든 활동과 주체에 대한 일련의 과정 단계를 가치사슬(value chain)이라 한다. 최종 제품이나 서비스에 부가되는 가치(value)의 관점에서 각각의 활동을 분석하여 이를 향상시킬 수 있는 지점을 찾기 위해 사용하는 모형이다.

신생기업은 초기에 스스로 해낼 수 있는 업무에 한계가 많아 원하는 것보다 많은 아웃소싱을 해야 할 수도 있다. 설계나 장비 비용을 줄이기 위해 바로 구매 가능한 규격 부품 위주로 제품을 개발하기도 한다. 반면 필요한 것들에 대한 믿을 만한 공급처가 없는 경우 직접 해당 가치사슬의 일부로 참여하기도 한다. 개발하려는 새로운 제품이나 서비스에 대한 인프라가 아직 없는 상태라면 더욱 그러할 것이다.

회사가 성장함에 따라 창업가는 가치사슬 내의 어떤 위치가 가장 큰 가치를 창출할 수 있고 자사의 핵심역량을 극대화할 수 있는지에 대한 판단을 내려야 한다.

최근 다양한 플랫폼을 바탕으로 고객 가치를 극대화하는 서비스들이 탄생하고 있다. 플랫폼이란 서로 다른 그룹의 참여자들이 상호작용할 수 있는 공간인 플랫폼을 조성하여 수익을 거두는 비즈니스 모델을 일컫는다. 세상의 모든 플랫폼은 두 갈래, "공통기반"으로서의 플랫폼과 '만남의 장소'로서의 플랫폼으로 나뉜다.

그림 ⑩-4 가치 사슬 모형의 예시

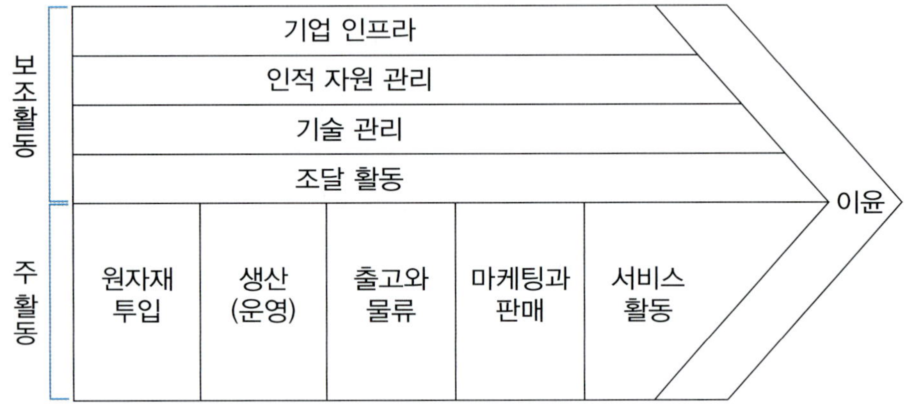

「출처 : Porter & Millar(1985)」

이렇듯 가치사슬의 매커니즘을 이해하고 잘 활용하면 자신의 경쟁우위에만 집중하여 효율성을 확보할 수 있다. 단, 이 때 가치사슬 활동에 대한 지배력이 줄어들고 각 업체들과의 관계 유지에 자원이 소요된다는 점을 유의해야 한다. 따라서 회사 입장에서는 제품 판매량의 증감에 따른 생산량 조절에 있어 가치사슬 내 파트너 업체의 대응력과 품질 요소를 감안하여 현명하고 신속한 조치를 취해 나가야 할 것이다.

그림 ⑩-5 파이프라인과 플랫폼비즈니스 비교

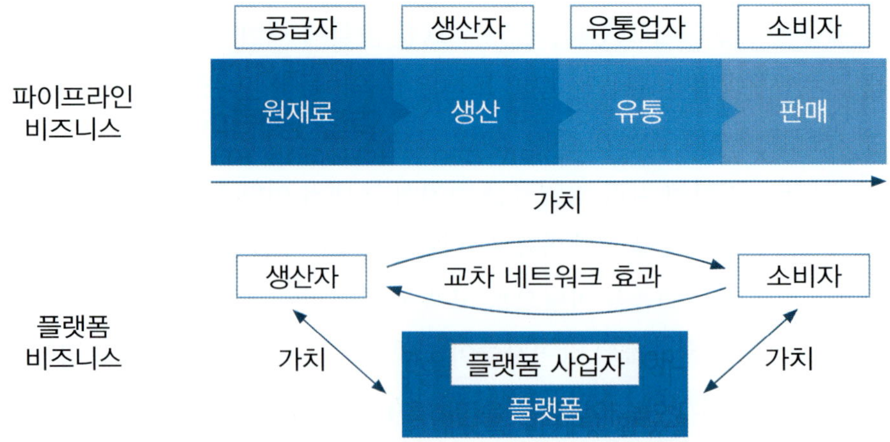

「출처 : 경영을 넷플릭스 하다. 이학연」

2. 무형자원과 역량

자원의 핵심은 사람과 자본이지만 창업 초창기에는 주로 창업가와 창업 팀이 인력 자원의 거의 전부이기 때문에 자본 조달 여부가 매우 중요하다. 이후, 회사가 성장하면서 자본은 어느 정도 확보가 될 것이다. 그리고 제품과 서비스의 근간이 되는 고유정보, 인재, 기술 등과 같은 무형의 자원이 축적되어 간다. 특히 지적재산에 대한 고려와 관리는 사업 초기부터, 심지어 창업 전부터 이루어져야 한다. 이는 영업 비밀, 저작권, 상표, 특허 등과 관련하여 계속적인 법률 조언과 필요한 조치를 취해야 하는 계속적인 과정이기도 하다.

기업은 특수한 기술이나 역량을 가진 사람을 고용해야 할 필요가 생긴다. 창업 초기에는 모든 이들이 서로 협업하며 함께 모든 일을 해나가기 때문에 통합적인 역량이 중요하다. 하지만 매출이 늘어나고 사업이 복잡해짐에 따라 제너럴리스트의 역량만으로는 기업의 효율성과 효과성을 유지하기 힘들기 때문에 마케팅, 재고 관리, 재무회계, 물류 등 각 분야에 적합한 전문가를 고용할 필요가 생긴다.

기업은 자신이 무엇을 잘 하는지를 정의하고 역량을 개발해 나간다. 이는 시장에서 경쟁력을 가질 수 있는 독특한 가치의 근원을 창조하기 위해 기업이 가진 유형, 무형의 자원을 조합하고 통합시키는 과정이다. 이는 재고나 장비와 마찬가지로 회사에 수익을 가져다준다. 잘 알려진 회사들 중 몇 개를 떠올려 그들이 가장 잘하는 것이 무엇인지를 생각해보자. 예를 들어 맥도날드는 빠르고 저렴한 식사를 효율적으로 배달할 수 있다. 그렇다면 이들이 원래 하던 것과 전혀 다른 것을 잘 할 수 있을지를 생각해보자. 맥도날드가 고급 레스토랑을 열면 잘 될까? 아마 쉽지는 않을 것이다. 하지만 현재 역량을 바탕으로 주변으로 확장할 수 있는 기회는 있다. 이를테면 맥도날드는 건강에 신경 쓰면서 편리성도 중요시하는 외식 수요자를 대상으로 샐러드를 제공하기 시작했고, 2008년에는 카푸치노, 라떼, 모카 등의 전문 커피메뉴를 제공하며 스타벅스와 직접 경쟁하는 맥카페를 시작했다.

회사의 역량은 전략적 집중과 일치되어야 한다. 기업은 경쟁환경에서 경쟁우위가 발휘될 수 있는 기회가 어디에 있는지를 파악하고 여기에 적합한 역량의 조합을 구축하며 자신의 전략을 수립해야 한다. 그래서 맥도날드는 운영비용을 절감하고 효율성을 최적화하는 과정에 집중하는 것이다.

3. 조직시스템 재설계

성공적으로 **성장한 창업기업이 안정화되기 위해서는 고속 확장을 통해 획득한 재무적 성과를 효과적으로 통제함과 동시에 기업가적 정신으로 환경적 변화에 유연하게 대처하는 등 소규모적 기업이 가지고 있는 이점을 계속 유지하는 것이 핵심적인 과제**이다. 이를 위해 성장과정에서 야기된 비효율성을 제거하고, 예산관리, 전략적 기획, 목표 관리, 표준 원가체계 등의 전문 경영 시스템을 도입할 필요가 있다. 재무적 기반, 규모의 경제, 경영 역량 등의 이점을 보유한 상태에서 창업 기업가적 정신을 유지한다면 시장에서 더욱 큰 힘을 발휘할 것이다. 그렇지 못하면 대규모 기업의 경직화(Ossification) 현상이 나타나 혁신적 의사결정이나 합리적인 위험 추구가 사라지고, 외부의 변화에 적응하지 못해 결국 경쟁 업체의 공격에 무릎을 꿇게 될 수 있다.

4. 사내 핵심인재 육성

벤처기업이 저지르는 가장 흔한 사람에 대한 실수는 기업이 성장하는 데도 이에 걸맞게 사람을 키우지 못하는 것과, 성장하는 기업에 적합하지 않은 사람을 내보내지 않는 것이다. 기업의 초창기에는 조직 구성원들이 자신의 맡은 바 일을 하면서 필요에 따라 협업이 잘 이루어진다. 적은 자원으로 많은 일을 해내는 데에는 넓은 업무 범위와 유연성을 유지하는 것이 중요하다. 사업초기에는 직원들이 회사를 키우는데 필요한 역량이 부족하다는 것이 크게 눈에 띄지 않는다. 모든 이가 생존과 성장을 위해 매달려 있을 때 미래를 위한 역량 개발과 훈련을 생각하기는 어렵다.

기업의 성장에 따라 초기 직원들의 역량을 넘어서는 임무들이 생겨나면서, 전문가와 관리자에 대한 니즈가 커지고 기존 직원들은 다른 업무에 배치되거나 심지어 해고되어야 하는 경우도 생기게 된다. 그 중 몇몇은 새로운 도전들을 극복하면서 책임과 권한을 새로이 부여받기도 한다. 하지만 이들이 새로운 역할에 적응하는 데에는 시간이 걸리고 점점 외부전문가의 영입 필요성이 높아진다. 이때 창업가는 직원들의 사기 저하, 새로운 인력과 기존 직원들과의 갈등 등의 문제에 현명하게 대처해나가야 한다.

기업가정신에 대한 연구를 근거로 한 인사책임자로서 창업가의 역할은 다음과 같다.

- 창조적 인재의 채용과 구성원 역량개발
- 구성원들이 조직에 기여하고 헌신할 수 있는 충분한 신뢰와 역량을 쌓을 수 있도록 지원
- 구성원들에게 충분한 자유를 보장하고 권한을 위임하며, 구성원에 적극적 지원
- 회사의 회사의 혁신과 성장에 기여하는 기업가정신
- 실패와 도전을 장려하는 조직문화를 조성

5. 글로벌 전략

강소기업 연구의 대표적인 학자인 Simmon(1996)은 강소기업을 '히든 챔피언(Hidden Champion)'으로 지칭했다. 강소기업이란 대중에게 잘 알려져 있지는 않지만 각 분야에서 세계시장을 지배하고 있는 수출형 중소기업을 말한다. 비록 규모는 작아도 틈새시장을 적절히 공략하고 파고들어 세계 최강자 자리에 오른 회사들이다. 현재 전 세계적으로 수많은 강소기업들이 발견되고 있으며, 이에 대한 연구들로 활발히 진행되고 있다.

Simmon(1996)은 강소기업의 공통적인 특성으로 ① 명확하고 야심적인 목표 ② 시장세분화 ③ 전 세계를 상대로 한 전략 ④ 고객과의 가까운 관계 ⑤ 제품과 프로세스에 대한 지속적인 혁신 ⑥ 제품과 서비스에 대한 명확한 경쟁우위 ⑦ 자신의 강점유지 ⑧ 성과중심의 인재 확보 ⑨ 강하고 혁신적인 리더십 이렇게 9가지로 정리하였다.

특히 작은 내수시장에서 벗어나 전 세계시장을 대상으로 차별화된 제품군을 개발하고 현지화된 R&D를 통해 성장하는 글로벌전략이 히든챔피언의 핵심 경쟁력으로 보고 있다.[2)]

2) 글로벌 강소기업의 성공요인 분석, 김수옥, 벤처경영연구, 2010

사례 마이다스아이티

국내 대표적인 히든챔피언인 '마이다스아이티'는 건설용 구조엔지니어링 SW분야에서 2007년 처음으로 세계 1위를 차지해 11년째 세계 정상을 지키고 있다. 패키지 SW 분야에서 국내 최대 수출기업이기도 하다. 마이다스아이티가 세계 1위를 지키고 있는 제품은 건축물 시뮬레이션 SW다. 대형 건축물과 교량, 터널 등을 건설할 때 지진, 강풍 등 자연재해로부터 얼마나 안전한 지를 알려준다. 세계에서 가장 높은 건물과 세계에서 가장 긴 다리가 모두 이 회사 제품을 사용하여 완성됐다. 매출의 절반 가량(47.5%)을 해외서 올리는 수출 강소기업이기도 하다.

마이다스아이티는 포스코건설의 1호 사내 벤처로 출발했다. 포스코건설에서 나와 2000년 9월 1일 설립됐다. 당시만 해도 국내기업이 사용하는 건설용 SW는 외산이 대부분이었는데 이를 국산화하기 위해 포스코건설이 팀을 만들었다. 그 팀의 리더가 현 마이다스아이티 이형우 대표다. 이 대표는 국산화에 성공했고 포스코건설을 나와 SW 전문회사를 차렸다. 하지만 막상 대기업에서 나와 보니 시장은 쉽지 않았다. 마이다스아이티가 주력으로 하는 제품은 국내 시장 규모가 작았다. 그는 해외로 눈길을 돌렸고 세계 최고 시장인 미국과 일본 시장에 도전했다. 수출이 어렵기로 소문난 일본에서 이 대표는 가장 먼저 성과를 냈다.

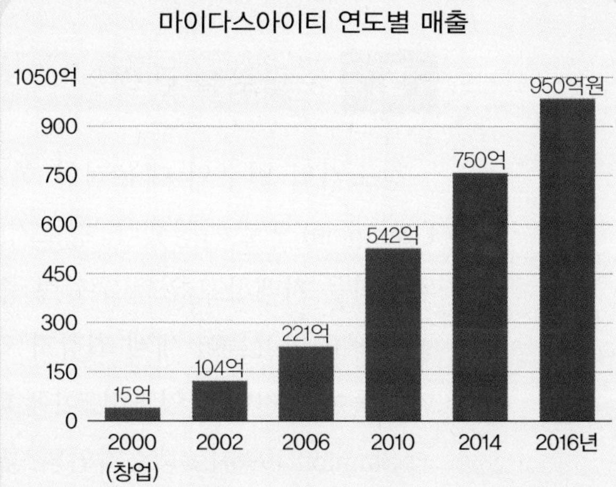

<자료 : 마이다스아이티>

일본 진출에 성공한 후 북경에 중국 법인(마이다스기술유한공사)을 설립했고 이어 2003년 1월엔 뉴욕에도 미국 법인을 설립했다. 2004년엔 일본 토목과 지반 시장에도 진출, 일본 시장 전선을 넓혔다. 이렇게 일본과 중국 시장에서 입지를 다진 마이다스아이티는 마침내 2007년 건설용 구조엔지니어링 SW 분야에서 세계 1위로 올랐다.

마이다스아이티는 지난 17년간 눈부신 성장을 기록했다. 설립 당시인 2000년에 15억 원에 불과한 매출은 2016년에 950억 원을 돌파했다. 수출이 전체 매출의 절반가량을 차지한다.

마이다스아이티가 세계 1위 기업이 된 것은 품질이 경쟁사보다 탁월했기 때문이다. 2000년 초반 당시 그래픽(GUI) 기능을 구현한 건축용 시뮬레이션 SW는 마이다스아이티 제품이 유일했다. 이 제품을 들고 일본에 가니 일본 협력사가 "우리에게는 없는 제품"이라며 놀라워했다. 철저한 판매 현지화 전략도 해외 시장 안착에 한몫 했다.

「출처: 이형우 마이다스아이티 대표 "경영의 근본은 사람" <이투데이 뉴스 발췌>
[http://www.etoday.co.kr/news/view/952277] 」

Ⅲ 합리적·창의적 기업문화 조성

창업기업의 초기단계에서는 창업가의 개인 역량이 창업의 성공여부에 중요한 요인이 된다. 그러나 초기 단계를 지나 기업의 성장단계에서는 개인의 역량보다는 집단의 문화 및 팀워크가 조직성과에 훨씬 중요한 요인으로 작용한다. 기업의 관리자로서 창업가는 조직의 안정성을 높이면서도 사업을 발전시키고, 조직의 성과를 높일 수 있는 계획 수립과 조직화 및 관리에도 적극적이어야 한다.

1. 임파워먼트의 시작

창업가는 처음에는 모든 일을 해야 한다. 전화 받기, 제품 선적, 영업, 광고디자인 등 회사가 제품을 생산하고 소비자에게 전달하는 데 필요한 모든 활동을 수행한다. 하지만 성장을 하다가 어느 시점이 지나면 창업가의 능력을 넘어서게 된다. 점점 늘어나는 다양한 문제와 업무를 모두 처리할 시간도 전문성도 없을 것이다. 회사가 창업가의 능력 범위를 넘어섰음을 나타내는 증상들은 다음과 같다.

- **결정을 내려야 하는 일이 기하급수적으로 증가한다.** 창업가는 더 열심히 일하지만 할 수 있는 일이 적어진다.
- **결정을 내리기가 갈수록 어려워진다.** 사안들이 보다 복잡하고 전문적이 되어간다. 창업가는 갈수록 자신의 결정에 대해 의문을 갖게 된다.
- 모든 구성원이 여전히 협력하면서 모든 일을 함께 처리하고 있다. 하지만 **갈수록 중요한 무언가가 누락되거나 실수가 발생한다.**
- **창업가가 직접 관여하지 않으면 업무에 진전이 없다.**

그림 ⑩-6 권한위임 시 넘어야 할 3가지 벽

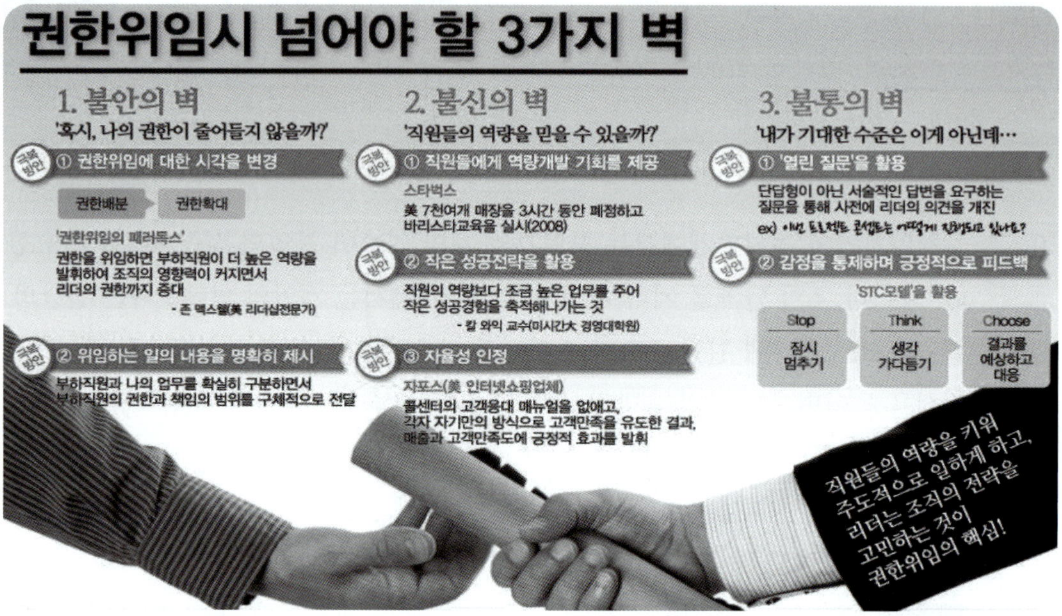

「출처 : 삼성경제연구소, 경영노트, 2012」

창업초기부터 창업가는 조직 내 구성원에게 책임을 위임해야 한다. 위임이 진행됨에 따라 목표성취를 위한 책임을 전문가에게 부여한다. 이후 경험 많은 관리자에게 목표설정의 임무도 넘어간다. 이 과정을 통해 창업가는 자신이 가장 잘 할 수 있는 분야에 집중하면서 직원들의 능력을 높이고 동기향상과 기업에 대한 주인의식 및 책임감을 심어줄 수 있다. 창업가는 권한을 위임받은 관리자들에게 조언을 제공하고 동시에 지표를 활용하여 성과에 대해서 평가하게 된다. 필요에 따라서는 직접 관여하여 이끌어야 할 수도 있다. 기업이 성장하고 조직 내 기업가정신을 배양하기 위해서 위임은 필수적이지만 제대로 작동하게 만들기는 쉽지 않다. 그럼에도 창업가는 기업과 직원의 성장을 위해 권한 위임이 제대로 이뤄질 수 있도록 해야 한다.

직원들 입장에서는 조직 내의 권한 위임에 대해 불만을 가질 수 있다. 이들은 자신들이 결과에 대해 책임을 지지 않아도 되기 때문에 창업가가 모든 결정을 내리는 것을 선호할 수도 있다. 때문에 직원들이 결정에 책임을 지게 하려면 창업가는 그들이 실수하는 것에 관대해져야 하고 그 실수로부터 배울 수 있는 조직문화를 만들어가야 한다.

2. 위임에서 분권화로

단순한 권한의 위임으로 시작했던 것이 회사가 후기 성장단계로 넘어감에 따라 분권화된 보고 구조로 진화한다. 조직 기능이 전문화되고 제품과 서비스가 다양해짐에 따라 책임과 결정권이 해당 분야에 전문성을 지니며 일상적인 관여를 하는 현장 책임자에게 주어지게 된다.

분권화된 구조는 회사 전체에 걸쳐 소통의 흐름을 원활하게 하는 효과도 있다. 신생기업의 초기 단계에서는 창업가와 직원들이 가까운 비전과 목표를 공유하는 것이 상대적으로 쉽지만 회사가 성장하면서 복잡해지고 변화가 생기면서 구성원들이 사업의 방향과 목적을 공감하기가 어려워진다. 소통과 이해는 경영진을 포함하여 회사 전체에 걸쳐 원활한 흐름을 이어가야 한다.

3. 합리적·창의적 기업문화

조직구조가 조직구성원의 행동을 지배하는 공식적 시스템이라면 조직문화는 역시 조직구성원의 행동을 지배하는 비공식적 분위기라고 할 수 있다. 이는 공식적인 조직도에 나타나지는 않지만 구성원들의 대인관계, 업무수행과 관련된 태도와 행동을 결정하는 집단적 가치관이나 보이지 않는 규범이다.

조직문화와 관련된 대표적인 연구자인 퀸(R. E. Quinn)은 조직은 몇 가지 상호 모순되는 가치를 동시에 충족시킬 수 있어야 한다고 주장한다. 다음 네 가지 문화속성 중에서 일시적으로는 어느 한쪽 면이 강조될 수는 있지만 지나치게 한쪽으로만 치우치면 생존이 어려우며 균형을 유지하는 것이 성공의 관건이라고 한다.

창업기업에서 벗어나 전문 경영 체제로 들어서기 위해서는 창업 초기에 형성된 기업의 문화를 재정립해야 한다. 이를 위해 최고 경영진의 리더십이 무엇보다 중요하다. 전사적인 참여와 자율 경영 정신을 배양하기 위해 창업가는 이제 직원에 대해 지휘 · 통솔보다는 자문하고 코치하는 역할을 하고 최대한 직원의 참여를 유도하도록 해야 하다.

일부에서는 창업기업에서 벗어나 중견기업으로 들어가기 위해서는 기존의 기업가적 문화에서 벗어나 통제와 관리의 문화가 더욱 중요하다고 주장하는 사람들도 있다. 과연 그럴까?

'애플은 스타트업'이라는 스티브잡스의 표현은 애플의 성공을 이끄는 본질이 스타트업의

표 ⑩-1 퀸의 기업 내 4가지 문화속성

	내부통합	외부지향
유연성	인적자원형 (human resource development)	개방체계형 (Open system)
질서	위계질서형 (hierarchical)	생산중심형 (production oriented)

- 인간중심문화 : 내부지향이며 비공식적인 유연한 문화로서 가족적 공동체와 비슷해서 참여, 충성, 안락을 중시하고 상호배려와 팀을 기반으로 움직인다.
- 개방체계문화 : 공식이 없어 모험을 감수하고 외부지향이기 때문에 창의적이고 도전적이며 혁신과 자율이 보장되는 분위기이다.
- 위계질서문화 : 질서를 중시하고 내부 통합적이며 예측 가능한 일만 하고 비용통제와 철저한 관리로 안정적인 조직을 지향한다.
- 생산중심문화 : 질서와 규정이 배어있지만 외부 지향이기 때문에 경쟁우위를 위해 시장을 침투하고 생산성향상에 주력한다.

혁신을 이끄는 본질과 같다는 것을 의미한다. 애플이라는 기업에 퍼져있는 성공을 위한 혁신적이고 창의적 활동들의 기저에는 스타트업 문화가 있다는 얘기다. 실제로 **애플은 스티브 잡스 사망 전까지 스타트업식 파괴적 혁신을 통한 초고속 성장을 추구해왔다. 기존 제품에 대한 개선보다는 고객의 숨겨진 니즈를 발굴하여 충족시켜 줌으로써 새로운 시장을 창출해 온 것이다. 스티브 잡스는 종종 새로운 제품을 출시하기 전, '왜 이런 제품뿐인가?' '이것으로 충분한가?' '이런 제품은 왜 없는 걸까?' 라는 파괴적 질문을 던지며 세상의 이목을 집중시켰다.** 그리고 이러한 질문들에 대한 그의 답은 '완전히 새로운 것을 창조한다'는 것이다. 아이팟을 내놓을 때 그는 단지 새로운 음향기기 제품을 내놓는 것이 아니라 '음악 시장 전체를 바꾸겠다." 고 말했다. 아이폰을 출시할 때 그는 '통신업계 전체를 바꿔놓겠다.' 고 선언했다. 아이패드 역시 마찬가지였다. 그는 '전통 PC 시장에 지각변동을 일으키겠다.' 고 단언했다. 스티브 잡스의 비전이 애플의 스타트업 문화를 만들고, 애플의 스타트업 문화는 애플의 혁신을 이끈 것이다.

구글도 마찬가지다. 래리 페이지가 CEO로 복귀하면서 스타트업 문화를 내세운 것은 파괴적 혁신을 통해 새로운 시장을 창출하여 새로운 도약을 하겠다는 의지의 표현이었다. 그는 혁신을 이끄는 스타트업 문화는 일하는 방식과 일하는 환경이 남달라야 한다는 것을 잘 알고 있었다. 수평적 열린 소통과 참여, 집 같은 편안함과 즐거움에서 창의적 발상이 나오며, 직원들이 자발적으로 새로운 방법을 찾고 끊임없이 더 좋은 결과를 추구하게끔 동기부여를 해주어야 한다는 것이다. 래리 페이지는 파괴적 혁신을 위해서는 모든 직원이 자유롭게 아이디어와 의견을 나누는 것에서 시작된다고 믿었다. 구글은 매주 금요일 점심에 모든 직원이 한 군데 모여 자신의 생각을 전 직원에게 알릴 수 있는 시스템을 갖추고 있다. 자신의 새로운 아이디어, 회사 경영 방식에 대한 불만 등 무엇을 말해도 된다. 페이지를 포함한 모든 임원은 이 자리에 참석해 직원들의 의견을 듣고, 자신들의 생각을 직접 설명해준다. 한국 기업은 물론 미국 기업에서도 찾아볼 수 없는 혁신적인 정책이다.

회사는 직원들이 팀 내에서 또는 팀 간에 상호작용하고 소통하기 좋은 최적의 환경을 제공하고 있다. 또한, 직장을 자기 집처럼 느끼게 편안함과 즐거움을 제공하여 구글 직원들은 서로를 단순한 동료가 아닌 친구나 가족으로 생각하게 되었다.

스타트업은 파괴적 혁신을 통해 새로운 시장을 창출해야 한다. 그런데 혁신의 주체는 사람이다. 따라서 뛰어난 인재들과 생산적인 사람들로 구성된 조직을 만들기 위해 가장 먼저 구축해야 하는 최우선 요소가 바로 스타트업 문화인 것이다. 당신의 스타트업이 올바른 문화를 먼저 구축한다면 채용 실수를 줄이고, 보다 창의적이고 혁신적인 직원을 뽑을 수 있을 것이며 뛰어난 인재의 이탈을 최소화하여 스타트업의 생산성과 수익성을 높일 수 있는 것이다.

Ⅳ 창업기업의 출구전략

일반적으로 회사를 매각하는 개념의 M&A(인수합병) 또는 IPO(유가증권 또는 코스닥 시장에 기업공개)가 출구전략(EXIT)이 된다. 우리나라의 창업 생태계 구축은 세계 최고수준이라 해도 손색이 없지만 이러한 지원책에도 불구하고 스타트업이 폭발적으로 성장하지 않는 것은 빈약한 출구전략에 기인한다.

미국의 경우 M&A와 IPO가 활발하게 이루어져 투자 자금 회수 비율이 높다. **스타트업을 인수하려는 기존 기업들의 활발한 인수 · 합병 움직임은 스타트업 창업가의 성공 의지를 더욱 자극하는 촉매제로 작용한다.** 페이스북의 창업가 '마크 저커버그'와 같은 젊은 억만장자들의 출현은 미국 창업 생태계의 힘을 보여주는 단적인 사례다. 새로운 '저커버그'를 꿈꾸는 창업가들이 오늘도 밤새우며 아이디어를 짜고 있는 곳이 '실리콘밸리'다.

창업가 입장에서 출구전략이 매우 제한적이다 보니 창업하고 나서 정부나 벤처캐피털 등의 지원이 줄어들 때쯤 고민이 더 깊어질 수밖에 없다. 또 상대적으로 좁은 국내 시장을 대상으로 한 B2C 비즈니스 모델도 그 가치를 크게 인정받기 어려운 구조다. 이 때문에 최근에

그림 ⑩-7 창업 후 창업가의 선택권

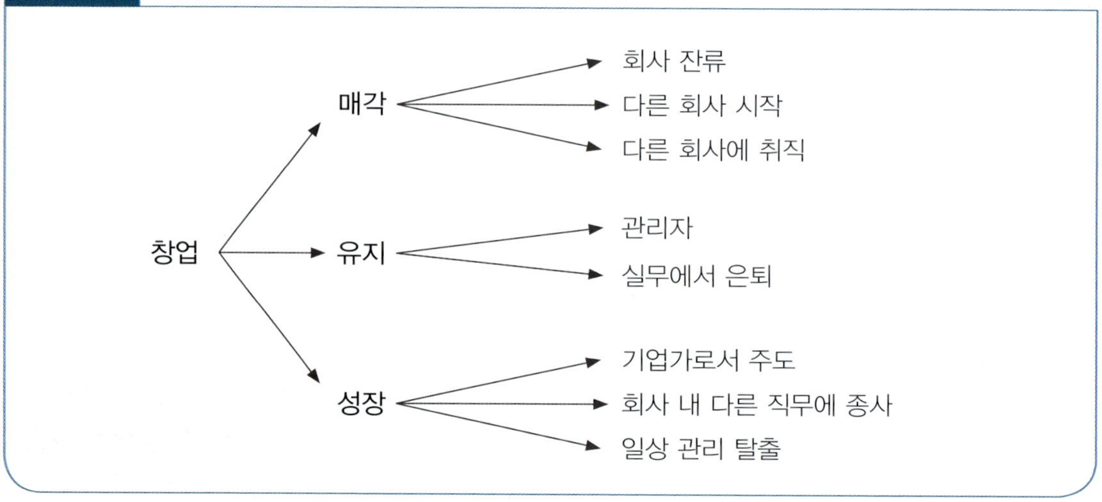

사 례　국내 스타트업 M&A

국내 스타트업 생태계는 빠르게 성장하고 있다. 스타트업 창업가는 초창기에는 엔젤투자자, 이후에는 벤처캐피탈(VC)의 투자를 받다가 궁극에는 M&A 또는 IPO를 통해 엑시트를 하게 된다. 국내 스타트업 생태계는 가파른 성장세에 비해 엑시트가 활발하지는 않다. 유니콘 기업 가운데 엑시트에 성공한 사례는 2019년 독일 딜리버리히어로(DH)에 약 4조 7000억원에 인수된 '배달의 민족'이 유일하다. 당시 국내에서는 성장한 스타트업을 외국 자본에 매각한 데 대한 비난 여론도 거세게 일었다. 하지만 정작 스타트업 업계는 성공한 엑시트라고 평가한다.

국내 대기업이 스타트업을 거액으로 인수한 사례는 손에 꼽을 정도다. 왜 그럴까? 대기업 입장에서는 매출이나 이익이 안정적이지 않은 스타트업을 가능성만 보고 거액에 인수해 성장시키는 것은 큰 모험이다. 또한 자유롭고 수평적인 문화의 스타트업을 인수해서 수직적 문화의 본사와 결합시키는 것도 어렵고 스타트업의 핵심 인재도 떠날 수 있다. 이 밖에 스타트업을 인수할 때 겪는 규제 문제도 만만치 않다.

그런데 요즘 새로운 양상이 나타나고 있다. 대기업이 아닌, 스타트업이 스타트업을 인수하는 모델이다. 대표적 스타트업 회사가 바로 '야놀자'이다. 2005년 창업한 야놀자는 종합 숙박예약 및 레저 플랫폼으로 성장하고 있는 스타트업이다. 야놀자는 숙소 검색 서비스로 출발한 이후 모텔 예약 서비스와 프랜차이즈로 사업을 확장했고, 2016년 당일 호텔 예약 서비스인 호텔나우를 인수했다. 작년에는 각종 레저 활동 관련 플랫폼인 레저큐를 인수해 여가 활동 영역으로 지평을 넓혔다. 올해 펜션 예약 시장에 들어가기 위해 우리펜션을 인수했다. 호텔 운영을 효율화하기 위해서 숙박 비품 유통 기업인 한국물자조달을 인수했고, 객실 운영 효율화를 위해 객실 관리 자동화 시스템을 만드는 1·2위 기업 가람과 씨리얼을 인수했다. 동남아 시장 진출을 위해 동남아 호텔 체인인 젠룸스를 인수했다.

2012년 원룸 검색 서비스로 시작한 '직방'의 경우 아파트 실거래 플랫폼인 호갱노노, 공유하우스 우주, 상업용 부동산 플랫폼인 네모까지 잇따라 인수했다. 이 같은 인수는 2000억원이 넘는 누적 투자금 확보로 가능했다. 리디북스 전자책 플랫폼으로 유명한 '리디'의 경우 도서 마케팅 회사 '책끝을 접다'IT 미디어 아웃스탠딩 인수에 이어 애니메이션 스트리밍 서비스 라프텔을 인수했다.

스타트업이 스타트업을 인수하는 이유는 뭘까? 스타트업끼리 인수합병 시 대기업에 비해 융합이 어렵지 않으며 높은 시너지를 기대할 수 있다. 또한 기존의 사업으로는 새로운 서비스를 할 수 없다. 따라서 부족한 부분을 찾아 투자하거나 인수를 하게 된다.

구글도 설립 이후 200곳이 넘는 스타트업을 인수했다. 구글이 핵심 서비스인 검색을 넘어 모바일, 동영상 등에 영향력을 갖게 된 것은 안드로이드, 유튜브 같은 스타트업을 품었기 때문이다. 페이스북이 인스타그램, 와츠앱을 인수한 것도 처음에는 비판이 많았지만 이제는 '신의 한 수'로 불린다.

는 아예 시작부터 해외 시장에 초점을 맞추고 명확한 B2B 시장을 타겟으로 한 스타트업도 생겨나고 있다.

2020년 한국 벤처캐피탈 협회에 따르면 2019년 VC 회수시장에서 M&A를 통한 투자금 회수 규모는 73억 원이었으며 이는 전체 1조 643억원의 0.68%에 불과하다. 벤처기업에 대한 신규 투자규모는 최대치를 경신하고 있지만 투자에 대한 회수실적은 매우 낮은 상황이다.

엑시트는 스타트업 생태계 선순환을 위해 꼭 필요한 단계이다. 엑시트를 통해 창업가는 안정적인 운영자금을 마련하거나 기존의 성장을 더욱 가속할 수 있으며, 인수합병을 통해 인수한 기업은 많은 시간과 비용을 절약하여 사업을 확장하거나 새로운 사업 분야에 안정적으로 진입할 수 있다.

생각해보기2

두려움을 아는 자가 수성(守成)한다.

맨손으로 호랑이를 잡고, 맨몸으로 큰 강을 건너려 하면서도 죽어도 후회가 없다고 하는 자와는 함께 가지 않겠다.
반드시 일에 임하여 두려워하고 계획을 잘 세워 일을 이루는 자와 함께 할 것이다.
–공자(孔子)–

창업을 성공하기 위한 방법은 우리 사회에서 가르치지만, 실패하지 않도록 하는 가르침은 부족하다. 성공하는 길과 실패하는 길이 다르다. 그래서 성공한 창업가는 오래 존경받는 경우보다 끝이 안 좋은 경우가 많다. 창업에 성공한 리더들에겐 어김없이 '자만(自慢)'이라는 손님이 찾아온다. 이 손님은 사람뿐만 아니라 미래에 대한 두려움을 빼앗아 간다.

골프존의 김영찬(68) 대표는 은퇴 후 소일거리로 시작한 일을 연평균 성장률 30%, 매출 2000억원의 기업으로 만들었다. 김 대표는 "사업 시작한 이래 박세리·최경주 등의 활약 때문에 골프가 커지고 부킹난이 겹치는 등 운이 좋았다."고 말한다.

김 대표는 그의 성공요인을 철저히 외부에서 찾기 때문에 언제든지 외부요인으로 인해 망할 수 있다고 생각한다. 그는 자신의 기업이 망할수 있는 이유를 다음과 같이 제시하였다.

첫째, 시장을 잃은 경우입니다. 고객들이 레저 스포츠로서 골프 본연의 즐거움을 누린다기보다는 음주가무 행위를 일삼는다면……. 정부의 강력한 규제와 매스컴의 심한 질타를 받아 결국 스크린골프가 사회에서 퇴출되는 경우입니다……. 또 있습니다. 새로운 장르의 경쟁 제품 출현에 의해 스크린골프가 시장에서 밀려나는 경우도 생각해 볼 수 있습니다. 지금까지 시장에서 각광받았던 공간인 음악다방(70년대), 당구방(80년대), 노래방과 PC방(90년대) 등을 들 수 있습니다. (……) 새로운 경쟁사가 등장하고 있습니다. 넓은 실내공간, 멋진 인테리어, 여유 있는 주차공간, 경쟁력 있는 이용료 등 어디 한 군데도 흠 잡을 데가 없습니다. 골프존은 이래저래 점점 더 고객들로부터 외면 받고 있습니다. (……) 다음은 우리 내부의 문제입니다. 바로 우리의 핵심역량, 핵심 가치를 망각하거나 포기하는 일입니다. 돈도 꽤 많이 벌었고 어느 정도 유명도 해졌고, 그렇다보니 이것저것 귀찮은 게 많아졌습니다. 그래서 사람을 대하는 일에도 성의가 없어지고, 내년 내후년 걱정하는 것도 이젠 지겹고, 뭐 이렇게 힘들게 살 필요있나!!! (……)[3)]

그 험한 '죽음의 계곡'(Death Valley: 아이디어에서 시작한 창업이 사업화 단계까지 이르지 못하고 대부분 사라지는 현상)을 통과한 창업가들에게 자만심이란 친구가 다가온다. 그 친구는 두려움이라는 친구를 멀리 내쫓는다.

컨설팅회사인 맥팔랜드 전략 파트너스(McFarland Strategy Partners)의 대표이자 페퍼다인경영대학원 부학장으로 있는 키스 맥팔랜드(Keith R. McFarlanl) 교수는 창업한 기업이 더 큰 기업으로 성장하는 방법을 담은 책 '브레이크스루컴퍼니(The Breakthrough Company)'에서 '기업가정신은 오히려 성장의

3) 김영찬, 35년 걸렸습니다.

걸림돌이 된다'고 설명한다.

"기업가정신이 투철한 리더들의 성향과 사고방식에서 그 이유를 찾아볼 수 있다. 창업하는 사람들에게서 공통적으로 발견할 수 있는 빠른 의사결정이나 한번 결정한 것은 끝장내고야 마는 성격 등은 회사를 세우는 데 큰 도움이 된다. 하지만 리더들의 이러한 성향이 변함없이 계속된다면, 회사가 성장하는 데는 오히려 걸림돌이 된다. 일반적으로 리더들의 이러한 성향은 변하기가 어렵다. 왜냐하면 지금까지 그러한 성향과 정신으로 성공한 경험이 있기 때문이다. 과거에 했던 대로 하면 미래에도 성공할 것이라는 생각을 떨쳐버릴 수가 없는 것이다. 게다가 일이 제대로 풀리지 않으면, 예전에 했던 방식대로, 아니 오히려 그보다 더 공격적이고 급하게 몰아치게 된다."

창업 초기에서 한 번에 여러 가지 일을 수행할 수 있는 리더의 능력이 큰 장점이 된다. 조직에 필요한 여러 가지 역할을 동시에 수행할 수 있기 때문이다. 하지만 회사가 더 큰 기업으로 성장하기 위해서는 더 이상 리더 중심의 조직운영 방식으로는 한계가 있다.

수많은 도전자들 중 성공한 창업가들은 '나는 특별하니까'라는 특권의식을 가질 수 있다. 그러나 이런 특권의식이 과도해지면 자기본위편향(Self-serving Bias)에 빠지는 경향이 높아진다. 인간은 자신의 자존감을 보호하기 위해 본능적으로 '실패는 주변 사람이나 상황 탓, 성공은 자신의 능력 덕분'이라는 태도를 갖기 때문이다. 그러나 이러한 편향이 심해지면 '나뿐인 사람을 넘어서 나쁜 사람이 된다'.

얼마 전 만난 한 창업가가 남긴 말이 기억난다.

"저도 젊었을 때 작은 성공에 도취하여 큰 실패를 경험한 적이 있습니다. 그래서인지 사업이 잘 진행되더라도 리더는 한없이 고개를 숙여야 한다고 봅니다. 언제든지 실패할 수 있다는 불안감과 끊임없이 변화하는 환경은 저에게 긴장의 끈을 놓지 않게 합니다. 사업은 언제든지 무너질 수 있습니다. 이것이 주변 사람과 인간의 운명에 겸손해지는 이유입니다."

토의문제

- 성공창업가에서 전문경영자로 전환하기 위해 필요한 요소에 대해 생각해 보세요.
- 작은 성공은 왜 큰 실수를 부를 수 있는지에 대해 생각해 보세요. 아울러 이를 예방하기 위한 방법은 무엇인지 생각해 보세요.

Q27. 직원은 언제 채용하는 것이 좋을까요?

많은 스타트업 창업자들이 창업의 순서가 사업자 등록, 사무실 임대, 직원 채용 그리고 제품의 개발과 마케팅이라고 생각하여 직원채용을 서둘러 진행합니다. 심지어 많은 스타트업 안내서에서도 이렇게 이야기 합니다. 하지만 린 스타트업의 관점에서는 거리가 먼 순서라고 할 수 있습니다. 그렇다면 언제 직원을 채용하는 것이 바람직할까요? 원칙은 '본업에서 지속 가능한 매출 이익으로 급여를 줄 수 있을 때' 혹은 외부 투자를 받아서 일정 기간 안정적으로 급여를 주면서 사업을 궤도에 올릴 수 있다고 판단될 때 입니다.

물론 직원 없이 혼자 어떻게 하냐고 반문할 수도 있습니다. 하지만 멋진 아이디어 외에는 자신이 직접 할 수 있는 것이 없는 아이템으로 창업하려 한다면 그것은 자기사업이 아닙니다. 그래도 꼭 해야 하겠다면 그 일을 직접 배우시기 바랍니다. 창업의 열정을 빚을 얻어서 직원을 관리하는 데 쓰지 말고 그 일을 배우는 데 투자하시기를 추천합니다. 6개월만 배우면 웬만한 앱을 직접 개발할 수 있습니다. 요리 못하는 식당주인이 주방장 때문에 골치를 썩다가 망한 이야기는 흔하게 들었을 것 입니다. 사업의 핵심요소를 자신 또는 공동 창업자의 구현할 수 있을 때 창업하는 것이 옳으며, 적어도 공동 창업자 가운데 한 사람은 사업의 핵심 재능을 가져야 그 분야의 창업 자격이 있다고 볼 수 있습니다.

Q28. 인력이 필요할 경우 지원받을 수 있는 방법은 무엇인가요?

임금지급에 부담을 느끼는 경우 사업주 지원제도를 적극 활용해보기를 추천합니다. 최근 일자리 창출의 일환으로 고용노동부의 '일자리 안정자금'이나 '고용유지지원금' 등 사업주의 경영부담을 완화하고 노동자의 고용불안을 해소하기 위한 지원 사업이 다양하게 운영되고 있습니다. 청년층을 대상으로는 '청년추가고용장려금' 제도가 대표적이며 그 외 '고용촉진지원금' '장년인턴제' 등을 통해 인건비의 부담을 완화할 수 있습니다.

Q29. 직원채용을 하고자 합니다. 우리 회사에 적합한 사람인지 알 수 있는 기준이나 노하우가 있을까요?

초보면접관의 경우 폐쇄적 질문을 하는 실수를 자주 합니다. "영업을 잘하나요? 대인 관계는 좋습니까?" 를 질문하게 되면 당연히 면접자의 입장에서는 "예"라는 답변 밖에 들을 수 없을 것 입니다. 초보 면접관 CEO는 '무엇을 할 수 있는지'를 묻고 베테랑 CEO는 '무엇을 했었는지'를 묻습니다. 즉, 초보 CEO는 보이지 않는 미래의 잠재성을 찾으려 하고, 베테랑 CEO는 눈에 보이는 현재의 능력을 확인하려 합니다. 어떤 역량을 보유하고 있고, 성과는 어떠했는지, 따라서 우리 회사에 속하게 된다면 어떻게 기여할 수 있는지에 초점을 맞춰 보시기 바랍니다.

창업자가 꼭 봐야할 동영상

성공의 열쇠는 바로 '기개'이다
- 안젤라 리 덕 워스(Angela Lee Duckworth) -

성공을 예측할 수 있었던 사람들에게서는 한 가지 공통적인 특성이 발견되었는데, 그것은 좋은 지능도, 좋은 외모도, 육체적 조건도, 아이큐도 아닌 기개(Grit)였다. 기개는 목표를 향해 오래 나아갈 수 있는 열정과 끈기이다.
우리 주변에는 수많은 창업자들이 있다. 그들의 발전과 성공을 예측할 수 있는 변수는 무엇일까?

* 유튜브(www.youtube.com)에서 '안젤라 리 덕 워스'를 검색하시면 그녀가 말하는 성공에 필요한 요소를 볼 수 있습니다.

Ask Yourself
"우리는 어떠한 고난에도 포기하지 않고 다시 일어설 수 있는 무언가를 갖고 있는가?"

미국 대학의 창업교육 및 창업프로그램 비교분석(요약)

- 미국 7개 대학 주요 기업가정신센터를 중심으로 -

이성호, 남정민

벤처창업연구, 12(2), 2020

본 연구는 미국 7개 대학의 창업교육 교과과정과 창업교육 프로그램을 살펴보고, 한국과 미국의 대학별 창업교육의 특징에 대하여 비교분석하였다. 미국 기업가정신센터를 기반으로 창업교육이 활성화 되어 있는 드렉셀대학교, 서던캘리포니아대학교, 샌디에고주립대학교, 오클라호마주립대학교, 캘리포니아주립대학교샌버나디노, 캘리포니아어바인대학교, 플로리다주립대학교를 선정하여 진행하였다.

본 연구를 통해 살펴본 미국 대학의 창업교육이 주는 시사점은 다음과 같다. 첫째, 대학이 주도적으로 창업교육을 하기 위해서는 대학의 특성에 맞는 창업교육 교과과정을 구성하고 지원프로그램을 도입해야 한다. 둘째, 대학 내 독립적인 센터를 설립하여 자체적으로 예산을 확보하고 이를 통해 자율적으로 운영이 될 필요가 있다. 셋째, 대학의 창업교육은 대학-산업의 파트너십 구축, 기업가정신 학위과정의 운영 그리고 대학의 학과 간의 협업을 포함하여야 한다. 넷째, 독립적인 센터를 중심으로 동문, 지역 창업가들의 활발한 참여를 이끌고 이를 기반으로 창업 관련 프로그램이 운영이 되어야 한다. 따라서 각 대학의 특성에 맞는 차별화된 프로그램을 도입하여 국내대학의 성장 동력을 구축해야 한다. 국내 대다수의 대학교에서는 창업교육, 창업 경진대회, 창업동아리 등 동일한 프로그램이 운영되고 있다는 점에서 독립적인 센터의 출현과 대학 특성에 맞는 창업 프로그램의 개발과 질적인 성장 동력을 제고할 필요성이 있다.

〈표 1〉 미국 7개 대학 창업교육 특징 비교

대학명	유형	주요 특징	창업교육 특징	비교과 특징
서던 캘리포니아 대학	연구 중심 대학	- 마샬 경영대학의 로이드 그리프트 기업가정신 센터 운영 - 기업가정신 학사, 석사과정 개설	- 80개 이상의 강좌 개설 - Course1~3단계별 교육	- 학생, 교직원, 졸업생 참여 창업아이디어, 비즈니스모델 경진대회 - 보조금, 벤처 펀드 프로그램을 통한 지원
샌디에고 주립 대학		- 파울러 경영대학의 라빈 기업가정신 센터 운영 - 기업가정신 학사, 석사과정 개설	- 기업가정신의 기초, 기업윤리, 비즈니스인턴십 등 필수과목 개설	- 다학제 간 학생 통합 경진대회 - 학부 · 석사 · 박사 과정 모든 레벨 참여 - 스타트업 펀드, 법률 프로그램을 통한 지원
플로리다 주립 대학		- 주립대학 최초 독립 짐 모린 기업가정신 대학 운영 - 기업가정신 학사, 석사과정 개설	- 의류산업 중심(상업, 사회, 소매 기업가정신) - 회계, 재무, 시장전략, 기업가정신 인턴십 등 공통 필수과목 개설	- 비즈니스모델 경진대회 - 졸업생 창업자 특강 시리즈 - 기업 및 비영리 단체와 협업 프로그램
오클라호마 주립 대학		- 스피어스 경영대학의 기업가정신 스쿨 운영 - 기업가정신 학사, 석사 · 박사 과정 개설	- 기업가적 사고와 행동 필수과목 개설 - 선택과목은 사업 시작단계의 집중	- 기업가정신 스쿨의 라이타센 터에서 운영 - 오클라호마 주 단위 경진대회 - 기업가정신 클럽, 기업가정신 장학금, 지역사회와 연계한 프로그램
드렉셀 대학	연구 중심 대학	- Close School of Entrepreneurship 대학에서 독립적 운영 - 기업가정신 학사, 석사 · 박사과정 개설	- 기업가정신 교과목에 집중 - 학제간 연계를 통해 부전공 운영	- 협동조합 참여 - 음식을 주제로 한 경진대회 - 동문을 통한 보조금, 벤처 펀드 프로그램 지원
캘리포니아 어바인 대학		- 석사과정 개설 - 학부인증제도 및 MBA 인증제도 운영 - 동문 및 외부 창업자의 활용을 통한 교육 제공	- 경영일반 과목과 기업가정신 과목 개설 - MIE Pre-Accelerator로 경험에 집중	- 7개월간 교육, 경험, 경진대회를 일괄적으로 진행
캘리포니아 주립 대학 샌버나디노	비 연구 중심 대학	- 인랜드 엠파이어 기업가정신 센터 운영 - 기업가정신 학사, 석사과정 개설	- 기회 분석, 자원 요건 등 사업 초기 단계 필수과목 개설 - 다른 전공 학생들과 협업 - 기업가, 동문들과 네트워크	- 학생, 교직원, 졸업생 참여 경진대회 - 기업가정신 상, 기업가정신 장학금을 통한 지원

* Carnegie Classification of Institutions of Higher Education 기준으로 연구중심대학 분류

미국 대학은 창업을 진로의 주요 경로로 인식하고, 전체 재학생에게 체계적이고 종합적인 창업 교육 및 지원을 제공한다.

학습목표

1. 사내기업가정신이 필요성을 인식하고 사내기업가정신의 확산을 위한 조직과 개인의 역할에 대해 생각해보자.
2. 국내외 사내벤처 사례를 통해 앞으로 사내벤처가 나아가야 할 방향을 생각해보자.
3. 개인과 조직 사회 전체에 사회적 가치 실현이 어떤 의미가 있는 것인지 생각해보자.
4. 사회적 기업 사례를 통해 사회적 기업의 발전방향을 모색해보자.

모든 근로자, 특히 지식 근로자는 모두 기업가정신을 가지고 CEO처럼 사고해야 한다.

「피터 드러커」

제11장

기업가정신의 확장

Ⅰ 사내 기업가정신

Ⅱ 사내 벤처

Ⅲ 사회적 경제와 사회적 기업

생각해보기 1

"실패해도 복귀 보장"… 사내 벤처 키우는 기업들

주요 대기업에서 사내 스타트업 프로그램을 활발하게 진행하고 있다. 사내 스타트업이 발전시킨 아이디어를 적용해 회사의 기존 제품에 새로운 기능을 추가할 수도 있고, 만약 사내 스타트업이 분사해 나간다면 지원금을 투자해 유망한 기업의 지분을 확보하는 효과가 있다.

현대차 • SK • LG • 롯데의 사내 스타트업 운영 현황 [자료: 각 사]

그룹명	프로그램명	출범시점	지원전략	분사한 주요 스타트업
현대자동차 그룹	현대차 사내 벤처 제도	2000년	자동차 외 이종산업도 적극지원, 분사해도 3년 내 복귀 가능	마이셀: 차량 복합재, 패브릭 소재 개발 폴레드: 전 연령(신생아~12살) 사용 가능한 카시트 개발
SK그룹	하이게러지 (SK하이닉스)	2018년	팀당 최대 2억 원 지원	알세미: AI 기반 반도체 모델링 솔루션
	스타트앳 (SK텔레콤)	2017년	사업 모델 구체화 비용 총 1억 원	분사 스타트업 없음
LG그룹	사내 벤처 (LG유플러스)	2018년	팀당 최대 1억 7000만 원 지원	운동닥터: 피트니스 트레이너 연결
	드림챌린지 (LG디스플레이)	2018년	분사해도 3년 내 회사 복귀 가능	룩슨: VR게임 '데우스 엑스 마키나'
	아이디어 몬스터 (LG CNS)	2016년	지분투자 및 사무 공간 제공	단비 : 인공지능 챗봇 개발 도구
롯데그룹	롯데 사내 벤처 프로젝트	2016년	1년간 독자 공간서 무간섭 활동	어나더스: 건강기능식품 추천 및 복용알림

● 현대차, 최대 3억 지원… 3년 내 재입사 가능

현대자동차그룹의 사내 스타트업은 재계 5대 그룹 중 역사가 가장 길다. 2000년에 현재 사내 스타트업 제도의 전신인 '벤처플라자'를 출범해 임직원들로부터 새로운 아이디어를 받아 왔다. 위에서 아래로 지시하는 것이 아닌 직원 스스로 아이디어를 발굴하는 '보텀업'(Bottom up) 방식으로 새로운 성장 동력을 발굴하기 위해 시작됐다. 지금까지 현대차에서 육성한 사내 스타트업은 53개 팀이고 이 중에서 분사에 성공한 스타트업은 총 16개이다. 팀당 최대 3억 원을 지원해 주고 분사했더라도 본인이 원하면 3년 이내에 현대차로 복귀할 수 있다.

● SK그룹, 4개팀 창업 성공… '2기' 6개팀 운영

SK그룹에서는 SK하이닉스가 2018년부터 사내 벤처 육성 프로그램인 '하이게러지' 프로그램을 운영해 팀당 최대 2억 원의 자금을 지원하고 있다. 하이게러지 1기에는 6개 팀이 도전해 4개 팀이 창업에 성공했고, 2기에서도 총 6개 팀이 선정돼 현재 과제를 수행 중이다. 2017년부터 '스타트 앳'을 운영 중인 SK텔레콤은 사내벤처 사업 모델 구체화 비용으로 총 1억 원을 책정해 놨다.

● LG그룹, 계열사별 프로그램 운영

LG그룹에서도 계열사별로 사내 스타트업 프로그램을 운영 중이다. 2018년 사내벤처 1기를 출범한 LG 유플러스는 서울 마곡 LG사이언스파크 내에 업무 공간을 마련해 주고, 팀당 최대 1억 7000만원의 예산을 지원한다. LG디스플레이는 2018년 '드림챌린지'를 발족하면서 사내 스타트업이 분사하더라도 원하면 3년 내에 회사로 복귀할 수 있도록 했다.

● 롯데, 창업전문 투자회사 파견… 1년간 도전

롯데그룹은 2016년부터 '롯데 사내벤처 프로젝트'를 진행해 주제와 분량에 제한을 두지 않고 참여자를 선발해 왔다. 최종 선정된 임직원은 함께할 멤버를 모은 뒤 롯데의 창업 전문 투자회사인 '롯데 엑셀러레이터'에 파견돼 1년 동안 독자적인 활동공간에서 불필요한 간섭 없이 새로운 사업에 도전할 수 있다. 만약 분사하게 되면 사업초기지원금 및 투자금 명목으로 팀당 3000만원을 지급해 주는데 지금까지 사내 스타트업 2개 팀이 실제 사업화에 성공했다.

「출처: https://www.seoul.co.kr/news/newsView.php?id=20200609004005&wlog_tag3=naver」

토의문제

- 대기업에서 사내벤처의 활성화를 추진하는 이유는 무엇일지 논의해보자.
- 실패해도 복귀를 보장하는 정책의 의미는 무엇일지 토의해보자.

I 사내 기업가정신

1. 글로벌 경영환경의 변화

불확실한 경영 환경 속에 많은 기업들이 위기를 직면하고 있다. 글로벌 컨설팅사 맥킨지에서 기업의 평균수명을 조사한 결과 1935년, 90년에서 1970년에는 30년, 2015년에는 15년까지 줄어든 것으로 나타났으며 지속적으로 단축될 수 있다는 분석이 나왔다. 기술의 발전 속도가 빠르고 경영환경이 급변하는 만큼 영원한 1위 기업도 없는 시대라고 할 수 있다.

실제로 오랜 시간 포춘 500대 기업들의 수명이 과거 50년에서 10년으로 단축되었으며 미국을 대표하던 GM(제너럴모터스)과 GE(제너럴일렉트릭)은 포춘이 선정하는 톱10에서 제외됐다. 또한 스마트폰의 시대를 열었던 RIM(현재 블랙베리)가 쇠퇴하고, 휴대폰 시장의 절대 강자였던 노키아가 시장에서 사라졌다. 영원할 것만 같았던 상위 기업들이 역사 속으로 사라진 것이다.

이러한 변화 속에서 **새로운 생존방식을 찾는 것은 모든 기업의 숙제이며 기업의 존폐와 직결된 중요한 문제이다.**

2. 기업의 생존방식 변화의 필요성

국내의 경영환경 또한 이러한 숙제를 마주하고 있다. 과거에는 기업이 운영관리를 잘하고 점진적으로 혁신을 이루어 나가면 안정적으로 생존할 수 있었다. 특히 한국 기업은 그러한 특징이 두드러졌는데 이는 한국 기업의 성장과정에서 이유를 찾아볼 수 있다. 과거 한국 기업의 성장을 이끌어 낸 핵심전략은 스피드, 생산력, 상명하복 등이었다. 빠른 의사결정과 수직적 전달, 신속한 역할 수행의 경영방식이 한국경제를 급속한 성장을 이룩하는데 기여한 것에는 반박의 여지가 없다. 하지만 빠른 경제성장은 조직원의 경직된 사고, 수직적 구조의 경영, 창조적 사고의 억제, 비판적 사고의 억제 등의 부작용을 낳았다. 즉, 상사의 명령을 무조건적으로 받아들이고, 주어진 역할에만 충실한 사람이 인정받았다. 기존의 형식을 유지하는 것의 가치가 컸기에 기존의 방식과 다른, 창조적이고 유연한 사고방식은 환영받지 못했다. 효율성을 강조한 과거 생존방식은 안정적인 운영관리와 점진적인 혁신을 주도했으나, 기존의 휴대폰에서 스마트폰으로 변화하는 것과 같은 파괴적 혁신을 주도하기에는 역부족이었다. 주변 환경이 매우 빠르게 변하기 때문에 기업은 앞으로 나아가지 않고 그 자리에 머물면 도태된다는 사실을 인식하고 변화와 혁신을 이끌어 내기 위해 노력해야 한다.

3. 지속가능한 성장을 이끄는 사내기업가정신

(1) 조직의 변화와 혁신추구

변화와 혁신을 주도하고 위기 극복과 성장을 위한 모멘텀을 만들기 위해 주목받고 있는 것이 기업가정신이다(Kurato & Audretsch, 2013). 기업가정신이라 하면 흔히 벤처기업의 창업을 떠올리지만 사실 기업가정신은 규모나 유형에 상관없이 어떤 조직에서도 발현될 수 있는 개념이다. 2000년대 들어 기업가정신은 사회적 기업가정신, 사내기업가정신, 국제기업가정신 등 다양한 주제로 많은 연구가 진행되었으며 특히, 기존 기업 내에서 조직구성원이 신규 사업을 개발하거나 조직전략으로 쇄신하는 과정에서 나타나는 기업가적 사고방식 및 활동인 사내기업가정신이 주목받고 있다.

기업은 지속적으로 효율극대화와 혁신 추구를 함께 확보하기 위해 노력하고 있다. 하지만 혁신과 효율은 상반된 속성을 가지고 있어 이 둘을 동시에 확보하는 것은 기업에게 있어 늘 어려운 숙제다. 보통 효율이 높으면 규모가 크며 기존의 안정적인 틀이 존재하며 혁신은 안정적인 틀을 벗어날 때 가능하기 때문이다. 이를 극복하기 위해 기업은 내부 혁신역량을 발전시키기 위해 노력해왔다. 이러한 노력의 하나가 사내 혁신프로세스 구축, 사내기업가정신의 강조이다. 조직 내 기업가정신의 발현이라고 하면 일반적으로 경영자가 가지는 도전정신, 기업가적 역량, 기업가가 가지는 마음가짐으로 이해하는 경우가 많다. **하지만 기업가는 기회를 인지하고 발굴해 활용하는 사람, 기업가정신은 이런 기회를 인지하고 발굴, 활용할 수 있는 역량(Gartner, 1985)으로 사내기업가정신은 경영자를 포함한 모든 조직 구성원이 지녀야 할 역량으로 인식해야 한다.**

(2) 유능한 인재 확보 및 유지

조직적 혁신추구의 차원에서 뿐만 아니라 유능한 인재의 확보 및 유지를 위해서도 사내기업가정신의 장려가 필요하다. 최근 구인 구직 플랫폼 잡코리아의 설문조사에 따르면, 중소기업 퇴사 이유로 "연봉에 대한 불만과 기대한 일 대신 잡무만하기 때문"이라는 답변을 뽑았으며, 직장인 4명중 3명이 스타트업으로 이직하고 싶다는 의사를 나타냈다. 또한 직장인의 76.1%가 지금 당장 우리 회사에 도입하고 싶은 스타트업의 기업의 특징이 있다고 입을 모았으며, 그 특징으로 "자유롭고 유연한 기업문화, 회사와 함께 성장하는 성취감"을 뽑았다. 5년 이하 연차의 직장인들에게서 스타트업 이직의향이 78.8%로 가장 높게 나타나기도 했다. 이러한 결과는 직장인들이 더 이상 기업 내에서 주어진 일만을 반복적으로 하는 것에 충분한 만족을 느끼지 못한다는 것을 시사한다. 하버드 비즈니스 리뷰에 따르면 조직이 지속 가능한 성장을 하기 위해서는 "직원들이 조직에서 성장하고 있음"을 느껴야 한다고 강조했다(Spreitzer & Porath, 2012). 역량 있는 인재를 기업에 충실하게 만들기 위해서는 조직구성원 스스로 일에 대한 열정과 동기를 높이고 조직의 혁신 추구에 대한 기여와 보상의 선순환구조가 기업 내 자리 잡을 수 있도록 사내기업가정신의 장려가 필수적이다.

그림 ⑪-1 우리 회사에 도입하고 싶은 스타트업 특징 TOP 7

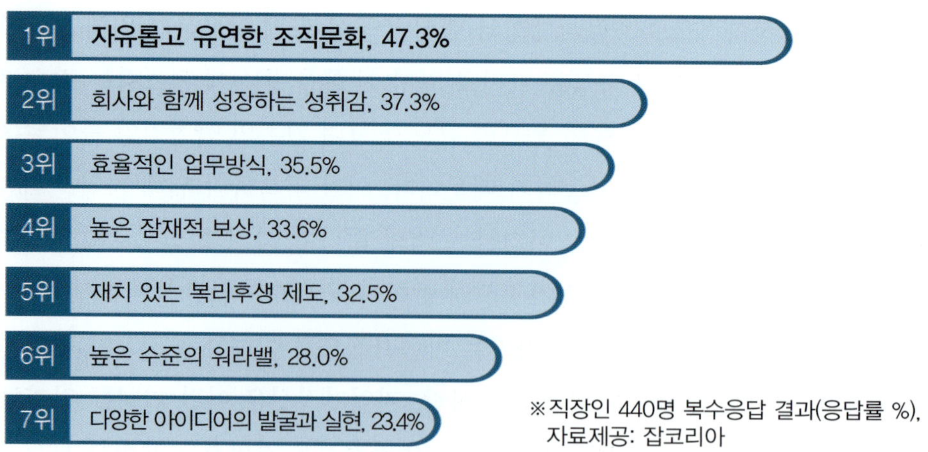

「출처: https://n.news.naver.com/article/003/0010163037」

4. 사내기업가정신의 정의

(1) 사내기업가의 정의

사내기업가정신을 이해하기 위해서는 기본적으로 사내기업가의 개념을 이해해야 한다. **사내기업가란 기업 내의 기업가(intra-corporate entrepreneur)라는 의미를 압축**하여 사용되며, **조직 내에서 어떠한 형태든 혁신을 창출하는 아이디어를 실제화 할 수 있는 꿈꾸는 사람(dreamer)로 정의된다(Pinchot,1985).** 즉, **기업 내에서 지속적으로 혁신을 추구하여 기업의 전체 성장을 도모하려는 사람**, 사내기업가정신을 발현하는 사람으로 정의내릴 수 있다. 기본적으로 기업 시스템 내에서 혁신을 추구할 때는 여러 가지 장벽이 존재하기에 사내기업가는 이를 감수하고 해결해 나갈 수 있다는 자신감과 긍정적인 마인드가 기본이 되어야 하며, 문제를 해결해 나갈 수 있는 역량이 충분해야 한다. 이러한 사내기업가의 특징은 4가지로 요약될 수 있다. **첫째, 사내기업가는 자기실현의 욕구가 강하다. 둘째, 사내기업가는 문제에 대한 가치 판단기준이 명확하며, 기존적인 사고방식에 명확한 철학을 가지고 있다. 셋째, 기본적으로 목표달성에 대해 긍정적인 신념을 갖고 있으며 목표 달성에 대한 의지가 강하다. 넷째, 목표 달성을 위한 지식과 기술 등 역량을 갖추고 있다.**

(2) 창업기업가와 사내기업가의 차이

기존의 창업기업가와 사내기업가는 유사한 부분이 많지만 명백한 차이점이 존재한다. 사내기업가와 창업기업가는 주어진 환경에 안주하지 않고 새로운 기회를 포착하기 위해 노력한다는 점과 제한된 자원과 불확실한 시장 환경 속에서도 위험을 감수하고 혁신을 주도한다는 점에서 공통점이 있다. 사내기업가는 회사의 지원 아래 혁신의 과정을 추진하기 때문에 창업기업가보다 혁신을 위한 자원 확보 등에서 유리하다. 또한, 회사가 리스크를 감수한다는 점에서 창업기업가보다 상대적으로 안정성을 확보할 수 있다. 사내기업가는 조직의 보호 아래 있기 때문에 실수에 대해 유연하게 대처할 수 있지만 창업기업가는 한 번의 전략적 실수가 치명적인 결과로 돌아올 확률이 높다는 점에서 차이가 있다. 실패에 대한 부담감이 상대적으로 적고 회사가 리스크를 감수하는 만큼 보상의 측면에서는 대부분의 성과가 기업에 귀속되게 된다. 하지만 창업가의 보상은 이론적으로는 무한하다. 또한 사내기업가는 기존 기업의 프로세스를 따르기 때문에 의사결정이 느릴 수 있으며 의사결정에 여러 가지 제약이 있을 수 있다. 반면에 창업기업가는 의사결정과 여러 가지 제약에서 상대적으로 자유로울 수 있다.

표 ⑪-1 창업과 사내기업가의 차이

공통점	
• 주어진 환경에 안주하지 않음 • 제한된 자원 속에서도 혁신을 추구함 • 시장에서 새로운 기회를 포착하고 불확실성과 위험을 감수함	
차이점	
창업가	사내기업가
기업가가 위험을 감수	회사가 위험을 감수
기업가가 사업 컨셉과 사업의 소유권을 가짐	회사가 소유권을 가짐. 기업가는 소유권을 갖지 않거나 일부만을 소유함
신속한 의사결정	긴 의사결정 과정
자원 확보의 어려움	자원 확보 용이

「자료: 배종태,차민석(2009) 백현기(1998)내용 재구성」

사내기업가를 언급할 때, 관리자와의 차이에 의문을 가질 수 있다. 하지만 이 둘은 동기와 의사결정방식, 관계 등에서 명백한 차이가 있다. 사내기업가의 동기는 기회실현과 혁신추구이며 관리자는 진급과 연봉이 우선시 된다. 활동방식 또한 사내기업가는 직접 참여하고 주도하며 관리자와 비교했을 때 상대적으로 조직과 수평적 관계에서 일을 추진한다. 이렇듯 사내기업가는 창업가와 관리자의 요소가 복합적으로 내포되어 있는 개념이다.

표 ⑪-2 사내기업가와 관리자의 차이

구분	사내 기업가	관리자
업무 동기	기회 실현, 위험 관리, 혁신추구	진급, 연봉, 권한
활동방식	직접참여	위임과 감독
위험감수에 대한 태도	적절한 위험감수	신중, 소극적(위험회피)
조직과 조직구성원과의 관계	계층/수평적 거래	위계질서 중시
의사결정 방식	동의/합의	상명하복

Ⅱ 사내벤처

사내벤처는 기업이 상품을 개발하거나 신규시장에 진출하는 등 새로운 경제적 가치 및 신사업 창출을 목적으로 여러 가지 활동을 수반하는 조직내부의 독립적인 조직을 의미한다. 기업이 다른 시장에 진출하거나 기존 사업의 영역과는 다른 제품을 개발할 목적으로 별도의 사업부나 그룹과 같은 독립체를 사내에 설립하는 것(Roberts & Bery,1985)을 의미하기도 한다. Block & MacMilan(1997)는 사내벤처를 조직 내부에서 실패에 대한 위험이 높고 불확실성이 큼에도 매출, 이익, 생산성, 품질을 향상시킬 목적으로 설립된 조직으로, Proano Revelo (2017)는 혁신과정의 아이디어화 단계에서 지속가능한 가치 제안을 창출할 수 있는 내부기업으로 정의 했다. 최근 **사내벤처는 다국적 기업들의 혁신의 도구로 새로운 비즈니스 모델 혁신을 창출하기 위한 방안으로 활용**되고 있다. 미국과 유럽 등에서는 1940년부터 신기술 사업화, 조직원의 사기진작 등을 위한 전략으로 사내벤처를 운영했다. 국내에서도 1996년부터 삼성SDS(주), KT(주)등 대기업에서 사내벤처를 도입하기 시작했으며 1999년 벤처 붐이 일어나면서 더욱 활성화되었다. 국내에서는 ㈜인터파크가 효시로 인정되고 있으며 삼성전자의 사내벤처 육성 프로그램 C랩이 대표적인 사례로 알려져 있다. 사내벤처는 기존 모기업이 보유하고 있는 기술력과 창업활동에 필요한 인프라, 마케팅 역량 등을 공유하기 때문에 사업화에 대한 성공 가능성이 크다는 점에서 민간대기업과 공기업 중심으로 점차 확산되고 있다.

1. 국내 사내벤처 사례

국내에서는 최근 새로운 혁신의 필요성 증가와 정부의 사내벤처 지원 의지에 따라 대기업을 중심으로 사내벤처가 점차 활성화 되고 있다. 사내 스타트업이 발전시킨 아이디어를 적용해 회사의 기존 제품에 새로운 기능을 추가할 수 있으며, 사내 스타트업이 분사해 나간다

표 11-3 스핀아웃(Spin-Out)과 스핀오프(Spin-off)

스핀아웃(Spin-out)	스핀오프(Spin-off)
주로 대기업의 구조조정에서 일어나는 과정으로 필요 없는 부분을 완전하게 분리하는 개념을 나타냄. 이를 통해 본사의 비효율적인 부분을 제거할 수 있으며 주력 사업에 집중할 수 있음.	총무, 인사, 재무, 기획 등 핵심부서를 제외한 신규사업부나, 사내벤처 형태에서 독립 법인을 세워 분사하는 것으로 모기업과 지속적으로 교류하며 시너지를 만들어가는 사업 확장 전략. 모기업의 조직문화, 관리시스템, 기술 경험 등을 지속적으로 공유.

하더라도 지원금을 투자해 유망한 기업의 지분을 확보하는 효과가 있기 때문이다.

(1) 삼성전자의 C랩[1)]

삼성전자는 2010년, 창의개발연구소 설립 이후 이를 확대하며 2012년 크리에이티브랩(C랩) 운영을 시작해왔다. 창의적 조직 문화를 확산하고 임직원들의 혁신적인 아이디어를 발굴하기 위해 삼성전자는 지난 2015년부터 C랩 인사이드프로그램은 스핀오프 제도를 도입해 우수한 과제들이 스타트업으로 독립할 수 있도록 지원하고 있다. 누구나 아이디어를 제시할 수 있으며 과제로 선정되는 경우 기존 업무에서 벗어나 약 1년 동안 TF로 활동할 수 있게 돕는다. C랩 공모전과 사내 집단 지성 프로그램(모자이크)를 통해 임직원의 창의적인 아이디어를 공모하며, 모자이크에는 하루 평균 4만 명이 넘는 임직원이 접속해 3,000여개의 아이디어를 접수한다. C랩 공모전을 통해 과제로 선정된 프로젝트는 임직원들이 평가를 거쳐 실현 가능성이 있다고 판단되면 아이디어를 지원한다.

지금까지 145명의 임직원이 스타트업에 도전해 40개 기업을 창업했고 200여명의 신규고용을 창출했다. 세계 시장에서 우수성을 인정받아 해외시장에 진출한 기업도 있다. 스마트 인솔(깔창)로 아마존의 프라임데이에서 골프 스윙 트레이너 분야 베스트셀러 1위를 기록한 솔티드는 미국 골프용품 유통 기업과 40억 원 규모의 제품 공급 계약을 체결하기도 했다. AI 뷰티 솔루션을 개발하는 룰루랩 역시 신규 투자 유치에 성공하며 2023년 코스닥 상장을 목표로 키오스크, 스마트 미러 등으로 제품 라인업을 넓히는 중이다. 2020년에도 지속적으로 우수과제를 선정하고 초기사업자금을 지원하고 5년 내에 재입사를 허용하는 등 꾸준한 지원을 하고 있다.

1) http://www.speconomy.com/news/newsview.php?ncode=1065607382935476

(2) 현대자동차그룹[2)]

현대자동차그룹은 2000년부터 사내 벤처 육성 프로그램인 '벤처플라자'를 운영해 유망 기업 53개를 선발 · 육성했다. 올해까지 분사에 성공한 스타트업은 총 16곳이다. 2018년부터는 육성 대상을 자동차 외에 미래 유망 분야로 넓혔다.

현대자동차그룹의 사내벤처 제도는 두 가지 형태로 운영되고 있는데 첫째 기술 개발형 사내벤처로 현대, 기아자동차 기술개발로드맵 기반의 원천기술 개발 및 적용을 위한 개발에 집중하는 형태이다. 두 번째는 분사형 사내벤처로서 새로운 기술과 서비스 개발 및 사업화를 통한 부품 공급망 사슬 구축 및 신사업 창출을 목적으로 한다. 현대차그룹에서 2020년 분사한 스타트업은 마이셀 · 피엠쏠 · 원더무브 · 엘앰캐드 4곳이다. 이들 스타트업은 2~4년의 준비기간을 거쳐 현대차그룹을 포함한 각종 업계와 시장 개척에 나설 계획이다.

(3) CJ올리브영[3)]

올리브영은 2018년부터 사내 아이디어 공모 제도 레볼루션을 시행해왔다. 레볼루션은 업무 비효율 개선점과 새로운 아이디어를 제안하는 제도로, '현금 없는 매장', '대표 상품으로 구성한 트래블 키트' 등 현재까지 약 60여개의 아이디어가 실제 업무 현장에 적용됐다.

기존 레볼루션 운영과 더불어 구성원이 제안한 아이디어의 사업화를 지원하는 프로세스가 필요하다고 판단하여 레볼루션 랩을 새롭게 도입했다. 레볼루션 랩은 신사업이나 신규상품, 서비스, 플랫폼 등 아무 제한 없이 기존 사업과 시너지를 낼 수 있는 모든 분야에서 자유롭게 아이디어를 제시하고, 이를 구체화 할 수 있도록 돕는다. 아이디어 제출 이후 심사 위원회를 통해 시장성을 평가받고, 전문가 코칭을 바탕으로 사업계획과 비즈니스 모델을 구체화, 임원진의 심의를 받는 구조이다.

최종 아이디어로 선정되면 사내에 전담 조직이 신설되고 최대 1억원의 사업 지원금, 외부 기관의 컨설 팅 등 전폭적인 지원을 받으며 성과를 바탕으로 분사, 사내흡수 등이 결정되며 개인의 선택에 따라 원래 소속부서로 다시 발령받을 수 있도록 보장함으로써, 직원들의 적극적인 아이디어 제시를 돕는다.

---

2) https://www.sedaily.com/NewsView/1Z2SSJKPH5

3) https://www.news1.kr/articles/?4016836%3E

(4) 아모레퍼시픽[4)]

아모레퍼시픽은 2016년부터 사내벤처 프로그램인 '린 스타트업(Lean Startup)'을 통해 기존에 없었던 창의적인 브랜드 개발을 하고 있다. 린 스타트업은 2015년 아모레퍼시픽그룹이 창립 70주년을 맞아 전사 차원에서 성장 동력으로 내세운 프로그램이다. 짧은 시간에 제품을 만들고 성과를 측정하며 개선방안을 반복적으로 반영하는 린스타트업의 방법론에 따라 아모레퍼시픽 내부적으로도 끊임없이 가설을 세우고 방향을 바꾸면서 지속적인 시도와 단계별 시행착오를 통해 변화를 추구하는 테스트 앤드 런(Test & Learn) 방법론을 지속해서 강조하고 있다.

2016년부터 매년 사내 벤처 2개를 배출하고 있으며 2018년 론칭한 큐브미는 론칭 1년여 만에 각종 e커머스는 물론 백화점, 드럭스토어 등 온 · 오프라인 700여개 매장으로 판매처를 확대하며 빠르게 성장하고 있으며 2019년에는 Z세대 남성메이크업 브랜드 '비레디(BeREADY)'는 '글로우픽' 선정 남성 메이크업 카테고리 1위에 올랐다.

(5) SK하이닉스[5)]

SK하이닉스는 2018년 애플 등 글로벌 정보기술(IT) 기업들이 `차고(garage)`에서 창업한 것에 착안해 하이개라지(Hi-Garage)라는 벤처 프로그램을 시작했다. 주요 연구주제는 반도체 장비 국산화, 인공지능 공정 모델링이다. 사내벤처로 선발된 팀은 사내 벤처 활동에 전념할 수 있도록 기존 소속에서 분리되어 별도 전담 조직으로 이동한다. 또한 이후 최대 2년간 벤처 창업 전문가들의 컨설팅 등 도움을 받으며 제품 개발이 완료되면 창업 또는 사내 사업화를 선택할 수 있다. 만약 창업이 아닌 사내 사업화를 선택하면 사업화를 통해 발생한 이익 중 일부는 해당 임직원에게 일정 부분 배분한다. 또한 만약에 사업화에 실패하더라도 재입사를 보장해 실패를 두려워하지 않고 도전할 수 있도록 지원 하고 있다.

---

4) https://www.fnnews.com/news/202006171648151602

5) https://www.news1.kr/articles/?4024533

삼성전자 혁신 DNA, 스타트업 독립으로 결실

– 2020년 삼성전자에서 분사한 스타트업

2020년 11월에 독립하게 된 스타트업은 이번에 독립하게 된 스타트업은 3곳. 신종 코로나바이러스 감염증(코로나19)으로 인한 비대면 문화에 주목한 과제들을 수행했다는 공통점이 있다.

비컨은 AI(인공지능) 분석을 통해 개인 맞춤형 탈모 관리 솔루션을 제공하는 스타트업이다. 전용 기기로 두피를 촬영하면 민감도, 각질, 머리카락 밀도 등 10가지 항목에 따라 두피와 모발 상태를 진단할 수 있다. 이에 따라 집에서도 손쉽게 관리할 수 있는 헤어제품을 추천해준다. 간편한 사용성으로 올해 1월 열린 CES 2020에서 주목받은 데 이어 7월엔 스마트 디바이스 쇼(KITAS 2020)에서 KITAS TOP 10에 선정되기도 했다.

사물인터넷(IoT)을 활용한 스타트업도 있다. 옐로시스는 체계적인 건강관리를 도와주는 홈 IoT 소변 검사 시스템이다. 양변기에 기기를 설치하면 자동으로 소변을 검사한다. 결과는 스마트폰으로 확인할 수 있다. pH·포도당·잠혈·단백뇨·케톤뇨 등에 대한 정보를 축적해 건강 사태를 확인하고 이상 징후가 발견되면 사용자에게 알려준다.

바이브존은 사람과 사람 사이를 연결하는 IoT 기기와 플랫폼을 개발하고 있다. 스타와 팬을 연결해주는 디지털 굿즈 '블링'이 대표적이다. 스타가 블링에 메세지 신호를 남기면 팬이 갖고 있는 블링에 실시간으로 전송된다. 마치 일대일로 소통하는 듯 친밀감을 형성한다.

「출처: http://www.speconomy.com/news/newsview.php?ncode=1065607382935476」

2020년 현대자동차그룹에서 분사한 스타트업

마이셀은 친환경 소재인 버섯균사로 차량 복합재와 패브릭 등 바이오 소재를 개발하는 업체다. 2016년부터 개발에 착수해 밀레니얼 세대를 겨냥한 디자이너 제품 출시를 준비하고 있다. 피엠쏠은 고내열성

과 고윤활성 물질의 장점을 결합한 복합 윤활제와 3D 프린팅용 금속 분말을 공급한다.

피엠쏠은 가격이 저렴하면서도 성능이 뛰어난 금속 분말을 개발해 기존 항공·의료 분야뿐 아니라 자동차에도 적용되도록 분야를 확장했다는 평가를 받는다.

원더무브는 경로·도착시간·선호도를 기반으로 출퇴근 시간 직장인 대상의 커뮤니티 정기 카풀 서비스를 제공한다. 원더무브는 올 상반기부터 현대차그룹 임직원 대상 시범 사업을 운영할 예정이다. 엘앰캐드는 기존 캐드 시스템의 한계를 보완한 3D 도면 정보 솔루션 기업이다.

「출처:https://www.sedaily.com/NewsView/1Z2SSJKPH5」

'SK하이닉스 스핀오프' 알세미, 10억 투자 유치

SK하이닉스에서 스핀오프한 알세미가 10억원 규모의 시드(seed) 투자를 유치했다. 조달한 자금으로 주력 제품인 인공지능 기반 반도체 모델링 솔루션(ALI) 상용화에 나선다. 16일 알세미는 시드 라운드에서 10억원의 외부 자금을 유치했다고 밝혔다. L&S벤처캐피탈, 김기사랩, 베이스인베스트먼트, SJ투자파트너스 등 4곳이 투자했다.

지난해 문을 연 알세미는 반도체 설계 자동화(EDA)에 특화한 스타트업이다. SK하이닉스의 사내벤처 육성 프로그램인 '하이개라지' 1기 기업에 선발돼 분사했다. 조달한 자금으로 주력 제품인 '인공지능 기반 반도체 모델링 솔루션(ALI)'의 상용화에 나설 계획이다. 반도체 시뮬레이션의 예측 역량을 향상하는 기술이 녹아들었다. 반도체 개발 기간을 줄이고 수율을 높일 것으로 기대된다.

조 대표는 "ALI의 상용화로 반도체 모델 수식을 개발하는 데 AI가 중심 역할을 해낼 것"이라며 "앞으로 AI가 가져올 반도체 기술 패러다임의 변화를 선도하겠다"고 밝혔다.

「출처: https://www.thebell.co.kr/free/content/ArticleView.asp?key=202006160949204600105242」

2. 해외 사내벤처 사례

(1) 세븐& 아이홀딩스

일본 최대 유통업체인 세븐&아이 홀딩스의 경우, 창업가인 스즈키가 유통회사에서 자비로 사내벤처를 꾸려 세븐일레븐 재팬을 설립, 일본 최초의 편의점을 설립해 폭발적 성장을 이룬 사례로 유명하다. 처음 세븐일레븐을 시작할 당시 일본 내 유통업체는 대형 매장에만 열을 올리고 있어 소형 소매 매장을 시작하자는 의견이 묵살되는 분위기였으나, 사내벤처를 설립해 시도해보는 조건으로 세븐일레븐이 설립된 것이다. 당시 일본 내에서의 파격적인 도전이었던 세븐일레븐은, 이후 일본 내 3대 편의점으로 부상, 현재 일본 내 최대 유통회사인 세븐&아이홀딩스를 존재하게 만들었다.

(2) 나이앤틱

포켓몬고의 개발사인 나이앤틱도 구글의 사내벤처로부터 시작했다. 구글 맵, 스트리트 뷰 개발진이 2010년부터 대거 참여해 2015년 구글에서 분사, 세계 최고의 증강현실 게임으로 손꼽히는 포켓몬고가 탄생할 수 있었다.

나이앤틱은 단순 게임 뿐만 아니라, 증강현실과 위치기반 서비스의 강점을 활용, 증강현실 분야의 경쟁력을 확보할 계획이며, 구글의 자유로운 사내벤처 문화와 실리콘밸리에서 비롯한 '바텀업' 방식의 의사결정 구조를 바탕으로 구성원의 자유로운 아이디어 제시를 돕고 있다.

(3) 3M

3M의 경우, 기업 내 독립된 벤처 사업부를 설치하여 사내 벤처를 장려하고 있다. 벤처 사업부는 기존에 채택되지 못한 신사업 아이디어를 검토하고, 이중 가능성 있는, 아이디어를 선정해 사업화하며, 유망한 아이디어가 나오면 제네시스 그랜트(Genesis Grant)라는 기금을 조성해 사내 벤처를 적극 지원한다.

3M은 회사가 구조적으로 사내벤처 팀으로 구성되고, 매출액의 30% 이상을 최근 4년간 개발한 신상품을 통해 기록하는 것을 목표하고 있다. 또한, 모든 직원이 업무 시간의 15%를 업무 외에 자유롭게 사용할 수 있도록 하며 새롭고 참신한 아이디어를 낼 수 있도록 돕고 있다.

(4) 제록스

제록스는 사내벤처를 적극 지원하는 XTV 사업부를 1988년부터 설립했다. 임원급 레벨이 참여하였으며, 사업으로 가능하면 VC 조직을 구성, 포트폴리오 도입 시 모기업의 자원을 활용한다는 두 가지 원칙을 활용했다.

사업화 전까지는 사내에서 보육하고, 사내에서 해당 사업에 관심도가 부족할 경우에는 XTV로 사업을 이전해 별도로 법인화 시켰다. 제록스의 주력 제품과 기술이 아니어도, 제록스에서 발생한 아이디어와 제품, 기술로 구성된 벤처를 관리하고 육성해왔다.

(5) 미쓰이 물산

종합상사이나, 헬스케어 등 신성장 사업을 적극적으로 육성하면서 의약품 개발, 병원운영, 의료인력, IT 지원 등을 추진하며 수익원 다각화를 계획하고 있다. 또한, 기존 종합상사

사 례 **해외 사례**

◆ 나인앤틱, 사내벤처 열풍 재점화하다

해외 사례를 살펴보면 '포켓몬 고'를 개발해 주목받고 있는 나이앤틱이 있다. 최근에 다시 한 번 전 세계적으로 사내벤처 열풍을 재점화한 주인공이다. 나이앤틱은 구글에서 보다 신속한 의사결정 및 프로젝트 진행을 위해 만든 사내벤처였다.

존 행크 나이앤틱 최고경영자(CEO)는 원래 구글 부사장이었다. 구글의 위성사진 서비스인 구글어스 창업 멤버로, 이전부터 위성항법장치(GPS)와 지도 서비스에 관심을 두고 있었다.

순식간에 몸집이 커져 대기업이 된 구글에서 부사장 역할을 하는 것은 적성에 맞지 않는다고 생각한 그는 프로그램 개발에 대한 열망을 갖고 사내벤처인 나인앤틱을 설립한 것으로 알려졌다.

나인앤틱은 GPS와 증강현실을 기반으로 기존과 다른 차원의 게임을 보급하는 데 주력해 왔다. 그러던 2015년 구글이 지주회사로 변경하면서 구글로부터 독립했다. 현재는 일본 게임사 닌텐도와 산하 포켓몬컴퍼니가 주요 주주다. 구글은 일부 지분을 가진 것으로 알려졌다.

「출처: https://magazine.hankyung.com/business/article/201702060110600015 1」

에서 비즈니스 모델을 다변화하며, Digital Transformation 팀을 별도로 설립해 AI, 디지털 신기술 등에도 투자하고 있다. 일례로, 센서를 이용해 트럭의 차량간 병렬 주행이 가능하게 만드는 미국의 '펠로톤', 산업용 드론회사 'Sky futures' 등 유망한 스타트업에 직접 출자할 뿐만 아니라, 직원이 직접 출자할 수 있는 사내 벤처제도를 적극 도입하고 있다.

3. 사내벤처 활성화 전략

국내외 모두 사내벤처를 독려하는 분위기이나 사내벤처의 활성화를 위해서는 여전히 보완해야할 점이 많다. 사내벤처는 기본적으로 조직의 재정적 지원을 받기 때문에 모기업으로부터 완전하게 독립된 결정을 할 수 없다. 모기업에서 완전하게 독립될 수 없다는 것은 완벽한 권한위임이 불가능함을 의미한다. 이에 따라 모기업의 기존 시스템과의 충돌로 인한 결정의 지연, 경영층의 지원 부족, 자율권 침해 등 여러 가지 문제가 발생할 수 있다. 특히, 모기업과 표적시장이 겹치는 경우 모기업과 서로 영향을 주고받기 때문에 사내벤처 기업이 기존에 추구하려던 방식을 지속하는 것에서 많은 어려움을 겪기도 한다. 즉, 사내벤처를 수행할 리더에 대한 권한위임과 경영진의 확고한 지원이 확보되지 않으면 사내벤처의 추진이 용두사미로 끝나버릴 수 있다. 사내벤처를 추진하는 과정에서도 여전히 고민은 존재한다. 수많은 아이디어 중에 어떤 아이디어를 사업화를 해야 할지 선택하는 것은 어려운 일이며, 사내벤처가 성공하더라도 그에 대한 보상을 어떻게 해야 할지는 쉽게 해결되지 않는 부분이다. 또한 사내벤처가 기존의 조직에서 분사하더라도 창업기업에서 제외되는 등 여러 가지 법적인 문제 또한 존재한다. 이러한 문제를 해결하고 사내벤처의 성공적인 운영을 위해서는 조직적 측면과 국가적 측면의 노력이 필요하다.

우선 조직적 차원에서 할 수 있는 노력을 살펴보자. 사내벤처는 조직구성원들의 자발적인 참여가 기본이 되어야 한다. 조직원들이 자발적 동기를 부여하기 위해서 **첫째, 명확한 목표를 수립하고 사내벤처 활동에 대한 긍정적 인식을 강화하는 것이 필요하다.** 이를 위해서는 사내벤처 전담부서의 공식적인 활동을 통해 사내벤처의 추진배경과 회사의 제도, 사내벤처 프로세스, 성공 사례 등을 공유하는 등의 노력을 기울여야 한다. **둘째, 사내벤처 활동에 대한 심리적인 안정망을 구축하는 것이 필수적이다.** 심리적 안정망이 구축될 때, 도전적인 아이디어 등 다양한 의견을 자유롭게 개진할 수 있기 때문이다. 심리적 안정망을 구축하기 위해서는 실패하더라도 조직이 보호해 줄 수 있는 내부규제 마련하고 이벤트성이 아닌 장기적인 측면에서 사내벤처조직을 운영하며 사내벤처 운영 프로세스 투명하게 공개하는 것이 필요하다. **셋째, 조직구성원의 역량강화에도 신경 써야 한다.** 조직구성원의 사내벤처 활동에 대한 의도를 구체화하고 행동으로 유인하기 위해서는 실제로 창의적인 아이디어를 발산할 수 있는 조직구성원의 역량이 기본이 되기 때문이다. 사내 교육 및 컨설팅 진행을 통한 역량강화는 기본적인 방안이 될 수 있을 것이며, 내부구성원간의 다양한 네트워크를 독려하는 사내 컨퍼런스, 기술교류회 등을 추진하여 집단지성의 발휘를 독려하는 것도 하나의 방안이 될 수 있다. **넷째, 사내벤처 리더의 자율성이 보장되어야 한다.** 사내벤처가 기존 모기업의 시스템에서 보다 자유로울 수 있는 환경이 필요하며 어느 정도의 독립성이 보장되어야 한다. 특히 사내벤처 리더에게 권한위임을 하여 자율성을 보장하고 신규 사업을 추진할 수 있는 권한을 부여해 적극 후원하는 것이 중요하다. 이는 기존의 방식에서 벗어난 새로운 시도를 추진할 수 있는 동력으로 작용할 수 있을 것이다. 국가적 차원의 노력도 필요한데 가장 시급하게 개선되어야 할 부분은 사내벤처기업이 분사한 경우 공정거래법에 따라 상대회사로 지정되면 창업기업, 중소기업에서 제외되어 창업기업, 중소기업이 받을 수 있는 수많은 혜택을 전혀 받지 못한다는 점이다. 분사한 사내벤처가 창업기업, 중소기업에 속할 수 있도록 법의 개선하여 분사한 사내벤처기업이 충분한 혜택 속에 역할과 기능을 다 할 수 있게 해야 한다. 이렇듯 조직차원, 국가적 차원이 수반될 때 사내벤처의 지속 확대 발전이 가능할 것이다.

Ⅲ 사회적 경제와 사회적 기업

1. 사회적 경제

사회적 경제란 무엇인가? 사회적이라는 단어와 경제적이라는 단어는 어찌 보면 상충될 수 있는 개념이 될 수 있다. 사회라는 단어 속에는 둘 이상 함께 살아간다는 의미가 담겨있고, 경제적이라는 단어는 이익과 효용을 극대화 하는 선택의 의미를 담고 있기 때문이다. **사회적 경제라 함은 자본주의 경제체제 안에서도 해결할 수 없었던 빈부격차, 세대 간 격차, 인간소외라는 문제를 공동체의 문제로 여기고 그 문제해결을 위한 사회적인 공감대를 바탕으로 인간의 존엄성과 항구적인 공존을 위한 논의에서 시작되었다.**

시장경제라는 것은 1776년에 출간된 애덤스미스 Adam Smith 의「국부론 An Inquiry into the Nature and Causes of the Wealth of Nation」에서 비롯되었다고 본다. 이 책에서 말하는 '보이지 않는 손'이 개인들의 이익추구와 합리적인 선택에 의해서 '수요와 공급의 일치'라는 지점을 만나 가장 효율적인 균형점이 되고, 이것은 시장과 사회는 스스로 이익이 되는 방향으로 나아갈 것이라는 주장이다. 주류경제학에서 개인은 합리적인 선택을 통해서 개인의 이익과 효용을 극대화할 것이다. 예컨대 시장에서 맛있는 라면의 인기가 높아져 라면을 사려고 하는 사람이 많아진다면 라면의 가격은 올라갈 것이다. 이 때 기업은 더 많은 이익을 내기 위해서 노동자를 더 많이 고용하고, 적합한 고용자를 찾을 수 없을 때 일반적인 임금상승률보다 더 많이 임금은 올라갈 것이다. 더 많이 생산된 라면은 더 합리적인 방향을 찾아낼 것이고 이는 수요공급곡선의 균형점을 찾는 것이다. '시장은 스스로 합리적인 방향을 찾을 것이기에 정부의 개입이나 규제는 시장의 효율성에 반하는 일이 될 것이다.'라고 주장해 왔다. 그러나 현재 주류경제학의 시장의 모습은 합리적인 선택을 통해서 시장이 스스로 좋은 방향으로만 가고 있는 것인지 살펴보아야 할 것이다.

지금 우리 사회는 자본주의 시장경제체제에서의 주류경제학이 말하는 '보이지 않는 손'에 의한 균형으로 가고 있다고 보기에는 거리가 있어 보인다. 빈부격차, 상대적인 박탈감, 글로벌화, 디지털화로 인한 인간소외, 기후와 환경문제, 청년실업문제 등 우리가 해결해야할 공통과제들이 너무나도 많고 그 증가폭도 매우 크다는 것이다.

2. 사회적 기업의 출현과 목적

우리는 모두 이기적인 존재인 동시에 사회 구성원으로서 다른 사람의 이익에 관심을 갖고 실천하는 이타적인 존재이다. 애덤스미스의 국부론 이전에 사람은 이타적인 공감능력이 인간의 본성이라고 주장하였다. 시장경제체제하에서 고전주의 경제학파의 이론은 아주 탄탄하게 그 뿌리를 내리는 듯 했지만, 1929년 세계 경제공항으로 불황과 실업으로 전 세계를 몰아넣어 버렸다. 공급과 수요는 균형점을 찾아갈 것이라 믿어온 확신이 깨지기 시작하였다. 공급이 많아졌지만 그 만큼 소비할 수 없었고, 만들어진 재화는 다시 재고로 쌓여 경제는 깊은 수렁 속에 빠져든 것이다. 이러한 흐름 속에서 각종 사회문제와 빈부의 격차는 더욱 더 커져 갔다. 이러한 시장의 기능 원리를 수정하고자 케인즈학파는 시장에 정부의 적절한 개입을 주장하게 되었고 이른바 뉴딜 정책으로 대표되는 정부의 재정지출의 확대와 일자리 창출사업이 사회적 경제의 기초가 되었다.

사회적 경제와 사회적 기업의 제품과 서비스를 소비하는 것은 인간의 공감능력과 이타적인 행동의 발로라고 할 수 있다. 사회적 기업에 대한 홍보와 소비는 자본주의 시장경제체제하에서 자기 이익만을 추구하는 환경보다는 세상을 보다 살만하고 행복한 환경을 조성하는데 그 의의와 목적을 가진다. 그 목적은 일시적인 것이 아닌 지속가능성 사회적 기업의 존재위에 그 가치를 가질 수 있는 것이다.

3. 사회적 기업의 이해

우리나라는 세계의 여러 나라에게 원조를 받는 나라에서 이제는 저개발국가의 원조를 해주는 피원조국이 된 첫 사례가 되었다. 그 누구도 밟아보지 못한 빛나는 자본주의 시장 경제체제의 발전을 이루어 낸 나라이다. 그렇지만 눈부신 경제 발전 속에서도 각종 사회문제에 부딪히고 있는 상황이다. 이러한 문제를 해결하기 위해서 사회적 경제라는 개념을 이해하고 당면한 사회문제를 해결할 수 있는 사회적 기업의 필요성이 대두되었고, 2007년 사회적 기업육성법의 제정으로 인해 각종 사회문제 해결이라는 과제를 해결해 나갈 수 있는 하나의 전기를 마련하였다.

사회적 기업이란 기존 영리기업이 기업의 이익과 이윤추구라는 경제적인 개념에 충실한 기업이라면, 사회적 기업은 당면한 사회 문제의 해결이 주된 목적이면서도 동시에 이익을 통한 지속적인 영속가능성을 추구하는 기업이라 할 것이다.

사회적 기업이란 영리기업과 비영리기업의 중간 형태로, 사회적 목적을 우선적으로 추구하면서 재화 · 서비스의 생산 · 판매 등 영업활동을 수행하는 기업(조직)을 말한다.

「사회적기업 육성법」에서는 사회적 기업을 취약계층에게 사회서비스 또는 일자리를 제공하여 지역주민의 삶의 질을 높이는 등의 사회적 목적을 추구하면서 재화 및 서비스의 생산 · 판매 등 영업활동을 하는 기업으로서 고용노동부 장관의 인증을 받은 기관으로 정의하고 있다.

영리기업이 주주나 소유자를 위해 이윤을 추구하는 것과는 달리, 사회적 기업은 사회서비스를 제공하고 취약계층에게 일자리를 창출하는 등 사회적 목적을 조직의 주된 목적으로 추구한다는 점에서 차이가 있다.

사회적 기업은 세계 각국의 환경, 역사적, 경제적 배경에 따라 각기 다른 형태로 출현 및 발전해왔다. 그 시기도 차이가 있으면 지역에 특성에 기인한 바가 크다. 유럽의 경우 사회보장제도의 역사가 오래됐고, 시장경제체제의 보완을 위해 오랫동안 노력하고 발전시켜왔다.

그림 ⑪-2 사회적기업의 영역

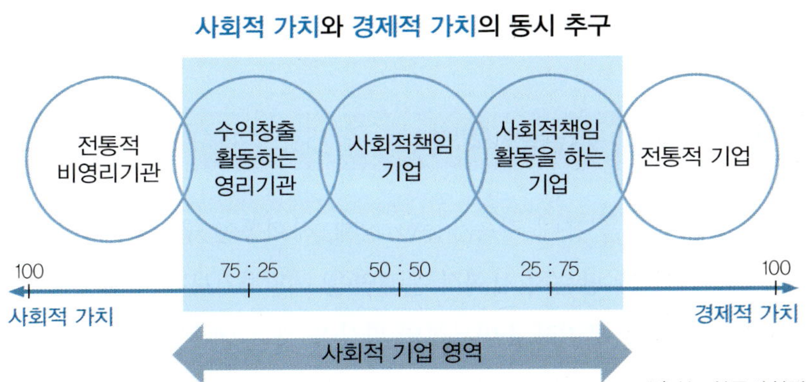

「출처 : 한국사회적기업진흥원」

하지만 1970년대 말 복지국가제도 실현하는 과정에서 경기가 침체되고 재정이 고갈되어 재정부담은 감당할 수 없는 수준에 이르게 되었다. 작은 세심한 부분까지 정부가 일일이 챙길 수 없는 상황에서 제3의 영역으로서 사회적 기업이 그 대안으로 자리 잡았다. 1991년 이탈리아의 사회적 협동조합법을 시작으로 스페인, 프랑스, 스웨덴 등 사회적 기업과 사회적 협동조합의 형태가 태동하게 기반을 마련하게 되었다. 미국의 경우 1980년대 레이거노믹스의 등장과 함께 미연방정부의 예산감축이 복지예산으로 감축으로 이어졌고, 비영리기관의 재정 자립도향상을 요구하기에 이르렀다. 비영리기관의 공익활동과 함께 수익사업을 일반화하도록 하였으며 1990년대에 이르러서는 노동시장에 부적응하는 빈곤층을 위한 일자리창출모델로 사회적기업이 대두되고 부각되었다.

대한민국은 외환위기 이후 짧은 기간 동안 공공근로, 자활 등 정부재정지원에 의한 일자리가 확대되었으나, 안정적인 일자리로 연결되지 못함에 따라 정부재정지원의 효과성과 관련한 논란이 지속적으로 제기, 2000년대에 들어 고용 없는 성장의 구조화, 사회서비스 수요의 증가 등에 대한 대안으로 유럽의 사회적기업 제도 도입과 관련한 논의가 본격화, 비영리법인 · 단체 등 제3섹터를 활용한 안정적인 일자리창출 및 양질의 사회서비스 제공모델로서 사회적기업 도입 논의가 구체화 되었다.

유럽과 미국 그리고 한국의 사회적 기업에 대한 출현의 시기와 모양은 다르지만 출현배경은 경제침체와 실업률의 급격한 증가에 기인한다고 볼 수 있다. 정부는 공공의 영역에서 국방이나 사회인프라의 문제를 해결하기에는 적합하나 소외계층의 복지문제 등 신속하게 대응해야하는 문제에 대해서는 조금 부족한 면을 갖고 있다. 민첩한 의사결정이 필요한 일자리창출이나 지역사회의 문제 등을 해결하기에는 사회적기업과 사회적 협동조합이 보다 빠르게 해결하기에 적합한 형태라고 볼 수 있으며, 시대의 요구를 반영된 것이라 할 수 있다.

4. 사회적 기업의 의의

사회적기업 육성을 통해 지속가능한 경제, 사회통합 구현을 목표로 하고 있는 기업이다. 단순히 **사회적 기업은 단순히 사회적 문제만을 해결하기보다는 일자리창출, 지역사회의 활성화, 사회서비스의 확충, 윤리적 소비문화의 확산**을 하는 데 큰 의의를 가질 수 있을 것이다.

자본주의 시장경제체제는 성장이라는 목표로 삼아 앞으로 나아가는 것을 목적으로 하기 때

그림 ⑪-2 사회적 기업의 의의

지속가능한 일자리 제공	지역사회 활성화	사회서비스 확충	윤리적 시장 확산
취약 계층을 노동시장으로 통합 보람되고 좋은 일자리 확대	지역사회 통합 사회적투자확충을 통한 지역경제 발전	새로운 공공서비스 수요 충족 공공서비스 혁신	기업의 사회공헌과 윤리적 경영문화 확산 착한 소비 문화 조성

「출처 : 한국사회적기업진흥원」

문에 과정보다 목표와 성과에 치중하는 사회이다. 성과주의 사회는 목표수행 과정 하에서 분배와 소외, 빈부격차 등 많은 문제점 필연적으로 낳게 되었다. 물질주의가 만연하고 공동체에서 소외는 사람들을 함께 견인하지 못하는 문제 등을 사회적기업의 활동이 문제를 해결하기도 하지만 이런 문화를 다분히 제어하는 기능을 가지게 될 것이다. 일자리창출을 통해서 사람들이 스스로 자존감을 높일 수 있으며 자립할 수 있는 기반을 마련해주기도 한다. 지역경제 활성화는 중앙정부가 제어하고 조정하기에는 너무 많은 다양한 문제를 지니고 있어서 그 지역의 문제를 해당구성원과 사회적 기업이 해결함으로써 변화에 보다 신속하게 대처하게 될 것이다. 이런 지역문제가 오히려 중앙정부의 아젠다(의제)를 견인하는 역할을 가지기도 한다. 예를 들어 지역경제 활성화를 위한 지역화폐 등은 지역의 사회적 문제해결의 좋은 사례가 되어 전국적으로 확산되어 보편화된 문화로 자리 잡기도 한다. 마지막 윤리적 소비문화의 확산이다. 대표적인 사례로는 공정무역커피를 들 수 있다. 우리나라에는 아름다운커피와 YMCA 커피 등은 저개발국가의 커피생산에서 아동의 노동착취를 막기 위해 정당한 가격의 생산비를 지급함으로써 아동대신 어른이 커피를 생산할 수 있도록 했다. 결국 아동에게 노동을 시키는 것을 금지시키는 효과를 거두어 결과적으로 아동인권을 보호하는 데 큰 기여를 하게 된다. 그 밖에 사회적 기업의 의의는 둘 수 있는 것은 많다. **국가는 국가의 책임을 다할 수 있는 큰 분야 외교, 국방, 공공서비스 등을 책임지고, 신속하고 변화에 유연하게 대응할 수 있는 일은 사회적 기업이 하도록 하여 국민경제와 국가경제에 이바지 할 수 있을 것이다.** 따라서 사회적 기업에 대한 교육, 육성, 규제완화와 인센티브 제공은 지속적인 경영이 가능하도록 하는 것이 매우 중요하다고 할 수 있다.

5. 사회적 기업의 자격요건과 지원제도

대한민국은 사회적 기업을 인증제를 실시하고 있는 드문 국가 중에 하나이다. 서구나 미국 등은 사회적 기업에 대한 인증제를 실시하고 있지 않는다. 우리나라도 인증제에서 등록제로 바꾸자는 논의가 진행되고 있다. 등록제 등으로 바꾸게 된다면 더 많은 사회적 기업의 탄생으로 이어질 것이고 공정과 나눔의 문화는 더 많은 탄력을 받을 것이다.

사회적 기업의 인증요건은 7가지 기준으로 구분되며 설립 취지에 맞게 운영되도록 그 요건을 갖추어 인증하도록 하고 있다.

사회적 기업은 사회적 문제를 해결하는 것이 주요 목적이다. 물론 사업의 지속가능성을 위해 사회적 기업에게 각종 인센티브와 지원제도를 통하여 수익을 발생할 수 있도록 해야 하는 것이다. 기업이 설립되고 성장하고 발전하기 위해서는 초기 인큐베이팅과 투자와 지속

표 ⑪-4 사회적기업 인증요건 [출처: 한국사회적기업진흥원]

	인증요건	주요내용
1	조직형태	민법에 따른 법인·조합, 상법에 따른 회사, 특별법에 따라 설립된 법인 또는 비영리민간단체 등 대통령령으로 조직형태를 갖출 것 (법인이어야 한다)
2	유급근로자 고용	유급근로자를 고용하여 재화와 서비스의 생산 · 판매 등 영업활동을 할 것 (1명 이상의 유급근로자 / 일자리제공형은 평균 3명이상)
3	사회적 목적의 실현	취약계층에게 사회서비스 또는 일자리를 제공하거나 지역사회에 공헌함으로써 지역주민의 삶의 질을 높이는 등 사회적 목적의 실현을 조직의 주된 목적으로 할 것 (저소득층, 고령자, 장애인 등 취약계층에 일자리제공)
4	이해관계자가 참여하는 의사결정구조	서비스 수혜자, 근로자 등 이해관계자가 참여하는 의사결정 구조를 갖출 것 (기업의 정관 또는 규약(운영규정)에 다양한 이해관계자가 주된 의사결정기구에 참여하도록 하는 내용이 명시)
5	영업 활동을 통한 수입	영업활동을 통하여 얻는 수입이 노무비의 50% 이상일 것 (기업규모에 비해 매출액이 저조한 경우에는 영업활동을 통한 수입, 수익성, 안정성에서 기준이 충족되더라도 재무현황 등에 대한 추가 자료를 통해 위원회에서 사회적 목적 실현의 지속가능성 여부를 판단)
6	정관의 필수 사항	사회적기업 육성법 제9조에 따른 사항을 적은 정관이나 규약 등을 갖출 것 (목적, 사업내용, 명칭, 주된 사무소, 출자에 관한 사항 등)
7	이윤의 사회적 목적 사용	회계연도별로 배분 가능한 이윤이 발생한 경우에는 이윤의 3분의 2 이상을 사회적 목적을 위하여 사용할 것(상법상 회사 · 합자조합 등) (지역사회 기부 등 사회공헌사업이 주 목적으로 해야 한다)

적인 지원이 필요한 것도 사실이다. 좋은 사회적 문제해결기업이 수익을 많이 낼 수 없어 사라진다면 사회 전체적으로 볼 때 그 손실이 크다 할 수 있다. 이러한 상황에서 사회적 기업에 대한 지원확대와 설립할 수 있는 문화 확산은 사회적 기업 지원제도에 따라 달라질 수 있다는 것이 분명하다. 사회적 기업이 성장할 수 있도록 하는 다양한 사회적 기업 지원제도를 실시하고 있다.

표 ⑪-5 사회적기업 지원제도 [출처: 한국사회적기업진흥원]

항목	주요내용
일자리 창출사업	사회적 가치를 실현하는 (예비)사회적기업이 신규 일자리를 창출할 수 있도록 인건비 등을 지원하는 사업 –'최저임금 수준의 참여근로자 인건비'와 '사업주가 부담하는 4대 보험료의 일부(9.36%)' 지원수준일자리창출사업 참여연차별로 '지원비율' 차등적용
전문인력 지원사업	(예비)사회적기업이 경영역량 강화를 위해 기획, 인사·노무, 마케팅·홍보, 교육·훈련, 회계·재무, 법무 등 기업경영에 필요한 특정 분야의 전문인력을 채용하는 경우 심사를 통해 전문인력 인건비 일부를 지원하는 사업 ㅇ사회적기업은 기업 당 2인(단, 유급근로자수가 50인 이상 기업은 3인), 예비사회적기업은 기업 당 1인 ㅇ다만, 지원인원 한도를 모두 채용한 사회적기업이나 상시근로자 15인 이상 예비사회적기업이 고령자를 채용할 경우 1인 추가지원
사업개발비	브랜드(로고)·기술개발 등 R&D비용, 시장진입 및 판로개척을 위한 홍보·마케팅, 제품의 성능 및 품질개선 비용 등 재정지원을 통해 (예비)사회적기업의 지속적·안정적 수익구조 기반 마련을 위한 사업개발비를 지원하는 사업
사회보험지원	사회적기업 육성 및 지원을 강화하기 위해 사회적기업의 사회보험료 일부를 지원하는 사업
세제지원	**법인세·소득세 감면** ㅇ사회적기업에 법인세·소득세 3년간 100%, 향후 2년 50% 감면('19. 12.31.까지) **취득세·등록면허세·재산세 감면** ㅇ사회적기업에 취득세·등록면허세 50% 감면, 재산세 25%감면('21년 12월 31까지) • 사회적기업이 직접 사용하기 위해 취득하는 부동산에 대한 취득세 50%, 법인등기에 대한 등록면허세 50%, 고유업무에 직접 사용하는 부동산의 재산세 25% 감면 **부가가치세 면제** ㅇ사회적 기업이 제공하는 의료보건 및 교육 용역에 대하여 부가세 면제 • 사회적 기업이 제공하는 의료보건(간병, 산후조리, 보육) 및 교육용역에 대하여 부가가치세 면제 **사회적 기업에 대한 기부금 인정** • 사회적 기업에게 기부를 하는 일반법인·개인·연계기업에 그 기부금을 법인소득의 10% 범위 내에서 손금 산입 처리
금융지원	소액자금 대출, 중소기업정책자금, 특별보증, 나눔보증
문의처	2019년 사회적기업 · 협동조합 통합 지원기관(전화 : 1800-2012), 관할 지자체

6. 사회적기업 사례

(1) Noridan(노리단)

노리단은 2004년6월'재활용 상상놀이단'이라는 이름으로 창단되었다. 노리단은 2004년 하자센터(서울시립 청소년직업센터)의 첫 문화예술 벤처 프로젝트에서 시작했다. '하고 싶은 일을 하며 먹고 살자'는 구호 아래 호주의 생태 퍼포먼스그룹인 '허법(Hubbub)'의 정신과 기술을 전수받아 한국에서 새롭게 발전시킨다는 취지로 공연기획가, 청소년 등 11명이 모여 만들었다. 산업폐기물 자재 등으로 창의적인 악기를 직접 만들고 그 악기로 공연을 한다. 첫 시작은 일종의 '놀이꾼'들의 단체였다. 2006년 공연을 통해 알려지면서 노리단으로 이름을 바꾸었고 2007년 사회적 기업으로 인증받았으며 현재는 10대에서 60대가 넘는 단원을 보유한 문화예술 기업으로 성장했다. 노리단의 사업은 크게 노리단의 사업분야로는 크게 공연사업, 디자인사업, 교육사업으로 나뉘어져 있다. 사업의 영역이 넓어지고 있으나 여전히 "먹고 살기 위한 일을 하는 것이 아니라 하고 싶은 일을 하며 먹고 살자"는 예술가들의 초심을 지키고 있다.

(2) 괜찮아 마을[6)]

전남 목포를 기반으로 활동하는 '괜찮아마을'은 수도권으로 인구가 몰리며 지역소멸 문제가 커지고, 도시 청년들은 고향을 잃어버리는 상황에서 시작된 프로젝트다. '고향 같은 곳, 실패해도 다시 찾고 싶은 곳, 쉬고 싶을 때 가고 싶은 곳'을 가치로 청년들을 '괜찮아마을'에 모은다. 그곳에서 다양한 활동을 체험하고 추진할 수 있도록 지원한다. 일부 청년들은 괜찮아 마을 체험 후 지역에 남아 카페, 식당, 서점, 갤러리 등을 열고 새로운 인생을 시작하기도 한다. 창업뿐만 아니라, '괜찮아마을'을 만든 여행사 겸 콘텐츠 기획사에는 열두 명의 직원도 있다. 2017년 대표 두 명으로 시작한 이 회사에는 목포 정착을 결심한 청년들이 취업했고, 이제는 공개 채용도 할 만큼 목포에 뿌리를 내렸다. 마케팅을 비롯해 디자인, 행정, 기획 및 출판 등 도시에서 쌓은 각자의 경력은 회사의 분업화를 이뤘다. 서로를 직함 대신 별명으로 부르기도 하고

---

6) http://www.inews24.com/view/1271073

사내에는 밴드를 비롯한 각종 소모임도 있다. '괜찮아 마을'은 같이 하고 싶은 일을 하며 지속적으로 발전하는 관계 속에서 성장하고 있다.

(3) 점프

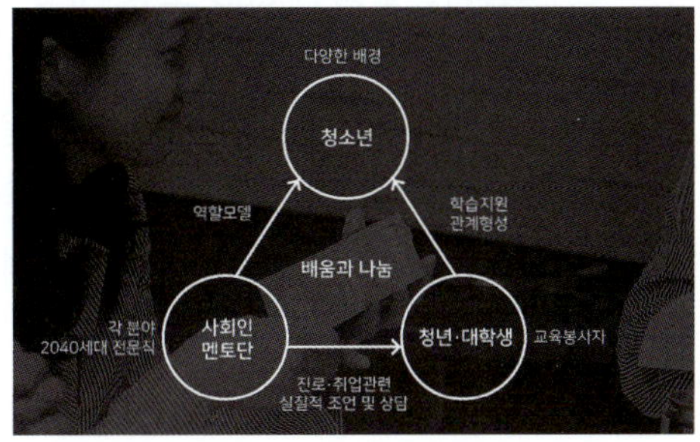

점프는 다양한 배경의 청소년의 교육기회를 확대하고, 미래 포용인재를 양성하여 나눔과 다양성의 가치를 실현하는 비영리 교육 소셜벤처로 현장중심의 다자간 협력모델을 통해 교육, 청년, 기회격차 등 우리사회가 가지고 있는 다양한 문제를 측정가능하고 지속가능한 방식으로 해결하기 위한 다양한 사업을 진행하고 있다. 점프(JUMP)는 'Join Us to Maximize our Potential'의 약자이자 '현실에 위축되거나 안주하지 말고, 더 큰 꿈과 목표를 향해 점프하라'는 의미를 담고 있다. 점프는 전문직업인들이 모인 멘토단을 비롯해 대학생 교사,청소년 총 세 개의 축으로 구분된다. 즉, 점프는 배움과 나눔을 통한 청소년과 대학생, 사회인 리더 간의 선순환의 고리를 만들어냄으로써 사회경제적 불평등을 해소하고 누구에게나 균등한 기회를 제공하는 사회를 실현하기 위해 힘쓰고 있다.

(4)소켓볼(Soccket Ball)[7]

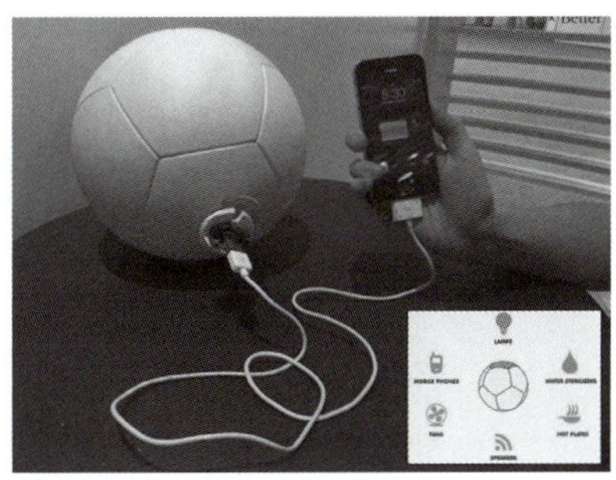

소켓볼은 하버드에 재학중이던 Jessica O.Mathews와 Julia Silverman가 고안해낸 디자인이다. 낮 시간에 공을 가지고 놀다보면 밤에 전기를 밝힐 수 있는 제품이다. 공 내부에는 진동을 감지하는 센서와 이를 이용한 발전 디바이스가 있다. 낮에 한 시간동안 실컷 공놀이를 하다보면 하룻밤 사용할 수 있는 전기가 만들어진다. 즉, 축구공의 운동 에너지를 전기에너지로 바꿔주는 장치를 축구공 안에 설치한 것이다. 단순하면서도 좋은 아이디어인 덕분에 아이들이 공놀이를 한만큼 밤에도 쉽게 책을 읽을 수 있게 되었다. Mathews는 나이지리아 출신으로 지역에 대한 이해도가 높아 아이들이 어떤 놀이를 많이 하는지 알고 있었다는 것이 제품개발에 큰 도움이 되었다.

---

7) https://www.eroun.net/news/articleView.html?idxno=1949

생각해보기2

폐식용유로 개도국의 어둠을 밝히다

식용유 활용한 LED 조명 개발…혁신 기술·사회적 문제 동시 해결

우리사회가 안고 있는 소득불평등을 해소하고 일자리창출과 공동체 활성화 등 공공의 이익을 추구하기 위해 만든 회사가 있다. 이들은 사회적경제기업이라 불린다. 마을기업, 협동조합, 사회적기업이 대표적이다. 사회적경제기업은 그동안 정부와 지자체, 공공기관, 기업등과 협업을 통해 유의미한 사회적 가치를 창출해왔다. 돈보다 사회적 가치를 확장하기 위해 노력하고 있는 사회적경제기업을 소개한다.

폐식용유로 불을 밝힐 수 있는 혁신적인 기술(루미르K)로 전기 부족 국가의 사회 문제를 동시에 해결한 루미르는 뉴욕타임스 등 전세계 약 40개국 480여개의 언론매체가 소개하고, 인도네시아 정부와 대기업이 주목하는 대표적 사회적기업이다.

◇ 창업의 길을 터준 인도 여행

2014년 당시 대학생이었던 박 대표는 친구와 인도 여행을 떠났다가 정전을 처음 경험했다. 시내에서 맥주를 마시다가 갑가지 불이 나간 것. 당황한 박 대표와 달리 현지 사람들은 태연했다. 주인은 담담하게 호롱불을 켰고 각자의 위치에서 모두 제 할 일을 했다. 경제가 급성장하면서 전력 수요는 증가한 반면 공급이 따라가지 못해 생긴 일이었다.

정전을 아무렇지 않게 받아들이는 현지민들이 안타까웠던 그는 귀국 후 빛에 관심을 가지기 시작했다. 빛이 개발도상국에서는 절실한 문제일 수 있겠다고 생각한 것이다. 이후 전기가 없이도 빛을 낼 수 있는 방법을 찾기 시작한 그는 UPS로 가능성을 발견했고 2014년 루미르를 창업해 본격적인 상품 개발에 뛰어들었다.

◇ 인도네시아 국민 위한 맞춤형 램프 개발

박 대표는 인도 여행을 다녀온 후 '가정용 무정전 전원장치(UPS)'를 만들기 시작했다. UPS는 전기를 모아뒀다가 정전이 되면 자동으로 켜지는 원리를 이용한 장치다. 창업 후 첫번째 내놓은 제품은 촛불 램프인 '루미르 C'였다. 호리병처럼 매끈한 형태의 루미르C는 전기가 아닌 촛불로 작동한다. 램프 아랫부분에 자리잡은 작은 양초에 불을 붙이고 1~2분이 지나면 램프 상단의 LED 조명에 불이 켜진다. 성질이 다른 두 종류의 반도체에 온도차가 생기면 전류가 발생해 전기를 만들어 내는 '제베크 효과' 때문이다.

▲ 사진출처 : Lumir(www.lumir.co.kr)

그는 "인도네시아 학생들은 더운 날씨 때문에 오전 6시에 등교해 낮 12시면 대부분 하교를 한다"며 "오후에는 가사일을 돕고 밤에 책을 봐야 하는데, 해가 빨리 떨어져 책을 보려면 호롱불에 의지할 수 밖에 없다"며 안타까움을 전했다.

인도네시아는 비전력 가구가 4000만~5000만에 달하는 것으로 추정되고 있다. 인도네시아는 1만7000여개의 섬의로 이뤄진 나라로 이중 6000개의 섬은 여전히 전력 공급이 원활하지 못한 상황이다. 박 대표는 현장에서 식용유에 주목했다. 식용유는 인도네시아의 7대 필수품인데다, 식용유의 일종인 팜유생산 대국인 점을 감안했다. 이렇게해서 탄생한 '루미르 K'는 외부전력없이 오직 식용유로만 작동하는 LED램프다. 식용유에 불을 붙였을때 생기는 열에너지를 전기 에너지로 변환시켜 LED에 불을 켜는 원리를 이용했다.

식용유 1리터에 800원 정도면 200시간 사용이 가능해 1달러만 있으면 한달동안 램프를 켤 수 있다. 더욱이 루미르K는 일반 등유램프와 비교해 20%의 연료만으로 2.5배 밝은 빛을 낸다. 식용유는 환경오염을 일으키지 않고 불이 잘 옮겨붙지 않아 안전성도 상대적으로 높으며, 폐식용유를 태울 수 있어 연료비가 거의 들지 않는다. 가격은 루미르C보다 훨씬 저렴한 25달러 수준이다. 이는 코이카의 CTS프로그램에 선정돼 인도네시아 출장을 오가며 이룬 성과였다.

◇ 인도네시아에서 주목하는 루미르

박 대표는 루미르 C 개발로 포브스 30세 이하 사회적기업인 30인(아시아)에 선정됐고, 세계 3대 인명사전 중 하나인 마르퀴즈 후즈 후 인명사전(Marquis Who's Who in The World)에도 등재됐다. 또 뉴욕타임스, ABC 뉴스, 가디언, CCTV 등 전 세계 유수 언론매체도 주목하고 있다. 국내에서는 혁신적인 기술로 사회문제를 동시에 해결하는 대표적인 사회적인 기업이라는 평가를 받고 있다. 하지만 이러한 평가는 제품 판매와는 별개였다. 낮은 브랜드 인지도로 판로가 좀처럼 열리지 않았다. 지난해 3월 론칭한 루미르 K는 올초 기준으로 인도네시아에 4300여개가 판매됐다. 국내 대기업들이 사회적 책임 일환으로 수주하고, 경기도 수원이 국제교류를 맺은 도시에 루미르K를 전달한데 따른 것이다. 좀처럼 확장성이 담보되지 않자 그는 인도네시아 정부와 대기업으로 눈을 돌렸다.

박 대표는 "인도네시아 살림(salim)그룹 계열사의 엑셀러레이팅을 받을 기회가 있어 관계자들을 알게 된 것이 인연이 됐다"며 "지난 5월 살림 그룹 회장과 직접 만나 합작법인과 투자 관련 MOU를 체결했으며 현재 서류 절차가 진행중"이라며 기대감을 내비쳤다. 살림 그룹은 인도네시아에서 가장 대중적인 편의점중 하나인 인도마렛(indomaret)을 1만5000개를 보유한 동시에 세계 최대의 라면 제조사이자 인도네시아 대표 가공식품업체인 인도푸드를 보유하고 있는 회사로 유명하다.

살림그룹과 손을 잡으면 투자 뿐 아니라 판매 및 유통확보에도 도움을 받을 수 있게 되고, 인도네시아 편의점들이 에너지 공급으로 저녁까지 영업이 가능해 산업 활성화까지 기대할 수 있을 전망이다. 여기에 인도네시아 정부도 인도네시아 칼리만탄섬에 4년동안 1만개씩 구매해주기로 해 올 하반기부터는 괄목할만한 성과가 기대된다.

◇ 개도국에는 희망을, 선진국엔 아름다운 조명 보급

루미르는 개도국 외에도 선진국을 타깃으로 한 제품을 출시하며 투트랙(two-track)전략을 고수하고 있다. 개도국에는 원가에 준하는 저렴한 가격에 식용류 램프를, 선진국에는 이윤 창출을 목적으로 한 디자인 조명이 바로 그것이다. 이는 박 대표가 사회적 가치를 실현하는 방식이기도 하다.

박 대표는 "투트랙 전략을 통해 어둠도 밝히고, 아름다움도 알리면서 의미있는 결과물을 내고 싶다"며 "큰돈은 벌지 못하겠지만 가치있고 의미있는 일을 계속 할 수 있도록 국내 대기업과 정부에서도 관심을 가져줬으면 좋겠다"고 바람을 전했다.

토의문제

- 기업의 사회적 책임에 대해 토의해 보자.
- 사회적 가치 실현의 의미를 생각해보자.

예비 창업자가 궁금해 하는 Q&A

Q30. 창업진행과정에서 피벗이 필요하나요?

피벗을 결정해야하는 시기는 언제일까요? 대표적인 피벗의 시점은 사업아이템에 대한 시장의 반응이 좋지 않을 때나 고객 유치에 실패했을 때, 고객을 확보했으나 매출로 이어지지 못할 때 피벗을 고민합니다. 이 때 피벗을 통해 새로운 활로를 개척할 수도 있으나 지금까지 쌓아온 것이 무너지는 결과가 나타나기도 합니다. 따라서 창업자는 기존의 창업아이템을 더 유지하고 발전시킬지, 비즈니스 모델을 전환하여 새로운 서비스를 제공할지는 보다 신중해질 필요가 있습니다.

Q31. 자신의 제품(서비스)에 대한 홍보효과를 높이고, 고객테스트를 하고 싶습니다. 어떻게 하면 될까요?

스타트업은 최소한의 비용으로 최대의 성과를 창출해야 합니다. 페이스북, 인스타그램, 네이버블로그, 다음카페 등을 통해 자신의 서비스를 알리고, 고객반응을 살필수 있습니다. 자신의 서비스를 담고 있는 사이트나 어플리케이션을 만들기 전에 '네이버 모두'나 'WIX' 등을 통해 랜딩페이지를 만들어서 자신의 비즈니스모델을 테스트 할수 있고, 제품홍보도 직접 할 수 있습니다. 또는 블로그나 관련 커뮤니티를 운영하면서 네트워크를 넓히고 창업아이템의 전문성을 높일 수 있습니다. 창업자가 노력한 만큼 비용과 시간을 절감하고 홍보할 수 있는 방법은 많습니다. 찾아보시고 시도해보세요.

창업자가 꼭 봐야할 동영상

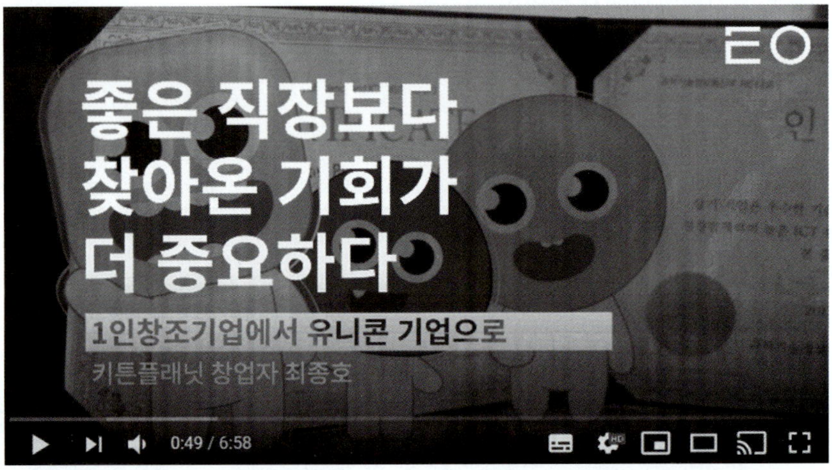

일상에서 발견한 스마트한 사업의 기회
- 키튼플래닛 창업자 최종호 -

"취업과 창업이 본질적으로 다르지 않습니다. 창업은 새로운 라이프 스타일이고 창업 경험이 제 인생에 도움이 될 것이라 생각합니다."

* 유튜브(www.youtube.com)에서 '일상에서 발견한 사업의 기회'를 검색하여 동영상을 시청하세요.

Ask Yourself
"일상에서 창업기회를 발견하려면 어떤 노력을 해야 하는가?"

논문을 통해 배우는 창업

사내기업가정신과 구성원의 직무만족 및 이직의도에 관한 다수준 분석(요약)
- 사내기업가정신의 영향력과 조직신뢰의 조절효과 검증 -

김도희, 남정민

벤처창업연구, 14(6), 2019

본 연구는 2017년도 인적자본패널(Human Capital Corporate Panel; HCCP) 자료를 사용하여 사내기업가정신의 효과성을 분석하였다. 사내기업가정신이 기업의 성과로 연결되는 과정에서 주요한 연결고리인 근로자들의 태도는 그동안 자료수집 및 분석방법의 한계로 인하여 대부분 개인 및 조직수준에서 단일수준으로 연구되어 왔다. 사내기업가정신과 구성원의 태도 사이의 관계를 위계적 선형모형(hierarchical linear modeling)을 활용한 다수준분석[1]을 실시하여 변수 간의 관계성 추정에 정확성을 높였다. 또한, 사내기업가정신이 구성원의 태도에 이어지는 과정에서 조직수준의 조절효과에 대해 살펴보았다.

연구결과, 사내기업가정신은 근로자의 조직에 대한 태도인 직무만족 및 이직의도에 긍정적인 영향을 미쳤고, 이 과정에서 조직신뢰는 사내기업가정신과 직무만족의 관계에서 조절역할을 수행하는 것으로 나타났고, 사내기업가정신과 이직의도의 관계에서는 조절역할을 수행하지 않았다. 즉 조직차원의 사내기업가정신은 구성원의 태도에 미치는 중요한 영향변수임을 확인하였다.

〈표 1〉 위계적 선형모형 검증 결과

구분	모형 1 직무만족			모형 2 이직의도		
	1단계	2단계	3단계	1단계	2단계	3단계
상수	3.116***	3.131***	3.134***	4.250***	4.246***	4.247***
	(0.051)	(0.050)	(0.606)	(0.064)	(0.064)	(0.064)
개인수준(L 1)						
성별	0.038	0.038	0.037	−0.173***	−0.174***	−0.174***
	(0.023)	(0.023)	(0.023)	(0.029)	(0.029)	(0.029)
학력	0.070**	0.069**	0.068**	0.033	0.035	0.035
	(0.024)	(0.024)	(0.024)	(0.030)	(0.030)	(0.030)
연령	0.006***	0.006***	0.006***	−0.027***	−0.027***	−0.027***
	(0.001)	(0.001)	(0.001)	(0.001)	(0.001)	(0.001)
직렬	0.211***	0.209***	0.209***	−0.167***	−0.166***	−0.166***
	(0.023)	(0.023)	(0.023)	(0.028)	(0.028)	(0.028)
조직수준(L 2)						
기업규모 1	0.088**	0.102***	0.105***	−0.169***	−0.183***	−0.183***
(300인 이상 1000인 미만)	(0.030)	(0.027)	(0.027)	(0.043)	(0.042)	(0.042)
기업규모 2	0.169**	0.173**	0.140**	−0.203*	−0.210*	−0.213*
(1000인 이상 2000인 미만)	(0.057)	(0.051)	(0.052)	(0.084)	(0.080)	(0.083)
기업규모 3	0.160**	0.147**	0.150**	−0.297**	−0.286**	−0.286**
(2000인 이상)	(0.056)	(0.050)	(0.049)	(0.082)	(0.079)	(0.079)
기업연령	0.000	−0.000	−0.000	−0.002	−0.001	−0.001
	(0.001)	(0.001)	(0.000)	(0.001)	(0.001)	(0.001)
사내기업정신	0.492***	0.115	−0.658*	−0.569***	−0.233*	−0.304
	(0.041)	(0.062)	(0.309)	(0.069)	(0.094)	(0.483)
조직신뢰		0.560***	−0.177		−0.499***	−0.566
		(0.073)	(0.297)		(0.111)	(0.463)
사내기업가정신*조직신뢰			0.232*			0.021
			(0.090)			(0.142)
Deviance	11079.462	11031.877	11026.561	13652.441	13637.449	13637.655

a) L1 = Level 1(개인수준); L2 = Level 2(조직수준). b) *$p<.05$, **$p<.01$, ***$p<.001$

기업 내 사내기업가정신은 직무만족 및 이직의도 등 근로자의 태도에 긍정적인 영향을 준다. 조직에 대한 근로자의 신뢰수준은 이러한 인과관계를 강화시킨다.

---

1) 다수준분석(multi-level analysis) : 일반적인 회귀분석과 달리 집단수준과 개인수준의 관계를 통합적으로 분석할 수 있는 고급 통계기법. 인사관리시스템과 같은 조직수준의 변수가 근로자의 직무만족도에 미치는 영향과 같이 '조직→개인'의 영향력을 통계적 오류 없이 밝힐 수 있는 통계방법론이다.

참고 문헌

제1장 기업가정신과 창업

- 정승화, 벤처창업론, 박영사, 2008
- 박주영 · 이상호, 창업경영론, 인플로우, 2011
- William Bygrave & Andrew Zacharakis / 이민화 · 이현숙 역, 기업가정신, 동서미디어, 2013
- 이춘우 외 6인 공저, 기업가정신의 이해, (재)한국청년기업가정신재단, 2014

제2장 창업의 필요성과 한국의 창업생태계

- 이신모, 청년창업학, 두양사, 2011
- 변양규 · 박승록 · 조준모 · 박성준, 청년실업의 추이 청년실업의 원인 청년실업의 문제점과 해결방안, 한국경제연구원, 2010
- 박동 · 김안국 · 황규희 · 이종선 · 이봉주, 청년지식기술 창업연구, 직업능력개발원, 2010
- William Bygrave & Andrew Zacharakis / 이민화 · 이현숙 역, 기업가정신, 동서미디어, 2013
- 임창희, 조직행동론, 비앤엠북스, 2008
- 한길석, 창업과 기업가정신, 비앤엠북스, 2013
- 장승우 · 윤수영 · 김형주, 실리콘밸리 해법으로 본 한국형 창업방정식, LG경제연구원, 2013
- 김승호, 창업 · 벤처생태계 조성 어떻게, 파이낸스뉴스, 2013.1.15.

제3장 창업의 성공과 실패

- 정승화, 벤처창업론, 박영사, 2008
- 한정화, 벤처창업과 경영전략(5판), 홍문사, 2013
- 김철교 · 곽선호, 최신 벤처창업경영, 탑북스, 2011
- 강남규, 핀란드 노키아 빈자리에 창업 '새살', 중앙일보, 2013.10.23

제4장 창업아이템 선정 및 창업 절차

- 정선영, 인구고령화가 고용구조에 미치는 영향, 서울신문, 2014.4.28.
- 박주영 · 이상호, 창업경영론, 인플로우, 2011
- 허경옥 · 이은희 · 김시월 · 김경자 · 차경옥, 소비자트렌드와 시장, 교문사, 2006

제5장 사업타당성 분석 및 비즈니스플랜 수립

- 정승화, 벤처창업론, 박영사, 2008
- 김철교 · 곽선호, 최신 벤처창업경영, 탑북스, 2011
- 한정화, 벤처창업과 경영전략(5판), 홍문사, 2013
- William Bygrave & Andrew Zacharakis / 이민화 · 이현숙 역, 기업가정신, 동서미디어, 2013

제6장 창업자원의 조달과 운영

- 정승화, 벤처창업론, 박영사, 2008
- 한국벤처창업학회, 창업론, 명경사, 2012
- William Bygrave & Andrew Zacharakis / 이민화 · 이현숙 역, 기업가정신, 동서미디어, 2013
- 한정화, 벤처창업과 경영전략(5판), 홍문사, 2013

- 김동균, 창업과 기업가정신, 대경, 2018
- 김만술, 4차산업시대의 기업가정신과 창업, 명경사, 2020

제7장 창업을 위한 지식재산 전략

- 특허청 · 한국발명진흥원, 지식재산의 이해, 박문각, 2008
- 김대익 외 7인 공저, 창업을 대비하는 지식재산, 전남대학교출판부, 2013
- 이장우 외 2인 공저, 기업가정신과 창업, 법문사, 2017

제 8 장 창업기업의 인적자원관리 전략

- 한정화, 벤처창업과 경영전략(5판), 홍문사, 2013
- William Bygrave & Andrew Zacharakis / 이민화 · 이현숙 역, 기업가정신, 동서미디어, 2013
- 정재훈, 인적자원관리(3판), 북넷, 2012.
- 임창희, 조직행동론, 비앤엠북스, 200

제9장 창업기업의 마케팅 전략

- 박주영 외 4인 공저, 마케팅의 이해와 활용, 인플로우, 2013.
- P. Kotler & G. Armstrong, Principles of Marketing, Pearson, 2013.
- 한국벤처창업학회, 창업론, 명경사, 2012
- 한정화, 벤처창업과 경영전략(5판), 홍문사, 2013
- 이장우 외 2인 공저, 기업가정신과 창업, 법문사, 2017

제10장 창업에서 수성으로

- William Bygrave & Andrew Zacharakis / 이민화 · 이현숙 역, 기업가정신, 동서미디어, 2013
- 정승화, 벤처창업론, 박영사, 2008
- 임창희, 조직행동론, 비앤엠북스, 2008

제11장 사회적기업

- 정태인, 이수연(2013) 정태인의 협동의 경제학, (주)레디앙미디어
- 이영직(2009) 하인리히에서 깨진 유리창까지 세상을 움직이는 100가지 법칙, 스마트비즈니스
- 최태원(2014) 새로운모색, 사회적기업, 이야기가 있는 집
- 유병선(2016) 고장 난 자본주의에서 행복을 작당하는 방법, ㈜위즈덤하우스
- 이민화(2018) 기업가정신, KCERN
- 교육부, 한국연구재단, (재)한국청년기업가정신재단(2016)
- Pinchot III, G. (1985). Intrapreneuring: Why you don't have to leave the corporation to become an entrepreneur. University of Illinois at Urbana-Champaign's Academy for Entrepreneurial Leadership Historical Research Reference in Entrepreneurship.
- Lumpkin, G. T., & Dess, G. G. (1996). Clarifying the entrepreneurial orientation construct and linking it to performance. Academy of management Review, 21(1), 135-172.
- Spreitzer, G., & Porath, C. (2012). Creating sustainable performance. Harvard business review, 90(1), 92-99.

저자 소개

| 남 정 민 namjm@dankook.ac.kr

현) 단국대학교 미래ICT융합학과 벤처창업학 주임교수
현) 단국대학교 부설 벤처전략연구소 소장
현) 단국대학교 정보융합기술창업대학원 글로벌벤처창업학과 주임교수
중앙대학교 경영학과
중앙대학교 대학원 인사조직(박사)

| 김 재 현 fuco0706@naver.com

단국대학교 대학원 글로벌벤처창업학(석사)
단국대학교 대학원 벤처창업학(박사)
전) ㈜신세계 이마트부문 인사 및 PM
현) 청년기업가정신협회/소상공인정책연구소 대표

| 홍 혜 영 bizceo@bizcowork.co.kr

동서대학교 국제통상학과
단국대학교 대학원 글로벌벤처창업학(석사)
단국대학교 대학원 벤처창업학(박사과정)
전) ㈜여성신문 부장
현) ㈜비즈코웍 대표

| 고 일 권 gojob1@naver.com

단국대학교 대학원 글로벌벤처창업학(석사)
단국대학교 대학원 벤처창업학(박사과정)
전) ㈜엑스퍼트컨설팅 팀장
현) 인천대학교 산학협력중점교수

| 권 용 석 alwayscslab@naver.com

연세대학교 대학원 창업학(석사)
단국대학교 대학원 벤처창업학(박사과정)
전) 열매건설 대표
현) CSV 아카데미 대표

| **오 세 호** hose2521@naver.com

단국대학교 무역학과
단국대학교 대학원 인사노무관리(석사)
단국대학교 대학원 벤처창업학(박사과정)
전) ㈜신세계 이사
현) OHR컨설팅 대표

| **조 재 성** cheng75@kakao.com

서울시립대학교 대학원 경영학(석사)
단국대학교 대학원 벤처창업학(박사과정)
전) 벤처박스(주) 팀장
현) 제이에이치 대표

| **이 정 욱** wook9@hanmail.net

단국대학교 글로벌벤처창업학과(석사)
단국대학교 대학원 벤처창업학(박사과정)
현) 세종사이버대학교 겸임교수

| **김 도 희** kimdohui316@gmail.com

동국대학교 광고홍보학과
중앙대학교 대학원 심리학(석사)
단국대학교 대학원 벤처창업학(박사과정)
현) 나다움연구소 대표

| **도 움**

이슬기 연구원(단국대 부설 벤처전략연구소)
이성호 연구원(단국대 부설 벤처전략연구소)

기업가정신과 **창업**

© 도서출판 사람과 경영

초판 발행 2021년 01월 15일
초판 인쇄 2021년 01월 15일

저자 남정민, 김재현, 홍혜영, 고일권,
권용석, 오세호, 조재성, 이정욱, 김도희
펴낸이 조승옥
펴낸곳 도서출판 **사람**과 **경영**
주소 경기도 고양시 일산서구 덕산로 195번길 105-23
등록 2010년 6월 7일 / 제 2010-000069 호
전화 (070) 4255-1095
팩스 (031) 922-1095
홈페이지 http://www.hnbpub.biz
ISBN 978-89-98581-48-0

정가 25,000원